이행의 시대

세계체제의 궤적, 1945~2025

이매뉴얼 월러스틴 · 테런스 K. 홉킨즈 외 지음
백승욱 · 김영아 옮김

창비

한국어판을 내면서

이 책이 다루는 내용은 1945~90년 전 세계체제가 전개되어온 이야기이며, 따라서 이 세계체제가 향후 2025년까지 어떻게 전개되어나갈 것인가에 대한 이야기이기도 하다. 한국은 이 이야기에서 중요한 역할을 해왔는데, 냉전의 제도화의 장으로서, 1970년 이후 시기에 경제적 재배치의 장으로서, 그리고 첨예한 계급투쟁과 민주화의 장으로서 그래왔다.

이 책이 한국의 독자들에게 한국에 대해 이야기해주는 바는 거의 없을 것이다. 그것보다는 독자들은 이 책에서 설명하는 세계적 패턴 중 한국이 어떤 것과 유사한지 발견하는 데 도움을 얻을 수 있을 것이다. 특히 다음 4반세기와 같이 가까운 미래를 투사하는 부분에서 유용할 것이다. 우리는 이 책이 지적으로 사태를 명확히 분석하는 데 기여할 뿐 아니라 다가오는 시기에 우리의 집단적인 정치적 선택에 대해 내리게 될 실천적 결단에도 유용하기를 바란다.

1999년 2월

이매뉴얼 월러스틴

머리말

이 책은 빙엄튼대학에 있는 경제와 역사적 체제 및 문명들의 연구를 위한 페르낭 브로델 쎈터의 궤적연구작업집단(the Trajectory Research Working Group)의 생산물이다.

이 책의 공동저자로 열거된 사람들말고도 파사드 아라기(Farshad Araghi), 수지 히사에다(Shuji Hisaeda), 하끼엠 난꼬에(Hakiem Nankoe), 마르고 난꼬에(Margo Nankoe), 호세 모타 로페즈(José A. Mota Lopes)가 궤적연구작업집단에 참여하여 프로젝트 과정에서 워킹 페이퍼를 작성해주었다. 1992년 12월에 작업집단은 중간보고서를 사흘간의 쎄미나를 위해 빙엄튼에 온 일군의 학자들에게 제출하였다. 브루스 커밍스(Bruce Cumings, 역사학 및 정치학, 노스웨스턴대학), 데이비드 고든(David Gordon, 경제학, 사회조사 뉴스쿨), 오토 크라이어(Otto Kreye, 슈타른베르거 연구소, 독일), 사울 멘들로비츠(Saul Mendlowite, 세계질서모델프로젝트, 뉴욕), 알레한드로 포르테스(Alejandro Portes, 사회학, 존즈홉킨즈대학), 로버트 웨이드(Robert Wade, 발전연구, 써섹스대학, 영국), 그리고 보아벤뚜라 드 쏘우사 싼또스(Boaventura de Sousa Santos, 사회연구쎈터, 코임브라대학, 포르투갈)가 그들이다. 우리는 그들의 현명하고 생생한 논평에 힘입어 우리의 주장들을 다시 살펴보고 서술구조를 재조직하였다. 이들이 이렇게 우리를 기꺼이 도와준 데 대단히 감사드린다. 그들과 우리 사이에 이견이 있었지만, 그들의 견해를 모두 수용할 수는 없었다. 마지막으로, 연구기간 동안 사또시 이께다가 연구간사로 열심히 그리고 즐겁게 일해주었다.

이 프로젝트는 '세계체제에서의 헤게모니와 경합: 지정학적 재정돈의 경향과 예상되는 결과들, 1500~2025'라는 더 큰 프로젝트의 1/2로서, 존 D. 매카서와 캐서린 T. 매카서 재단의 지원을 받았다. 주요 연구자는 지오반니 아리기(Giovanni Arrighi), 테렌스 K. 홉킨즈, 이매뉴얼 월러스틴 세 명이다. 이 프로젝트의 나머지 반은 과거의 여러 헤게모니들 및 하나의 헤게모니체제에서 다른 체제로의 이행이 역사적으로 어떤 양상을 보였는가를 비교하는 데 초점을 맞춘다. 현 세계체제의 딜레마를 이해하기 위해서는 1500년경부터 이야기를 시작해야 한다는 우리의 주장을 기꺼이 받아들여준 매카서재단, 특히 케네트 베네딕트(Kennett Benedict)에게 크게 감사드린다.

차 례

제2부 개 관

도표 목차

1

세계체제: 위기는 있는가?

테렌스 K. 홉킨즈 · 이매뉴얼 월러스틴

1990년대는 극심한 정치적 불안정과 지적 불확실성의 시대이며 또한 세계체제의 도처에서 사회적 불안이 만연한 시기이다. 몇몇 분석가들은 이것을 그저 세기말적(fin-de-siècle)인 심리상태의 결과로 보며, 우리가 다음 세기로 접어드는 길목에 서 있을 뿐 아니라 다음 천년으로 들어가는 입구에 다다랐기 때문에 한층 더 심화되었을 따름이라고 분석한다. 하지만 다른 많은 분석가들은 현재 전개되고 있는 상황이 훨씬 더 심각한 문제를 반영하고 있다고 본다. 그리고 세계 여론은 후자의 견해에 더 공감하고 있다.

첫번째로 부닥치는 거대한 불확실성은 우리가 이제 막 헤쳐나온 1945~90년을 어떻게 집단적으로 평가해야 하는가라는 문제이다. 많은 점에서 이 기간은 주목할 만한 역사적 시기였다. 이 시기는 근대 세계체제 500년을 통틀어 세계경제가 겪은 가장 더대적인 팽창기였다. 또한 이는 1775년에서 1825년까지 50년 동안 진행되었던 아메리카대륙의 탈식민화 이후 탈식민화가 가장 대규모로 이루어진 시기였으며, 이번에 식민지해방을 주도한 이들은 백인 정착민이 아니라 세계의 비(非)백인계 주민이었다. 마지막으로 이 시기는 엄청나게 강도높은 이른바 냉전기였는데, 세계체제의 모든 지대를 포괄했던 이 냉전은 막강한 두 적수 중 하나가 말 그대로 해체되면서 극적으로 막을 내린 것처럼 보였다.

많은 이들에게 떠오르는 질문은 '누가 무엇을 얻었는가?'이다. 한때 조지 부시(George Bush)가 약속했듯이, 우리는 이제 새로운 세계질서에 들어설 것인가? 최근의 기사들로 판단해보자면 거의 그렇게 보이지 않는다. 날마다 우리는 신문에서 발칸제국과 코카서스지방, 아프리카, 카리브해지역, 로스앤젤레스를 시작으로 그 어느 때보다 더 많은 세계의 지역에서 진행되는 사회적 해체에 대한 보도를 끊임없이 접하고 있다. 세상 누구든 그 아이들과 그 아이들의 아이들은 틀림없이 더 많은 부와 더 큰 자유를 누리게 될 거라는 확신과 진보의 필연성에 대한 서구의 오랜 믿음이 최근 심각하게 의문시되고 있다. 그런데 이 믿음은 냉전기 내내 미국——미국의 정치가들과 정책입안자들, 학자들——이 구사한 수사의 토대였으며, 조지 부시는 바로 이 믿음을 내걸고 '새로운 세계질서'를 확신시켰다.

이 책에서 우리는 1945~90년에 어떤 일이 벌어졌는가를 진단해서 그 이후 25~50년간의 세계체제의 궤적의 투영도를 그려보고자 한다. 그런데 1945~90을 적절하게 평가하기 위해서는 이 기간이 16세기에 시작된 역사적 사회체제인 근대 세계체제의 장구한 역사 중 최근 시기일 뿐이라는 점을 이해해야 한다. 왜냐하면 16세기 이후 일련의 제도적 영역들이 구성되고 재구성되어왔기 때문이다. 이 제도들은 제2차 세계대전의 종결 이후 50년 동안 계속해서 사람들의 활동을 조직해왔고, 우리가 보기에는, 아마 점점 더 많은 어려움이 따르겠지만 앞으로 25~50년간 계속 그럴 것이다.

우리는 변화해나가는 이 제도적 영역들을 세계체제의 '벡터들'(vectors)이라고 부르는데, 이것은 끊임없이 변화하는 구조화된 틀을 제공하는 과정들의 복합체를 뜻하며, 사회적 행위는 이 구조화된 틀 안에서 발생한다. 우리가 보기에 근대 세계체제는 그 역사를 통틀어 구별할 수는 있지만 분리할 수는 없는 여섯 개의 벡터들을 발전시켜왔다. 국가간체제, 세계생산 구조, 세계노동력의 구조, 세계 인간복지(human welfare)의 양상, 국가의 사회적 응집력 그리고 지식의 구조가 그것이다.

여섯 개의 벡터 중 어느 하나도 다른 것들과 고립된 채 발전해오지 않았고, 또 발전해올 수도 없었다. 벡터를 결코 자율적인 힘들의 공간으로 볼 수는 없다. 그렇다기보다는 이 벡터들은 불완전하지만 유기적인 단일한 전체인 상호연관된 단면들이 극소배열된 형태이며, 각 벡터는 나머지 벡터들에 상당히 의존한다. 그들 중 어느 하나나 또는 그들 사이에서 발생한 충격이나 봉쇄, 전화(transfomation)는 어떤 것이든 보통 순식간에, 가시적으로 그리고 필연적으로 나머지 것들에 영향을 미치게 된다.

국가간체제는 언제나 존재했던 것은 아니다. 이것은 근대 세계체제가 만들어낸 하나의 창조물이자 그것을 구성하는 요소였다. 근대 세계체제는 노동과정의 기축적(axial) 분업 및 통합이 공간적으로 확대됨에 따라 지리적 범위가 확장되고 정치적 심도도 높아졌으며, 그 결과 점점 더 복합적인 생산체계가 형성되었다. 국가간체제는 여러 부분들로 구성되었는데, 여기에는 외교, 치외법권에 관한 규칙들, 국가간 조약을 정한 의정서, 그리고 각종 초국가(trans-state) 기구들이 포함되었다. 그런데 무엇보다도 국가간체제는 각 국가들이 (제한된) 주권을 상호 인정하는 틀이며, 이 구도는 더 강한 자가 더 약한 자에게 또는 강자들끼리 서로 (얼마간) 강요해온 것이다. 그러나 이따금씩 하나의 강대국이 국가간체제에 헤게모니를 행사한다고 할 수 있을 정도로 강력한 지위를 얻을 수 있었으며, 이런 상황은 되풀이되었다. 더 간단히 말하자면 국가간체제가 (세력균형이나 열강의 경합같이 좀더 일반적인 상황과 대조적으로) 헤게모니 극면에 있을 때는, 한 국가가 체제의 구조를 만들고 거의 언제나 약한 국가들뿐 아니라 다른 강국들에게도 자신의 체제의 정책들을 수용하도록 강요하면서, 끊임없이 그리고 확실하게 자신의 '지도력'을 증명한다. 헤게모니 국가는 노골적인 권력이 보장해주는 것보다는 더 큰 발언권을 지니지만, 정당한 권위를 충분히 보장받을 수 있는 정도는 아니다. 요컨대 이것은 세계제국이 아니라 세계경제 내의 헤게모니 국가이다. 1945년 이후에 미국은 바로 이와같은 헤게모니 국가였다.

국가간체제는 전쟁이 수행되는 틀을 구축했고 지금까지 전쟁은 그 틀 내에서 수행되었다. 그런데 훨씬 더 중요한 것은 국가간체제가 외견상 자유로운 (세계)시장의 작동을 강제하고 구성해온 틀을 만들어냈다는 것이며, 세계생산 체제는 바로 이 시장을 통해서 움직여왔다고 할 수 있다. 근대 세계체제에서 세계생산은 자본주의 세계경제의 규칙에 따라 수행되어왔는데, 물론 자본주의 세계경제에서 생산수단을 소유하거나 또는 통제하는 이들의 제도화된 가장 일차적인 관심은 끊임없는 자본축적이었다. 모든 생산자들이 개인적으로 반드시 그런 동기를 가졌던 것은 아니다(또한 그들이 언제나 부를 자본으로 전화시킨다는 자신들의 목표대로 행동했던 것도 아니다). 하지만 그런 동기에 따라 실제로 행동했던 사람들이 그렇지 않았던 이들에 비해 더 자주 살아남았고 더 번성했다. 우리는 이것을 '세계' 생산 구조라고 부르는데, 왜냐하면 다수의 정치적 관할권에 걸쳐 생산활동을 연결하는 상품사슬의 네트워크가 생산이 수행되는 '세계' 전역에 (처음에는 지구의 일부분에서만 이루어졌지만 오늘날에는 전지구에서 이루어진다) 존재하며, 그 결과 어떤 국가도 결코 자신의 국경 안쪽에서 벌어지는 중요한 경제활동에 필요한 생산의 전 과정을 자신의 관할권 아래 둘 수 없기 때문이다. 그렇다면 필연적으로 이런 생산활동들간의 연관을 좌우하는 국가간관계는 한 국가 내에 자리잡은 모든 생산활동의 수익성에 중대한 영향을 미치게 된다. 따라서 수익성은 단지 부분적으로만 (1990년대의 유행어인) 세계시장 경쟁력과 함수관계에 있었다. 그리고 수익성은 언제나, 적어도 생산자들이 국가의 도움을 받아 생산요소를 상대적으로 독점할 수 있는 조건을 창출하는 능력 정도와 함수관계였다. (수익성있는) 시장으로 (세계경제의 각처에서) 몰려든 신참자들 때문에 구(舊)독점이 계속해서 붕괴해온 반면, 상당량의 축적된 자본과 기업가 역량, 그리고 광범한 정치적 영향력이 결합된 경우에는 언제나 (혹은 거의 언제나) 새로운 독점이 창출될 수 있었고, 이렇게 생겨난 새로운 독점은 또다시 얼마간 지속되었다. 이런 불공정한 전지구적 독점은 종종 '선도산업'이라는 말썽의 소지가 다소 적은 이름으로 지칭되었으며, 이런 산업들이 되풀이해서 창출됨에 따라 세계경제는 반복적으로 엄청나게 팽창하였고, 마찬가지로 이 산업들이 기진맥진해지자 경제침체가 나타났다.

세계적 규모의 자본축적 과정을 위해서는 세계의 생산력과 생산수단이 끊임없이 발전해야 한다. 이 과정은 매우 불균등하며, 따라서 노동과정의 기축적 분업 및 통합의 토대인 이른바 세계생산의 중심–주변부 지대 조직은 이 과정을 통해 계속 재생산되고 심화된다. 세계체제로서 자본주의 세계경제가 역사적으로 구성되면서 생산의 상품사슬이 성립되었고 이 상품사슬은 처음에는 모두 서유럽 내에 있던 조직의 중심지로부터 뻗어나가, 애초에는 세계체제를 형성하는 상호연관된 과정 및 구조의 바깥이던 지역들(그리고 국민들)까지 포함하게 되었다. 자본주의 세계경제 내에서 세계인구와 생산과정의 대부분이 체계적으로 그리고 계속해서 주변화되는 한편 소수의 중심지에 핵심과정들이 자리잡고 있는 현실이 이 체제의 국가관할권 내부 및 국가간에 복지 불평등이 광범위하게 지속되는 원인이라고 우리는 생각한다.

따라서 (군사력과 정치력의 기준에 따라) 강대국과 약소국이 존재해왔던 것과 마찬가지로, 높은 이윤을 낳는 독점사업을 독점해온 중심부지대와 그리고 참으로 경쟁적인 시장 속에서 낮은 이윤을 얻을 수밖에 없는 생산과정들을 유치한 주변부지대 또한 존재해왔다. 세계체제의 한 국가 내부 및 국가간의 끊이지 않는 긴장 뒤에는 이와 같은 관계의 불평등이 자리잡고 있었다. 이 불평등은 끊임없는 자본축적이 제일의 목표로 남아 있는 한 결코 극복될 수 없는데, 왜냐하면 끊임없는 자본축적을 위해서는 높은 이윤을 낳는 (대체로 독점화할 수밖에 없는) 경제활동이 있어야 하기 때문이다. 만약 모든 이가 동시에 이런 고이윤 활동에 참여하고자 한다면, 과부하되어 축적은 말라붙을 것이다. 그러므로 보수(reward)의 불균등 분배는 자본축적의 필수적인 부속품이었고 체제의 기초가 되는 것이다.

불균등성은 세계노동력을 계속해서 형성하는 데도 필수적이었다. 만약 노동에 대한 보상이 모든 곳에서 동일한 방식으로 이루어졌다면, 이윤 수준도 모든 곳에서 동일했을 것이고 따라서 낮을 수밖에 없었을 것이다. 확대된 상품사슬 내에 자리잡은 독점적 지역들에 상대적으로 소수인 고임금 노동력이 존재했다고 할 수 있지만, 이 지역 내의 고이윤은 이 지역에서 사용되는 다수의 투입물과 투입물의 투입물을 생산하는 사람들의 임금 수준이 훨씬 낮았기 때문에 가능했다. 이처럼 세계노동력은 다수의 상품사슬 내에서 계서제(階序制)적 질서를 이루어왔다.

그러므로 전세계에서 주변부라 부르는 상품사슬 부분에서 우리는 노동의 교섭력이 중심부보다 훨씬 강력한 정치적 제약을 받고 있는 노동보상의 양식들을 발견할 수 있다. 이런 제약의 중요한 기제의 하나가 (채무통제의 노예제로부터 각종 '관습적' 조정에 이르기까지) 강제된 고용이었다. 또다른 주요 기제는 덜 명백하고 눈에 보이지 않는 형태로서, 임금소득을 보충하기 위해서 상당량의 부불노동의 투입을 요구하는 가계활동 양식을 구성하는 것이다. 이로써 임금노동자의 고용주는 노동비용을 줄일 수 있었다 (이것은 사실상 가계 구성원이 생산한 잉여가치가 고용주에게로 이전된 것이다).

그런데 세계노동력의 구조를 만든 것은 다수의 고용주와 국가만이 아니었다. 노동자들 스스로 노동조합 활동이나 이주 또는 연대 및 상호의존을 통해 노동력의 구조를 형성하는 데 참여해왔다. 그동안 이 압력들이 상호작용한 결과, 자주 고용주의 선택폭이 제한되거나 줄어들며 또는 변모되는 상황이 초래되었다. 그 주요 형태의 하나가 노동력이 국가구조에 새로운 종류의 요구를 제기하는 것인데, 이것은 다시 지정학적으로 작동하는 국가의 능력, 특히 고수익성 경제활동을 유치하는 능력에 영향을 끼쳤다. 이런 상황에서 노동자들에게 돌아가는 실질 보상을 계산할 때 반드시 고려해야 하는 '사회적 임금' 체계가 성장해왔다. 사회적 임금이 위치해온 대표적인 세 영역은 교육과 보건, 그리고 재분배적 할당(redistributive allocations)이라 할 수 있는 일반적 영역(연금, 실업수당, 형평수당 equity payments이 이에 속한다)이다. 물론 문제는 자본에서 노동으로 진정한 재분배가 이루어졌는가, 아니면 단순히 노동자들이 이미 획득한 소득을 하나의 형태에서 다른 형태로 전환시킨 것에 불과한가이며, 이것은 언제나 타당한 질문이다.

인간복지라는 벡터는 모든 형태의 소득을 계산했을 때에만 평가할 수 있는데, 이 벡터는 세계체제의 정치적 안정과 경제적 효율성 측면에서 결정적으로 중요하다. 인간복지의 실제 스펙트럼뿐 아니라 인간복지관의 스펙트럼 또한 중요한 변화를 겪어왔다. 세계생산 활동의 불균등성은 세계 복지성과(welfare outcomes)의 불균등성에 반영되어왔으며 심지어 증폭된 형태로 나타나기까지 했다. 복지성과의 불균등성은 지리적·주기적·역사적으로 차이가 있었다. 장기적으로 복지가 같은 수준으로 수렴하리라는 믿음은 세계체제를 지탱해온 중대한 이데올로기적 버팀목 중 하나였다. 하지만 수렴으로 볼 것인가 아니면 그 역(逆)인 양극화로 볼 것인가의 여부는 대체로 무엇을, 언제, 누가 측정하는가에 따라 달라졌다. 세계체제 내에서 서서히 진행되고 있는 변화 가운데 하나는 세계 복지의 수렴/양극화 정도를 효과적으로 측정할 수 있는 집단적 능력이 신장되었다는 것이다. 그리고 이런 좀더 주의깊은 조사의 결과가 언제나 공식적인 입장들이 개진한 주장과 비슷했던 것은 아니다.

국가간 갈등, 이윤을 향한 전세계적 경쟁, 유용하고 효율성이 높지만 그렇게 비싸지는 않은 세계노동력을 주조해내려는 부단한 시도들, 그리고 세계 복지의 발산적 특성에 대한 주목의 증가, 이 모든 것들이 더해져 세계체제는 끊임없는 폭력과 반란으로 갈가리 찢긴 소란스런 곳이 되었다. 이 소란의 와중에서 체제를 지탱하는 데 가장 큰 역할을 한 것은 한결 더 응집력 있는 국가구조를 창조해내려는 역사적 노력과 체제의 정당화를 위한 지식의 구조를 정교화하는 작업이었다.

국가구조는 지난 500년간 꾸준히 강화되었고, 정부는 폭력수단을 독점함으로써 국내 질서를 확보하고자 하였다. 정부는 어떤 사람과 어떤 물건이 국경을 출입할 수 있는가를 규정해 국경에 대한 통제를 강화하고자 힘써왔다. 어떤 국가도 아직까지 완벽한 내적 또는 외적 통제를 달성하지 못한 것은 확실하다. 그리고 일부 국가가 다른 국가보다 역사적으로 이런 작업을 더 성공적으로 수행해왔음은 매우 분명하며, 이것이 우리가 강국과 약한 국가를 구분하면서 이야기하고자 하는 것의 한 측면이다. 하지만 거의 모든 국가들이, 비록 단기적으로 수많은 역전(逆轉)이 있기도 했지만, 장기적으로는 강력해지는 추세에 있었다.

국가가 질서를 강제할 수 있는 능력은 자원(과세), 그리고 따라서 인력(관료제)을 지휘하는 역량과 함수관계였으며, 또 써비스(안보, 기반시설, 인간복지 수준의 확대)의 제공을 통해 국가의 통치를 수용하도록 할 수 있는가에 좌우되어왔다. 이 모든 측면에서 국가는 물론 '중립적' 중재자가 아니었다(그것과는 거리가 멀었다). 하지만 모든 정부는 한결같이 '민족적 이익'의 효과적인 관리자이자 또한 (다른 국가의 정부와 더불어) 세계체제의 장기적 안정의 보증인인 동시에 끊임없는 자본축적을 보장하는 세계체제의 전반적 역량의 보증인으로 행세해왔다.

정부는 이 목표를 성취하기 위해 점차 사회적 응집력이라는 접착제를 사용했고, 이 응집을 가능케 하는 주된 수단은 우리가 민족주의(또는 애국주의)라고 부르는 것이었다. 민족주의의 기본적인 생각은 각각의 사회적 상황과 이해관계가 아무리 다양하다 하더라도 한 국가 안에 사는 이들은 동일한 (그리고 다소 신화적인) 혈족이며 또한/또는 충성의 의무를 지고 있기 때문에 정서적으로 하나로 통일되어 있다(또는 통일되어야 한다)는 것이며, 이런 논리로 국가의 통치가 정당화되었다.

민족주의는 언제나 하나의 복잡한 문제를 포함했는데, 그것은 그러한 정서적 실체에 누가 포함될 것인가를 결정하는 문제였다. 이 정서적 실체는 지금까지 한번도 한 국가의 관할권역 내에 거주하는 모든 사람들을 포함하게끔 정의된 적이 없다. 민족주의자들은 종종 국가 안에 거주하는 어떤 이들을 배제시켰을 뿐만 아니라 거주하지 않는 어떤 이들은 포함시키고자 했다(이것은 영토회복주의에 대한 요구로 이어질 수 있었다). 물론 하나의 민족은 보는 관점에 달려 있으며, 그 관점은 다양하게 마련이다. 게다가 세계노동력을 구조화할 필요에 따라 한 나라의 국경 안에서도 노동의 보상양식들이 매우 상이한데, 이 상이성의 정도만큼 늘 '민족'을 일반적으로 인종이나 종족 기준에 따라 노동력의 한 부분만을 포함하는 것으로 정의하려는 압력이 있었다. 그리고 또 그 노동력 구조화의 필요성에 따라 국가들간에 매우 상이한 노동 보상양식들이 형성된 만큼, 이 상이한 패턴을 정당화하려면 일반적으로 인종주의(racism)가 필요했다.

이처럼 '민족주의'는 매우 빈번하게, 직접적으로 인종주의를 함축했다. 물론 역사적 대응 면에서 보자면 반체제운동이 인종주의에 대항해 투쟁하면서 민족주의 이데올로기를 영유(領有)하기도 했는데, 이것이 바로 우리가 '민족해방운동'이라고 부르는 것이다. 그럼에도 불구하고 민족주의는 그동안 전반적으로——국가체제를 정당화하는 중요 수단으로서——근대 세계체제를 뒤흔들기보다는 안정화시키는 힘이었다.

지식의 구조를 살펴보면 이야기는 더욱 복잡하면서도 분명해진다. 근대 세계체제의 지식의 구조 내에서 일어난 가장 중요한 하나의 혁신은 지식을 조직하는 중심적인 메타포가 철학/신학에서 과학으로 바뀌었으며, (단순화해서 '뉴튼적'이라고 이름붙일 수 있는) 하나의 특정한 과학적 방법론이 지배적이 되어, 유일하게 정당한 과학적 탐구 작업의 양식으로 행세해왔다는 점이다.

뉴튼적 과학의 핵심요소 중 하나는 보편주의에 대한 주장이었으며, 이 주제는 지난 200년간 지배적인 세계 이데올로기이자 세계체제의 지구문화(geoculture)를 규정해온 자유주의에 직접적으로 반영되어 있었다. 세계체제의 수많은 벡터들의 궤도에 대한 자유주의의 주장은 그 이데올로기의 가장 든든한 요소였다. 자유주의는 불평등이 감소해서 국가의 응집력이 증가할 것이며 바로 그 결과, 종국에는 사실상 폭력이 사라지게 될 것이라고 설교했으며, 뿐만 아니라 반드시 인간복지의 수준도 점진적으로 수렴하는 쾌거를 이룰 수 있다고 선전했다. 어떤 의미에서 자유주의는 혼란과 문명에 대한 불만을 치유하기 위해 끈기있는 개량주의라는 처방전을 내렸던 것이다.

자유주의적 보편주의는 인종주의 및 성차별주의(sexism)와 직접적으로 대립하는 것처럼 보였다. 하지만 사실 전자는 뒤의 두 가지와 공생적 긴장 관계에 있었는데, 이 관계에 대해 우리는 민족주의가 국가의 사회적 응집력을 강화하는 데 어떤 역할을 했는가를 논하면서 방금 언급한 바 있다. 자유주의가 불만과 혼란을 봉쇄하는 양식으로서 성공할 수 있었던 것은 그 주창자들이 점진적 사회'진보'의 증거를 제시할 수 있었다는 점과 직접적으로 함수관계에 있었다. 그들은 19세기에는 점진적 사회진보라는 이 테제를 매우 잘 입증할 수 있었지만, 20세기에 들어서 그것을 일관되게 주장하기는 점점 더 어려워졌다.

그렇지만 과학주의/보편주의/자유주의는 민족주의와 함께 꽤 오랫동안 세계체제의 지구문화의 주요소들로서 세계체제의 긴장을 감추고 사실상 그것을 억제하는 데 기여해왔다. 오늘날 던질 수 있는 질문은 이런 긴장이 여전히 억제될 수 있는가, 아니면 세계체제가 위기에 봉착했는가이다.

이 문제를 논하기 위해서는 우선 다른 모든 역사적 체제와 공유하고 있는 현(現) 역사적 체제의 또 하나의 특징에 주목해야 한다. 하나의 역사적 체제는 체제적인 동시에 역사적이다. 바꾸어 말하자면 역사적 체제는 자신을 하나의 체제로 규정하는 지속적인, 그러나 물론 영원하지는 않은 구조들을 갖는다. 동시에 그 체제는 매순간 변화하기 때문에 두 개의 연속적인 시점에서 결코 동일하지 않다. 즉 체제는 하나의 역사를 가지며, 모든 특정한 시점에서 체제의 모습을 규정하는 것은 그 자체의 지속적인 구조뿐만 아니라 그 나름의 특수한 (실로 고유한) 역사적 궤도다.

이것을 또 다른 방식으로 표현하자면, 하나의 체제에는 (체제의 지속적인 구조들이 정상적 파동을 통과할 때 그 구조들에서 발생하는) 주기적 순환운동과 (구조의 끊임없는 전개과정으로부터 생겨나는 방향성 있는 벡터인) 장기적 추세가 있다. (다른 모든 역사적 체제와 마찬가지로) 근대 세계체제에는 주기와 추세——'균형'을 회복시키는 주기와 '균형으로부터 멀어지는' 추세——가 있기 때문에, 장기적 추세로 인해 주기적 순환운동이 더 이상 장기적인 (상대적) 균형을 회복할 수 없는 상황이 초래되는 시점이 반드시 닥치게 마련이다. 이런 상황이 도래했을 때 우리는 하나의 위기에 대해, 즉 한 체제가 종말을 맞고 하나 또는 그 이상의 대안적 후속체제들이 그것을 대체하게 되는 결정적인 전환점을 의미하는 진정한 '위기'에 대해 이야기할 수 있다. 이와같은 '위기'는 반복되는 (주기적인) 사건이 아니다. 그것은 모든 체제의 일생에서 단 한 번 발생하며 체제의 역사적 수명이 다했음을 알린다. 그리고 그것은 한순간에 벌어지는 사건이 아니라 몇 세대에 걸쳐 지속되는 장기간의 '이행'이다.

신과학(New Scince)의 용어로 표현하자면 이것은 체제가 분기(分岐)하는 순간이다. 즉, 균형상태에서 벗어난 파동들이 매우 커져서 곡선이 하나 또는 그 이상의 새로운 궤도를 그리게 되는 순간이다. 언제나 이 지점에서는 하나 이상의 가능성이 존재 하지만, 그 결과(들)가 어떻게 될지 미리 결정할 수는 없다. 할 수 있는 것은 우리가 하나의 분기점에 접근하고 있는가(또는 이미 분기의 한가운데에 있는가)를 따져브는 것이다.

이것이 이 책의 연구설계가 목표로 삼고 있는 것이다. 1945~90년 시기를 관찰하게 되면 곧바로 몇가지 사실이 눈에 띈다. 이 시기는 경이로운 전지구적 경제팽창기로 시작하지만, 그후 경제팽창의 속도는 둔화된다. 이 시기는 또한 세계체제 내에서 절대적인 미국 헤게모니의 시기로 시작하지만, 그후 이 헤게모니는 쇠퇴하기 시작한다. 우리는 이 두 가지 현상에서 각기 변화가 일어난 시기가 1967/73년임을 확인하였다.

전지구적 경제 팽창기 및 수축기를 일컬어 때때로 꼰드라띠예프(Kondratieff) 주기라고 부르기도 한다. 이 주기는 보통 45년에서 60년 정도 지속되며, 역사가들이 번영기나 대공황기에 대해 이야기할 때 때때로 언급되기도 한다. 우리가 보기에 꼰드라띠예프 팽창 또는 A국면은 1945년에 시작되어 1967/73년에 그 정점에 도달했으며, 그후 경제침체 또는 B국면이 이어져 1990년대까지 계속되고 있다. 이야기를 1990년에서 멈추는 것은 부분적으로는 지정학적 연대기 때문이고 부분적으로는 이 연구를 90년에 수행하였기 때문이다.

헤게모니 주기는 꼰드라띠예프 주기보다 훨씬 더 길다. 하나의 강대국이 다른 강대국과의 경쟁에서 승리해 완전한 헤게모니 국가가 되기까지는 오랜 시간이 걸린다. 강대국은 헤게모니 국가가 되자마자 자신의 권력을 연장하기 위해 헤게모니적 지위를 이용하려고 한다. 그렇지만 역사적 체제로서 자본주의 세계경제 자체의 특성상, 권력을 연장하려는 시도 자체가 권력의 토대를 허무는 경향이 있으며, 따라서 상대적 쇠퇴의 장구한 과정이 시작된다(물론 이와 동시에 새로운 헤게모니를 수립하려는 다른 국가들이 상대적으로 부상하기 시작한다).

왕년의 헤게모니 국가인 영국은 1870년대에 쇠퇴하기 시작했고, 그때부터 미국과 독일(the Germany)이 영국에 이어 세계 헤게모니 국가가 되기 위해 오랜 기간 경쟁을 하였다. 두 차례의 세계대전(실제로는 잠깐 중단된 하나의 장기전이었다)을 치른 후, 1945년에 미국이 무조건적인 승리를 거두었다. 완전한 헤게모니의 진정한 시대는 그때부터 시작되었다고 할 수 있지만, 1967/73년에 이르면 이미 미국의 권력은 약화되기 시작하였다.

따라서 우리는 1967/73년을 두 개의 주기적 곡선의 정점으로 본다. 둘 중 짧은 꼰드라띠예프 주기는 1945년에서 199?년까지이며, 긴 헤게모니 주기는 1873년부터 (2025/2050?)년 까지이다. 이것은 그 자체로 흥미롭긴 하지만 근대 세계체제의 관점에서 보자면 이상한 것은 아니다. 차라리 그것은 체제의 정상적인 주기적 작동을 반영하고 있는 것처럼 보인다. 그런데 우리가 던지고자 하는 질문은 다음과 같다. 더욱 긴 곡선, 즉 1500년경에 시작해서 비교적 가까운 미래의 어느 시점에까지 이어질 현 역사적 체제의 라이프 곡선(life curve)도 1967/73년에 정점에 도달했는가? 역사적 체제의 라이프 곡선은 꼰드라띠예프 주기나 헤게모니 주기처럼 종모양이 아니다. 역사적 체제의 곡선은 그렇기보다는 정점에 도달할 때까지 단조롭게 상승하다가, 그후 비교적 가파르게 하락하는 경향이 있다. 이것은 하나의 주기적 순환운동의 그래프가 아니라 장기적 추세들이 결합된 그래프이다.

이 질문에 대한 해답을 어떻게 찾아낼 수 있을까? 우리가 택한 방법론은 꽤 단도직입적이며 제기된 문제에 직접적으로 접근한다. 우리는 앞서 개괄한 여섯 개의 벡터들을 연구했다. 세계체제의 벡터들에 대해 전반적으로 각각 두 번씩——한번은 1945~67/73년 시기에 대해 또 한번은 1967/73~90년 시기에 대해——기술하려 했고, 여섯 개의 벡터들 각각에서 두 시기 사이에 상당한 차이점이 있음을 발견했다. 이 작업이 이 책의 2장부터 7장을 구성한다.

그 다음 우리는 (8장에서) 조각들을 맞추어 하나의 포괄적인 전체상을 구성해보려고 했다. 두번째 또는 B국면의 조사결과와 첫번째 또는 A국면의 조사결과를 비교하면서 우리는 꼰드라띠예프 주기 및 헤게모니의 주기적 운동이 변화의 얼마나 많은 부분을 설명할 수 있는가라는 물음을 던졌다. 이렇게 일단 두 주기적 순환운동에서 원인을 찾을 수 있는 변화들을 '지워버리고'나면, 얼마나 많은 것들이 남는가? 두번째 시기에 나타난 어떤 종류의 변화들이 꼰드라띠예프 주기나 헤게모니의 주기적 순환운동으로 설명될 수 없는가? 우리는 몇가지 중요한 변화들을 찾아냈다. 그리고 나서 우리는 이런 변화들을 '위기'의 표지, 즉 하나의 분기가 시작되고 있음을 알리는 표지라고 볼 수 있을지에 대해 질문을 던졌다.

마지막으로 9장에서는 중기적 미래(1990∼2025년)에 대해 예측해보고자 했다. 우리 작업의 논리는 다음과 같다. 만약 1967/73년이 정말로 체제의 위기, 즉 급격한 하강의 시작이기도 하다면, 분기가 **진행되는 동안**, 즉 중기적으로 어떤 일들을 예측할 수 있는가? 간략히 답하자면 혼란, 대단한 혼란이다. 그러나 우리는 이 예상되는 혼란의 더 구체적인 특징들을 밝혀내고 사태를 정교하게 파악하고자 하며, 우리 앞에 놓여 있는 현실적인 역사적 대안들을 제시해보고자 한다.

설사 결과가 미리 정해질 수 없으며 따라서 예견될 수 없다 하더라도, 이것이 폭풍이 우리를 휩쓸 때까지 무기력하게 기다리고만 있어야 한다는 것을 의미하지는 않는다. 어떤 종류의 현실적인 역사적 위기에서도 현실적 선택들을 찾을 수 있다. 현실적 선택들을 명철하게 분별해내고 그 선택들에 따라 함께 노력하는 이들이 보이지 않는 역사의 손을 믿는 이들보다 자신들이 바라는 결과를 놓치게 될 가능성이 적다고 할 수 있다. 이 책은 바로 이런 노력에 보탬이 되기 위해 씌어졌다.

제 1 부

제도적 벡터들, 1945~90

2

국가간체제

토마스 콰이퍼 · 제이미 써들러

1945~67/73년: 냉전구조의 탄생

세계 제일의 군사력을 지닌 유일한 핵무기 보유국인 미국은 1945년 이후 주도적으로 새로운 국가간체제의 구조를 만들어냈다. 1945년 8월 6일과 9일에 일본에 원자폭탄을 투하한 후 미국은 세 열강간의 얄따협정에 따른 행동의 자유에 대한 구속에서 다소 자유로워졌다고 생각했다(Alperovitz 1985; Davis 1986: 182~83면). 소련은 군사력 면에서 미국에 다소 뒤처졌지만, 그럼에도 불구하고 두번째 강대국이었으며, 돌이켜보자면 두 진영이 이처럼 군사적으로 양분된 상황에서 발전하였다는 것은 놀라운 일이 아니다(Gaddis 1987: 221면). 그러나 2차대전 종전 전에 미소 진영이나 그 세력권이 사실상 정착되었지만, 로우즈벨트(Roosevelt)의 단일세계 보편주의가 트루먼(Truman)의 두 진영간 냉전질서로 대체되고, 그에 수반하여 국가간 관계의 재군사화가 등장하려면 다소 시간이 필요했다(Schurmann 1974: 3~8, 13~16, 39~107면).

1945년 2월의 얄따회담은 이런 두 진영의 탄생을 결정적으로 승인하였다(Barnet 1983: 96면). 미국은 영향력을 주로 자기 진영에 한정하는 데 동의하였고, 소련 또한 그러하였다(Keal 1983: 84, 93~94면; Barnet 1983: 107면;

28

Davis 1974: 167~68, 184면). 한 예로, 오랫동안 라틴아메리카에서 지배적 영향력을 행사해온 미국은, 1945년 서반구의 군사동맹을 확인하는 차풀테펙(Chapultapec) 법안에 라틴아메리카를 가입시켜 그 지역에 대한 지배권을 재확인하였다(Keal 1983: 108면).

그러나 미국은 무엇보다도 전략 핵무기를 독점했기 때문에, "세계 각지에서 소련이나 중국이 점령한 지역의 경계와 바로 맞닿아 있는 '우세한 세력권'에 개입할 권한을 주장"할 수 있었으며, 이로써 전후 시기 내내 살아있을 "역사적 유산"이 탄생하였다(Ellsberg 1981: xi면). 일본 제국이 몰락하고 중동 및 아시아에서 영국과 프랑스 제국 세력이 약화됨에 따라, 미국은 처음에는 그리스와 터키에 트루먼 독트린을 적용해 그들의 영향력을 승계하였고(이렇게 하여 중동 석유에 대해 영향력을 확보하였다), 그리고 이후에는 동북아시아와 동남아시아에서 그들의 영향력을 승계하였다. 이렇게 미국은 석유 및 농산품 유통에 대한 통제와 결합된 세계적 차원의 안전보장을 제공함으로써, 그의 동맹자들을 의존관계에 묶어두었다.

두번째 핵심요소는 미국을 제외한 주요 공업경제들이 제2차 세계대전으로 파괴되거나 대량손실을 입었다는 사실이었다. 종전 직후 유럽 전체가 경제상황이 매우 어려웠는데, 보통 때보다 기상조건이 훨씬 나빴기 때문에 이는 더욱 악화되었다(Barnet 1983: 110면). 기근과 질병, 극심한 추위 때문에 사람과 동물들이 희생되었다(Solomon 1982: 14면). 게다가 전후의 국유화, 그리고 유럽국가들간의 경제적 조정의 부재 때문에 큰 경제적 혼란이 발생하였다(Barnet 1983: 113면). 일본도 경제적 혼란 및 좌파주도의 대규모 노동운동을 비롯한 정치적 소요 때문에 마찬가지로 상황이 어려웠으며(Moore 1983), 프랑스와 이딸리아 역시 상황이 안 좋았다.

종전 당시의 세번째 핵심적 요소는 식민지 세계를 휩쓴 반란의 물결이었다. 가장 큰 식민지역은 아시아와 아프리카였다. 아시아의 경우 전시에 동남아시아의 모든 식민지대가 일본의 점령하에 있었는데, 이것이 국지적 민족주의를 더욱 자극하였다. 일반적으로 모든 주요 식민화세력——영국, 프랑스, 벨기에, 포르투갈, 네덜란드——이 결과적으로 식민지에서 권력과 권위 양쪽을 다 상실하였다. 식민국가는 권위를 재수립해야 하는 곤란한 상황에 처해 있었는데, 이런 상황에서 국지적 민족주의운동들이 이미 사실상의 통제권을 쥐고 있는 경우가 잦았다.

자치와 독립을 향한 피식민지 인민들의 요구는 미국에게 기회인 동시에 딜레마였다. 미국은 마침내 유럽과 일본의 영토제국들의 폐쇄적 교역블록들을 개방시켜 전세계적인 문호개방 정책을 추구할 수 있는 위치에 놓이게 되었다. 그러나 미국은 신중해야 했다. 유럽의 동맹자들은 자신들의 식민제국의 해체에 강력하게 반발하였고, 또한 미국은 제3세계를 자본주의 세계경제의 중심부-주변부 구조 속에 묶어두려는 계획에 위협이 될 수 있는 혁명적 탈식민지화 과정을 피하고 싶었다.

지배적 세계권력으로서 미국은 다자주의(multilateralism)——'재화와 자본의 국경을 넘는 이동을 방해하는 장벽이 없는 것'——에 기반해 단일한 자본주의 세계시장을 재건하고(Borden 1984: 6면; Gardner 1980: 13, 42~47, 56~62면을 보라), 동시에 우호적인 세력균형을 만들어내야 하는 과제를 안고 있었다. 1945년 이후 다자주의에 대한 주요 위협은 달러 격차였는데, 100억달러에 이르는 미국의 무역수지 흑자 때문에 해외에서는 달러 계정이 매우 부족했다(Borden 1984: 6면; Leffler 1992: 164면).

아이러니하게도 자본주의 세계경제 재건에 최대 위협이 된 것은 바로 세계 생산과 무역에서 미국이 최고 우위를 차지하고 있다는 사실이었다. 유럽과 아시아가 재정적으로 파산하면 미국의 해외시장 접근이 차단되어 다자적 경제통합의 가능성이 파괴될 수 있었기 때문이었다. 미국은 이들 나라를 수출시장으로 보았으나, 일본과 서유럽은 재건에 필요한 미국 식료품과 원료, 그리고 기타 재화를 구매할 달러가 부족했다(Wallerstein 1991a: 26면). 게다가 미-소 경쟁 때문에 서유럽(나중에는 일본)은 동유럽, 중국 등의 전통적 시장 및 공급원으로부터 단절될 염려가 있었다(Borden 1984; Cumings 1990: 37면). 이것만으로도 달러 지역으로부터의 공급물에 대한 서유럽 및 일본의 의존이 증가하여, 달러 격차가 가중되었다.

전쟁 전에 미국은 정기적으로 유럽과의 무역에서 흑자를 냈는데, 중동과

아프리카, 아시아 등의 유럽 식민지에서 생산된 1차산품을 구입함으로써
이 무역의 균형이 유지되었다. 당시 유럽국가들은 공산품을 식민지의 원료
및 식료품과 교환하고 대규모 식민지 투자에서 얻은 이윤을 본국에 송금함
으로써 이 달러를 획득하였다. 이런 형태의 삼각무역은 다자적 무역관계를
위한 기초가 되었다(Borden 1984: 21~22면). 유럽은 이런 투자의 상당부분
을 전쟁에 필요한 현금으로 전환해야 했기 때문에 식민지 투자에서 얻은
이윤만으로는 막대한 액수의 달러를 획득할 수 없었고, 수입수요를 충족시
킬 외환을 얻기 위해 자국의 수출을 늘려야 했다. 식민주의가 약화되고 공
산주의 진영의 시장 및 비(非)달러 공급원에서 단절되었음을 감안하면 이
는 작은 문제가 아니었다.

　미국 지도자들은 경제적 붕괴와 혼란 때문에 서유럽에서 공산주의자들
의 의석이 늘어나 대륙이 서방에서 소련으로 교역상대를 바꾸지 않을까 우
려하였다(Leffler 1992: 163, 188~92면). 마찬가지로 미국은 일본의 좌익화 경
향을 두려워하였으며, 1949년 이후 일본과 공산화된 중국 간의 상업관계
재개의 정치·경제적 함의에 대해 우려하였다(Borden 1984: 22면). 미국이
보기에 진정한 위험은 세계적으로 삼각무역 형태——앞서 말했듯이 미국은
유럽의 식민지로부터 원료를 구입하고 유럽은 이를 통해 달러를 번다——
를 재창출하지 않는다면 유럽과 일본이 각기 소련과 동유럽, 그리고 나중
에는 공산주의 중국을 포함하는 인근 국가들과 연화무역블록(soft-
currency trading blocs)*을 형성할 것이라는 점에 있었다. 그렇게 된다면
자본주의 세계경제와 국가간체제의 작동에 매우 핵심적인 다자적 무역관
계와 세력균형이 모두 뒤흔들릴 수 있었다.

　미국은 일본과 독일연방공화국(이하 서독으로 부름——옮긴이)을 아시아와
유럽의 지역 공장으로 재건하여 각각의 주변부들과 재통합시킴으로써 미
국이 주도하는 다자적 경제통합과 자본주의 내 협력을 위한 필요조건을 확

---

* 마르크나 엔처럼 달러가 아닌 통화를 결제수단으로 사용하는 무역블록. 원문에는 soft-
　trading currency bloc이라고 되어 있는데, 저자의 요청에 따라 이를 수정하였다——옮긴이.
　이하 * 는 옮긴이 주임.

립하려 하였다. 특히 미국 전략가들은 유럽과 일본을 공업생산국으로 회복시켜, 그들의 구식민지에 공산품을 공급하고 1차산품을 수입할 수 있게끔 삼각무역 형태를 재창출하는 것을 목표르 삼았다. 이렇게 된다면 이 나라들은 달러를 벌어들이는 한편, 달러 부족의 주요인인 미국의 1차산품 및 기타 재화에 대한 의존도를 줄일 수 있게 돈다(Leffler 1992: 468~69면). 1949년 트루먼 취임 연설의 제4항에서 강조되었듯이 제3세계의 발전 프로그램도 이 계획에 포함되었는데, 이것은 부분적으로 중동 및 기타 지역에서 유럽을 위한 대안적 시장을 창출하기 위한 일환이었다(같은 책, 291면).

본질적으로 일본과 서독은 우호적 세력균형을 유지하기 위한 버팀목이었으며, 이들을 공산품 공장으로 부활시키는 것은 자본주의 세계경제의 새로운 팽창을 위한 물질적 토대의 핵심부분이었다(Borden 1984: 15면; Leffler 1992: 498면을 보라). 늘 그렇듯이 권력과 부, 또는 세력균형과 무역수지/국제수지에 대한 고려는 복잡하게 얽혀 있었다.

브레튼우즈 체제——국제통화기금(IMF)과 국제부흥개발은행(나중의 세계은행)——는 이런 국제수지 문제를 해결하고 그럼으로써 통화 태환성을 위한 조건들을 창출해내기에는 전적으로 부적합했다. 달러 격차를 해결하고 유럽 경제에 다자주의를 강요하기 위한 미봉책으로 도입한 것이 바로 마샬플랜이었다(Wood 1986: 38면; Hogan 1987: 13C, 133면; Leffler 1992: 233면; Block 1977: 86~92면). 그러나 달러 부족에 대해 마샬플랜은 미봉책이었을 뿐이고, 재정적으로 보수적인 미국 의회는 이 격차를 극복할 만한 충분한 원조를 유럽과 일본에 공여하기를 꺼려했다(Borden 1984: 11면).

소련은 소련대로, 미국 원조의 대가로 동유럽 경제가 서유럽 중심부 경제에 재통합되리라는 가정에 입각한 마샬플랜 등의 미국 프로그램의 영향력을 우려했다. 미국은 또한 소련과 제휴하거나 심지어는 중립적 입장을 취할 수도 있는 통일독일의 출현을 막으려 했다. 이런 목적에서 미국 전략가들은 원조 프로그램들을 독일의 서쪽 지대——가장 탐나는 라인-루르 공업단지——를 서방의 궤도에 통합시킬 수단으로 바라보았다(Leffler 1992: 277~86면; Loriaux 1993: 83~110면). 이는 소련 주변을 서방 및 민족주의의 영향력으로부터 지켜내려는 스딸린의 욕구와 갈등을 일으켰다. 레플러가 말했듯이(Leffler 1992: 185~86, 204면), "미국의 관료들은 끄레믈린에게 불쾌한 선택들만 들이대고 있음을 인정했으며, 케난(Kennan)은 러시아인들이 아마도 민족적 이기심 때문에 동유럽을 엄격하게 단속하게 되리라는 점을 깨달았다"(Alperovitz and Bird 1994: 10면도 참고하라). 소련인들은 정확히 그대로 하였다. 소련은 자신에 대한 마샬플랜 원조를 거부하였고, 폴란드와 체코슬로바키아가 거기에 참여하지 못하도록 강요하였으며(이 나라들은 참여하고 싶어했다), 체코슬로바키아에서 권력을 접수함으로써 동유럽국가에서 공산주의의 권력장악을 완수하였다. 체코슬로바키아는 의회체제가 잘 작동하던 나라였으므로 서방에게 특히 많은 걱정을 안겨주었다(Leffler 1983: 249면을 보라).

이어 1948년 6월 미국이 독일의 서쪽 지대에서 통화개혁을 실행한다고 발표하여 베를린 위기가 발발하였다. 소련은 이를 독일 서쪽 지대에 단독정부를 창설하여 서독을 서방 궤도에 통합시키려는 움직임으로 보았다. 소련은 베를린으로의 재화유입을 봉쇄하였다. 이에 대해 서방은 항공수송으로 대응하였다(Leffler 1992: 184~86, 203~20면; Bird 1992: 309~11면; Feis 1970: 267~412면을 보라). 미국은 소련의 이런 움직임이 침략 의도를 보여주는 증거라고 주장하였고, 뮌헨의 기억을 되살려,* 소련이 앞서 세계제국을 건설하려 한 바 있는 독일과 일본 파시즘체제를 계승하려 한다고 비난을 퍼부었다(Dehio 1962를 보라).

1940년대 말까지 소련은 동유럽에 대한 지배를 공고화하였고, 반면에 미국은 유럽과 아시아에서 세력균형 및 국제수지 문제 해결을 위한 단초를 찾아내었다. 처음에는 트루먼 독트린(1947)을 통해, 그 다음에는 나토(NATO) 건설(1949)을 통해 미국은 서유럽, 그리스 또는 터키에 대한 공산주의/소련(이 둘 사이에는 구분이 없었다)의 위협에 달러와 무력으로 맞설

---

* 1938년 독일이 체코의 슈데텐란트를 점령한 것을 영국·프랑스·이딸리아가 승인한 뮌헨 협정을 말한다. 이는 전쟁 회피를 위한 유화정책이었지만 이를 계기로 히틀러의 세력이 강성해졌고, 이듬해 히틀러가 폴란드를 침공하며 제2차 세계대전이 발발했다.

것이라는 점을 분명히하였다. 1945년에 네 개의 점령구역으로 분할된 독일 대신에 더 지속적인 분단 형태로서 두 개의 득일 국가가 수립되었다. 핵 우위를 바탕으로, 미국은 독일 세력에 대한 소련의 우려에도 불구하고, 그리고 반덴버그(Vandenberg) 상원의원이 말했듯이 이런 움직임이 '영구적 냉전을 제도화할' 위험——실제로 그런 쪽으로 기여하였다——을 낳을 것임에도 불구하고, 서독을 나토의 일부로 통합(그리고 결국 재무장)할 필요가 있다고 확신하였다(Leffler 1992: 204, 208~10, 218~19, 277~86, 308, 351, 498면; Alperovitz and Bird 1994: 3~20면; Bird 1992: 311면). 게다가 냉전과 나토는 소련을 봉쇄하고 미국의 동맹자들의 독립을 향한 열망을 봉쇄할 수 있게 해주었기 때문에 유용하였다(Costigliola 1989: 25면).

핵 우위는, 나토에 핵심적인 것이었지만, 제3세계에서 미국의 개입력을 뒷받침하는 데서도 유용했다(Ellsberg 1981: i~xxviii면; Leffler 1992: 443~44면; Betts 1987; Alperovitz and Bird 1994: 13~16면; Davis 1982: 35~64면). 그러나 순환논리에 따라, 제3세계에 대한 미국의 개입은 유럽의 재무장과 미국의 전략적 우위에 대한 요구를 증가시켰는데, 그 이유는 두 열강이 세력균형을 이루고 있는 제3세계에서 진행중인 갈등을 소련이 증폭시킬 것을 우려하여 그들이 전통적으로 우월한 위치에 있던 유럽으로 대결장을 옮겼기 때문이었다(Leffler 1992: 384면). 여하튼, 코메콘을 형성함으로써 마샬플랜 기구들에 맞대응한 것처럼 나토의 설립에 대응하여 바르샤바 조약이 설립되었다. 적어도 유럽에서는 냉전이 완전히 제도화되고 있었다.

그러나 세력균형과 국제수지상의 달러 격차 문제에 대한 장기적 해결책은 1950년대가 되어서야 출현하였다. 딘 애치슨(Dean Acheson) 미국 국무성 장관과 그의 보좌관 폴 니쯔(Paul Nitze)는 재무장 또는 '국제적인 군사 케인즈주의'(저자의 요청에 따라 1969년이라는 연도를 삭제하였다——옮긴이)가 달러 격차 문제 및 그와 연관된 안보문제를 다루는 데 대한 의회의 거리낌을 해소해주리라 여겼다. 니쯔는 이 전략의 개요를 핵심 정책 문서인 NSC 68에 기재하였다(Borden 1984). 양립하기 어려워 보이는 외교정책상의 두 조류, 즉 민족주의 정책과 국제주의 정책 간의 분열 때문에 이 한 묶음의 정책이 의회에서 인준되지 못하고 있었는데, 이 정책을 수행해야 하는 긴박한 이유를 찾아내 분열을 극복하는 것이 난점으로 떠올랐다.

의회(특히 우파 공화당원)는 대부분 지방·지역 사업체들의 이익과 국내시장에 뿌리박은 유권자들을 대변하는 민족주의 조류의 전형이었고, 옛 경제적·군사적 경쟁자들을 재건하기 위해 세금을 인상하는 것을 극도로 꺼렸다. 그와 달리 딘 애치슨과 존 맥클로이(John J. McCloy) 같은 동부 기득권층의 코즈모폴리탄 변호사로 상징되는 외교정책의 국제주의 조류는 국제무역 및 해외시장에 첨예한 이해관계를 지닌 다국적기업과 은행가들의 이익을 대변하였다(Borden 1984: 10면; Schurmann 1974: 60~65면; Bird 1992: 15~20, 663면; Cumings 1990: 23~31, 79~121면; Issacson and Thomas 1986). 민족주의와 국제주의 조류를 한데 모을 수 있던, 미국 국민의 근본적인 단 하나의 쟁점은 안보였다(Schurmann 1974: 65~68, 76~107면).

소련의 원폭실험 및 중국의 공산주의혁명에 바로 뒤이어 발발한 북한의 남한침공이 정치적 위기를 촉발한 덕에, 아시아와 유럽에서 달러격차를 극복하고 냉전적 세력균형을 강화하는 데 필요한 군사비의 대폭적 증가가 의회에서 인준을 받을 수 있었다. 미국은 국제적 군사 케인즈주의를 이용하여, 애치슨이 유럽과 아시아의 두 개의 대공장이라고 부른 곳을 재건하는 데 필요한 유동성을 배분할 수 있었고(Gilpin 1975: 110면) 동시에 미국의 동맹국들을 미국이 지배하는 안보구조 속에 묶어둘 수 있었다. 미국의 안보 책임에는 제3세계에서 자유기업들에 대한 문호개방을 보증해주는 것이 포함되어 있었는데, 미국의 전략가들은 이것이 다자주의에 핵심적이라고 여겼다(Leffler 1992: 314, 355~60면). 나중에 애치슨이 '한국이 우리를 구했다'고 말한 데서 암시되듯이, 한국전쟁은 이 모든 목표를 동시에 추구할 수 있는 호기였다(Hershberg 1993: 498면; cf. Cumings 1990: 761, 918면).

이 기간에 미국의 군사비 지출은 1백억달러대에서 6백억달러로 네배 이상(지은이 요청에 따라 수치 수정함—옮긴이) 증가하여 한국전쟁 붐을 일으켰다. 전쟁억지력 확대라는 목적을 위한 지원전력으로서 핵무기로 무장한 유럽주둔 미군은 미국이 바르샤바조약측의 우월한 재래식 전력에 맞서 서유럽을 보호한다는 약속의 신뢰성을 증명하는 가시적 증거였다. 동시에 이 미군들은 일종의 '움직이는 도시'로서 작용하여(McNeill 1982: 74~75, 82면), 1954년까지 나토 및 여타 동맹군에게 유럽제 군사장비를 구입해주기 위한 대금으로 매년 23억 달러가 '역외조달'(offshore procurement) 및 그와 연관된 프로그램을 통해 유럽에 흘러들어갔다(Sanders 1983: 113면).

게다가 한국전쟁 붐 때문에 1차상품 가격이 150%나 인상되어 유럽과 일본은 주변부와의 무역을 통해 달러를 벌어들일 수 있었는데, 달러 무상 공여를 비-달러권 무역원천의 개발에 접합시킨 '결합원조'(coordinated aid)같은 미국의 프로그램이 여기에 일조했다(Borden 1984: 25면). 정책문서 NSC 48/5는 아시아에 대해서도 이와 유사한 구도를 그리고 있는데, 이는 우선 한국전쟁(나중에는 베트남전쟁)을 위한 생산에 초점을 맞춘 것이었다. 1964년까지 72억달러의 군사장비 조달 비용이 일본으로 흘러들어갔다(Borden 1984: 155, 220면; Elliot 1955: 312~17면). 미국은 1970년까지 20년간 일본에서 연평균 5억달러씩 지출하였는데, 일븐으로 보자면 도합 100억달러의 횡재였다(Borden 1984: 220면).

한국전쟁은 미국 헤게모니를 전지구적 규모로 구축하는 수단이 되었지만, 그것의 기원은 아시아지역으로, 특히 커밍스가 '전후 첫 봉쇄조치'라고 부른 바 있는(Cumings 1981: 117면) 미국과 소련의 1945년 한국 분할점령으로 거슬러 올라갈 수 있다. NSC 48 문서의 윤곽은 소련의 원폭실험, 중국 공산주의혁명, "미국인들이 소련의 모든 주변지역, 특히 아시아에서 [팽창주의적](지은이 요청에 따라 삽입함—옮긴이) 압력으로 팽창[이라고] 감지한" 사태들 직후인 1949년 애치슨의 주도로 작성되었다. 이는 본질적으로 트루먼의 봉쇄 독트린을 정식으로 극동 전역으로 확장한 것이었다(Cumings 1990: 45, 160, 166면). 이 핵심적인 미국의 대 아시아 정책문서는 애치슨의 '거대한 초승달' 구도를 반영하여, 동북아시아와 동남아시아를 포함하는 일본 중심의 지역경제통합 프로그램의 밑그림이 되었다. 이 문서에는 다음과 같이 씌어 있다. "중국의 자원에 대한 압도적 의존을 벗어나는 것이 바람직하다는 점과 전쟁 전에 자원공급원이던 한국과 포르모사(대만의 포르투

갈식 명칭—옮긴이)로부터의 자원공급이 제한적이라는 점을 감안하면” 일본
은 대신 동남아시아로 방향을 돌려서 필요를 충족시켜야 했다(1949년 12월
23일의 NSC 48 초안을 인용하고 있는 McGlothlen 1993: 191~92면; NSC 48 초안은
Etzold and Gaddis 1978: 252~69면에 수록; Cumings 1990: 45~58, 168~77,
761~65면을 보라; Schaller 1985; Leffler 1992: 253~60, 298~304, 333~41면).

1950년대 북한의 언론에는 다소 상이한 관심사를 보여주는 기사들이 흘
러넘쳤는데, 이 기사들에는 (남한체제와 동맹한) 일본제국주의의 부활에
대한 우려와 일본이 미국의 동북아시아 군사작전을 위한 수송기지로 전환
되는 데 대한 우려가 섞여 있었다(Cumings 1987~88: 89면). 미국이 보기에
북한은 그저 자율성 없는, 소련인들의 보호국일 뿐이었다(Cumings 1990: 443
면). 그렇지만 북한의 공격은, 격렬한 내전이 벌어지고 있는 분단된 나라를
통일하려는 시도인 동시에, 동북·동남아시아에 걸쳐 있던 구 일본제국을
미국 헤게모니의 후원하에 재통합하게 될, 일본이라는 공장에 토대를 둔
지역적 정치경제의 출현을 막으려 한 시도였다고 할 수도 있을 것이다
(Cumings 1990: 763~65; Cumings 1987~88: 89면).

1950년과 그 이후의 미국의 대프랑스 원조 또한 NSC 48의 논리에 따라
추동된 것이었는데, 그 논리는 환태평양지역을 붙들어매고, 일본과 중국 사
이의 경제고리를 끊어 공산주의를 봉쇄하고 궁극적으로는 격퇴하며, 동남
아시아에 대한 일본의 경제적 접근을 확보하고, 또 소련과 중국을 이간시
켜 미국 후견하의 아시아 정치·경제에 중국이 재통합될 수 있게 한다는
것이었다(Cumings 1990: 165면; Cumings 1993a: 34~63면; Leffler 1992: 298~304
면; *Pentagon Papers* 1971: 375~81면). 게다가 민주당 때문에 중국을 잃었다고
비난해대는 우익 아시아 우선주의 공화당원들의 공격에서 민주당이 아직
헤어나지 못하고 있었고, 게다가 반역 및 매국행위에 대한 매카시적 고발
로 국무성 내에서 공산주의자로 의심받던 사람들이 숙정된 시기에 인도차
이나를 잃는다는 것은 정치적으로 확실히 파국적이었을 것이다(Ellsberg
1972: 41~141면, 특히 82~141면; Cumings 1990: 79~122면과 Davis 1986: 162~67
면도 보라). 더욱이 베트남 등지의 혁명운동에 대한 소련과 중국의 지원은

소위 도미노 효과에 대한 미국의 우려를 증폭시켰을 따름이었다. 일본은 '슈퍼 도미노'였다(*Pentagon Papers* 1971: 450면; Dower 1972: 101~42면).

냉전구조 덕에 이번에는 미국, 서유럽, 일본에서 냉전 반공주의를 이용해 노동운동에 맞설 수 있었다. 미국에서는 소련군의 동유럽 진군으로 헝가리 및 슬라브계 이민자들 사이에 반공주의 정서가 늘어나면서 반공주의 물결이 고조되었다. 사실 그 이민자들은 일반적으로 우익 카톨릭주의를 고양시킨 산별노조협의회(CIO)를 결성한 핵심집단으로 그 회원의 절반을 차지하고 있었다(Davis 1986: 90, 94면; Wallerstein 1954를 보라. Cumings 1990: 788면에서 인용; Fraser 1989: 55~84면). CIO 내부의 반공주의적 숙청이 진행된데다가 트루먼이 냉전을 지탱하기 위해 공화당원 및 남부 민주당원에 의존하게 되면서, CIO의 남부조직화 운동인 남부공작(Operation Dixie)이 사실상 패배하였고, 1946년의 전후 파업 물결을 타고 고양된 희망은 좌절되었다(Davis 1986: 96~97면; Lichtenstein 1982: 233~41면).

미국노동총연맹-산별노조협의회(AFL-CIO)와 공조한 미국의 정보공작 때문에 공산주의자들이 선거에서 패배하고 좌파주도의 노동운동이 쇠잔해지면서, 냉전은 유럽과 일본에서도 작동하기 시작하였다. 노동은 이제 포드주의의 규율과 냉전에 통합되었고, 한편 동쪽 진영에서는 독립노조 및 국가의 허가를 받지 않은 정치활동이 무자비하게 억압되었다(Arrighi 1990a: 29~63면; Davis, 1986: 184~90면; van der Pijl 1984: 150~56면; Chomsky 1991: 331~50면; Eisenberg 1983: 283~306면; Filippelli 1989; Moore 1983).

유럽과 일본의 좌파 노동운동에 재갈을 물린 미국은, 비록 옛 식민지체제를 붕괴시키는 것이 자신이 추구하는 방향이긴 했지만, 제3세계 급진주의에도 제동을 걸었다. 미국의 새로운 다자적 세계질서 계획이 해외 식민지를 보유하고 폐쇄적 교역블록을 형성한 유럽 영토제국들의 옛 세계질서와 갈등관계에 있는 것은 분명했다. 더군다나 식민통치는 점차 혁명적인 탈식민지화를 불러일으키고 있었다. 이런 두 가지 이유 때문에 미국은 일반적으로 탈식민지화를 선호하였다. 미국은 한편으로 유엔의 설립을 통해, 다른 한편으로 식민국가에 직접 압력을 넣어서 이런 국가간체제의 개혁을 추진하였다.

　이데올로기적 차원에서 유엔은 주변부 인민들도 강대국처럼 정치적 독립과 진보, 그리고 평등을 누릴 수 있다고 보장한 일종의 약속어음이었다(Schurmann 1974: 69면). 유엔의 약속은 미국 헤게모니와는 모순되는 것이었는데, 왜냐하면 유엔이 옛 식민제국 해체의 틀을 제공하는 동시에 급진적인 탈식민지주의운동과 제3세계 독립국들의 비동맹정책을 위한 공간도 제공하였기 때문이었다.

　유엔은 세계 역사상 최초로 세계정부라는 관념을 구체적으로 제도화했으며, 총회에서 일국일표 원칙을 채택했다는 점에서 정치적으로 '혁명적'이었다(같은 책, 71면). 동시에 많은 실권은 안전보장이사회를 구성하는 다섯 나라——미국, 소련, 영국, 프랑스, 중국——의 수중에 있었다. 그럼에도 유엔은 미국을 도와 국가간체제를 재구성하는 또다른 기제였는데, 이 재구성된 국가간체제는 지금까지 주권국가의 시민으로 인정받지 못했던 식민지 인민들의 권리를 포함하는 것이었다. 결국 세계적 탈식민지화를 통한 국가간체제의 이런 근본적 재조정은 헤게모니 통치의 미국적 주기가 탄생시킨 가장 중요한 유산 중의 하나이다(Arrighi 1990b: 401면).

　그러나 민족주의 독립운동이나 공산주의운동이 미국의 개방정책을 위협할지 모른다는 우려 때문에 탈식민지화에 대한 미국의 지지는 제한적이었다. 이런 이유에서 미국은 때로 탈식민지화를 지연시키려는 유럽정부들의 요구에 응했는데, 아프리카에서 포르투갈을 지지한 것과 베트남에서 프랑스를 지지한 것이 두 가지 예이다. 탈식민지화를 진척시키겠다는 약속을 때때로 철회하면서 미국은 은밀하게 공작을 전개하여, 이름뿐인 독립국들의 주권을 제한하였다. 1945년에서 60년대 말까지 미국은 공세적으로 문호개방 정책을 추구하면서 전 세계에서 군사 행동을 전개하였다. 미국은 1953년 이란에서 모싸데(Mossadegh)정부를 전복하고 샤(Shah, 이란의 국왕——옮긴이)를 옹립하는 것을 지원하였고(Bill 1988: 51~97면), 1954년 당시 과테말라정부가 미국 다국적기업들의 특권에 도전하자 이 정부를 몰아냈다.

　냉전이 전개된 것은 제3세계에서 반식민지운동의 압력으로 인해 탈식민지화를 향한 움직임이 가속화됨에 따라 민족주의 세력이 고양되는 바로 그 상황 속에서였다. 당시 (두 개의 한국을 제외한) 아프리카와 아시아의 29개 독립국 모두가 참가한 1955년의 반둥회의와 비동맹운동(NAM)의 탄생이 이 과정을 더욱 진척시켰다. 비동맹운동 국가들은 그들의 주권을 제약하는 냉전의 초강대국동맹에서 벗어나, 사회·경제·외교 정책의 모든 면에서 제3세계 국가들의 자결권을 지지하고자 하였다(Singham and Hune 1986: 66면). 이런 입장은 유엔헌장에 규정된 '권리들'을 논리적으로 연장시킨 것까지는 아니었고, 그저 그것을 다시 한번 더 천명했을 뿐이었다. 바로 이런 이유 때문에 비동맹 지도자들은 미국이 적대적인 태도를 취하지는 않을 것이라고 예상했을지도 모른다. 그러나 비동맹은 미국의 다자적 경제통합 계획을 위협하였고, 따라서 심각한 도전으로 간주되었다.

미국은 자신의 문호개방 정책에 대한 제3세계의 민족주의적 위협뿐 아니라 식민국가의 민족주의적 위협에도 반대하였다. 식민블록들 또한 다자적 경제통합을 위협하였기 때문에, 제3세계를 명목적으로나마 독립시킬 필요가 있었다. 미국이 탈식민지화 정책에서 이득을 본 한 가지 중요한 사례는 1956년 수에즈 위기이다. 나쎄르 치하의 이집트는 비동맹운동과 '반둥세대'의 지도자 중 하나로 부상하였다. 나쎄르가 수에즈운하를 국유화한 후, 영국, 프랑스, 이스라엘이 이집트를 침공하였다. 미국은 나세르의 급진적 민족주의에 반대했지만, 동맹국들을 비난하고 철수시켜 이런 뻔뻔스런 재식민화 기도를 저지하였다. 이 과정에서 미국은 중동 대부분 지역에서 영국과 프랑스를 대신하여 이 지역의 석유에 대한 통제력을 강화하였다. 수에즈는 미국이 식민통치 재이식을 거부한 단지 하나의 사례일 뿐이며, 같은 해 소련의 헝가리봉기 진압에 대한 반응과 뚜렷한 대조를 이룬다. 헝가리의 경우 미국은 (많은 수사학을 동원했지만) 사실상 전후 세력균형 및 연관 협정대로 소련의 동유럽 지배를 인정했다.

1960년까지 사하라 이남 아프리카에서 20여개국이 독립을 쟁취했고, 탈식민지화 물결은 점점 거세졌다. 소련과 미국은 이들 및 기타 신생 독립국들의 충성을 얻으려 한 반면, 유럽국가들은 독립과정 전체의 속도를 늦추려 했다. 탈식민지화 물결을 막으려는 유럽국가들의 노력은 무수히 많았다. 네덜란드는 종전 직후 동인도에서 폭동진압 작전을 수행하였다. 영국은 말라야와 걸프에서 유사한 작전을 벌였고, 1950년대에는 케냐에서 마우마우 반(反)식민지 반란을 진압하였다. 프랑스는 베트남과 알제리에서 장기간에 걸쳐 피비린내 나는 식민지전쟁을 수행하였다. 그리고 포르투갈은 기니아-비소(Guinea-Bissau), 모잠비크 및 앙골라(이 두 나라는 1975년에야 독립을 획득하게 된다)에서 반식민지운동 세력과 전투를 벌였다.

이 시기 전체에 걸쳐 냉전 경쟁은 고조되었다. 1961년 흐루시초프는 '민족해방전쟁'을 통해 맑스주의를 전파한다고 이야기하여 제3세계 민족주의에 대한 미국의 우려를 증폭시켰다(Noer 1989: 258면). 케네디 재임시 미국은 공산주의적 길에 대한 대안으로서 국가건설과 경제개발을 장려해야 한다는 전제하에, 근본적으로 반혁명적인 대응을 수립하였다(Paterson 1989: 13면). 케네디의 진보를 위한 동맹은 선제 반혁명에 의한 것까지 포함하여 라틴아메리카의 친체제적인 정부를 지원하기 위한 그와 같은 프로그램의 하나였다(Rabe 1989: 105~22면; McClintock 1985; 1992). 꾸바혁명 전복에 실패한 미국은 그것이 전파되는 것을 우려해, 라틴아메리카의 과두적 엘리뜨들과 동맹하여 1964년 브라질 정부 전복을 지원하였고(Black 1977), 65년에는 도미니까공화국을 침공하였다.

미국은 언제나 제3세계의 친미정권을 확보하기 위해 은밀한 공작을 수행할 수 있을 때에만 탈식민지화를 지원하곤 하였다. 미국은 네덜란드에 압력을 넣어 인도네시아 독립을 허용하도록 만드는 데 성공하였지만, 그후 민족주의 지도자 수카르노가 축출(아마 미국이 개입했을 것이다)된 후 1965년 인도네시아 공산당을 파괴하고 그 지지자로 의심되는 사람들을 제거하는 데 일조하였다. CIA는 이 사건을 '20세기의 가장 극악한 대중학살 중 하나'라고 불렀는데, 이때 약 25만에서 백만명 이상의 사람들이 살해되었다(Kadane 1990a; 1990b; Scott 1985: 239~64면; Brands 1989: 785~808면; Crouch 1978).

(자연자원이 풍부한) 콩고의 오랜 위기는 독립 후 친미정권 확보를 위해

미국이 은밀하게 개입한 또다른 사례다. 1960년 독립기념일 직후 콩고군대가 반란을 일으키자 벨기에는 자국 시민을 보호한다는 명분을 내세워 군대를 파견하였다. 그러자 카사부부(Kasavubu) 콩고 대통령과 루뭄바(Lumumba) 수상은 벨기에인들을 쫓아내달라고 유엔에 요청하였다. 사실 벨기에인들은 카탕가주의 분리를 암묵적으로 지지하고 있었다. 유엔군이 파견되었지만, 그 정치적 역할은 모호했다. 그후 루뭄바가 카탕가주를 되찾기 위해 소련의 지원을 요청하였을 때, 카사부쿠는 (미국과 벨기에를 등에 업고) 루뭄바를 몰아냈고, 이어 루뭄바는 카사부부를 해임시켰다. 곧 이어 아이젠하워(Eisenhower)와 덜레스(Allen Dulles) CIA 국장은 루뭄바를 암살하고 군 선임장교인 모부투(Joseph Mobutu)를 그 자리에 앉힐 가능성을 내비쳤으며, CIA가 그 일에 착수하였다(US Congress 1975: 13~70면). 실제로 루뭄바는 카탕가 분리파 지도자들에게 암살되었는데, 그가 잡힌 정황은 의심스러운 것이었다(Gleijeses 1994: 209면). 그 당시 콩고의 안정을 유지시킨 것은 유엔군이었다. 카탕가주는 최종적으로 1964년 재통합되었다. 그러나 64년 유엔군이 떠날 채비를 하고 있을 때, 루뭄바 지지자들의 주도로 카사부부정부에 반대하는 반역의 물결이 또다시 일어났다. 콩고 정부군이 힘없이 무너지자 카사부부는 카탕가 반군 지도자인 므와제 촘베(Moise Tshombe)를 수상에 임명하였다. 일부 아프리카국가들이 소련, 중국, 꾸바와 더불어 루뭄바파 반란군에게 약간의 지원을 보낸 반면, 미국은 1964~65년 (벨기에의 지원을 받아) 이 나라의 친미적 태도를 확보하기 위해 남아프리카와 로데지아로부터 수백명씩 백인용병을 조직하여 돈을 대고 나르기 시작하였다(같은 책, 217~20, 235~37면). 미국이 이처럼 개입을 지휘한 결과, 군사적 상황은 안정되었다. 그러나 새로운 수상인 촘베 치하에서 정치상황은 점점 더 혼미해졌고, 마침내 1965년 미국의 오랜 동맹자인 모부투가 군사쿠데타로 정권을 장악하였다(같은 책, 235면).

유럽과 일본이 안정을 되찾은 반면, 아프리카, 아시아, 라틴아메리카와 중동에서는 소요가 계속되었다. 결국 미국은 방향을 선회하였다. 1950년대 초 미국의 군사원조 및 경제원조의 대부분이 유럽 국가 및 선별된 동아시아지역으로 들어 갔지만, 1950년대 말과 60년대의 미국 원조의 대부분은 친미적인 제3세계 정부들로 향했다.

그 결과 전후의 혼란에서 벗어나 세계경제에서 미국의 우위를 보장한 세계질서가 한동안 형성되었으나 이 세계질서는 동시에 자신의 해체의 씨앗을 뿌리고 있었다. 1947년 트루먼의 봉쇄 독트린에서 처음 선언된 동방과 서방이라는 단층선이 50년에 결정적으로 공식화되면서, 새롭게 재구성된 국가간체제를 구성하는 접착제가 되었다. 여기서 한국전쟁은 이 두 진영 간의 경계지대를 형성하는 데 일조하였으며, 대부분의 제3세계는 초강대국들이 3차대전을 촉발시키지 않으면서 경쟁을 지속할 수 있는 영역으로 남았다(Cumings 1990: 756). 물론 꾸바 미사일 위기와 거기서 초강대국간 경쟁의 새로운 장이 생겨난 데서 입증되듯이 전쟁의 위험은 상존했으며 증폭되고 있었다(Ellsberg 1986a를 보라; Hershberg 1990: 163~98면을 보라; Lebow 1987을 보라; Bundy 1988).

게다가 미국과 소련이 모두 공식적으로는 반제국주의 이데올로기를 내세웠지만(Barraclough 1964: 121, 123면), 두 강대국들은 이런 냉전 양극체제에 힘입어 각자의 세력권 내에서 피후견 독재국가에 간섭하고 그것을 유지시키는 것을 정당화할 수 있었다. 미국의 경우 세력권이 라틴아메리카에서 중동까지 전 지역에 걸쳐 있던 반면, 소련의 경우에는 대체로 동유럽에 한정되었다(아프카니스탄과 제3세계 국가들은 나중에 나타난 두드러진 예외이다)(Chomsky 1982: 192, 422면). 이렇듯 다양한 정책을 통해 미국과 소련은 때로 서로에 대해 반작용하면서 진영을 창출해냈고 안보관계를 만들어냈다. 이 안보관계는 국가간체제에 질서를 가져왔고, 일시적으로 두 진영이 각기 상대진영을 강화할 수 있도록 했다.

이런 형성기 동안 미국 외교정책의 주요 줄기는 두 가지였다. 첫째는 서독과 일본을 유럽과 아시아의 지역 공장으로 재건하는 것이었고, 두번째는 제3세계에서 해외무역 및 외국인 투자에 대한 개방을 확보하기 위해 탈식민지화를 일반적으로 추진하되 이를 '반혁명적 폭력의 전지구적 논리'(Davis 1986: 183면)로써 균형을 잡는 것이며, 이로써 다자적 무역관계와 경제통합에 필요한 세계경제의 중심부-주변부 구조를 유지하는 것이었다.

그러나 1960년대 말이 되면서 미국이 문호개방 정책을 위협하는 혁명운동들을 분쇄하기 시작하자 국제적 군사 케인즈주의의 안보기능이 그 경제적 기능을 추월하기 시작하였다. 그렇지만 미국은 베트남 인민들에게 자신의 의지를 강요하려 했을 때 다시 한번 그 자신의 힘의 한계에 직면하게 되었다. 1968년 구정공세(Tet Offensive)*에서 작은 후진국 농민군이 세계의 헤게모니 초강대국에 승리할 수 있다는 것이 극적으로 드러났듯이, 베트남의 도전은 북(北)에 대한 남(南)의 잠재적 힘을 세계에 보여주었다(Arrighi, Hopkins and Wallerstein 1989a: 36, 103면).

베트남전쟁은 또한 1968년부터 국제수지상 미국의 지위를 크게 역전시키는 데 핵심적인 역할을 하였다. 현기증나는 역전이었다. 2차대전 종전 초기에 미국은 100억 달러의 무역 흑자를 내어 거대한 달러격차를 유발하였는데, 1971년과 72년 미국은 거의 같은 액수의 국제수지 적자를 냈다 (Schurmann 1987: 356면; Borden 1989: 57~85면을 보라). 전쟁비용을 충당하기 위한 미국 달러의 발권이 인플레이션을 유발하자 다른 중심부 나라들은 달러보다 금 보유를 선호하게 되었다. 그 결과 금은 고갈되었으며, 1971년 미국의 금창구 폐쇄로 달러-금 태환이 막을 내렸다.**

그 이전 한국전쟁 때처럼, 베트남전쟁을 위한 미국의 대규모 해외원조와 군사비 지출은 미국의 동맹국들, 특히 일본, 남한과 대만 등 동아시아 국가들에게 '횡재'였다. 게다가 아시아의 지정학적 전략의 일환으로 미국은 계속 동아시아 수출품에 시장을 개방하여, 이 지역의 중상주의를 용인하는 일종의 '역 문호개방' 형의 두드러진 단일시장 종속을 형성하였다(Woo-Cumings 1993: 146면; Havens 1987: 92~106권; Woo 1991: 92~97면). 이처럼 군

---

* 1968년 1월 30일 북베트남군과 베트콩들이 베트남 음력 설 명절 기간(Tet)에 대공격을 감행한 사건을 말한다. 사이공과 후이(Hue)에서 특히 격렬한 전투가 벌어졌고, 민족해방전선(NLF)은 이 지역을 몇주간 점령·지배하였다. 이 사건을 계기로 많은 미국인들이 베트남전의 승리 가능성과 정당성에 대해 회의하는 쪽으로 기울기 시작했다

** 미국이 금 1온스당 35달러로 유지되던 고정환율제를 포기한 것을 말한다.

사비 지출이 컸고 미국의 동맹국(특히 동아시아의)들이 이를 통해 기회를 포착하였기 때문에 미국이 탄생시킨 국가간질서에 힘입어 성장이 굳건해진 다른 중심부 국가 및 그 경제지역에 비해 미국경제는 점점 취약해졌다.

돌아보면, 미국이 문호개방 정책을 강요하여 주변부와 다자적 무역패턴을 확보하는 것보다는 유럽과 아시아의 지역 공장을 재건하는 것이 상대적으로 쉬웠다. 궁극적으로 미국 헤게모니의 쇠퇴를 촉진한 가장 결정적 요인은 바로 이런 비공식적인 미국제국의 전지구적 팽창과 제3세계 민족주의 힘의 성장 간의 모순이었다. 동시에 소련도 그 진영 내에서 힘을 상실해가고 있었는데, 1968년 소련의 체코 침공과 중소분쟁의 심화가 그 예였다. 부활한 경쟁 및 다극체제가 양극적 세계질서를 대체해가고 있었다.

1967/73~90년 : 국가간체제의 변동들

구정공세 이후 시기에 미국 헤게모니가 쇠퇴하고 세계경제가 하강기에 들어서면서 세계경제와 국가간체제 모두에 극적인 변화가 발생하였다. 1960년대 말이 되자 서유럽 국가들과 일본의 경제력이 미국에 비해 실질적으로 성장한 결과, 이들 나라는 미국에 덜 의존하게 되었다. 그러나 그들은 국제문제에서 더 능동적인 역할을 맡고 싶어했음에도 불구하고, 미국의 군사적 역할이 그들에게 여전히 중요했으므로 미국과의 특별한 관계를 손상시키지지 않기 위해 조심했다(McCormick 1989: 173면; Barnet 1983: 338면). 서독은 1960년대 말 동유럽과의 관계를 개선하는 소위 동방정책(*Ostpolitik*)을 추진하였다. 서독은 1969년에 핵확산금지조약에 서명하였고, 70년에는 소련과 불가침협정을 체결하였다(McCormick 1989: 174면; Barnet 1983: 294면). 이어서 서독은 동유럽의 전후 국경선을 공식적으로 승인하였다.

여러가지 점에서 동방정책은 동방과 서방 간의 옛 관계의 변화를 촉진한 추동력이 되었다(McCormick 1989: 173면). 이제 미국은 동맹국들을 항상 이

끌어가던 지난 25년간의 극대 헤게모니 국면과는 달리, 때로는 서독이 이 끄는 대로 따르려 하였다(Lundestad 1986: 109면). 동시에 동방과 서방 사이의 '긴장완화' 때문에 동유럽 위성국가들에 대한 소련의 장악력이 이완되어, 동유럽에 있는 많은 소련의 피후견국가들이 서방과의 경제관계를 증진시켰다(McCormick 1989: 182면).

이렇듯 1960년대 말에 이르러 구정공세, 그리고 서독과 일본의 독립성 및 경쟁력 성장이 모두 미국 힘의 한계를 드러내 보여주기 시작하였다. 1969년 닉슨(Nixon) 독트린은 이런 한계를 인식하여 늘 전지구적 봉쇄의 최전선에 선다는 정책——한국전쟁에서 처음 실현된——을 포기하였다(Litwak 1984를 보라). 이런 중요한 정책전환에 따라 닉슨과 키씬저(Kissinger)는 브라질, 남아프리카, 이스라엘, 이란, 사우디아라비아 같은 선별된 반주변 국가들에게 권력을 위임하여 미국을 위한 국지적 하위제국들로서 역할하도록 교사하기 시작하였다. 미국은 미 지상군의 전투 파견을 중단하고, 대신 대리국가들 및 해·공군력에 의존하였다(Klare 1972: 322~23면).

이런 정책전환의 지정학적 귀결로 소련과의 데탕트가 추진되었는데, 미국의 극적인 대중국 문호개방 때문에 발생한 중소분쟁은 이를 위한 유리한 조건이 되었다. 1960년대 말/70년대 초 미국의 새로운 삼각외교 구상은 중국과 소련에 압력을 넣어 미국이 지배하는 국가간체제의 규범을 완전히 수용하도록 만드는 것이었다. 동시에 미국은 삼각외교를 이용해 중국과 소련을 이간시킬 수 있었다. 게다가 중국이 1970년대에 미국의 동맹국(또는 적어도 소련에 대한 일관된 반대자)으로 바뀌었기 때문에, 미국에 결정적으로 유리한 방향으로 전지구적 세력균형에 중요한 변화가 일어났다. 사실 미국이 한국과 인도차이나에서 아시아와 전쟁을 벌인 것은 중국혁명이 불러일으킨 위협 때문이었다. 중국과 친선을 도모하게 됨에 따라 미국은 이제 아시아에서 다소 발을 뺄 수 있었다.

1970년대 초반에는 제3세계 산유국들의 경제력이 성장하였다(Nwoke 1987). 1973년 발생한 석유수출국기구(OPEC)의 오일 쇼크 때문에 미국의 석유비용은 72년의 50억달러에서 75년 480억달러로 늘어났다(McCormick 1989: 164면; Itoh 1990: 54면). 그러나 OPEC의 부상은 미국의 주요 경쟁자들에게 더 심각한 영향을 끼쳤다. 석유가격은 달러로 표시되었기 때문에 유가인상은 유럽과 일본이 해외에서 축적해온 달러를 흡수하여 이들 나라의 무역수지를 악화시키고, 생산비용을 상승시켰다(Schurmann 1987: 271, 354, 371, 373면; Bromley 1991: 135, 141면). 또한 유가인상 때문에 미국 무기와 석유달러의 교환이 가능해져, 하위제국 권력의 도움에 의존해 세계체제를 경비한다는 닉슨과 키씬저의 전략이 강화되었다(Bromley 1991: 141면). OPEC가 제3세계에서 잉여자본의 새로운 회전을 개시함으로써, 무기거래뿐 아니라 건설계약 발주, 재무성 채권의 구입 등의 투자를 통해 석유달러가 미국으로 환류될 수 있었다(같은 책, 150면을 보라). 달러 가치는 이런 석유달러 환류로 지탱되었고, 이 과정을 통해 미국 헤게모니를 유지하는 데 석유와 무기가 중심적이라는 것이 밝혀졌다.

미국과 기타 석유 소비국들에서 전보다 더 많이 흘러나온 달러는 서방의 은행을 통해 미국 진영과 소련 진영의 산업화 과정에 있는 나라들에 대출되었다. 이런 차관을 도입한 국가들은 점차 대출국 정부와 은행, 그리고 IMF/세계은행의 권력과 지배에 더욱더 종속되었다(Korner et al. 1986; Payer 1974를 보라; R. Broad 1988). 제3세계 국가들은 이 차입금 중 상당부분을 주로 유럽과 북미로부터 무기를 대량 구입하는 데 사용하였다. 1960년에서 87년까지 주로 반주변부 국가들이 지출한 무기 구입액은 4천억달러에 이른다(George 1992: 151면). 산유국들, 특히 걸프지역에서 미국 정책의 '쌍둥이 기둥'인 이란과 사우디아라비아에 대한 무기판매는 경제적 기능과 군사 안보 기능을 함께 수행했다. 샤가 통치하던 시기에 이란은 300억달러 이상의 무기를 구매하였는데, 이는 주로 미국에서 사들인 것이었다(Klare 1984: 126면; Bill 1988: 200~12면). 미국은 부분적으로 이런 첨단기술 무기 판매를 외교정책 수단으로 보았으며, 구매국을 미국의 호의에 의존하여 무기, 예비품 및 훈련을 지속적으로 공급받는 고객으로 묶어두고자 하였다(Ellsberg 1986b).

소련도 이런 무역에 참여하여 시리아, 이집트, 이라크에 군사원조를 제공하였다. 이 시기에 전 세계를 대상으로 한 미국과 소련의 무기판매의 목표는 우호적 세력균형을 만들어내는 것이었으며, 무기판매는 상당한 이윤이 남았을 뿐 아니라 영향력의 통로로서도 이용되었다. 미국의 처지에서 보자면, 1950년대 초 이래 동맹국들에게 달러를 배분하기 위해 해외에서 무기를 구입해왔는데, 이제는 자국의 국제수지를 지탱하기 위해 무기를 팔아서 외환을 비축하게 되었으니, 참으로 아이러니가 아닐 수 없었다.

1970년대 초에 시작된 데탕트는 70년대 말에 끝났다. 소련이 제3세계의 혁명운동과 탈식민지 정권을 지지하는 방향으로 선회함에 따라 미소간의 긴장이 고조됐다. 소련은 앞서 꾸바, 이집트, 인도에서 그런 지지를 한 적이 있었다. 데탕트가 이를 종료시키고 이들 지역에서 다소 줄어든 규모로라도 미국 혼자 공작을 추진할 수 있도록 해줄 것이라는 게 닉슨과 키씬저가 줄곧 지녀온 바람이었다. 기대와 달리 소련은 대미관계에 대한 인식을 전환함으로써 특정 주변부 지역에 더욱 개입하게 되었다(Garthoff 1985: 502, 671면; McCormick 1989: 182면). 소련의 주요 활동 대상은 남부 아프리카(앙골라, 모잠비크), 아프리카의 뿔(소말리아, 에티오피아), 남예멘, 그리고 아프카니스탄이었다(Lundestad 1986: 125~32면).

7,80년대에는 다른 요인들도 세계적 군사화에 기여하였는데, 여기에는 반주변부에서 가장 두드러지게 나타난 군사적 자급자족을 향한 충동도 포함된다. 남한은 중화학공업화 계획에 착수하였는데, 여기에는 미국이 원조를 줄이고 중국에 문호개방하자 군사장비를 자급하겠다는 뜻이 부분적으로 담겨 있었다. 1980년대에 금수조치가 사실상 이란 공군을 무력화하자 이란은 모든 노력을 기울여 필요한 무기를 국내에서 생산하기 시작하였다(Klare 1991: 179면; Ellsberg 1986b를 보라; Cazina 1983: 특히 224~28면). 남아프리카공화국과 이스라엘 모두 핵무기까지 포함한 상당한 무기생산 능력을 발전시켰다(Klare 1991: 179면). 마지막으로 우리는 이라크와 북한이 대대적으로 무기 자급자족을 추진한 결과, 비록 (비핵국가로서) 핵확산금지조약(NPT) 조인국이며 따라서 유엔 국제원자력기구(IAEA)의 감독 및 사찰을

받음에도 불구하고, 적어도 거의 핵무기를 생산할 수 있는 단계에 도달했음을 알고 있다(Burrows and Windrem 1994: 25~59, 424~38면).

군수산업 및 국가간 갈등 때문에 무기 보급이 크게 진척되면서 중저급 기술 무기에 특화한 제2진 무기공급국들이 성장하였다. 제3세계 생산자들이 유럽·북미 생산자들이 분점한 시장에 끼어들었다. 제2진 무기생산국에는 브라질, 중국, 이스라엘, 북한, 남한, 칠레, 폴란드, 에스빠냐, 체코슬로바키아가 포함된다. 브라질의 무기판매액은 1976~81년 6억 7천만달러였다가 1982~87년에는 26억달러로 늘어났고, 중국의 무기판매액은 같은 기간에 12억 5천만달러에서 78억달러로 늘어났다(Klare 1991: 181면).

전반적으로 제3세계 국가들은 1970년 이후 군사비 지출을 크게 늘렸다. 1960년대에서 70년대 초까지 제3세계 국가들의 연평균 군사비 지출은 40~50억달러였다. 1973~79년에 그 액수는 200억달러에 이르렀고, 1985~89년에는 400억달러로 늘어났다(Sivard 1991: 6, 11면).

이런 세계적 군사화 추세에 수반하여 유엔 네트워크의 성장이 두드러졌는데, 1956년부터 90년대에 이르기까지 유엔 평화유지 활동은 줄곧 증대해왔다. 물론 유엔의 군사력 배치는 초강대국들에 비해 상대적으로 여전히 소규모(늘어나고 있다고 해도)이지만 말이다(Karns and Mingst 1994: 188~215면). 동시에 국가간체제를 조절하는 제도들이 비약적으로 성장하였다. 유엔만 하더라도 (주로 제3세계 국가들의) 무기개발의 사찰 및 규제 업무를 맡은 초민족적 기관인 IAEA로부터 세계보건기구에 이르기까지 10여개 이상의 전문기구들을 갖출 정도로 성장하였다(Arrighi, Hopkins and Wallerstein 1989a: 44면).

대체로 1970년대 말까지 공식적 탈식민지화 작업이 완료되자, 제3세계는 유엔 등의 국제회의에서 세계체제의 정치·경제 개혁을 촉구하는 목소리를 높여갔다. 제3세계의 압력하에 형성된 기구인 UNCTAD(유엔무역개발회의)는 신국제경제질서를 추진하였다. UNESCO(유엔교육과학문화기구)는 세네갈의 아마두 모흐타르 므보우(Amadou Mokhtar M'bow)가 사무총장을 맡던 시절, 소위 신세계정보질서를 수립하려 하였는데, 그 목표는 세계 미디어에 대한 서구의 사실상의 통제를 축소시키는 것이었다(Preston, Herman and Schiller 1989). 게다가 유엔인권위원회 및 관련 기구들은 세계인 권선언을 토대로 각국 시민과 체류자들을 상대하는 데 있어 정부의 면책권(impunity)을 제한하는 것을 목표로 공식적인 조사를 하기 시작했다. 그리고 1970년대 말에 이르면 유엔총회의 투표패턴에서 확인할 수 있듯이 세계체제의 정치·경제적 불평등에 대항해 동원되는 제3세계의 더욱 증대되는 힘이 유엔에도 반영되고 있는 듯했다(Karns and Mingst 1991: 281~83면: Kay 1993: 169~70면).

이런 제도적 격변에 대응해 1970년대 후반과 80년대 들어 반주변부 및 주변부 국가에서 사회적 격변이 늘어났으며, 강대국들은 이를 거의 통제할 수 없었다(McCormick 1989: 225면). 이란, 니카라과, 엘살바도르, 필리핀, 브라질, 남아프리카, 남한, 폴란드, 그리고 나중에는 동유럽 전역에서 사회불안이 나타났다. 특히 이란혁명과 미국대사관 점거는 국가간질서에 대한 중대한 도전이었고, 미국 권력 쇠퇴의 상징이자(Barnet 1983: 400~401면), 북(北)과의 관계에서 남(南)의 힘이 증대되었다는 상징이었다.

이란혁명 때문에 닉슨 독트린은 일부 포기되었다. 미국 기득권층은 자국의 지역헌병을 상실한 것에 큰 충격을 받았으며, 곧바로 냉전 분위기를 재생시킬 필요성을 느끼게 되었다(Chomsky 1982). 이런 분위기는 미국대사관 점거나 소련의 아프카니스탄 침공 이전부터 조성되었다. 소련의 정책은 다소 다른 궤적을 그렸다. 데탕트 이후 소련은 미국의 저가시(low-visibility) 전략을 자신의 힘의 증가로 오판하였던 것이다. 결국 소련은 미국이 베트남에서 겪은 재앙을 아프카니스탄에서 되풀이하였다.

한국전쟁 덕에 NSC 68과 제1차 냉전 수행이 가능했던 것처럼, 소련의 아프카니스탄 침공 덕에 미국은 이미 작동하던 냉전재생 계획을 진척시킬 수 있었다. 사실, 부활한 당면위기대처위원회(Committee on the Present Danger)*——이 위원회는 1차 냉전이 시작되던 1950년에 강력한 군대를

---

* 1976년 부활한 비영리단체로, 소련의 위협에 대응하기 위해 미국정부가 방위비 지출을 더 늘리도록 주도하였다. 그 위원들은 나중에 레이건정권에서 요직을 차지하였다.

만들려는 로비에서 출현하였다——같은 영향력있는 엘리뜨 정책입안집단
은 미국이 더욱 강력한 군사적 지위를 차지하도록 압력을 넣었다(Sanders
1983: 238~40면; Hershberg 1993: 491~553면을 보라).

　미국은 하위제국 권력에 주로 의존하던 데서 벗어나, 자체 군비지출을
늘리고 전쟁 대비태세를 강화하여 소련과 더 직접적으로 대결하고 제3세
계의 도전을 저지하려고 했다. 지구 전체를 대상으로 한 미국의 민첩한 **직
접개입** 태세는 신속배치군 같은 프로그램에서 드러난다(Ellsberg 1981). 반
면 (이란-콘트라 및 그와 관련된 스캔들에서 드러나듯이) '미국 대리망의
재활성화'는 미국이 부분적으로 여전히 하위제국적인 동맹국과 용병에 의
존하고 있음을 보여주었다(Klare 1989: 97~118면). 레이건의 새로운 공세적
일방주의 전략에는 유엔과 맞서 유엔 내에서 제3세계의 독립적 주도권을
제거하려는 캠페인도 포함되어 있었다(Preston, Herman and Schiller 1989).

　1980년대에 세계에서 발생한 수많은 변화는 카터(Carter)정부에서 시작
하여 레이건과 부시 정부까지 지속된 미국의 적자경제와 직접적인 관련이
있는데, 이 적자경제는 군사력 증강을 위한 재정지출 때문에 발생하였다.
80년대 레이건정권의 군사비 지출 때문에 매년 연방 재정적자가 대규모로
늘어나, 레이건 치하에서 미국은 세계 최대의 채권국에서 역사상 세계 최
대의 채무국으로 바뀌었다(Deger 1990: 191면, 표 5A 2를 보라). 1980년대 중
반이 되면 미국의 국방예산은 대략 3천억달러 정도로 치솟았고, 레이건-부
시정권이 군사 케인즈주의에 쏟아부은 비용은 1981년부터 91년까지 총 3
조달러를 넘어섰다(Morrison, Tsipis and Wiesner 1994: 38면). 군사적 우위를
통해 헤게모니를 되찾으려 한 이런 시도는 미국의 경제적 쇠퇴를 가속화하
였다(Itoh 1990: 93면; Halliday 1990: 12면; Markusen and Yudken 1992를 보라).

　1980년대 동안 주요 교역 상대국들에 비해 미국경제의 성장률은 뒤쳐졌
고, 세계 생산에서 차지하는 미국의 비중과 미국 기업들의 순이윤율은 하
락한 반면, 서독과 일본의 경쟁 법인기업들의 순이윤율이 상승하였다
(Zysman 1991: 86, 90면; Itoh 1990: 73면, 표 3.4). 미국에 비해 서독과 일본의 성
장속도가 빨라짐에 따라 1980년대에 세계경제는 세 개의 주요 지대를 중

심으로 그룹을 형성하기 시작했다. 세 지대는 단연 가장 역동적 지역인 일본 주도의 동아시아(Ozawa 1993: 129~50면; Cummings 1994; Selden 1994), 유럽공동체, 그리고 미국 주도의 아메리카대륙이다.

게다가 미국은 적자재정에 기반한 군사 케인즈주의, 역진적 세금삭감, 법인기업 부채, 그리고 기타 관련 프로그램 등에 필요한 자금을 조달하기 위해 세계 금융시장에서 빈곤국가들과 경쟁하기 시작하였고, 아마도 이것이 "1980년대 초반에 제3세계의 급격한 소득 감소를 일으킨 가장 중요한 단일요인"이었을 것이다(Arrighi 1991: 52면). 예를 들어, 미국 이자율이 상승하자 직접적으로 제3세계 채무 불이행 위기가 증폭되어 1988년에는 부채가 거의 1조달러까지 늘어났다(Sen 1990: 203~206면, 표 6.2, 6.3을 보라).

이런 어마어마한 채무에도 불구하고, 반주변부 및 주변부의 군사대결에 소련과 서방이 개입하면서 수많은 국지전과 군비경쟁이 벌어졌다. 참상은 아프리카에서 특히 심했는데, 이는 (일부 서방 동맹국의 지원을 받은) 남아프리카공화국이 어떤 경우에는 게릴라 세력을 지원하고 어떤 경우에는 직접 침공하고 습격하기까지 하는 지역적 탈안정화 '총력전략'을 모잠비크와 앙골라에서 그리고 좀 덜하긴 했지만 짐바브웨에서 계속 추진한 결과였다(Hanlon 1986). 이 전략은 적어도 앙골라와 모잠비크의 경제를 사실상 파괴하였다. 1980년에서 88년 사이에 남아프리카공화국 전쟁의 직간접적 영향으로 130만명으로 추산되는 사람이 사망하였고, 남부아프리카(SADCC) 국가들 전체의 경제손실액은 600억달러를 넘어섰다(UNICEF 1989: 10, 24~25, 35~38면, Davis and Martin 1992: 363면에서 인용).

국지적 갈등에 수반하여 제3세계에서 핵무기 및 다른 대량살상 무기 생산능력이 늘어나면서 핵무기와 생화학두기 또한 확산되었다. 핵탄두 및 화학탄두를 장착할 수 있는 탄도미사일까지 포함하여 각종 미사일과 현대적 제트기를 획득한 제3세계 국가가 늘어났다. 1981년에서 88년 사이에 발전도상국은 3410억달러어치의 무기를 구입하였는데, 그중 69%인 2350억달러어치는 중동과 남아시아에서 구입한 것이었다. 최대 구매자는 인도, 이란, 이라크, 이스라엘, 리비아, 파키스탄, 시리아였으며, 이 모든 나라들은 각기 국지적 구도에서 전쟁 그리고/또는 군비경쟁에 휘말려 있었다(Klare 1991: 172면). 초강대국들의 대결에 의해 조장되고 핵무기를 포함해 점점 더 많은 대량살상 무기로 무장한 이런 제3세계 군사강국들의 출현은 1969~89년 시기에 나타난 가장 중요한 추세 중 하나이다.

그러나 1980년대 말 국가간체제 질서에서 벌어진 가장 두드러진 변화는 쏘비에뜨 진영의 총체적 해체와 그와 더불어 진행된 제3세계 발전전략으로서 맑스·레닌주의의 붕괴였다. 소련은 냉전적 군비지출 및 경제적 운영 미숙으로 파산한데다가 동유럽의 폭동과 소련 주변의 종족분규에 직면하자, 경제적 쇠퇴를 막기 위해 같은 유럽에 속한 서방의 이웃에 대한 개방을 모색하였다. 고르바초프는 이를 달성하기 위해 냉전을 종료시키는 일방적 시도에 착수하였다. 동유럽에서 폭동이 고양되자 고르바초프는 아프카니스탄 철수계획을 담은 그의 1988년 4월 유엔협정을 계속 추진하여, 89년 2월 중순에는 마지막 소련군이 철수하였다(Chaliand and Rageau 1990: 11면).

1988년 12월 유엔 연설에서 고르바초프는 소련 군사력을 일방적으로 대폭 감축하고, 동유럽의 전진 배치군 및 탱크진공부대——이는 바르사바조약기구가 서유럽을 전격 침공할지 모른다는 미국의 두려움을 뒷받침하는 명시적인 증거였다——를 철수할 것이라고 공표하였다. 1989년 1월 소련은 아시아에서 20만명의 소련군을 철수할 계획이라고 선언하였다(Ambrose 1983: 362면). 1989년은 또한 고르바초프가 68년의 브레즈네프 독트린을 더 이상 견지하지 않을 것이라고 발표한 해이기도 하다. 그 결과 폭동의 대물결이 동유럽을 뒤흔들었고, 소련이 지원한 스딸린주의적 정권들이 베를린 장벽과 함께 무너져내렸으며, 결국 이 지역은 소련의 지배로부터 벗어났다. 뒤이은 두 해 동안 독일이 통일을 달성한 반면, 소련은 해체되었다. 고르바초프의 개혁은 동유럽 상실을 저지하거나, 소련 주변 지역에서 발생하여 궁극적으로 소련제국 해체의 길을 닦은 종족적·민족적 폭동을 저지하기에는 명백히 너무나 미약했고 너무 뒤늦은 것이었다.

1945년 이래 유럽에서 국가간관계를 조직해온 미소질서는 끝났다(Halliday 1990: 8면). 유럽의 냉전분할의 뒤를 이어 그만큼 응집력 있는 질서나 틀이 자리잡지는 못했다. 동유럽의 정치변동에 앞서, 캄보디아, 아프카니스탄, 에티오피아, 소말리아, 앙골라와 니카라과를 포함하는 세계의 다른 지역에서 동서갈등이 종식되기 시작하였다(같은 책, 6면). 달리 말하자면, 여전히 곳곳에 종족적·민족적 갈등에 이용될 수 있고 또 종종 이용되기도 할 무기들이 많이 남아 있긴 했지만, 1970년대 중반 미소간의 모호한 데땅뜨 이후 시작된 갈등들은 완화되고 있었다.

소련이 동유럽에 채웠던 족쇄가 풀리자, 구소련 위성국의 인민들은 이제 세계 잉여축적의 몫을 다투는 경쟁자가 되었다. 동유럽에서는 다른 수많은 지역처럼 한때 억제되었던 종족적 증오와 종교적 증오가 부활하여, 질서와 안정에 기여하기보다는 1945~89년간의 질서에 비해 훨씬 더 광범위한 불확실성과 불안정성을 낳았다. 유고슬라비아와 소련의 해체 및 갈등의 증가는 이를 보여주는 두 사례인데, 소련의 핵무기는 상황을 훨씬 더 위험스럽게 만들고 있다.

1989~90년에 이르자 국제질서를 조직해온 미국의 원칙들이 더이상 세계체제에 들어맞지 않게 된다. 45년만에 구도는 철저하게 바뀌었다. 더이상 두 경쟁진영을 중심으로 세계안보가 조직될 수 없었다. 아시아에서는 한국 분단으로 상징되듯 냉전이 명맥을 유지하고 있었지만, 독일이 통일되고 쏘비에뜨 진영이 해체되자, 전후 국가간질서의 두 가지 주요 측면이 사라졌다. 이제 진짜건 아니건 소련의 위협은 존재하지 않는다. 바르샤바조약기구가 해체되자 NATO의 존재이유도 사라졌다(Wallerstein 1991a: 1장). 그러나 미국은 여전히 석유 및 농산품 거래와 안전보장에 대한 통제를 통해 동맹국들을 종속관계에 묶어둠으로써 미국 헤게모니를 계속 유지하려 하였다.

미소간의 양극적 대립에 초점을 맞추려는 일방주의를 채택한 레이건과 달리 부시는 본질상 미국의 일방적 전쟁이던 1990년 8월 이라크의 쿠웨이트 침공을 격퇴하는 데 대한 지지를 얻기 위해서는 유엔안전보장이사회에 기반한 다자적 동맹외교를 부활시킬 필요가 있다는 것을 깨달았다(Schurmann 1993: 192~94, 201~202면). 그렇지만 쿠시가 새로운 방향으로 선회하여 동맹국들에게 전쟁분담금을 내라고 졸라댄 속뜻은 동맹국들의 안보비용 지출을 제도화함으로써 미국 헤게모니를 지탱하기 위한 것이었다.

양극적 냉전질서가 끝남에 따라 세계안보에 대한 새로운 위협이 등장하였다. 그중 가장 두드러진 것은 핵무기 같은 대량파괴 무기의 확산과, '실패한 국가들'과 종족적·민족적 폭력의 확산, 그리고 제3세계의 지역강국들의 부상이다. 바르샤바조약이 붕괴하고 소련이 더이상 미국의 적들을 정치적·이데올로기적으로 지원할 수 없게 되자, 미국이 제3세계의 문호개방을 유지하고 중심부 나라들을 보호하는 데 드는 비용이 대폭 삭감될 수 있을 것처럼 보였다. 그러나 미국은 무기판매를 자제하거나 재래식무기의 확산을 전지구적으로 제어하려 하지 않았고, 오히려 국지적 군비경쟁이 계속되고 있는 중동과 극동에 대한 무기판매에 박차를 가하였다(Klare 1994: 134~54면). 미국은 설사 문제가 생기더라도, 이처럼 이라크 같은 제3세계의 지역강국들이 조장한 위험을 최대한 이용하여 미국의 방위산업 전문화를 유지하기로 결심한 듯하다.

하원군사위원회의 위원장이자 나중에 국방장관이 된 레스 애스핀(Les Aspin)은 걸프전이 "미래 전쟁의 모델이 되어야 한다. 이라크 경험은 골치거리인 지역강국들의 상대적 힘을 측정하여 그들을 무찌를 군사력 계획을 수립하는 수단으로 전지구에 이식될 것이다"라고 말했다(*New York Times,* 3 Februry 1992). 애스핀은 이런 방법에 '이라크 방식'(Iraq equivalents)이란 이름을 붙였다. 애스핀도 걸프전 이전의 이라크만큼 강력한 공군력과 지상군을 보유한 나라는 중국말고는 없다고 명확히 평가하고는 있지만, 미국의 군사비 계획 및 이와 관련된 예산요구안은 『바텀업 리뷰』(*Bottom Up Review*)와 『1994년 국방장관 연례보고서』 같은 데서 보듯이 여전히 '최악의 사태에 대비한 계획' 이상의 것이다(Forsberg 1994: 3~6면).

이 문서들은 미국 군사력의 구조가 극동과 중동에서 두 개의 걸프식 전쟁을 '동시에' 치를 수 있을 정도가 되어야 한다고 요구하고 있고, 더 나아가 걸프전 이전의 이라크라는 적에 비견할 만하거나, 또는 그보다 더 강력한 적들이 나타나 미국에 대항할 것이라고 가정하였다(같은 책, 4면). 랜덜

포스버그(Randall Forsberg) 같은 방위분석가는(같은 책, 3~6면, 표 1~3) 어
떤 국지적 도전국도 "2000년 이전에, 또는 시리아와 북한을 제외하면 2010
년 이전에" 이라크 정도의 군사력을 발전시킬 수는 없다고 지적하였다. 그
러나 미국은 주로 지난 정권의 군사비 지출 때문에 현재 4조달러의 적자가
발생했음에도 불구하고, 이런 과장된 위협에 대응할 만한 수준의 군사력을
유지하기 위해 회계년도 1995년에서 2000년 사기에 1조 2천억달러의 군사
비 지출을 계획하고 있다(Forsberg 1994: 3~6면; Burrows and Windrem 1994:
500면).

　이와 더불어 세계는 구 소련 같은 혼돈 지역의 핵무기문제뿐 아니라, 핵
무기와 다른 대량살상 무기들의 수평적 확산이라는 새로운 형태의 안보위
협에 직면해 있다(Burrows and Windrem 1994; Hersh 1994: 61~86면을 보라).
핵무기 및 기타 '초강력 무기'에 대한 독점을 유지하려는 핵보유국들의 시
도는 아마도 문제를 더 악화시킬 따름일 것이다. 제3세계의 지역강국들은
미국(그리고 서유럽)의 첨단기술 무기 독점이 자신들의 실질적 주권과 권
력을 제한한다는 것을 오랫동안 잘 알고 있었기 때문에 군사적 자급자족을
추구해왔다(위의 두 개의 참고문헌과 Burrows and Windrem 1994: 17면을 보라).

　제3세계가 이런 무기를 생산·획득하지 못하도록 통제하려는 IAEA의
계속되는 최근 노력(예를 들어 NPT를 엄격히 준수하는 사찰을 통해)은 매
우 부적절하다는 것이 드러났다. 세계 최대 무기생산국인 다섯 개 핵보유
국으로 구성된 유엔안전보장이사회는 이 영역에서 제3세계국가의 눈으로
보면 도덕적 권위가 거의 없다. 강대국들(특히 미국)이 이런 무기를 감축
하지 않고 또 이런 무기의 보급을 억제하려는 진정한 노력을 기울이지 않
는다면 그 광범한 확산이 중단될 것이라고 생각하기는 어렵다. 이처럼 초
강대국들의 군비경쟁은 끝났지만 새로운 군비경쟁이 이미 시작되었다.

　미국은 외교를 통해 세계안보 및 군사통제에서 지도력을 추구하기보다
는 군사적 수단을 통해 그 역할을 유지하기로 한 듯하다. 최근 미국 국방성
문서는 단 하나의 초강대국이 있는 세계에서 미국 헤게모니의 부활이라는
희망을 구상하면서, 미국은 "잠재적 경쟁국들이 더 큰 국지적 또는 전지구

적 역할을 맡고 싶다는 꿈도 꾸지 못하도록 만드는 기제를 유지해야 한다"
고 주장하고 있다(Tyler 1992b). 이 문서는 미소간의 냉전은 끝났지만, 제3세
계에 대한 미국 정책 속에, 그리고 미국의 파나마 침공과 걸프전에서 엿볼
수 있듯이 동맹국들의 독립을 봉쇄하려는 시도 속에는 냉전이 여전히 살아
있다는 것을 보여주는 하나의 사례에 불과하다(Ghilan 1991 : 25~36면을 보
라; Kaufmann 1992). 현재 강대국들간의 상대적 힘이 크게 변화했기 때문에
미국이 바란다 해도 더이상 냉전 절정기에 그랬듯이 중심부 경쟁상대들을
'사실상의 보호국'으로 지배할 수 없다(Wallerstein 1984: 39면). 세계의 헤게
모니 권력이자 유일한 초강대국으로서의 위상을 유지하려는 시도는 일시
적으로 미국의 역할을 지탱시켜주겠지만, 결국에는 미국의 경제적 쇠퇴를
가속화시킬 뿐일 것이다. 왜냐하면 미국의 방위산업 비교우위가 세계생산,
상업, 금융에서 미국의 아직까지는 강력한 힘을 약화시키고 있기 때문이
다.(Markusen and Yudken 1992).

게다가 1980년대에는 제3세계의 발전주의적 노력들도 대체로 좌절되었
기 때문에, 트루먼의 제4항에서 개괄된 희망들을 충족시킬 수 없게 되었다.
모든 옛 식민지역을 '민족국가 가족'으로 끌어들인다는 개혁주의적 제안
은 실현되었지만, 1980년대에 이 지역은 대체로 유엔헌장과 미국이 약속한
경제적 평등으로 나아가는 것이 아니라 더욱더 비참한 상태가 되었다
(Arrighi 1991 : 39~66면). 양극적 냉전세계가 종식되자, 국가간체제의 원심적
경향이 다시 출현하였고, 온갖 무기들이 넘쳐나는 세계는 냉전 뒤에 남겨
진 군사력 증강, 곤궁화, 해체라는 위험한 유산을 처리하기 위해 씨름하고
있다.

3

세계생산

사또시 이께다

1945~90년간 세계생산체제는 다섯 가지 주요 특징을 보였다. 첫째, 세계경제의 전반적 생산능력이 확대되어, 세계생산이 전례없이 증가하였다. 그렇지만 이 시기에 생산능력의 성장은 단선적이지 않았고, 공간적 배분도 단일하지 않았다.

둘째, 재화와 써비스, 자본, 사람, 정보의 국경내 이동 및 국경을 넘어선 이동이 대대적으로 늘어남에 따라, 양 세계전쟁 사이 시기에 잠시 중단되었던 세계경제의 통합은 훨씬 더 가속화되었다. 그렇지만 이 시기에 통합의 정도와 통합양식 역시 세계 각 지역에서 일률적이지 않았고, 통합속도도 일정하지는 않았다.

셋째, 이 시기 전반기인 1945~67/73년에 미국은 무적의 경제력을 보유한 것처럼 보였으며, 이는 미국 기업의 기술적 우위 및 제도적 힘으로 대표되었다. 그러나 1967/73~90년 시기에는 미국 기업들이 유럽 및 아시아 기업들의 만만찮은 도전에 직면하면서, 미국이 세계생산에서 차지하는 비중이 눈에 띄게 하락하였다. 일부 산업활동이 미국 밖으로 이전되긴 했지만, 그렇다고 해서 미국이 모든 기술적 영역에서 주도권을 상실하였고 미국 기업들이 경쟁에 대처해 조직구조를 정비하지 못했다고 할 수는 없다.

넷째, 전후 전지구적 무역 및 금융 활동을 규제하는 제도틀은 계속 조정되어 일반적으로 '자유화'의 방향으로 나아갔다. 관세와 무역에 관한 일반협정(GATT)의 틀 내에서 연이어 진행된 협상라운드에 힘입어, 공산품의 전지구적 이동에 대한 무역장벽은 대부분 제거되었다. 중심부 나라들에서 사적 금융거래에 대한 국가규제는 1960년대와 70년대에 철폐되었고, 외환거래에 대한 국가규제는 80년대에 철폐되었다. 그러나 이런 제도적 변동이 늘 단선적으로 진척되지는 않았고, 때때로 세계경제의 전반적 자유화와 모순되었다. 예를 들어, 다자적 GATT협상의 성공에도 불구하고, 유럽경제공동체(EEC) 및 유럽자유무역지대의 형성과 쌍무적 무역제한 관행 때문에 GATT의 비차별원칙은 손상되었다.

다섯째, 국가의 역할이 대폭 확대되었다. 특히 중심부지대에서 적어도 70년대까지 국가는 국내 경제활동의 조절자 역할과 국가간 경제조절의 협상자 역할에 더하여, 기초 사회써비스의 제공자 및 소득재분배자 그리고 화폐정책 및 재정정책을 통한 집합적인 경제활동의 조절자로서 노릇함으로써 자신의 역할을 확대하였다. 중심부에서 복지공여는 자본주의 정당화에 기여하긴 했지만 노동비용을 높여, 특히 1974년 이후의 경기하강기에 중심부로부터 주변부로의 공장 이전을 가속화시켰다. 경기부양 정책은 1945~67/73년 시기에는 성장을 뒷받침했지만, 1970년대 후반 스태그플레이션이라는 뜻밖의 결과를 낳았다. 그리고 80년대에 계속된 미국 정부지출의 증가는 미국정부에게 거대한 부채를 안겨주었는데, 이는 잠재적으로 사적 부문 투자를 제약하고 재정 유연성을 감소시켰다.

전후 시기의 이런 세계경제의 특징들을 분석하기 위해 이 글에서는 초국적기업(TNCs)이라 알려진 주요 기업들의 전화과정에 초점을 맞추는 특정한 시각을 채택할 것이다. 적어도 두 세기 동안 세계체제의 주요 축적단위는 합자회사와 유한책임회사였다. 기업체제에 초점을 맞출 경우, 앞서 언급한 전후 세계경제의 주요 특징들이란 결국 주요 기업들의 활동 규모 및 범위가 확대되어, 공간적 범위가 점점 더 전세계적이 되고 관할권역이 점점 더 초국가적(trans-statal)이 되어가는 과정임을 발견하게 된다.

유럽 및 일본의 법인기업들은 역사적으로 국가와 공생관계였으나, 전후에는 활동을 해외로 확장하면서 국가에 덜 의존하게 되었다. 세계경제에서 생산능력과 생산활동의 성장 및 배분은 바로 이 기업들의 연구·개발, 생산, 수송, 유통, 금융 같은 활동의 결과였다. 기업활동의 공간적 범위가 확장되면서 세계경제는 통합되었다. 미국 경제력이 상대적으로 쇠퇴하자 동시에 유럽과 일본의 기업이 부상하였다. 그러나 기업의 팽창 및 초민족화 과정, 비미국계 기업의 부상, 그리고 세계시장에서 거대 기업의 지배력 증가는 연속적 과정이 아니었고, 모든 지리적 공간 및 산업활동의 범위에 걸쳐 균일한 과정도 아니었다는 점이 다시 한번 강조되어야 한다.

우리는 세 가지 주제에 대해 토론할 것이다. 첫째, 세계경제의 구조적 전화를 살펴볼 것이다. 우리는 국가별 거시경제 자료를 이용하여 1967/73년이 꼰드라띠예프 주기의 전환점이었음을 볼 것이다. 둘째, 초국적기업이 세계경제를 전화시킨 주된 주체였다는 점에 착목하여, 주요 기업 및 기업망의 변화를 서술할 것이다. 우리는 이를 제조부문과 써비스부문으로 나누어 살펴볼 것이다. 마지막으로, 세계경제 및 그 축적주체들의 전화가 미국의 헤게모니 지위에 초래한 영향을 분석할 것이다.

팽창, 통합, 양극화

20세기 후반에 세계경제의 생산활동은 20세기 전반보다 훨씬 빠른 속도로 팽창하였다. 세계 산출고와 인구의 4/5를 차지하는 32개 주요 국가의 국내총생산(GDP) 합계는 1913년에서 50년까지 37년간 두 배 늘어난 반면, 1950년에서 87년까지 37년간에는 4.6배 늘어났다(Maddison 1989: 113면, 표 A-2; 이 책의 표 3.1). 그러나 이 시기에 생산은 일정한 추세로 성장하지는 않았다. 메디슨이 수집한 자료를 보면, 1950년에서 73년은 고도성장이 지속된 황금기였고, 1973년에서 87년은 더딘 성장과 가속되는 인플레이션의 시기였다(같은 책, 31면). 32개국의 GDP 합계는 1950~73년에는 연평균 5.1% 비율로 증가하였으나, 1973~87년에는 연평균 3.4%씩 증가하였을

<표 3. 1> 나라군별 GDP 비중, 32개국(1950, 73, 87년)

	1950	1973	1987
OECD 나라[1]	66.1	63.0	56.9
미국	(34.6)	(26.9)	(24.3)
캐나다	(2.2)	(2.4)	(2.4)
유럽	(24.9)	(24.2)	(20.3)
일본	(3.2)	(8.3)	(8.8)
오스트레일리아	(1.2)	(1.2)	(1.1)
아시아 발전도상국[2]	14.4	15.5	23.5
중국	(6.3)	(7.9)	(13.7)
라틴 아메리카 나라[3]	5.7	6.9	7.2
소련	13.8	14.6	12.4
아메리카 대륙[4]	42.5	36.2	33.9
유럽[5]	38.7	38.8	32.7
동아시아[6]	12.2	19.7	27.5
남아시아[7]	5.4	4.1	4.8
오세아니아[8]	1.2	1.2	1.1

주) 1. 오스트레일리아, 오스트리아, 벨기에, 캐나다, 덴마크, 핀란드, 프랑스, 서독, 이딸리아, 일본, 네덜란드, 노르웨이, 스웨덴, 스위스, 영국, 미국.
  2. 방글라데시, 중국, 인도, 인도네시아, 파키스탄, 필리핀, 남한, 대만, 타이.
  3. 아르헨티나, 브라질, 칠레, 꼴롬비아, 멕시코, 뻬루.
  4. 미국, 캐나다, 라틴아메리카 6개국.
  5. 오스트리아, 벨기에, 덴마크. 핀란드, 프랑스, 서독, 이딸리아, 네덜란드, 노르웨이, 스웨덴, 스위스, 영국, 소련.
  6. 일본, 중국, 인도네시아, 필리핀, 남한, 대만, 타이.
  7. 방글라데시, 인도, 파키스탄.
  8. 오스트레일리아.
출처 : Maddison 1989 : 113면, 표 A-2.

뿐이다. 1973년(또는 더 정확하게 말하자면 1967/73년)이 꼰드라띠예프 주기의 전환점이었다는 것이 여기서 확인된다.

성장은 시간적으로 불연속적일 뿐 아니라 공간적으로도 불균등하게 이루어졌다. 같은 표에는 선진국/발전도상국별로 그리고 지역별로 분류된 각 나라군들이 차지하고 있는 GDP 비중이 계산되어 있다(위의 표 3.1 참조). 1950년에서 87년 사이에 경제협력개발기구(OECD) 나라들의 비중이

9.2% 하락한 반면, 아시아 발전도상국의 비중은 비슷한 정도로 늘어났다. 아시아 발전도상국의 비중이 높아진 것은 주로 증국 때문인데, 1950~87년에 중국의 비중은 7.4% 증가하였다. OECD 나라 중 미국의 비중은 1950~87년에 10.3% 하락하였으며, 1973~87년보다 1950~73년 시기에 하락속도가 더 빨랐다. 유럽 OECD 나라의 비중도 1950~87년에 하락하였지만, 이런 하락은 주로 1973~87년에 발생하였다. 1950~87년에 일본의 비중은 높아졌으나, 1973~87년에 증가속도는 둔화되었다. 지역군별 자료를 보면 1980년대 말에 세 지역——북아메리카, 유럽, 동아시아——의 비중이 거의 비슷하게 나타나는데, 이는 동아시아의 비중이 빠르게 높아진 결과였다(1950~87년에 15.3% 성장).

1인당 실질GDP로 측정한 생활수준(최상의 지표는 아니지만 괜찮은 근사치로 쓸 수 있다)은 1950~87년에 향상되었지만, 여기서도 1973년에 추세가 다시 꺾였다. 1950~73년에 32개국의 연평균 성장률은 3.3%였고, 1973~87년에는 2.2%였다. 이런 전지구적 기록을 두 개의 하위시기 및 나라·지역으로 나누면 추세변화와 지역차가 분명허진다. 필리핀(1950~73년의 1.9%에서 1973~87년에는 0.6%로)과 대만(6.2%에서 6.0%로 하락하긴 했지만 전체적으로 여전히 인상적인 성장률이다)을 제외하면, 1973~87년에 아시아 발전도상국의 생활수준 성장률이 높아졌다는 점이 두드러진다. (노르웨이를 제외한) 모든 OECD 나라와 라틴아메리카 나라들, 그리고 소련의 생활수준 향상속도는 둔화되었다(Maddison 1989: 35면, 표 3.2; Kenwood and Lougheed 1992: 245~60면도 보라).

그러나 1인당 GDP 비교를 통해서는 세계경제에서 절대적 생활수준의 양극화 추세가 드러나지 않는다(이 책의 표 3.2를 보라). 1950~87년에 OECD 나라의 평균 1인당 GDP 대비 아시아 발전도상국 1인당 GDP 비율은 상승하였지만, OECD 나라들과 아시아 발전도상국 사이의 격차는 눈에 띄게 확대되었다. 라틴아메리카와 소련도 OECD 나라들과의 상당한 격차 확대를 겪었다. 나라별 성과 면에서 보면, 부국과 빈국 사이의 1인당 실질GDP의 절대적 차이는 확대되어왔으며, 대만과 남한만이 예외적 사례였다.

<표 3. 2> 1인당 GDP의 절대적 격차(1980년도 국제 달러가격, %)

	1950	1973	1987
OECD 평균으로부터 달러로 환산한 격차			
아시아 발전도상국 평균	3,048	6,791	8,254
대만	3,027	5,765	5,461
남한	2,989	6,062	6,062
중국	3,215	7,078	8,453
라틴아메리카 평균	1,943	5,495	8,254
소련	1,288	2,786	4,257
OECD 평균에 대한 %			
아시아 발전도상국 평균	14.2	13.5	19.1
라틴아메리카 평균	45.3	35.1	29.7
소련	63.7	64.5	58.3

주) 1. 각 나라군에 포함된 나라들은 표 3.1의 주에서 명시한 바와 같음.
출처 : Maddison 1989 : 19면, 표 1.3.

1973~87년에 세계생산 비중이 대단히 커진 중국의 경우에조차 격차는 확대되었다. 메디슨의 연구에 포함되지 않은 산유국 중에도 또한 위에서 말한 추세의 예외가 있다는 점을 지적해두어야 한다. 비록 이중 많은 경우 1970년대 말까지 좁혀지던 격차가 80년대 다시 확대되긴 했지만 말이다.

세계체제에서 생산활동이 팽창한 데 수반하여, 국경 내에서, 그리고 국경을 넘어서 가계·정부·기업들 사이에서 생산활동의 통합은 더욱 진전되었다. 재화, 써비스, 자본, 사람, 정보의 흐름이 확대되어 다수 경제주체 사이에 복잡한 상호작용이 생겨났다. 예를 들어, 미국의 가계가 오늘 가입한 연금기금으로 핀란드 공채를 살 수 있으며, 이어서 핀란드 가계는 이를 통해, 미국 유통업체의 하청 배치하에서 일하는 인도네시아 여성이 조립한 상품을 구매할 수 있다. 그러나 세계경제의 각기 상이한 부분에서 이런 통합이 동질적인 것은 아니었다.

가계가 세계경제에 더 깊이 통합됨에 따라, 시장판매용 재화 및 써비스 생산에 참여하여 벌어들이는 소득의 비중이 늘어났고 소비재 중 시장에서 구매하는 부분이 늘어났다. GDP를 시장활동 지표로 사용하면, 전후 시기에 이런 활동의 총량은 확실히 늘어났다. 그러나 추세에 반하여, 세계의 특정 지역에서는 점점 더 많은 주민들이 공인된 시장활동에서 배제되고 있다. 이 책 4장에서 타박(Tabak)이 주장하듯이 중심부지대 내부에서조차, 시장참여도가 하락하고 있는 비특권층의 수가 도시 중심지에서 점점 더 늘어나고 있다(Portes, Castells and Benton 1989; Feige 1990도 보라).

전후 시기에 정부부문의 경제적 역할은 눈에 띄게 확대되었다. 표 3.3에서 보듯이, OECD 여섯 나라의 GDP 대비 평균 정부지출 비율은 20세기에 꾸준히 확대되어 1980년대 중반에는 거의 GDP 절반 수준에 이르렀다. 표 3.4에서 나타나듯이, 오늘날 써비스 공급자이자 고용주로서 정부의 역할은 매우 중요해졌다.

또한 중심부지대 국가들이 수요를 창조하는 역할뿐 아니라 금융의 잉여를 흡수하는 역할도 맡았다는 점에 주목해야 한다. 1966년이나 89년 모두 세계 채권발행고의 60% 정도는 각국 정부가 발행한 것이었다(Ibbotson and Brinson 1993: 204~205면, 그림 10-2, 10-3). 1970년대에 반주변부·주변부 국가들이 미국 은행대출을 매개로 석유달러를 흡수한 것은, 오랫동안 이어져 온 세계경제의 작동에 대한 국가의 직접통합이 얼마나 확대되어왔는지를

〈표 3.3〉 OECD 6개국의 GDP 대비 총 정부지출(%)(프랑스, 서독, 일본, 네덜란드, 영국, 미국)

1913	1929	1938	1950	1973	1986
11.7	17.8	27.7	26.7	37.4	46.3

출처: Maddison 1989: 71면, 표 6.3.

〈표 3.4〉 써비스 공급자 및 고용주로서 정부의 역할(나라는 선별함)

	GDP 중 정부 써비스 비율(%)	총고용 중 정부 고용 비율(%)
영국[a]	14	22
프랑스[a]	13	19
미국[a]	13	18
서독[b]	12	16
일본[a]	9	7

주) a. 1983.   b. 1982.
출처: Kakabadse 1987: 10면, 표 2.

보여주는 좋은 사례이다.

재화, 써비스, 자본의 국경을 넘어선 이동이 계속 성장한다는 것은 세계경제의 다양한 경제주체들의 활동이 훨씬 더 통합된다는 것을 뜻하기도 한다. 완제품의 국제무역을 통해 수입국의 가계는 수출국 기업에 연결된다. 원료와 중간재의 국제무역을 통해 다양한 나라의 기업들이 세계경제의 상품사슬에 연결된다. 외국에 계열사나 자회사를 설립하는 활동인 해외직접투자(FDI)는 기업의 활동범위를 국경 밖으로 확장시킨다. 신형투자(NFI)(OECD 1987: 24면; Oman 1989: 15면)는 주식투자, 국경을 넘어선 라이쎈싱, 판매대리점 협정과 더불어 기업망의 범위를 확장시킨다. 은행과 증권사가 취급하는 국경을 넘어선 금융투자는 여러 국가의 투자자(개인, 법인, 기관투자자)와 차용자(정부, 기업 및 초국가체)를 연결한다.

전후 시기에 이런 재화·써비스·자본의 국경을 넘어선 이동의 확대는 생산활동의 성장보다 더욱 폭넓게 이루어졌다. 그러나 이런 흐름이 한꺼번에 성장한 것은 아니었고, 또 그 귀결인 통합도 세계경제 각 부분에서 일률적으로 나타나지는 않았다. 확인된 일반적 추세는 통합 과정을 잇따라 주도한 상이한 통합양식들의 순환이었다. 무역은 1950년대에 세계통합을 주도하였다. 60년대 들어서는 무역이 계속 확대되기는 하였지만, 해외직접투자가 주요 통합양식이 되었다. 70년대에는 은행 국제대출 붐이 일었고, 국제 증권 거래는 80년대에 가장 빠르게 성장하는 (통합—옮긴이)양식이 되었다.

전후 초기에 국제무역의 확대는 성장의 추동력으로 간주되었다(Soete 1991: 51면). 세계 수출량의 총가치는 1913년에서 50년까지 37년 사이에 1.23배 확대된 데 비해, 1950년에서 86년까지 36년 사이에는 9.6배 확대되었다(Maddison 1989: 142면, 표 D-5). 무역의 성장이 다시 중단된 것은 표 3.5

〈표 3.5〉 세계무역의 연평균 성장률

1948~60	1960~73	1973~79	1980~88
6.0	8.0	4.5	4.0

출처: Kenwood and Lougheed 1992: 286면.

에서 보듯이 1973년 경이다.

세계 무역확대의 전반적인 추세에서 가장 두드러진 분야는 공산품으로, 공산품 무역이 제조업 생산보다 훨씬 빨리 성장했다. 1963년에서 79년 사이에 제조업이 149% 성장한 반면, 공산품 수출은 281% 성장하였다. 같은 시기에 광물 생산 및 수출은 99% 증가하였고, 능업 수출은 94% 증가하였으며, 농업 생산은 단지 45% 성장하는 데 그쳤다. 1980년에서 88년까지 제조업 생산 연평균 성장률이 3.5%였던 반면, 제조업 무역 연평균 성장률은 5%였다(Kenwood and Lougheed 1992: 286~87면).

무역활동은 주로 OECD 나라들 사이에서 성장하였지만, 제조업 활동은 훨씬 더 전세계적 형태로 재배치되었다. 표 3.6의 수치들이 보여주듯이, OECD 나라의 수출은 전후 내내 세계경제의 통합을 주도했다. 지역별 구성을 보면, 수출원으로서 북아메리카의 쇠퇴와 동아시아의 부상이 두드러진다.

〈표 3.6〉 나라군별 수출 비중, 층 32개국(1950, 73, 86년)

	1950	1973	1986
OECD 나라	79.2	86.4	82.4
아시아 발전도상국	7.9	5.4	8.6
라틴 아메리카 나라	8.8	3.4	3.3
소련	4.0	4.7	5.7
아메리카 대륙	38.7	25.2	21.2
유럽	47.7	59.0	56.6
동아시아	6.5	12.7	20.1
남아시아	3.4[a]	0.9	0.8
오세아니아	3.7	2.1	1.3

주) a. 원자료는 일관된 수치를 제공하지 않으며, 이 수치는 총액에서 공제하여 계산되었음.
출처: 출처와 각 나라군에 포함된 나라는 표 3.1과 같다.

1967/73년 이후 국제무역을 통한 세계경제의 통합이 둔화되자, 해외직접투자, 은행 국제대출 및 국제 포트폴리오투자 같은 국경을 넘어선 자본이동이 잇따라 세계경제 통합의 주요 기제가 되어 무역흐름을 보완하였다. 예를 들어, 1975년에서 89년 사이에 경상수출액이 3.5배 늘어난 반면, 같

<표 3. 7> 나라 · 지역별 연평균 해외직접투자 유출과 그 비중
(%, 1960~69년은 백만달러, 그외는 백만SDR)

	1960~64	65~69	70~74	75~79	80~84	85~88	1986	1987	1988
공업국(%)	100.0	100.0	98.9	98.8	97.5	98.6	98.5	98.4	99.4
미국	65.9	66.6	51.7	45.7	13.2	24.1	27.8	30.2	11.9
캐나다	1.9	2.2	2.9	4.9	9.7	4.2	3.1	3.4	4.9
유럽	30.5	29.3	37.0	41.6	63.2	50.8	49.9	48.1	55.2
영국	13.9	11.8	14.5	16.6	23.1	18.7	16.5	21.1	18.3
서독	4.8	5.6	8.3	8.6	8.8	7.7	10.3	6.3	7.0
프랑스	5.4	3.1	3.6	4.5	7.1	6.7	5.4	6.2	9.8
네덜란드	2.9	3.9	5.1	6.7	11.3	4.5	4.5	6.0	2.4
스위스	n/a	n/a	n/a	n/a	5.2	3.3	1.5	0.9	5.0
스웨덴	1.2	1.5	1.6	1.6	2.3	2.8	3.1	2.2	3.6
이딸리아	2.1	2.7	1.4	1.0	3.7	2.7	2.7	1.6	3.7
벨기에/룩셈부르크	n/a	0.4	1.5	1.7	0.5	1.8	1.7	1.9	2.6
기타[a]	0.2	0.3	1.0	0.8	1.4	2.6	3.1	1.9	2.7
일본	1.8	1.8	6.0	6.2	10.9	16.1	14.6	13.3	23.3
기타[b]	n/a	n/a	1.3	0.4	0.5	3.4	3.1	3.4	4.0
개발도상국(%)	n/a	n/a	1.0	1.3	2.5	1.4	1.5	1.6	0.6
합계(백만 달러/SDR)	4,763	7,949	15,241	28,255	35,346	91,843	83,682	112,783	109,425

주) a. 1960~69년은 오스트리아, 노르웨이, 덴마크, 1970~84년은 노르웨이, 에스빠냐, 덴마크, 1985~88년은 오스트리아, 핀란드, 이이슬란드, 노르웨이, 포르투갈, 에스빠냐.

b. 1970~84년은 오스트레일리아, 뉴질랜드 및 기타 유럽 공업국, 1985~88, 86, 87, 88년은 오스트레일리아와 뉴질랜드.

출처: IMF, *Balance of Payments Yearbook*, 각년도.

은 기간에 해외직접투자 유출액은 7배 증가했다(UNCTC 1991: 5면, 그림 1).

　해외직접투자 활동의 성장은 표 3.7과 표 3.8에 요약되어 있다. 연평균 해외직접투자의 유출 · 유입액은 1970년에서 88년 사이에 5년마다 거의 두 배씩 늘어났다. 일반적으로 5,60년대의 해외직접투자는 유럽경제공동체의 관세장벽을 피하려 한 미국 법인기업들의 주도로 확대되었다. 그러나 70년대의 해외직접투자는 중심부지대의 시장을 장악하려는, 그리고 주변부의 값싼 노동을 이용함으로써 생산비용을 낮추려 한 유럽 및 일본의 법인기업들이 주도하였다. 80년대의 해외직접투자 확대를 주도한 것은 또다시 유럽과 일본의 법인기업이었으나, 이번에는 금융 같은 써비스부문에서였다. 해

〈표 3.8〉 나라 · 지역별 연평균 해외직접투자 유입과 그 비중(%, 백만SDR)

	1970~74	75~79	80~84	85~88	1986	1987	1988
공업국(%)	78.9	73.8	64.2	84.9	84.7	86.9	88.3
미국	14.7	23.8	33.1	43.1	44.8	42.9	43.6
캐나다	6.1	3.6	0.1	1.9	1.8	3.9	2.9
유럽	49.4	40.5	28.9	35.7	33.5	36.3	38.0
영국	9.8	12.0	10.4	10.6	9.4	12.3	10.4
서독	11.9	4.6	1.3	1.6	2.0	2.0	1.2
프랑스	6.9	7.4	4.4	5.3	4.3	4.7	6.3
네덜란드	5.2	3.6	2.3	3.4	5.5	3.1	2.7
스위스	n/a	n/a	1.8	1.7	2.8	2.1	0.3
스웨덴	0.6	0.3	0.3	0.6	1.1	0.3	0.7
이딸리아	6.2	2.2	1.8	3.1	-0.1	3.7	5.1
벨기에/룩셈부르크	4.3	4.5	2.3	2.5	0.9	2.2	3.8
기타[a]	3.3	4.0	4.0	6.5	6.1	5.7	7.3
일본	1.0	0.5	0.5	0.5	0.3	1.1	-0.4
기타[b]	7.7	5.5	1.6	3.8	4.3	2.6	0.2
발전도상국(%)	20.9	26.2	35.8	15.1	15.3	13.1	11.7
라틴아메리카	11.4	14.1	10.1	5.8	4.8	5.0	5.8
아시아	5.6	7.4	8.3	6.0	6.2	6.4	3.4
중동	-4.0	-1.7	12.7	1.9	3.2	0.2	1.1
아프리카	6.3	4.1	2.5	1.2	0.8	1.3	1.1
유럽(사이프러스, 말타)	1.6	2.3	2.2	0.3	0.3	0.2	0.3
합계(백만SDR)	12,321	20,726	45,509	73.887	64,126	84,258	99,773

주) a. 1970~84년은 노르웨이, 에스빠냐, 덴마크, 1985~88년은 오스트리아, 핀란드, 아이슬
란드, 노르웨이, 포르투갈, 그리스, 에스빠냐.
b. 1970~84년은 오스트레일리아, 뉴질랜드 및 기타 유럽 공업국. 1985~88, 86, 87, 88년
은 오스트레일리아와 뉴질랜드.
출처: IMF, *Balance of Payments Yearbook*, 각년도.

외직접투자가 확대된 결과, 국내 총자본형성액 증 해외직접투자 유입이 차
지하는 비중이 높아졌다(표 3.9를 보라). 해외직접투자 유출입의 나라별 비
중을 살펴보면, 해외직접투자를 통해 달성된 세계경제 통합이 주로 중심부
지대 내의 일임을 알 수 있다. 또한 해외직접투자 유출에서 미국이 차지하
는 비중이 눈에 띄게 줄어들었고 유럽 및 일본의 비중이 늘어난 반면, 해외
직접투자 수혜국으로서 미국의 비중이 늘어졌고, 해외직접투자의 주된 대
상지로서 유럽은 여전히 중요했다.

<표 3.9> 국내 총자본형성에서 연평균 해외직접투자 유입의 비중(%)

나라, 지역, 경제	1980~82	1985~87
선진 시장경제	2.9	3.4
영국	8.2	8.8
미국	3.5	4.5
서독	0.3	0.6
일본	0.1	0.1
발전도상국	6.0	6.1
라틴 아메리카와 카리브해	6.0	5.0
아시아와 환태평양	5.9	6.8
아프리카	6.1	9.0

출처: UNCTC 1991: 8면, 표 2.

은행의 국제적 활동 또한 1970년대 후반 이래 확대되었다. 미국 은행들이 석유달러를 주변부·반주변부 정부들에 (재)유통시킴에 따라, 1974년 이후 은행 국제대출이 더욱 팽창하였다. 이는 다양한 이자율로 단기차관을 굴려 장기차관을 창출하는 씬디케이트로운(syndicatedloan)*이라는 형태를 띠었다. 그러나 1979~80년의 제2차 유가인상은 중심부지대 국가들의 반(反) 인플레이션적 긴축 화폐정책과 맞물려 수많은 발전도상국에서 외채누적 문제를 유발하였고, 결과적으로 80년대 초반에 미국 은행의 지배를 약화시켰다(Okumura 1988b: 17~18면). 그 이후 일본과 유럽 은행들이 은행 국제대출을 주도하고 있다(Nishimura 1988).

1991년 말 은행 국제자산 잔고는 6조 1470억달러였고, 부채는 6조 840억달러였다(BIS 1992: 163면). 국제자산은 은행 총자산의 상당부분에 이르렀다. 예를 들어, 자산규모 4132억달러의 세계최대 은행(다이이찌칸교오第一勸業 은행)으로부터 자산이 475억달러에 불과한 세계 백번째 은행(시즈오까 靜岡 은행)까지를 포함하는 일본 상위 30대 은행의 1989년 총자산은 5조 6090억달러였다(*Fortune Directory*, July 30, 1990: 324~27면). 1989년은 일본 은

---

* 대부분 금융기관인 貸主가 차관단, 즉 신디케이트를 구성해 공통의 조건으로 차주에게 일정액을 융자하는 대출방식을 말한다.

행 전체의 국제자산이 최고로 집적된 해였는데, 그 규모는 1조 9690억달러에 이르렀다(BIS 1992: 163면). 이는 일본 은행 자산의 1/3 정도가 국제자산이었음을 뜻한다. 그 거대한 팽창은 GDP대비 은행 국제대출 비율에서 더 잘 측정된다. OECD 나라에서 그 비율은 1970년대 중반의 6%에서 80년에는 10%, 89년에는 17%로 증가하였다(Bosworth 1993: 9면).

1980년대에는 포트폴리오 자본이동 또한 크게 확대되었다. 이런 형태의 투자에는 정부 및 사기업이 발행한 해외채권의 대매뿐 아니라 해외 주식투자도 포함되는데, 후자는 외국인 주주의 경영권 장악이나 상당한 통제력 확대로 귀결되지 않는다. 국제결제은행(BIS)에 따르면, 1975~79년 연평균 포트폴리오 투자유출액은 24억 8천만달러였고, 1980~84년에는 83억 6천만달러, 1985~89년에는 353억 6천만달러, 1990~91년에는 2146억달러였다(BIS 1992: 94면). 1991년에 일본으로의 포트폴리오 투자유입액이 대대적으로 증가하긴 했지만(1153억달러), 주요 포트폴리오 투자원은 유럽공동체(EC) 국가들과 일본이고, 주요 수혜국은 EC 국가와 미국이었다.

국제 포트폴리오 투자의 중요성을 살펴보려면, 세계 증권시장의 규모와 국경을 넘어선 증권거래의 비중을 비교해 보면 된다. 세계 증권시장 잔고는 1960년의 5천억달러에서 90년에 8조 3천억달러로 팽창하였다. 이 기간에 미국의 비중은 73.3%에서 33.2%로 하락한 반면, 유럽의 비중은 21.5%에서 23.9%로 증가하였고, 일본의 비중은 무시할 단한 수준에서 33.2%로 눈에 띄게 증가하였다(Ibbotson and Brinson 1993: 106면, 그림 6-1). 국경을 넘어선 주식거래는 특히 1980년대에 증가하여, 90년데는 1조 4410억달러에 이르렀다(Goldstein et al. 1992: 37면, 표 7). 이는 전세계 주식의 17.4%가 외국인 소유임을 뜻한다.

1989년 말 각국의 국내 및 국제 총채권잔고는 12조 5160억달러였고, 그 중 10.8%인 1조 3480억달러가 국제채권이었다. 1991년 말 총 잔고는 15조 400억달러로 증가하였고, 국제 채권액은 세계 총채권잔고의 11.0%인 1조 6510억달러로 증가하였다(BIS 1992: 177면의 수치에서 계산).

국제 금융 흐름이 성장한 결과, 세계 자본시장은 느슨하게 연결된 민족시장들의 집합으로부터 지구적 단일체로 발전하였다(Bosworth 1993: 7면). 이런 발전에서 나타나는 두드러진 특징 중 하나는 어떤 국가기구의 규제도 받지 않는 유로달러시장 및 기타 역외(域外)시장*의 역할이 커졌다는 점이다. 1988년까지 유로달러시장 규모는 1조 5천억달러로 성장하였고, 기타 유로–통화시장은 1조달러 규모로 성장하였다(Kenwood and Lougheed 1992: 267면). 세계경제가 침체된 상황에서 지구적 금융거래가 엄청나게 확대되어, 혼자서건 공동으로건 간에 국가가 개입하여 전지구적 금융시장을 관리하거나 통제할 수 없는 지경에 이르렀다(Wriston 1992; Miyazaki 1992).

금융시장 자유화 및 통합의 결과, 일국의 투자자가 전세계의 금융자산에 투자할 수 있는 기회가 늘어났다. 예를 들어 1990년 44조 4250억달러의 세계의 금융적 부(富) 중 50% 이상(22조 4170억달러)이 미국 투자자들의 수중에 있었다(Ibbotson and Brinson 1993: 15~16면, 그림 1-4, 1-5).

사람 및 정보 이동과 관련된 세계시장 통합도 전후 내내 꾸준히 진전되었다. 특히 1967/73~90년 시기에 많은 발전도상국에서 발전주의 실험이 실패하자, 주변부에서 중심부로 또는 심지어 반주변부로 이민이 늘어났다. 동시에 통신망 및 데이터 처리능력의 빠른 확장은 세계 자본시장 및 지구적 기업관련 써비스산업이 성장하는 데 핵심적인 역할을 했다.

위에서 언급한 추세들이 함께 작용하여, 전후시기 세계경제의 팽창·통합·양극화는 다음과 같은 특징들을 보였다. 첫째, 재화와 써비스의 국내·국제적 흐름이 확대됨으로써 기업망의 형성과 확대를 통해 생산장소와 소비장소가 더 한층 분리되었고(완제품무역), 또 상이한 장소에서 수행되는 생산활동의 통합이 증대되었다(원료 및 중간재 무역).

둘째, 국제 금융흐름 및 자기조절적 자본시장이 팽창하여 세계경제에서 이질적 시장구조가 형성되었다. 국가가 국경을 넘어선 이주를 상대적으로 엄격하게 관리하는 노동시장, 국경을 넘어선 이동에 대한 제약이 점차 제거되어온 재화 및 써비스 시장, 그리고 점점 더 지구적이고 자기조절적이

---

* 국내의 예금금리 규제나 이자배당에 대한 원천과세제도 등으로부터 분리되어 자유롭게 자금의 운용이나 조달이 가능한 시장.

<표 3. 10> 세계 50대 제조기업의 나라별 분류

	1956	1960	1965	1970	1975	1980	1985	1990
북아메리카	42	42	38	32	23	23	22	16
미국	42	42	38	32	23	23	21	16
캐나다	1						1	
유럽	8	8	12	14	20	19	18	22
서독	1	2	4	6	7	7	6	7
프랑스					3	4	2	5
영국	4	2	3	3	4	2	2	2
이딸리아			1	2	2	2	3	3
영국/네덜란드	2	2	2	2	2	2	2	2
스위스	1	1	1		1	1	1	2
네덜란드		1	1	1	1	1	1	1
오스트리아							1	
동아시아				4	5	5	6	11
일본				4	5	5	5	9
남한							1	2
기타					2	3	3	1
브라질					1	1	1	
멕시코						1	1	
쿠웨이트							1	
베네수엘라						1		1
이란					1			

주) 등급은 그 이듬해 발표되는 각 연도의 총매출액에 기초하였다.
출처: *Fortune Directory* 각 호.

된 금융시장.

셋째, 앞선 식민지 제국주의 시대에 비해, 20세기 후반의 세계경제 통합은 주로 중심부 내부의 일로 진행되었다. 그러나 그렇다고 해서 주변부와 반주변부가 저비용의 노동집약적 제품의 공급자로서 그리고 중심부에 대한 저임노동자의 공급처로서 핵심적인 역할을 맡고 있고, 그 역할이 확대되고 있다는 것이 부정된다는 의미는 아니다. 더구나 중심부 위주로 팽창한 결과, 중심부의 주민과 주변부 · 반주변부의 주민 사이의 절대적 임금격차는 확대되었다.

넷째, 삼극적 지역구조가 등장하였는데, 이는 북아메리카, 유럽, 동아시

<표 3. 11> 세계 500대 제조기업의 나라별 분류

	1975	1980	1985	1990
북아메리카	258	237	234	176
미국	241	217	212	164
캐나다	17	20	22	12
유럽	168	168	148	168
영국	49	51	48	43
서독	38	38	33	30
프랑스	29	29	23	30
스웨덴	13	10	6	17
스위스	7	8	11	11
이딸리아	8	8	8	7
핀란드	1	1	2	8
네덜란드	6	5	4	7
에스빠냐	6	5	3	4
벨기에	5	5	3	4
영국/네덜란드	2	2	2	2
노르웨이		2	2	2
룩셈부르크	1			1
이딸리아/스위스				
오스트리아	2	2	2	1
포르투갈		1	1	
영국/이딸리아	1	1		
동아시아	54	73	92	123
일본	54	66	82	111
남한		6	9	11
대만		1	1	1
기타	18	21	24	33
오스트레일리아	3	2	5	9
인도	2	2	4	6
터키	1	3	3	3
브라질	1	1	2	3
남아프리카 공화국	2	3	2	4
네덜란드령 엔틸리스제도	2	1	2	1
멕시코	1	2	1	1
잠비아	1	1	1	1
베네수엘라		1	1	1
칠레	1	2		1
쿠웨이트		1	1	
뉴질랜드			1	1
파나마				1
말레이지아				1
이스라엘	1	1	1	
아르헨티나	1	1	1	
인도네시아	1		1	
필리핀		1		
알제리아	1			
이집트	1			
이란	1			

주와 출처는 표 3.10과 동일.

〈표 3. 12〉 세계 50대 은행의 나라별 분류

	1970	1975	1980	1985	1990
동아시아	11	12	15	20	22
일본	11	12	14	19	20
홍콩			1	1	1
중국					1
유럽	19	23	24	18	25
서독	4	6	7	5	8
프랑스	3	4	6	5	6
영국	5	4	4	4	4
스위스	3	2	2	2	3
이딸리아	4	4	2	1	2
네덜란드		3	3	1	1
북아메리카	19	14	10	11	3
미국	15	10	7	8	2
캐나다	4	4	3	3	1
기타	1	1	1	1	
브라질	1	1	1	1	

주와 출처는 표 3.10과 동일.

아라는 이른바 삼극체제(Triad)를 말한다(Ohmae 1985). 삼극체제 내 나라들은 1987년 세계 GDP의 65%와 89년 세계무역의 50%(UNCTC 1991: 36면), 그리고 세계 금융흐름의 거의 100%를 차지하였다(BIS 1992). 1980년대에 삼극체제 내부의 통합은 더욱 빠르게 진츨되었다. 유엔 초국적기업연구쎈터에 따르면, 1980년에서 88년 사이 삼극체제 내부의 해외직접투자 잔고는 1420억달러에서 4100억달러로 거의 세 배나 증가하였다(UNCTC 1991). 1980년에 삼극체제 내의 잔고는 세계 내부투자 잔고의 30%였고, 88년에는 세계 내부투자 잔고의 39%로 추정될 정도로 증가하였다. 이렇게 삼극체제 내의 상호작용은 세계 기타 지역 내의 상호작용 및 삼극체제와 세계 기타 지역 간의 상호작용을 앞질러, 삼극체제 내부의 통합 속도가 삼극체제와 세계 기타 지역 간의 통합속도보다 더 빠르게 나타났다(같은 책, 36면). 표 3.10, 표 3.11 및 표 3.12에서 보듯이 1990년대 초반에 세계 최상위 제조기업 및 은행은 주로 삼극체제 안에서 출현하였다.

초국적기업의 역할 확대

위에서 살펴본 20세기 후반의 세계경제의 구조변동을 유발시킨 주요인은 자본주의 기업 활동의 확대였는데, 이들 기업은 점점 더 초민족적이고 초국가적이 되면서 과거 전통들을 부활시키고 있다. 해외직접투자 등에 대한 자료들을 통해 초국적기업 역할의 확대를 검토해보자.

여러 국가에 걸쳐 사업활동을 벌이는 대규모 기업이 출현한 것을 놓고 종종 '20세기 말의 발전연쇄(development sequence)'라고 묘사해왔다(Taylor and Thrift 1982b: 24면, 그림 2.1). 사실 그것은 19세기에 쇠퇴한 근대 초기의 중요한 자본주의 전통을 부활시켰다. 미국의 많은 대형 기업조직들은 주로 1950년대부터 다국적기업 조직으로 성장하였다. 전후 초기에 세계 해외직접투자 활동의 성장을 주도한 미국의 해외직접투자 유출잔고는 1950년에서 57년 사이에 118억달러에서 254억달러로 두 배 이상 증가하였고, 66년에는 518억달러로 다시 두 배 증가하였다(Okumura 1988a: 284~85면, 표 B-1).

'생산설비를 여러 나라에서 운영하는' 법인기업들을 지칭하기 위해 1960년대 초부터 '다국적기업'(MNC)이라는 용어가 사용되었다(Ethier 1983: 266면). 다국적기업이 더욱 성장하여 수많은 나라에서 활동함으로써 국가의 규제 및 개입으로부터 상대적 자율성을 획득하였기 때문에, '초국적기업'(TNC)이라는 용어가 자주 '다국적기업'이라는 용어를 대체하여——예를 들면 유엔 초국적기업연구쎈터의 출판물——사용되었다. 1980년대 후반에는 법인기업의 활동범위가 더욱더 전세계적이 되었음을 나타내는 '지구 회사'(global company)라는 제3의 용어가 제안되었으나(예를 들어 Julius 1990을 보라), 초국적기업의 진정한 지구화 정도에 대해 다소 회의적이었기 때문인지 인기를 끌지는 못하였다(*The Economist*, 27 March 1993 : 5면). 초국적기업 수에 대한 공식집계는 없으나, 가용한 정보에 따르면 전후 시기에 그 수는 꾸준히 늘어왔다. 1980년에 초국적기업 수는 1만개, 이들이 통제

〈표 3. 13〉 1950년과 70년도 315대 초국적기업의 제조업부문 해외 자회사망

지사망을 지닌	미국 기반 초국적기업 (180)		유럽 기반 초국적기업 (135)	
기업 수	1950	1970	1950	1970
6개국 미만	138	9	116	31
6–20개국	43	123	16	75
20개국 초과	0	44	3	29

출처: Vernon 1979: 258면, Taylor and Thrift 1982a: 1면에서 인용.

하는 해외 계열사가 적어도 9만개로 추정되었다(Stopford and Dunning 1983: 3면). 1990년대 초에는 이 숫자가 각각 3만 5천개와 17만개로 증가하였다 (*The Economist*, 27 March 1993 : 5면). 1984년에 미국의 비은행계 초국적기업 수는 2088개, 해외 계열사는 1만 6892개로 집계되었다(Dunning 1993: 81면, 표 6.1).

표 3.13에는 1950년~70년 동안 315개 주요 초국적기업의 자회사망이 요약되어 있어, 이를 통해 증대된 해외직접투자 활동의 결과인 자회사망의 확장을 살펴볼 수 있다. 이 표를 보면 대부분의 대형 초국적기업이 20년 동안 자회사망을 여섯 나라 이상으로 확장시켰다는 사실이 명백하게 드러난다. 1980년대의 해당 자료가 없긴 하지만, 이 시기 해외직접투자가 급성장한 것에서 알 수 있듯이 1970년대와 80년대, 특히 80년대 후반에 자회사와 계열사의 수는 늘어났다.

이 초국적기업들이 세계 공업생산을 지배하고 있다. 몇몇 공업부문의 높은 집중도는 『시장점유율 보고서』(1992)에 수집된 자료에서 볼 수 있다(표 3.14를 보라). 초국적기업은 세계 생산 및 무역 비중 면에서 세계경제상 중요

〈표 3. 14〉 세계공업의 집중(산업은 선별함)

공업	연도	최상위 기업 수	세계매출 점유율(%)
화학	1990	10	21.0
제약	1989	15	29.5
대형 고속 컴퓨터	1990	10	55.0
개인용 컴퓨터	1989	11	63.8
타이어	1991	5	76.9

출처: *Market Share Reporter* 1992: 154, 178, 205, 250, 257면.

한 역할을 맡았으며, 그 역할은 확대되었다. 흄즈는 "1989년에 50대 제조기업의 총매출액(3조 8천억달러가 넘는다—인용자)이 세계 각국의 총GNP(18조달러에 못 미친다—인용자)의 상당부분을 차지하였다"고 말했다(Humes 1993: 26면). 더 나아가 "300대 기업의 연결자산은 이제 세계 생산자산의 거의 1/4을 구성하고 있다"(*The Economist*, 27 March 1993 : 5면).

클레그(Clegg 1987)가 제안한 대로 해외 직접생산은 초국적기업 생산활동의 또다른 측정치가 될 수 있다. 그는 한 나라의 총생산 대비 그 나라 초국적기업의 해외생산 비율이 모든 나라에서 증가해왔다는 것을 보여주었다(표 3.15를 보라). 더 나아가 1965~70년에 비해 70~75년에 속도는 좀더 빨라졌다. 스톱포드와 더닝은 스톱포드의 저서(Stopford 1982)에 열거된 세계 500대 초국적기업의 자료를 분석하였다(Stopford and Dunning 1983). 표 3.16은 이 분석을 부분적으로 보여주는데, 이에 따르면 1970년대에 총제조업 생산 중 외국인소유 회사의 생산 비중이 증가하였다. 1980년대에는 중심부 내의 해외직접투자가 빠르게 증가하였으며, 고든이 "고소득국들로의 자본 재집중"이라 부른(Gordon 1988) 현상이 출현했고, 중심부 나라들에서(역시 중심부에서 진출한) 외국인소유 회사가 차지하는 비중이 커진 것으로

⟨표 3. 15⟩ 국내 제조업생산 대비 해외 직접생산(1965~75년)

	미국	일본	영국	스웨덴	서독	평균
1965	8.5	1.1	12.0	10.1	3.6	7.6
1970	11.8	2.0	19.1	13.2	10.2	10.6
1975	19.1	7.1	24.4	15.4	17.2	16.7

출처: Clegg 1987: 58면, 표 3.5.

⟨표 3. 16⟩ 총제조업 매출 중 외국인 소유 기업의 생산 비중(나라는 선별함, %)

	점유율	연도		점유율	연도
캐나다	51.1	1974	→	56.6	1977
영국	14.2	1971	→	21.2	1977
서독	25.1	1972	→	21.7	1976
일본	3.8	1972	→	4.2	1978

출처: Stopford and Dunning 1983: 24~25면, 표 2.2.

〈표 3. 17〉 법인기업 총생산과 총매출 중 자회사/계열사의 비중(%, 산업은 선별함, 1987년)

법인기업 총생산 중 자회사 생산분	
석유	49.6
담배	46.3
제약 및 소비자 화학제품	42.4
금속 제조 및 생산품	19.7
섬유, 의류 및 가죽 제품	17.8
항공우주	14.8
법인기업 총매출 중 해외 계열사 매출분	
석유	41.7
담배	27.3
엔지니어링	23.9
건설	23.6
호텔	20.3
영상	20.0
금융	16.3
보험	10.2

출처: 생산은 Stopford and Dunning 1983: 66~67면에서, 매출은 Dunning 1993: 81면, 표 6.1에서.

추정된다.

동시에 주요 초국적기업의 세계총생산 중 해외 자회사의 생산 비율이 전반적으로 상승하여, 1977년에서 81년 사이에 30.7%에서 33.2%로 늘어났다. 표 3.17에서 보듯이 산업·나라별로 성과는 달랐다. 표 3.17에서 비은행계 미국 초국적기업 총매출액 중 해외 계열사의 비중을 통해 초민족화가 어느 정도로 진척되었는가를 확인할 수 있다. 우리는 오늘날 해외 자회사 및 계열사의 활동이 초국적기업 활동의 매우 중요한 측면이라고 결론내릴 수 있다.

초국적기업의 총생산 중 자회사의 생산이 차지하는 비중은 초국적기업의 모국에 따라 다양하게 나타난다. 표 3.18에서 보듯이 유럽 소국(小國)의 초국적기업의 경우는 비중이 높으며, 초민족화의 신참자들의 경우는 비중이 낮고, 오래 전부터 초국적기업을 보유해온 나라의 경우는 중간 정도이다.

총무역 중 초국적기업 관련 무역의 비중 또한 초국적기업망의 확장도를 보여주는 지표이다. 표 3.19에서 보듯이 주로 자회사와 모회사 간의 국경

〈표 3. 18〉 초국적기업 생산 중 자회사의 비중(나라는 선별함, 1981년)

	기업 수	자회사 점유율 (%)
유럽 소국		
스위스	10	79.2
영국/네덜란드	2	72.9
벨기에	4	69.0
네덜란드	7	58.4
오래된 초국적기업 모국		
영국	67	45.0
미국	242	32.0
프랑스	20	32.6
신참국		
서독	33	22.0
이딸리아	6	21.6
일본	62	8.2

출처: Stopford and Dunning 1983: 66~67면, 표 4.6.

을 넘어선 거래인 기업내 무역이 미국과 일본 무역의 1/3가량을 차지한다.
줄리어스는 기업내 무역에 포함되지 않은 초국적기업 무역 활동을 파악하
기 위해 해외직접투자 관련 무역(FDI-related trade)이라는 개념을 도입하
였다(Julius 1990). 해외직접투자 관련 무역이란 무역당사자 중 어느 한쪽에
적어도 하나의 초국적기업이나 그 계열회사가 포함되어 있는 모든 무역을
가리킨다. 표 3.20에서 보듯이 초국적기업은 이 나라들의 무역 가운데 대
략 절반이나 그 이상을 담당하고 있다.

거대 법인기업은 모국 자본형성의 상당 부분을 담당했고, 초민족망이 확
대됨에 따라 초국적기업의 해외투자의 중요성 또한 커졌다. 해외직접투자
가 국내 총자본형성에서 차지하는 비율은 기업망의 초민족적 확대를 보여

〈표 3. 19〉 미국과 일본의 총무역 중 기업내무역의 비중 (%)

	미국			일본	
	1977	1982	1985	1980	1983
수출	29.3	23.0	31.0	25.8	31.8
수입	42.2	38.4	41.1	42.1	30.3

출처: UNCTC 1988, Sleuwaegen and Yamawaki 1991: 146면에서 인용.

〈표 3. 20〉 총상품무역 중 해외직접투자 관련 무역의 비중(%)

	미국 (1986)	일본 (1983)
수출	55	41
수입	52	57

출처: Julius 1990: 74면, 표 4.1.

주는 측정치의 하나이다(표 3.9를 보라). 1930년대에 국내 총자본형성 중 해외기업의 투자 비중은 발전도상국보다——발전도상국 쪽이 상당히 더 높은 수준이었지만——선진 시장경제에서 더 많이 증가하였다. 영국, 미국, 서독에서는 비중이 증가하였으나, 일본에서는 여전히 낮았고, 라틴아메리카와 카리브해 나라들에서는 비중이 사실상 하락하였다. 그러나 전체적으로 중심부에서는 해외직접투자를 통해 초국적기업망이 상당히 확대되었고, 주변부에서는 해외직접투자에 대한 종속이 심화되었다고 결론내릴 수 있다.

제조부문

지금까지 살펴본 수치들은 20세기 후반에 초국적기업의 역할이 확대되었음을 보여준다. 이런 확대는 법인기업망이 형성되고 전화한 데 따른 직접적 결과인데, 법인기업망은 초국적기업의 출신국 및 산업 별로 상이하다. 국가별 해외직접투자의 유출입 자료를 검토하여 초국적기업의 산업활동망이 형성된 과정을 추적해보자. 해외직접투자는 국경간 법인기업망 확장의 한 양식인 해외투자 활동에 대한 기록이다. 출자국의 초국적기업은 해외직접투자를 통해 자회사(정의상 100% 소유)나 계열사(100% 이하 소유)를 창설한다. 국제하청과 라이센싱 같은 다른 수단도 법인기업망을 해외로 확장하는 방법으로 이용되지만, 이런 다른 형태에 대한 포괄적 자료는 대체로 찾아보기 어렵다.

다시 표 3.7과 표 3.8로 돌아가서 보면, 전 시기에 걸쳐 해외직접투자액이 증가하였으되, 그 성장률에 기복이 있었음을 알 수 있다. 예를 들어, 1980~84년에 성장속도는 둔화되었다. 줄리어스가 정리한 G5 나라(미국, 영국, 프랑스, 서독, 일본)의 연도별 해외직접투자 실적을 보면, 1970~73년, 1977~79년, 1983~87년 등 세 시기에 해외직접투자 활동이 폭발적으로 증가하였다(Julius 1990: 21면, 그림 2.2). 1973~74년간 G5 나라의 해외직접투자 유출의 감소는 소규모이고 일시적이었던 데 반해, 1979~83년간의 감소 추세는 현저하고 장기지속적인 것이었다.

나라별로 해외직접투자 흐름의 비중을 살펴보면, 초국적기업망이 적극적으로 확장된 나라가 시기에 따라 달라졌음을 알 수 있다. 1960년대와 70년대 초 미국 초국적기업은 세계 대외투자의 50% 이상을 차지하였다. 이 시기 미국 초국적기업의 초민족화는 2차대전 직후부터 세계시장을 지배해온 미국 법인기업이 그 지배를 유지하고자 했던 맥락 속에서 이해할 필요가 있다. 1950년대에 미국의 주요 제조기업은 무역을 통해 세계시장의 가장 중요한 지역——미국과 서유럽 시장——을 지배하였다. 통화 불태환성이라는 조건하에서, 마샬플랜은 유럽 국가들에게 미국의 수출품에 대한 구매력을 제공하였다. 1950년까지 미국 초국적기업망은 주로 캐나다와 라틴아메리카——각각 1957년 미국 해외직접투자 유출잔고의 34.5%와 29.3%를 차지함——로, 그리고 제조업과 석유 부문——각각 유출잔고의 31.5%와 35.7%를 차지함——으로 퍼져나갔다.

1950년대 후반에 통화 태환성이 회복되자, 일부 서유럽 나라들은 유럽경제공동체를 구성하였고, 이는 무엇보다 미국 기업의 경쟁으로부터 유럽기업을 부분적으로 보호하는 데 기여하였다. 1960년대에 미국 제조기업들은 이에 대응해 유럽에 직접 투자하여 유럽시장을 겨냥한 제조업 기지로 기능할 자회사를 설립하였다. 미국의 해외직접투자 총유출잔고 중 유럽의 비중은 1950년의 14.7%에서 70년에는 33.5%로 증가하였고(캐나다의 비중은 27.8%로 하락하였으며, 라틴아메리카의 비중은 14.7%로 하락하였다), 제조업의 비중은 41.1%로 증가하였다(석유부문은 26.2%로 하락하였다)(Okumura 1988a: 284~85면, 표 B-1, B-2).

 1960년대에 서유럽 및 일본 국가는 공산주의 봉쇄란 목표로 정당화된 미국정부 원조의 지원하에 산업보호정책을 산업육성정책과 결합함으로써 미국 초국적기업과 경쟁할 수 있는 제조기업들을 탄생시켰다. 1960년대 후반에 세계 공산품 생산 및 무역에서의 미국의 우위는 점점 약화되었고, 1970년대 초에 서유럽 법인기업들은 서로의 국경 내부로, 그리고 북아메리카와 남아메리카로 법인기업망을 전개하여 미국을 능가하는 해외직접투자의 주요 원천이 되었다.

 예를 들어 영국의 해외직접투자 유출잔고를 보면, 유럽으로 흘러나간 해외직접투자가 눈에 띄게 증가해 1962년의 4억 5500만 파운드에서 74년에 28억 6700만 파운드로 늘어났고(영국의 전체 해외직접투자의 13.4%와 27.5%), 같은 시기 미국과 캐나다에 투자된 금액이 7억 8500만 파운드에서 22억 7100 파운드로 증가하였다(23.1%와 21.8%). 서독의 경우 1976년에 유럽의 비중이 52.9%였고, 미국의 비중이 17.2%였다(Okumura 1988a: 296, 300면, 표 C-1, D-1). 주로 중심부에서 주변부로 움직이던 자본흐름이 1960년대에 중심부 내부로 방향을 선회하였음이 이런 추세 속에서 드러난다.

 미국과 유럽의 초국적기업이 주로 시장지향적인 중심부 내부 해외직접투자를 택한 데 반해, 일본의 제조기업은 주변부 지향적인 초민족화를 택했다(Kojima 1978; Yoshihara 1976; Ozawa 1979). 1960년대 대만에서 소규모 해외직접투자로 출발한 일본 기업들은 70년대 들어서 자신의 노동집약적 제조활동을 동아시아와 동남아시아로 이동시켰다. 일본 초국적기업망이 미국과 유럽공동체(EC)로 확장된 1980년대에도 써비스부문에 대한 해외직접투자가 유럽과 북아메리카로 몰리는 추세였지만 일본 기업망의 주변부 지향적 확장은 꾸준히 지속되고 있다. 예를 들어, 발전도상국에 대한 투자가 1976년에는 일본의 해외직접투자 총유출잔고의 55%를 차지하였고(그중 아시아가 28.2%), 80년에는 54%(아시아에 26.9%), 86년에는 46%(아시아에 20.6%)를 차지하였다(Okumura 1988a: 309면, 표 E-2).

 유럽과 일본의 초국적기업이 성장하자, 1970년대 들어 미국의 세계 산업 지배력은 서서히 약화되었고, 80년대에도 이 과정은 지속되었다. 주요 초국적 제조기업의 나라별 구성을 살펴보자. 표 3.10과 표 3.11에는 각기『포춘 디렉토리』(*Fortune Directory*)에 수록된 50대 제조기업과 500대 제조기업이 정리되어 있다. 이 디렉토리에 수록된 주요 제조기업들은 초국적기업의 활동방향을 결정하는 주체들이다. 살펴보면 알 수 있듯이, 1950년대와 60년대에는 미국 법인기업이 세계 제조업 무대를 지배하였으나, 70년대에는 미국 초국적기업이 약화된 대신 유럽 초국적기업의 몫이 늘어났고, 80년대에는 일본 초국적기업이 다시 한번 미국 초국적기업을 제물로 삼아 자신의 몫을 늘렸다.

1980년대 제조부문 초국적기업망의 확대는 다음과 같은 세 가지 주요 추세를 보였다. ① (주로 미국과 프랑스 측의) 쌍무적 보호주의 때문에 촉진된 중심부 내부 해외직접투자의 증가, 그리고 한층 심화되리라 예상된 1992년 예정의 유럽공동체 통합. ② 저비용 제조를 위해 중심부 초국적기업이 선별된 주변부 지역을 통합함. ③ 삼극체제 내 초국적기업들간의 협력과 제휴의 확대.

중심부 내부의 초국적기업망의 확대는 1980년대 해외직접투자 유입 자료를 통해 살펴볼 수 있다. 1970년대에는 해외직접투자의 주요 대상지가 유럽이었던 데 비해, 80년대 들어서는 유럽이 바로 그 뒤를 바짝 쫓고 있긴 했지만, 미국이 해외직접투자의 주요 목표지로 등장하였다(표 3.8). 미국의 제조부문 해외직접투자 유입잔고가 차지하는 비중은 1980년대에 안정적으로 유지되었으며(Okumura 1988a: 284~85면, 표 B-1), 이는 미국 내에서 비미국계 초국적 제조기업망이 상당히 확대되었음을 뜻한다.

1980년대 들어서 동아시아 및 동남아시아 나라들의 저임금 (그리고 유순하다는 평판을 얻은) 여성노동을 끌어들이기 위해 초국적기업망이 이 지역으로 깊숙이 뻗어나갔다. 소위 '신형투자'가 해외직접투자를 보완하였는데(Oman 1989: 10면), 여기에는 국제하청뿐 아니라 초국적기업의 소수지분취득(minority shareholding)까지도 포함되었다. 신형투자는 1960년대에 이미 일본 초국적기업의 주요 전략이었으며, 그후 다른 중심부 나라 초국적기업들로 전파되었다. 신형투자를 통해 초국적기업은 투자유치국의 금융자원을 동원하면서도 금융 손실의 잠재적 위험을 피해갈 수 있었고, 진출지역 노동법 및 환경법을 위반한다는 비난을 벗어날 수 있었다. 게다가 초국적기업의 현지 계열사가 초국적기업의 기술, 유통, 마케팅 역량에 전적으로 의존하였기 때문에, 초국적기업은 계열사의 경영을 계속 완전하게 통제할 수 있었다.

홀바흐에 따르면, 소수지분 합작투자는 발전도상국의 자동차제조, 전자, 기계/정밀기기 등의 분야에서 중요한 역할을 수행하였다(Halbach 1989: 10면, 표 2). 발전도상국의 모든 합작회사 중 소수지분 합작회사의 비중은 이 세 산업분야에서 각각 50%, 56%, 57%였다(각 산업의 30, 41, 24개 초국적기업에 대한 설문조사 결과에 기초). 같은 조사에 포함된 8개 식품가공 산업의 초국적기업들은 어떤 소수지분 회사도 보유하지 않았는데, 이는 산업부문별로 소수지분/다수지분의 필요성과 선호상에 편차가 있음을 보여준다. 전체적으로 보아 소수지분이 확대된다는 것은 투자유치국의 자본동원이 확대된다는 표시이다. 초국적기업은 100% 소유 자회사로부터 신형투자로 전환함으로써 특히 발전도상국에서 자기 자본을 투입하지 않고서도 현지 자본 및 기업에 대한 통제를 확대할 수 있었다. 이렇게 해서 남은 초국적기업 자신의 자본은 중심부 지역의 고이윤 산출활동에 투입되었다.

7, 80년대 초국적기업의 중심부내 경쟁은 상이한 지역들에서의 초민족적망의 형성을 수반하였으며, 초국적기업 집단이 주변부·반주변부를 통합하는 상이한 패턴을 초래했다. 일본망은 주로 동아시아와 동남아시아에서 전개되었고, 유럽공동체망은 중부유럽 및 동유럽에서, 미국망은 라틴아메리카에서 펼쳐졌다(UNCTC 1991: 56면, 그림 VII; Michalski 1991: 8면). 그러나 망들이 상호배제적으로 교차 전개된 것은 아니었다. 예를 들어, 1962년과 89년 사이 남한에 투자된 70억 6700만달러의 해외직접투자 중 50.3%는 일본에서 들어온 것이었다. 그러나 미국도 27.5%로 상당한 비중을 차지하였고, 스위스, 서독, 영국, 네덜란드, 프랑스도 합하면 13.3%나 되었다(Dehm 1990: 142면).

일본 초국적기업의 동아시아 및 동남아시아망은 삼극지역에 저비용 재

84

화를 수출하는 역할을 맡았다. 아시아에 있는 일본의 제조업계열사 총수출의 68% 정도가 삼극지역으로 수출되었다(35%는 일본으로, 23%는 미국으로, 10%는 유럽공동체로). 아시아 나라에서의 일본 초국적기업의 지역망은 저비용 재화를 공급함으로써 일본 초국적기업의 "삼각(三脚)전략"(UNCTC 1991: 47면)에 복무하였다. 유엔 초국적기업연구쎈터(같은 책, 63면)는 "특히 중부유럽 및 동유럽이 유럽공동체와 자유롭게 교역하게 된다면, 이들 지역에서 유럽공동체 초국적기업은 일본 초국적기업이 아시아 자회사와 맺는 관계나 미국 초국적기업이 멕시코 자회사와 맺는 관계와 유사한 역할을 하게 될 것"이라고 예상하고 있다. 이처럼 세 개의 지역망이 형성되었다(Humes 1993: 26~30면). 다시 한번 주목해야 할 것은 지역망이 지역적으로 폐쇄되어 있지 않다는 점이다. 오히려 지역망은 지역연계에서 비롯되는 힘에 기반하여 전 세계시장, 특히 삼극에 개방되어 있다(Amin 1993을 보라).

초국적기업의 범위가 확대된 결과, 세계 제조활동은 중심부 지역에서 성장하는 데 그치지 않고 주변부와 반주변부에도 전파되었다. 표 3.21은 제조업 연평균 성장률을 요약해 보여준다. 1960년대의 성장 중심지는 라틴

<표 3.21> 제조업생산의 연평균 성장률

	1966~70	1971~75	1976~80	1981~85	1986~90
세계	7.4	5.0	5.0	2.4	3.5
선진국	5.6	2.2	4.3	1.9	3.1
발전도상국	6.7	8.0	5.6	4.2	8.2
북아메리카	3.5	3.0	5.0	2.5	3.5
카리브해연안, 　중앙아메리카 　및 남아메리카	7.8	8.4	5.1	0.3	8.1
아시아	15.1	3.4	7.5	5.5	6.9
일본과 이스라엘을 　제외한 아시아	5.6	7.4	6.4	9.6	10.5
서유럽	6.2	1.5	3.0	0.8	2.1
동유럽 및 (구)소련	11.3	10.6	6.5	3.6	1.7
오세아니아	4.7	2.0	1.3	0.5	1.3

출처 : UN 1977; 1982; 1992.

아메리카와 소위 중앙계획경제들(즉 CPEs——동유럽과 구소련), 일본과 이스라엘이었다(아시아 전체의 수치와 여기서 일본 및 이스라엘을 뺀 수치의 차이가 이점을 지시한다). 1970년대에는 서유럽의 성장률이 세계 평균에 뒤처진 반면, 발전도상국과 CPEs가 성장률의 선두에 섰다. 그러나 1980년대 전반기에 라틴아메리카는 서유럽 및 오세아니아와 함께 무너졌다. 평균 이상의 성장률을 달성한 곳은 아시아, 북아메리카, CPEs뿐이었으나, CPEs의 성과는 앞선 시기에 비해 보잘것없는 것이었다. 1980년대 후반기에 세계 제조업 성장세는 회복되었으나, 서유럽의 성장은 여전히 미약했고, CPEs의 성장률은 훨씬 더 둔화되었다. 이에 비해 1980년대에 아시아 발전도상국들의 성과는 특별히 인상적인 것이었고, 이와 더불어 라틴아메리카도 80년대 후반 눈에 띄게 회복되었다.

그 결과, 제조업활동의 거점은 아메리카 대륙과 유럽으로부터 아시아로 옮겨갔고, 소련과 동유럽의 비중은 유지되었다. 더욱이, 아시아 발전도상국에서 제조업활동의 빠른 성장에 힘입어, 산업활동의 상당 부분이 이 지역 중심부인 일본으로부터 주로 이 지역 반주변부인 아시아신흥공업국(즉 남한, 대만, 홍콩, 싱가포르를 포함하는 NICs)으로, 또는 주변부인 타이, 말레이시아, 인도네시아, 중국으로 재배치되었다.

주변 및 반주변 지대로 재배치된 이런 산업들은 대부분 노동집약적 산업이었고, 자본집약적 산업은 주로 중심브에 남아 있었다. 자본집약적 산업에서의 중심부 우세를 보여주는 사례도 자동차생산의 입지를 들 수 있다면, 면직물 및 텔레비전 수상기 생산은 노동집약적 산업의 지대내 이동을 보여준 두드러진 사례였다(표 3.22, 3.23, 3.24를 보라).

1970년대 이후 아시아의 공업생산 비중이 현저하게 상승한 것은 부분적으로 다층적 하청체제라 불리는 생산조직이 보급된 결과였다(Arrighi, Ikeda and Irwan 1993: 48~63면). 미국 초국적기업에 전형적인 수직적 통합경영과 달리, 이 체제는 하청업체를 이용해 노동비용과 자본비용을 줄였다. 일본은 유연생산을 적용하여(Friedman 1988: 20~26면) 동아시아(북한은 배제되지만 동남아시아뿐만 아니라 점차 중국까지도)를 자신의 축적권에 통합하

<표 3.22> 승용차생산(세계생산에서 차지하는 비중, %, 백만대)

	1953	1960	1965	1970	1975	1980	1985	1989
아시아	0.1	1.3	3.6	14.2	18.1	24.3	25.1	28.6
일본	0.1	1.3	3.6	14.0	18.0	24.0	23.9	25.7
NICs[1]			0.0	0.0	0.0	0.2	0.8	2.4
기타[2]			0.0	0.2	0.1	0.1	0.8	0.5
아메리카 대륙	79.9	55.4	54.3	32.1	31.3	24.6	28.4	22.1
미국과 캐나다	79.9	55.4	52.4	28.4*	27.4*	19.6*	24.7*	18.4*
NICs[3]			0.9	1.6	3.2	4.3	3.3	3.4
기타[4]			1.0	2.1	0.7	0.7	0.4	0.3
유럽	19.0	40.9	39.5	46.7	40.6	40.2	37.5	41.2
서유럽[5]	18.8	39.8	37.4	42.8	35.0	33.3	30.6	33.4
남유럽[6]			0.8	2.0	2.8	3.6	3.8	4.8
기타[7]	0.2	1.1	1.3	1.9	2.8	3.4	3.1	3.0
소련	1.0	1.1	1.1	1.5	4.7	4.5	4.2	3.5
합계(백만대)	8	13	19	23	25	29	32	35

주) 1. 남한, 대만, 홍콩, 싱가포르.
    2. 일본과 NICs를 제외한 아시아.
    3. 멕시코, 브라질.
    4. 멕시코와 브라질을 제외한 라틴아메리카.
    5. 영국과 스칸디나비아 나라를 포함한 서유럽.
    6. 에스빠냐, 포르투갈, 그리스.
    7. 동유럽 나라들.
*수치를 맞게 수정하였다—옮긴이.
자료 : UN 1976; 1981; 1991.

였고, 이 지역 전체를 생산 및 축적의 주요 핵심지로 부상시켰다.

이처럼 제조업생산의 입지로서 동아시아의 중요성은 점점 커지고 있다. 전체 발전도상국의 공산품 수출에서 소위 역동적 아시아경제들(DAEs. 여기에는 아시아 NICs, 타이, 말레이시아가 포함된다)의 수출이 차지하는 비중은 1965년의 10% 이하에서 88년에는 45% 이상으로 늘어났다(OECD 1993a: 22면, 도표 2). 사실 역동적 아시아경제들은 OECD 나라의 가장 중요한 비(非)OECD 무역상대국이고, 이들의 무역비중은 1980년대 후반에 급속히 증가하고 있었다(OECD 1993a: 25면, 도표 4). 역동적 아시아경제들은 중심부로부터 해외직접투자를 유치한 나라들이었으며, 1980년대 후반에 그

〈표 3. 23〉 면직물 생산(세계생산에서 차지하는 비중, %, 백만m²)

	1953	1960	1965	1970	1975	1980	1985	1989
아시아	10.6	12.8	34.1	30.4	49.4	57.3	64.2	66.6
일본	10.6	12.6	6.4	4.9	4.0	3.6	2.8	2.3
NICs[1]			1.7	1.6	1.8	1.7	1.5	1.8
기타[2]		0.2	26.0	24.0	43.6	51.9	59.9	62.5
아메리카 대륙	50.4	40.4	30.0	18.8	16.3	10.0	8.5	8.8
미국과 캐나다	50.4	40.4	22.0	12.9	8.9	6.2	4.4	4.7
NICs[3]			4.9	4.0	3.6	3.3	3.6	3.1
기타[4]			3.1	1.9	3.7	0.5	0.4	0.9
유럽	22.1	27.6	20.7	17.7	18.0	16.0	13.0	11.7
서유럽[5]	13.9	17.5	12.3	9.7	8.8	7.6	6.3	5.4
남유럽[6]			2.7	2.5	3.6	2.5	1.9	1.7
기타[7]	8.2	10.1	5.8	5.5	5.6	5.9	4.7	4.5
소련	16.9	18.9	12.7	12.3	13.7	12.9	11.6	10.9
합계(백만 m²)	22,244	25,547	47,179	53,891	52.911	60,329	73,806	82,067

주) 1~7 : 표 3.22와 같음. 아시아(1970, 75), 일본(1989), 아메리카 대륙(1970, 75), 캐나다
(1975), 남유럽(1989)는 추정치.
출처는 표 3.22와 같음.

〈표 3. 24〉 텔레비전 수상기(세계생산에서 차지하는 비중, %, 백만대)

	1953	1960	1965	1970	1975	1980	1985	1989
아시아	0.2	18.8	14.2	31.2	31.2	39.4	51.4	58.2
일본	0.2	18.8	14.1	30.0	25.6	20.9	18.4	10.8
NICs[1]				0.3	2.5	12.2	10.8	17.1
기타[2]			0.1	0.8	3.1	6.4	22.2	30.3
아메리카 대륙	84.0	31.4	37.2	23.0	22.2	22.0	18.2	16.4
미국과 캐나다	84.0	31.4	34.9	19.3	16.4	14.9	14.4	12.7
NICs[3]			1.7	2.5	4.1	5.8	2.9	3.0
기타[4]			0.6	1.1	1.8	1.2	1.0	0.8
유럽	14.8	39.1	34.5	29.5	30.4	25.7	18.4	16.1
서유럽[5]	14.6	33.8	26.1	22.2	21.3	18.9	12.9	11.1
남유럽[6]			1.9	1.8	2.3	1.9	1.9	1.9
기타[7]	0.2	5.3	6.5	5.5	6.9	4.8	3.6	3.2
소련	1.0	9.1	12.2	14.6	14.1	10.4	9.7	8.3
합계(백만대)	9	19	30	46	49	72	96	120

주) 1~7 : 표 3.22와 같음. 아시아(1970, 75), 일본(1989), 아메리카 대륙(1970, 75), 캐나다
(1975), 남유럽(1989)는 추정치.
출처는 표 3.22와 같음.

<표 3. 25> 조강, 주괴 생산(세계생산에서 차지하는 비중 %, 백만톤)

	1953	1960	1965	1970	1975	1980	1985	1989
아시아	2.9	5.6	14.3	20.7	23.0	25.5	27.8	29.7
일본	2.9	5.6	9/0	15.8	16.1	15.6	14.9	14.1
NICs[1]			0.0	0.1	0.3	2.0	2.6	3.1
기타[2]			5.3	4.8	6.6	7.9	10.3	12.5
아메리카 대륙	46.0	30.6	30.9	24.7	21.7	20.6	18.4	19.0
미국과 캐나다	46.0	30.6	28.6	22.4	18.9	16.6	13.3	13.5
NICs[3]			1.2	1.6	2.1	3.2	3.9	4.3
기타[4]			1.1	0.7	0.7	0.8	1.2	1.2
유럽	31.9	39.2	34.5	33.8	31.9	30.2	29.3	27.5
서유럽[5]	28.5	34.5	27.0	25.4	21.5	19.4	18.2	17.7
남유럽[6]			0.9	1.4	2.0	2.0	2.3	1.8
기타[7]	3.4	4.7	6.6	7.1	8.4	8.9	8.8	8.0
소련	17.3	21.6	18.9	18.7	21.0	20.9	22.0	21.1
합계(백만톤)	158	216	448	581	629	706	702	759

주와 출처는 표 3.22와 같음.

것에 대한 일본은 비중이 높아진 반면 미국의 비중은 하락하였다(OECD 1993b: 35면, 도표 1).

게다가 중심부에서 주변부 및 반주변부로 이전된 산업은 노동집약적 제조업에 한정되지 않았다. 예를 들어, 조강생산의 자본-노동 비율은 전체 산업부문들의 평균치보다 높지만(UN 1967; 1981; 1991의 고용 및 자본형성 자료에 기초한 계산), 조강생산은 중심부에서 주변부, 반주변부로 전파되었다(표 3.25를 보라). 그러나 쏘에뜨와 베르스파겐이 지적했듯이(Soete and Verspagen 1991: 256면), 이 산업에서 연구 · 개발(R&D) 비중은 아주 낮았다. 사실, 조강생산 기술은 표준화되어, 그 기술 '지대(地代)'는 이미 고갈되었다. 브라질과 남한 같은 반주변 국가들이 저급기술 품목의 생산량을 확대함에 따라, 중심부의 초국적 철강기업들은 7, 80년대에 제품구성을 저급기술 대량생산 품목에서 첨단기술 특화품목으로 고급화함으로써 살아남았다(Yachir 1988: 47~49면을 보라).

이렇게 고급 연구 · 개발 및 첨단기술 생산지와 저급기술 생산지는 분리되었다. 정확한 자료를 제시할 수는 없지만, 소매가격 중 생산비의 비중은 필시 매우 작았을 것이고, 그 나머지는 유통, 광크, 소매, 제품개발, 생산기술 개발, 보험 및 금융 비용, 이윤으로 구성되었다. 초국적기업이 전체 운영을 통제하는 상황에서, 주변부나 반주변브 지대에서 만들어진 부가가치 부분은 생산수치상 대단하게 보일지라도, 실제 아주 작은 부분이었을 것이다.

반주변부 국가들측에서는 중심부를 따라잡으려 애썼지만, 연구·개발 활동 및 첨단기술 품목 생산의 입지는 주로 중심부 초국적기업과 중심부 국가들이 결정하였다. 중심부 초국적기업들은 반주변부 및 주변부 기업과 국가가 첨단기술을 수입할 수 있도록 허용할 때에도, 최첨단의 최고기술은 허용하지 않았다. 저수준의 기술만이 이전되었다(Henderson 1989: 44~48면; Yachir 1988: 47~49면). 중심부 초국적기업은 첨단 전자제품 같은 첨단기술 품목의 생산조립은 반주변부지대로 이전한다 하더라도, 집적회로와 마이크로프로세서 같은 핵심부품 생산은 여전히 중심부에 남겨두려 하였다.

한 예로, 일본 회사는 다른 아시아 나라들에 첨단기술을 이전하는 것을 몹시 꺼려해왔다(*New York Times*, 13 October 1991 F1, F6; 5 December 1991: D1, D22). 게다가, 첨단기술 개발을 위한 초국적기업간 협력이 증대되었기 때문에, 주변부·반주변부 국가와 기업들은 이런 기술에 접근할 수 없었다 (Ohmae 1985: 134~44면; *New York Times*, 1 January 1992: 1, 48면). 초국적기업의 통제하에 반주변부·주변부 지대로 첨단기술 제품의 생산이 확대된 것은 이 지역이 더욱 통합되어 초국적기업의 지구적 경영에 한층 더 의존하게 되었음을 뜻한다. 중심부가 고부가가치 활동분야를 독점하였기 때문에 주변부 국가와 기업이 자급자족을 달성할 수 있는 가능성은 점점 더 줄어들었다.

1974년 이후 경제성장이 둔화된 상황에서 초국적기업간에 첨예한 경쟁이 벌어진 결과, 법인기업망은 세계체제의 주변부 및 반주변부 지대로 확대되었고, 신형투자 전략을 통해 많은 자본지출 없이 값싼 제조업 노동력을 찾아내었다. 동시에 특히 써비스부문을 중심으로 중심부 내부의 네트워크가 확대되었다. 이는 부분적으로는 외환거래 제약을 철폐한 1980년대 금융자유화에 대한 대응이었고, 부분적으로는 경제성장이 둔화된 상황에서 잉여자본의 투자 압력이 증가한 결과였다.

초국적기업망의 확대 외에 1970년대 중반부터는 초국적기업의 중심부 내부 제휴가 중요한 전략이 되었다. 쏘에뜨가 살펴본 바에 따르면, 1950년부터 70년까지는 제조업 합작회사가 점차 확대된 데 비해, 1970년대 중반에는 연구·개발 활동을 수반하는 합작기업이 극적으로 확대되었다(Soete 1991: 61면). 초국적기업의 국제적 제휴가 형성된 것은 한편으로 높은 위험을 동반하는 연구·개발 투자가 점점 더 요구되었기 때문이었다(UNCTC 1991: 37면; Yoshitomi 1991: 20면).

하거트와 모리스(Hargert and Morris 1988)는 유럽의 주요 경제간행물에 보도된 협력협정(cooperative agreement)과 제휴(collaboration)를 연구하였다. 첫째로, 그들은 모국이 다른 초국적기업간의 협력협정 수가 1980년대에 상당히 증가하였다는 것을 발견하였다. 미국과 유럽공동체의 초국적기업이 체결한 협력협정 수는 1979년의 10건 미만에서 85년에는 거의 200여건으로 증가하였다. 마찬가지로 유럽공동체 및 일본 초국적기업이 가담한 협력협정 수는 1979년 거의 무(無)였다가 85년에 80여건으로 늘어났고, 미국과 일본의 초국적기업이 체결한 협력협정 수는 1979년 거의 무였다가 85년에 60여건으로 증가하였다.

둘째, 국제적 제휴가 이루어진 분야는 항공우주(19.0%), 통신(17.2%), 컴퓨터(14.0%), 기타 전기(13.0%), 자동차(23.7%) 같은 연구·개발 집약적 산업이었다. 셋째, 제휴의 주목적은 제품 공동개발(37.7%), 생산(23.3%), 개발 및 생산(16.8%)이었다. 넷째, 제휴 상대는 대부분 라이벌이었다(71.3%). 마지막으로, 제휴 상대의 구성을 살펴보면, 유럽공동체 내부 30.8%, 유럽공동체-미국 25.8%, 유럽공동체-일본 10.1%, 미국-일본 8.4%, 미국 내부 8.4%, 그리고 삼극의 초국적기업과 비삼극의 초국적기업 간이 16.6%였다. 유럽의 간행물을 정보 출처로 삼았기 때문에 일본 초국적기업들간의 협력협정, 그리고 일본 초국적기업과 미국 초국적기업 사이의 협력협정은 실제보다 낮게 집계되었을 것이다. 이를 고려하면, 이 수치에서 모든 삼극체제 구성국의 초국적기업이 비슷한 정도로 협력회사를 추진하고 있음을 분명하게 발견할 수 있다(또한 Soete 1991: 61면을 보라). 하거트와 모리스의 연구를 1989년까지 확장한 헤이지돈(Hagedoorn 1993)은 이런 추세가 지속되고 있다는 사실을 확인시켜주었다.

삼극체제의 세계경제 구조가 출현하자 초국적기업들은 이 세 주요 시장——유럽공동체, 미국, 일본——모두에서 해외직접투자, 제휴, 인수·합병을 통해 시장점유율을 확대하려 해왔다(Bleeke and Ernst 1993). 삼극체제 내 초국적기업의 통제를 받는 지역망은 확대 강화되고 있는데, 아시아와 중부유럽 및 동유럽, 그리고 라틴아메리카의 저임금 나라들은 저비용 제조업 지대로서 이 지역망에 점점 통합되었다.

흄즈는 급변하고 점점 복잡해진 시장상황에 대응하려는 초국적기업의 전략의 변화를 보여주었다(Humes 1993). 비용과 위험을 분산시키고 신제품의 개발 및 유통 속도를 빠르게 하려는 욕망 때문에 인수·합병이 증가하였을 뿐 아니라, 다양한 형태의 합작기업이 등장하였고, 또 연구·개발, 제조, 마케팅을 위한 다른 유형의 제휴가 출현하였다. 인건비, 원료비, 부품비, 화폐 등(이것들은 환율변동에 따라 변한다)의 비용 차이 때문에 초국적기업들은 전지구적으로 신축적인 자원조달 전략을 펼칠 수밖에 없었다. 이런 방향으로의 압력은 각 나라가 동원한 보호주의의 정도 차이, 그 나라가 보호주의를 적용하는 데 이용한 관세 및 비관세 수단의 다양성, 그리고 그 보호주의 적용의 불균등성 때문에 더욱 강화되었다. 이런 모든 요인들로 인해 다국적기업은 마케팅, 제조, 자원조달을 더욱더 여러 대륙에 걸쳐 전개하였다(같은 책, 25~26면). 노동집약적 제조업 활동이 세계경제의 주변부로 이전된 반면, 초국적기업망의 '두뇌'——제품 및 공정의 연구·개발, 광고, 마케팅, 자본조달, 유통 등등——는 중심부에 남아 있었다.

써비스부문

경제성장이 둔화된 상황에서 일부 써비스부문은 자본주의 세계경제의 가장 수익성 있는 부문이 되었다. 일부 제조활동은 전후시기에 주변부, 반주변부로 전파되었지만, 가장 수익성 있는 써비스 활동은 현재 중심부 초국적기업들이 독점하고 있고 앞으로도 그러할 것이다. 성장중인 몇몇 써비스부문을 통제하는 자가 아마도 향후 수십년간 세계 수준의 축적구조를 결정할 것이다.

미국이 1970년대에 생산과 무역에서 패권을 상실하자, 은행업, 금융업, 기업관련 써비스, 수송, 통신 같은 써비스부문이 미국 초국적기업의 주요 사업영역이 되었다. 미국 은행의 국제대출 증가는 1970년대의 해외 포트폴리오 투자의 증가와 더불어 제조업으로부터 기업관련 써비스로 나아가는 전환점이 되었다. 그런데 유럽과 일본의 초국적써비스기업은 다소 신속히 미국의 초국적써비스기업을 따라잡았다(예를 들어 표 3.12를 보라). 세계 써비스시장은 삼극체제 내의 소수 주요 초국적기업들이 지배하게 되었다.

보통 1차산업(농업과 채굴업)과 2차산업(제조업)을 뺀 나머지로 규정되는 3차산업 또는 써비스산업의 중요성은 점점 커져왔다. 표 3.26은 GDP 비중으로 측정했을 때, 써비스부문이 지난 20년간 점점더 중요해졌음을 보여준다. 또한 세계경제에서 써비스부문의 중요성이 커진 것은 제조부문 해외직접투자와 비교해 써비스부문 해외직접투자가 급격히 증가한 데서도 드러난다.

해외직접투자의 부문별 분포를 보면 자원채굴, 제조업, 써비스부문이 차례로 초민족화를 주도하는 일종의 순환이 일어났음을 알 수 있다. 유엔 초국적기업연구쎈터는 "1950년대의 해외직접투자는 원료, 기타 1차산품 및 현지 자원에 기반한 제조업에 집중된 반면, 오늘날 해외직접투자는 주로 써비스와 기술집약적 제조업에 집중된다"고 보고했다(UNCTC 1991: 15면).

〈표 3.26〉 GDP 비중으로 측정한 써비스부문의 성장(%)

	1970	1987
선진국	55	63
발전도상국	45	49

출처: Nicolaides 1991: 51면, 표 1.

미국의 경우, 써비스부문(무역, 수송, 은행, 금융 부문)의 비중은 1950년대 전체 해외직접투자의 1/4에서 86년 1/3로 높아졌다. 표 3.27에서 보듯이, 미국, 서독, 일본에서 전체 해외직접투자 유출일잔고 중 써비스부문의 비중은 상당한 수준이다. 표 3.28에 요약되어 있듯이 써비스부문 해외직접투자 총액(stock)의 증가는 써비스부문 해외직접투자 흐름(flow)이 빠르게 변한 결과였다.

<표 3.27> 써비스부문 해외직접투자의 비중 (%)

미국	1975	1980	1986
해외직접투자 유출수지			
무역	10.0	11.2	9.7
은행	2.8	3.4	6.0
금융 및 보험	9.0	13.0	12.6
해외직접투자 유입수지			
무역	15.2[a]	18.3	20.1
은행	4.4[a]	5.6	5.9
금융 및 보험	12.2[a]	16.3	19.0
서독	1976	1980	1985
해외직접투자 유출수지			
무역	18.5	19.8	20.1
은행	4.8	6.8	6.1
금융 및 보험	3.3	4.0	8.6
해외직접투자 유입수지			
무역	13.8	15.4	16.9
은행	5.1	6.6	8.2
금융 및 보험	1.3	1.4	1.9
일본	1970	1980	1986
해외직접투자 유출수지			
무역	10.6	14.8	13.7
금융 및 보험	8.9	6.6	17.1
해외직접투자 유입수지			
무역	4.8	12.2	11.6

주) a 1973.
출처: Okumura 1988a: 284~87면, 표 B-1, B-2(미국); 300~30면, 표 D-1, D-2(서독); 308~309면, 표 E-1, E-3(일본).

〈표 3. 28〉 1980년대 연간 총 해외직접투자 유출 중 써비스부문의 비중(%)

	1981~84	1985~89
일본	61	73
독일(서독)	55	64
미국	52	57
프랑스	41	49
영국	35	38

출처: UNCTC 1991: 10면.

데이터 처리비용 및 통신비용이 체감한 덕에, 최근 몇십년간 써비스부문 해외직접투자 비중이 높아질——1980년대 말에는 세계 해외직접투자 총액의 40% 및 연간 흐름의 5, 60%를 차지함——수 있었다(Aharoni 1993: 1~2면). 동시에 총무역 중 상품외 무역의 비율이 높아졌다. 총수령액(total receipts) 중 상품외 무역의 수령액(써비스무역을 반영한다) 비중이 1960년의 23.4%에서 70년에 25.2%로, 82년에는 26.2%로 증가하였다. 지급액(paymensts)에서 차지하는 비율은 60년의 23.2%에서 70년 24.9%, 82년 29.4%로 높아졌다(Enderwick 1989: 9면, 표 1.2). 세계 써비스수출을 지배하는 것은 중심부다. 표 3.29가 보여주듯이, 1980년 세계 (써비스수출—옮긴이) 총액의 2/3를 최상위 10개국이 장악하고 있었다.

무역 및 해외직접투자 활동이 증가하고 있는 써비스항목들은 금융써비스, 법률자문 및 상담, 보험, 수송, 통신 및 데이터 처리 같은 기업관련 써비스들이다. 이 부문들에서 시장은 확대되었지만 주로 초국적기업이 지배했고, 초국적기업망은 전세계로 확대되고 있었다.

은행업부문은 자본주의 세계체제에서 가장 오래된 기업관련 써비스의 하나이다. 이 부문에서 초민족화는 초기단계에 진행되었으나, 국경을 넘어선 네트워킹의 확대는 최근 몇십년간에 두드러졌다. 그 결과 "모든 선진공업국들은 발전도상국 및 양대 공산주의 국가인 소련과 중국뿐 아니라 다른 선진공업국에도 수많은 지사와 사무소를 두고 있으며" 다국적은행은 1968년 2744개사에서 83년에 5814개사로 그 수가 증가하였다(Grubel 1989: 63면).

〈표 3. 29〉 세계 써비스수출에서 상위 10가국의 비중(%)

미국	10.1
영국	10.0
서독	9.1
프랑스	8.9
이딸리아	6.4
일본	5.2
네덜란드	5.0
벨기에	4.0
에스빠냐	3.3
오스트레일리아	2.9
소계	65.1

출처: Enderwick 1989: 9면, 표 1.2.

표 3.30은 세계 50대 은행의 자산 증가를 보여준다. 확실히 은행업부문의 최상위 법인기업들은 엄청나게 성장하였다. 일본 은행의 비중이 매우 높아졌는데, 이는 세계 50대 은행 구성의 변화에 반영되고 있다(표 3.12를 보라). 1970~90년에 50대 은행 중 미국 은행은 그 수가 상당히 줄어든 반면, 일본 은행은 늘어났다. 유럽 은행은 큰 변동 없이 현상유지를 하였다. 그러나 총자산에 근거한『포춘 디렉토리』의 순위에 반드시 그 은행 투자자들의 수익성이 반영되어 있는 것은 아니다. 『유로머니』(*Euromoney*, February 1993: 102면)에 따르면, 주주의 지분, 배당금 등의 뎐에서 세계 최고 은행은 미국 은행인 J.P.모건이다. 기실 일본 최고 은행이라고 하는 스미또모(住友)은행은 겨우 43위에 올라 있을 뿐이다.

〈표 3. 30〉 세계 50대 은행의 슌장

	1970	1975	1980	1985	1990
총자산(십억달러)	500	1,292	3,056	4,269	10,129
50대 은행에 포함된 일본 은행 총자산	90	314	824	1,810	4,884
일본 은행 총자산 점유율(%)	18	24	27	42	48
총예금(십억달러)	423	1,057	2,483	3,346	7,820
총대출금(십억달러)	298	866	2,030	2,831	6,540
피고용자(백만명)	0.97	1.30	1.55	1.60	1.62

주와 출처는 표 3.10과 같음.

<표 3.31> 미국 최상위 법인기업의 자산 성장률

	1957~60	61~65	66~70	71~75	76~80	81~85	86~90	평균
50대 은행	5.0	9.7	12.1	4.4	3.5	6.1	4.5	6.5
50대 소매회사	7.4	10.3	8.7	0.4	4.6	15.3	18.9	9.4
50대 다각적 서비스회사					13.0	12.3	16.0	13.8
50대 제조업 법인기업		8.1	10.1	-0.4	2.8	2.5	8.9	5.3

출처: *Fortune Directiry* 각 호.

미국 50대 은행의 총자산의 증가로 측정한 은행의 성장은 미국 50대 제조기업의 성장보다 평균적으로 빨랐다(표 3.31을 보라). 그러나 1980년대 들어 은행은 성장이 둔화된 반면, 미국 50대 다각적 써비스회사의 총자산은 높은 성장률을 유지하였다. 여기에는 법인기업 및 기타 차입자들이 은행대출이 아니라 금융시장에서 채권과 주식 판매를 통해 자금을 모으는 '증권화' 추세가 반영되어 있다. 외환거래 비규제와 함께 금융시장 자유화는 전 세계적으로 증권화 추세를 촉발시켰다.

1980년대에 법인기업 및 가계의 금융활동에서 차지하는 은행의 상대적 중요성은 점차 줄어들었다. 독일에서 법인기업 금융자산 중 은행예금 비율은 1980년 57.5%에서 90년 43.8%로 떨어졌다. 일본에서는 특히 1980년대 후반에 이 수치가 아주 급격하게 하락하여, 80년의 78.9%에서 85년에는 77.8%, 90년에는 46.5%로 떨어졌다. 미국에서는 금융시장이 일찍부터 발전했기 때문에 수십년간 그 비율이 낮았으며, 1990년에는 겨우 18.8%였다. 서독과 일본에서는 80년대에 가계의 금융자산 중 은행예금 비율도 하락하였다. 법인기업 부채 중 은행차입금 비율 또한 1980년대에 하락하였다 (Goldstein et al. 1992: 3면, 표 1). 이런 변화는 은행 예금과 차입을 통한 화폐의 간접적 유통이 퇴조한 반면, 법인기업과 가계가 주식 및 채권의 판매·구매를 통해 더욱 직접적으로 통합되었음을 의미한다. 이렇게 채권과 주식은 1980년대 후반 기업금융의 주요 수단이 되었다(같은 책, 60~61면, 표 A12).

초국적은행은 점점 더 채권발행의 부기계원(bookrunner)이나 관리자 역할 같은 비(非)이자소득 활동에 종사하게 되었다. 1980년대 들어 총소득 중 비이자소득의 비중이 증가하였다. 예컨대 미국 거대 상업은행의 경우 그 비중이 1981년의 31%에서 90년에는 38%로 증가하였고, 일본 거대 상업은행의 경우 비중이 1981년의 24%에서 90년에는 36%로 증가하였다(같은 책, 54면, 표 A6).

세계 증권시장이 팽창함에 따라 금융써비스부문도 팽창하였다. 이 시장의 참가자들은 주로 중심부의 다각적 금융써비스회사와 은행들이었다. 『포춘 디렉토리』에 따르면, 1990년에 세계 50대 다각적 써비스회사가 190억달러의 이윤을 남겼는데, 이들의 자산(2조 4800억달러)은 세계 100대 상업은행 자산의 1/4에 불과하였음에도 불구하고 이윤은 후자의 70%에 달했다(*Fortune Directory*, 26 August 1991). 세계 최대의 다각적 써비스회사들의 국가별 구성을 살펴보면, 1991년에 미국 회사가 총 19사개로 가장 많았고, 다음은 일본 회사로 12개사였다. 나머지는 모두 유럽 회사였다(*Fortune Directory*, 24 August 1992: 표 14).

세계 보험시장은 1970~83년에 크게 성장하였다. 생명보험 총액은 4.5배 증가하였고(1801억달러로), 비(非)생명보험 총액은 3.81배 증가하였으며(2633억달러로), 재보험 총액은 4.2배 증가하였다(400억달러로)(Nusbaumer 1987: 131면, 표 5-5). 그러나 무역이나 해외직접투자를 통한 보험써비스의 국제 거래는 아직 모든 나라에서 실질적으로 규제되고 있으며, 따라서 보험써비스의 국제 거래는 제한적이다(Lanvin 1993: 75면; Nusbaumer 1987: 130면). 그 결과 보험사업은 일반적으로 더 높은 이윤을 낳는 경향이 있다. 예를 들어, 1990년의 『포춘 디렉토리』에 따르면 연결자산이 1조 9070억달러인 세계 50대 생명보험사가 437억달러의 순소득을 거두었는데, 이는 총자산이 13조 9270억달러인 세계 100대 은행의 이윤보다 많은 것이었다(*Fortune Directory*, 26 August 1991).

이런 조건하에서 위험에 대비하기 위한 국제 재보험의 중요성이 커졌고, 시장구조가 집중되었다. 누스바우머는 "재보험사업이 감수해야 할 위험부담이 크기 때문에 전지구적 규모로 영업하는 일부 대기업이 시장을 지배하는 경향이 있다"고 말한다(Nusbaumer 1987: 133면). 세계 15대 재보험사가 거둬들인 보험료는 12조 3540억달러로, 세계 재보험사업 총액의 30.1%였다(같은 책, 134면, 표 5-8).

광고산업에서는 다국적적으로 영업하는 광고주의 요구를 충족시키기 위해 광고회사의 다국적화에 대한 요구가 커지고 있었다. 세계 광고비 지출액 중 초국적광고업체가 수주한 비율은 1975~85년간 13%에서 20%로 증가하였다(Kakabadse 1987: 47~48면). 1985년에 10대 광고그룹은 세계 광고사업의 10%를 수주했다(같은 책, 49면, 표 11의 자료에 근거함).

경영자문 시장은 빠르게 성장해왔으며, 주된 참여자는 광고회사와 회계법인이었다. 세계최대 시장인 미국에서 거둬들인 수익은 1985년에 40억달러 정도가 되었다. 세계최대 회계법인인 아더 앤더슨(Arthur Andersen)은 경영자문 시장에서 4억 7700만달러를 거둬 들였다(같은 책, 50면). 아더 앤더슨은 미국 밖에 해외사무소를 빠르게 세워나가, 그 수가 1960년의 19개에서 74년에는 48개, 83년에는 105개에 이르렀다(Noyelle and Dutka 1988: 30면, 표 3-2). 이는 기업관련 써비스 초국적기업의 확장을 보여주는 좋은 사례이다.

회계법인도 초민족적망을 형성하였다. 1982년에 세계 13대 회사가 운영하는 해외사무소는 3938개였다(Noyelle and Dutka 1988: 31면, 표 3-3). 법무법인도 해외영업을 확대하였다. 미국 100대 법무법인 중 해외사무소가 있는 경우가 1965년 22개에서 1984년 46개로 늘어났다. 이들 법무법인의 해외사무소 수는 1965년의 31개에서 84년 105개로 증가하였다.

제조부문에 비해 규모가 작긴 했지만, 기업관련 써비스부문은 1980년대에 확장중인 고수익 부문이었다. 카카바스는 이 부문의 확장 및 집적을 추진하는 세 가지 힘을 다음과 같이 열거하였다. ① 국경을 넘는 데이터 흐름, 그리고 세계적 정보망의 존재, ② 초국적기업이 주로 다른 다국적기업인 자신의 고객에게 계속 써비스를 제공할 수 있도록 사업을 확장할 필요성, ③ 비교적 소수인 초국적기업이 세계시장에서 광범위한 써비스를 제공할 수 있는 역량이 증대한 것(Kakabadse 1987: 51면).

『포춘 디렉토리』의 100대 다각적 써비스회사 명단에서 압도적 우위를 점하는 것은 일본의 초국적기업이었다. 특히 주목할 만한 것은 1990년의 10대 기업 중 아홉 개가 일본 무역상사(總合商社)였다는 점이다. 50대 및 100대 회사를 국가별로 분류해보면, 1990년에는 동아시아, 북아메리카, 유럽이 각각 거의 1/3씩 차지하다가, 91년에는 유럽 회사 수가 줄었고(32개사에서 28개사로) 동아시아 회사 수가 늘어났다(33개사에서 40개사로)(*Fortune Directory*, 26 August 1991; 24 August 1992).

초국적기업이 자산 및 생산 비중 면에서 세계경제를 장악할 것이라는 1970년대의 예상과 달리 실제로 경기하강기에 상위 초국적 제조업체의 성장은 둔화되었다(표 3.14를 보라). 최상의 기윤획득 기회는 선별된 써비스부문들로 옮겨간 듯하며, 써비스부문의 다양성으로 인해 최근 신규사업을 위한 많은 기회가 창출된 것처럼 보인다. 일부 법인기업은 이런 기회의 이점을 활용하여 관광, 컴퓨터 소프트웨어, 건강정보, 컴퓨터게임 프로그래밍 등의 분야에서 수십억달러짜리 신규산업을 선도하고 있다. 그런데 고속성장중인 이런 고수익부문은 종종 몇가지 핵심적인 측면에서 기존 산업에 의존하였다. 일례로, 성장중인 관광산업은 많은 신규사업 기회를 제공하였으나 가장 수익성있는 분야——예컨대 운송용 비행기 생산, 예약 정보망, 신용카드와 다른 여행자 편의 써비스——는 소수 회사가 통제하였다. 이와 비슷하게, 붐을 일으킨 다이어트산업은 제품을 마련하는 데 기존 식품가공 회사에 의존해야 하며, 성장중인 화장품 회사는 거대 초국적 화학업체에 의존하여 원료를 마련한다.

기업관련 써비스부문은 첨단기술 산업과 더불어 더욱 큰 축적의 기회를 제공하였는데, 이런 기회를 얻기 위해 다투는 경쟁자들은 삼극체제의 초국적기업들이었다.

미국 헤게모니와 세계경제

앞에서 설명한 세계경제 및 그 자본축적 주체의 전화는 정부개입으로부터 자유로운 시장이라는 무대에서 진행된 것이 아니었다. 중심부 국가들은 사실 전후시기 내내 끊임없이 쌍무적·다자적으로 기업의 게임규칙에 관해 협상해왔다. 이런 협상이 세계체제의 헤게모니국가인 미국의 주도하에 진행된 결과, 전후 '국제경제질서'의 주요 요소들——자유무역 및 자유로운 금융이동, 달러의 금태환성을 보장하는 고정환율제——이 형성되었다.

재화, 써비스, 자본 이동의 자유화는 전후 경제질서의 대들보였다 (Bosworth 1993: 89~90면). 그렇지만 미국 주도의 연이은 자유화는 대체로 미국 기업에 우호적인 환경을 조성하기 위해 이용되었다. 물론 자국 기업 보호를 위한 독자적 협상안을 가지고 있던 중심부지대의 다른 국가들이 수용할 만한 협상조건을 제시해야 했다. 그러나 연이은 중심부내 자유화 조치들은 미국 기업에 더 큰 기회를 열어주는 방향으로 기획되었다. 이런 조치들에는 미국의 대(對)유럽 수출을 촉진한 마샬플랜(4,50년대)——이것이 없었다면 유럽은 필요한 구매력을 확보할 수 없었다——, 상품무역 자유화(5,60년대), 해외직접투자의 자유화(60년대), 국제 금융활동의 자유화 (7,80년대), 그리고 8,90년대에 협상테이블에 오른 써비스·정보·농산물 무역의 자유화 등이 있다. 이런 조치들은 처음에 주로 미국 기업에 혜택을 주었지만, 미국 기업만이 유일한 수혜자일 수는 없었다. 유럽과 일본의 기업들은 강력한 국가지원과 역사적으로 형성된 조직구조에 기반하여 미국 기업보다 더 많지는 않더라도 사실상 그들만큼 자유기업 환경의 혜택을 받았다(Maddison 1989: 66면을 보라).

전후시기 국제경제질서의 최대 전환점은 고정환율제의 종결이었다. 변동환율제로의 움직임은 미국 헤게모니권력이 상대적으로 쇠퇴한 결과이긴 했지만, 또한 세계경제가 자유화를 향해 한걸음 더 나아간 것이기도 했다. 각국 정부가 1970년대 중반에 외환시장에 대한 직접개입을 중단하고 80년대에 외환거래를 한층 더 자유화하면서, 가장 중요한 가격——화폐 자체의 가격——을 설정하는 기제는 자기조절적인 시장에 맡겨졌다.

아이러니하게도 중심부지대의 국가들측에서 보면 이는 자본주의 기업 부양정책이 성공한 결과였지만, 곧이어 이 정책들 때문에 국가의 외환시장

통제 및 개입 능력이 급속히 약화되었던 것이다. 1973년 12월 OECD 나라 은행들의 공식 지불준비금이 1820억달러였음에 비해, 이들이 외국 통화로 지니고 있는 해외자산은 2480억달러였다. 1987년 말에는 공식 지불준비금이 7890억달러였으나, 해외자산은 3조 560억 달러로 증가하였다(같은 책, 86면).

고정환율제의 종결이 직접적으로 외환시장에 대한 민간 투자자들의 대규모 투기에서 비롯된 것이었기 때문에, 고정환율제에서 변동환율제로 전환한 것은 자본주의 기업의 금융력이 국가의 힘을 능가하는 상황으로 이행했다는 신호였다. 일단 서유럽 및 일본 국가가 미국 달러를 액면 가치대로 평가절하하지 않게 되자 달러는 시장의 결정에 내맡겨졌고, 미국경제는 전체적으로 무역적자를 내면서도 부채를 지지 않을 수 있던 특권을 상실하였다. 이처럼 1980년대에 국제금융에서 달러의 역할은 절대적 지배에서 단지 상대적 우위로 바뀌었다. 예를 들어, 1991년 말 기발행 국제채권의 39.1%만이 미국 달러로 발행되었고, 순발행으로 보면 90년에 달러 비중은 30.0%였고 91년에는 22.4%였다(BIS 1992: 176면).

세계경제 내에서 한 나라가 점한 전반적 경제적 위상에 의해 그 나라의 상대적 통화가격이 결정되도록 상황이 바뀌었기 때문에, 모든 국가는——심지어 미국조차——이제 거시정책을 수립할 때, 이것이 세계경제 내에서 자신의 위상에 직접적으로 어떠한 영향을 미칠 것인가를 고려하지 않을 수 없었다. 미국 국가는 민간 평가기관이 매기는 신용등급에 종속되어, 전지구화된 자본시장에서 다른 국가들이나 초국가기구(예를 들어 세계은행), 초국적기업과 똑같은 대접을 받기 시작하였다.

그런데 금융시장이 전지구적이 되고 기업망이 초국적화되자, 초국적기업에 좋은 일이 반드시 그 본사가 있는 국가에도 좋다고 할 수 있는지 점점 더 불확실해졌다. 1980년대에 국경을 넘어선 주식 및 채권 거래가 엄청나게 증가하여, 주요 기업의 자본구성은 점점 더 ‘다민족화’되었다. 이 기업들이 국경을 넘어 생산장소를 옮기는 역량이 커지면서, 기업의 이익과 그 모국 노동자들의 이익은 갈등관계에 놓이게 되었다. 오늘날 유럽 채권시장에서 최대 채권 발행자 중 하나인 제너럴모터즈(GM)에게 이익이 되는 것은 전세계의 투자자뿐만 아니라 미국 밖의 GM 부품 공급업자에게 고용된 외국인 노동자에게도 유리할 수 있지만, 불황에 빠진 중서부 소도시에 살면서 잠재적 해고에 직면한 미국 노동자들에게까지 반드시 유리한 것은 아니다. 미국 대통령이 일본시장의 개방을 추진함으로써 디트로이트 자동차 임원들을 지원하려 하였을 때, GM의 전환사채를 구입한 일본의 기관투자자들도 그로부터 이익을 본 주요 수혜자에 속했을 것이다.

그러나 각국이 보조금 등의 조치를 통해 자국의 법인기업과 농장주들을 보호하고 있는 것이 사실이다(Teece 1991: 43, 46면). 국가의 보호만으로 육성산업에 속한 기업의 성패가 결정되지는 않겠지만, 한 나라가 세계시장에서 경쟁할 수 있는 기술집약적 고부가가치 산업을 어느 정도나 보유하고 있는가에 따라 그 나라의 생활수준이 결정된다는 관점은 여전히 광범하게 수용되고 있다(따라서 정치적으로 영향력이 있다)(Cohen and Zysman 1987: 59~61면; Yoshitomi 1991: 21면). 국가는 자국의 초국적기업들이 결과적으로 국경 내에서 고부가가치 활동을 유지하고, 따라서 고임금 일자리를 확보해 줄 것이라는 전제하에 첨단기술산업을 보호하고 육성한다. 중심부 초국적기업 사이의 경쟁은 주로 기술개발과 관련해 벌어진다. GNP대비 연구개발비 지출 비율을 통해서 살펴보면, 미국이 기술개발을 주도하고 있지만, 1980년대에는 다른 주요 국가(일본, 서독, 프랑스, 영국)의 연구개발비 비율이 상승함에 따라 미국의 기술개발 주도권은 약화되었다. 사실 비방위(非防衛) 연구·개발에서 일본과 서독은 1980년대에 다른 나라들보다 앞서갔다(Cohen and Noll 1991: 28면, 표 2-2).

첨단기술산업에서 기업의 성공은 실행학습(learning-by-doing)을 통한 지식축적(Yoshitomi 1991: 28면), 또는 기업의 내부 조직 및 경영(Teece 1991: 47면)에 좌우된다. 이 때문에 초국적기업들간의 첨단기술 경쟁 및 제휴의 성과는 각 나라의 법인기업 구조들이 역사적으로 어떤 변천을 겪어왔는가에 따라 결정된다(Kogut, Shan and Walker 1993: 78~81면을 보라). 미국 초국적기업은 이 점에서 어떤 성과를 낳았는가? 미국 내에서는 미국 초국적기업이 전자, 반도체, 반도체제조설비 같은 핵심 첨단기술에서 일본 초국적기업에 대해 경쟁 우위를 상실하였다는 우려가 증가해왔다(Gover 1993을 보라). 미국의 컴퓨터 시장점유율 또한 위험상태라고 생각되었는데, 이것이 사실이라면 소프트웨어에 대한 지배권도 잃게 될 것이다. 거버는 현 추세가 계속된다면 미국계 전자업체들은 아마 21세기 초기에 국내 전자사업에서 축출될 것이라고 주장한다.

거버의 걱정이 근거없는 것은 아니다. 요시또미에 따르면, 일본과 미국의 수지 불균형의 90% 이상이 단지 네 범주의 첨단기술제품 때문이라고 하는데(Yoshitomi 1991: 17면), 그것들은 일본의 순흑자 크기 순으로 나열하면 자동차, 컴퓨터, VCR, 반도체이다. 일부 경제학자들은 미국의 무역적자와 일본 무역흑자의 원인이 기본적으로 양국의 저축·투자상의 차이에 있다고 주장하기도 하지만(Bosworth 1993을 보라), 이런 거시경제적 행위상의 차이를 가정한다 해도 미국의 무역적자가 왜 특정 상품에 집중되는지가 설명되지는 않는다.

다른 한편, 미국 초국적기업이 모든 산업부문에서 힘을 잃고 있다고 결론내린다면 오류일 것이다. 사실『포춘 디렉토리』에 등재된 수가 줄어들고 있기는 하지만, 미국의 초국적기업들은 여전히 많은 중요한 산업분야의 최고 기업들이다. 1991년『포춘 디렉토리』에서 사용된 26개 산업범주 중 미국 기업은 14개 범주에서 최고지위를 차지하였고, 일본 초국적기업은 단지 네 범주에서 최고지위를 차지했을 뿐이었다(*Fortune Directory*, 27 July 1992). 반도체산업에서조차 미국 기업은 8년간의 일본 지배를 물리치고 1993년에 시장점유율, 시장규모, 설비투자 총액 면에서 최고지위를 되찾았다(Shimura 1994: 39면). 게다가 세계최고 초국적기업들 사이의 제휴협정망은 최근 계속 확대되고 있다. 미국은 대학과 민간·공공 실험실에 자리잡은 연구망에 힘입어 기초연구와 기술혁신의 주요 중심지의 하나——여전히 의심할 나위없이 주도적 중심지이다 ——로서의 역할을 유지하고 있고, 미국 초국적기업은 그 주요 수혜자이다.

결 론

1945~73년 시기의 축적구조를 뒷받침한 것은 중심부지대의 꾸준한 경제적 팽창이었다. 특히 미국이 실현한 이 경제적 팽창은 중심부의 선택된 노동자에게 고임금을 지급하고 중심부지대의 수요를 관리함으로써 가능하였다. 주변부는 주로 값싼 원료공급자의 역할을 계속 담당하였다. 그런데 전후 구조에서 식민지시장은 중심부에서 생산된 공산품의 주요 시장이 아니었다. 중심부 자체 내에서 소비자와 투자, 그리고 정부의 수요가 늘면서 주요 시장을 제공하였다. 자본이 풍부한 미국 초국적기업은 국내시장을 확대하고 무역과 해외직접투자를 통해 다른 시장을 개척하였으며, 그로 인해 수직적으로 통합된 자본집약적 생산과정을 확대함으로써 이윤을 획득하였다.

5,60년대의 성공적인 팽창은 생산비 상승으로 귀결되었다. 유가인상으로 구매력 배분에 급격한 전환이 발생하여 세계경제는 스태그플레이션을 경험하였고, 전후의 빠른 팽창은 종결되었다. 1970년대에 석유달러를 주변부 국가들로 환류시켜, 이들 국가가 중심부로부터 자본재를 계속 구입할 수 있었기 때문에 당시의 수요감소는 부분적으로 보완되었지만, 미국이 인플레이션 통제를 위해 긴축적인 화폐정책을 채택하고 뒤이어 제2차 유가인상으로 인한 경기후퇴가 발생함으로써 1980년대 초 주변부 및 반주변부에서는 심각한 부채상환 문제가 발생하였다.

미국정부가 1970년대에 은행과 다른 금융부문을 탈규제화한 반면, 비미국계 기업들, 특히 일본 기업들은 미국 초국적기업과의 경쟁에서 성공하기 위해 비용과 에너지에 민감한 시장의 이점을 활용하였다. 자본절약적이고 에너지 절약적인 일본 초국적기업의 유연한 제조망은 본래 자본이 적고 천연자원이 제한된 상황에서 탄생하였다. 그러나 1970년대 중반 이래 일본 초국적기업망은 비용절감 전략의 일환으로 자회사가 아니라 신형투자를 통해 반주변부·주변부로 확대되었다. 경제성장이 둔화된 상황에서 금융

잉여는 투기 목적으로 유통되었고, 경쟁의 주요 전장은 기업관련 써비스 및 소비자써비스 산업과 첨단기술생산으로 옮겨갔다.

초국적기업 활동 및 축적구조라는 점에서 볼 때, 지대들로 구성된 구조(zonal structure)는 꼰드라띠예프 B국면의 통상적인 지리적 교체 속에서 계속해서 재생산되었다. 일부 동아시아국가들이 반주변부에 진입할 수 있었다는(또는 적어도 그 당시 그렇게 보였다는) 사실은 당시로선 커다란 미몽일 수 있는 발전주의적 희망을 북돋우는 데 이용되었으며, 새로운 주변부지대들을 값싼 노동력 공급원으로 개방시켰다. 구 사회주의 국가들, 특히 중국이 세계경제의 상품사슬에 더욱 긴밀하게 참여하도록 포섭됨에 따라, 21세기 벽두에 세계경제가 크게 팽창할 수 있는 잠재력이 마련되었다. 그러나 초국적기업 활동에 대한 국가통제가 축소되면서 지대내 및 지대간 양극화는 가속화되었다. 1945~67/73년 시기에 초국적기업이 담당했던 역할은 1967/73~90년 시기에 방해받긴 했지만, 근본적으로 바뀌지 않았다.

4

세계노동력

파룩 타박

1945년 이후 세계경제의 산업화 과정은 그에 앞서 수세기 동안 진행된 산업화만큼이나 광범위했으며, 그에 동반하여 두 가지 공간적 변동이 발생하였다. 첫째, 근대적 산업이 예전에는 주로 중심부지대에 자리잡았는데, 이제 반주변부·주변부 지대에도 세워졌다. 둘째, 기업간체제에서의 자본축적의 진원지가 1945년에서 67/73년까지는 협소하게 미국에 국한된 반면, 67/73년 이후에는 점차 확대되어 서유럽과 일본까지 포함하게 되었다. 그러나 그 뒤 세계경제 생산체제의 구조 내에서 발생한 변화가 종신전업(full-lifetime) 프롤레타리아화의 동시적·지속적 확대를 위한 '물꼬를 트지는' 않았다. 그보다는 종신시간제(part-lifetime) 임노동 및 종신시간제 가계가 증가했으며, 이것은 특히 1967/73년 이후 노동조직 및 생산과정의 조직을 지배하는 세계적 현상이 되었다.[1]

현재 진행되고 있는 이런 재조직화는 1945년 이후 노동영역을 재편하는 두 가지 경향을 반영하는 동시에 확증해준다. 두 경향 중 하나는 대부분 종신시간제 형태이긴 하지만 임금고용이 전세계적으로 확대된 것이고, 다른

___

페르낭 브로델 쎈터의 파사드 아라기와 실라 펠리존에게 감사드린다. 농업노동과 여성노동에 관한 이들의 워킹 페이퍼가 이 장의 내용에 상당한 도움을 주었다. 물론, 사실 및 해석상의 오류는 나의 책임이다.—필자

하나는 '일시적' 성격의 임금노동이 증가하여 가계총소득 중 '사회적' 임금의 비중이 하락한 것이다.* 이런 변화는 종신시간제 임금보수의 범위가 점차 넓어졌음을 보여준다. 그런데 장기적인 전망에서 볼 때, 경제성장이 빠르게 진행되고, 산업화가 폭넓게 전파·확장되며, 세계 농업노동력의 상대적 비중이 지속적으로 대폭 축소되었음에도 불구하고, 전후 시기에 세계경제의 프롤레타리아화가 얼마나 더디게 진행되었는지 다시 한번 확인할 수 있다. 종신시간제 임금노동은 1967/73년 즈기적 하강이 시작된 이후 더욱 두드러지고 지배적이 되긴 했지만, 이처럼 1945년 이래 전세계 노동영역을 직간접적으로 형성해왔다. 특히 사회주의세계에서 꾸준히 실시된 산업화 및 고용 계획이 엄청난 상승효과를 낳았음을 고려하면, 전지구적 규모에서 프롤레타리아화의 속도는 더딘 것이었다.

그러나 세계역사적으로 볼 때, 생산과 노동 영역에서 심층적인 변화가 일어났음에도 불구하고 (또는 그 때문에), 전후 호황이 절정기에 도달했을 때조차 종신전업 프롤레타리아화의 영향력과 범위는 두 가지 이유에서 제한적이었다. 종신전업 프롤레타리아화는 주로 중심부와 반주변부에서 진행되었고 또 진행되고 있으나, 이 지대들은 세계노동력의 1/3도 포괄하지 못하며 그나마 이 비중 또한 계속 줄어들고 있다. 더군다나 전후 상승기에 진행된 세계노동의 재구조화에 힘입어 종신전업 프롤레타리아화의 영역이 개인 수준에서는 확장되었지만, 동시에 가계 수준에서는 감소하여, 힉스가 '프롤레타리아 균형'이라 부른 것(Hicks 1969: 135~37면)이 유지되었다. 이런 양면 운동을 축약적으로 보여준 것은 중심부에서는 여성노동력의 상대

---

1) '종신시간제' 또는 '반프롤레타리아' 가계란 임금(현금이든 현물이든), 생계생산, 소규모 시장활동(petty market operation), 지대, 이전수입(증여 포함) 등을 결합하여 소득을 얻는 가계를 말한다. 종신전업 프롤레타리아화란 가계 단위의 주된, 그리고 압도적인 소득원천이 임금인 경우를 말한다(Smith, Wallerstein et al. 1992를 보라; 또 Wallerstein and Martin 1979: 195~96면; 그리고 Wallerstein et al. 1982).

* 타박은 고용형태를 크게 상시고(permanent employment)와 임시고(temporary employment)로 나누고 임시고의 하위범주에 정규적 고용과 일시적 고용(incidental or casual employment)이 포함될 수 있다고 보고 있다.

적 비중이 특히 종신시간제 임금노동을 중심으로 비약적으로 높아지고, 반주변부(와 주변부)에서는 반프롤레타리아 가계를 과잉양성하는 생산 및 노동의 '불투명한 미지의 영역'——브로델(Braudel 1981)이 말한 '하부경제'[2]——이 두드러지게 성장한 것이었다. 전세계적으로 도시화가 매우 빠르게 진행되고 도시를 향한 단호한 탈출이 전지구적 노동예비군을 계속 충원함에 따라 반프롤레타리아 가계가 증가할 발판이 마련된 것이었다. 1950년에서 90년까지 겨우 40년 동안 세계 인구는 52억으로 두 배가 늘어났으나, 세계인구 중 농촌인구의 비중은 73%에서 57%로 감소되었다(Bairoch 1988).

경제팽창의 A국면 동안에는 이처럼 대부분 잠재적 또는 실질적으로 종신시간제 임금노동자로 구성된 노동예비군이 동원됨으로써 '고유한' 의미의 프롤레타리아화가 보완되었다. 사실 느린 속도로 진행되던 임금고용의 증가가 중단된 것은 바로 경제팽창의 B국면에서였는데, 만일 그것이 점점 증가하여 정점에 도달했다면 이는 '불규칙' 또는 '비정규적' 임금고용의 비율이 늘어났기 때문이었다. 이처럼 1967~73년은 역사적 자본주의가 지향하는 주요 경향 중 하나인 프롤레타리아화의 비(非)보편화의 범위와 규모

---

2) 브로델의 삼층도식(Braudel 1981: 22~23면: 주경철 옮김,『물질문명과 자본주의 I-1』, 까치, 12~13면)은 '시장경제의 투명한 세계'를 사이에 둔 두 개의 불투명한 지대를 조명하기 위해, 시장경제와 대립하여 그 위와 아래에서 탄생한 반작용하는 힘들을 묘사한다. 시장 자체는 '자본주의'라는 특혜받은 불투명한 영역의 관할하에 있는데, 이 시장 아래에 또는 그와 더불어 "다른 한편에 불투명한 영역, 흔히 기록이 불충분하여 관찰하기 힘든 영역이 펼쳐져 있다. 그것은 어느 곳에서나 볼 수 있고 어마어마한 규모로 존재하는 기본 활동의 영역이다…이 하부-경제, 즉 경제활동이 덜 형식적이며, 자급자족적이거나 아주 좁은 범위 내에서 재화와 용역을 물물교환하는 이 또 다른 절반." 내가 하부경제라는 용어를 1945년 이후 시기에 적용할 때는, 비임금 고용형태를 염두에 둘 뿐 아니라 '불규칙' 또는 '임시' 임금노동은 말할 것도 없고, '사회적 임금'에 미달하는 임금고용 보수형태들——'직접임금' 즉 정의상 소위 '부가급부 및 복지급부'와 '수혜권'(entitlements)을 포함하지 않는 것——을 염두에 둔다. 내가 '하부-경제'라는 용어를 선호하는 주요한 이유는 이것이 브로델의 틀과 용법에서 자본주의 세계경제의 하부경제이며, 따라서 대부분의 비공식경제 이론이 주장하듯이 자본주의 세계경제의 '우연적' 산물이 아니라 그것을 구성하는 중요한 요소이기 때문이다.

가 급격하게 증대된 시기였다(Wallerstein 1983; Broad 1991).

1945년 이후 세계노동력 중 임금노동의 비중은 꾸준히 감소해왔다. 지난 40년 사이에 임금과 봉급으로 보수를 받는 사람들의 비율은 51%에서 40% 이하로 다소 하락하였다. 이 수치를 평가할 때는 현재 대부분의 주변부지역에서 전체 인구의 40%(아프리카는 45%)에 육박하는 15세 이하의 잠재적 세계노동력의 비중이 지속적으로 증가하였으며, 더욱이 15~24세 연령집단이 주변부 인구의 20%를 차지하고 있다는 사실을 고려하여야 한다. 그 결과, 종신 임금노동과는 다른 조건하에서 고용의 '불투명한 영역'을 계속 확대해온 부분들이 점점 더 많이 노동력으로 포섭된다.

종신시간제 임금고용 영역의 이런 지속적 확대를 서술하기 위해——즉 1945년 이후의 세계체제의 추세들 속에서 세계노동력의 궤적을 살펴보기 위해——나는 미국 헤게모니의 형성, 공고화 및 쇠퇴가 세계노동력에 끼친 상이한 효과들을 추적할 것이다. 물론 이런 조망만으로 전세계의 수많은 사람들에게 호구지책을 마련해준 생산활동의 전모를 제대로 평가할 수는 없다. 우리는 특수하게는 미국 헤게모니의 궤적, 그리고 일반적으로는 자본주의 세계체제의 전반적 궤적과 관련이 있는 한 이러한 생계양식(mode of livelihood)들을 고려할 것이다.

팍스아메리카나 그리고 테일러주의의 전지구적 확산

미국중심의 질서가 테일러주의화한 생산의 조직력을 강화하고 그 공간적 범위를 확대한 방식은 다음의 두 가지였다. 첫째, 미국중심의 질서는 기업간체제의 범위를 확장시켰으며, 이는 대량생산 과정의 확산을 동반했다. 그리고 둘째로, 미국중심의 질서는 전쟁으로 폐허가 된 유럽과 일본을 재건할 때 테일러주의 노선에 따라 생산을 조직하도록 조장하고 강제하여, 그후 이 지역에서 기업간체제가 본격적으로 확대될 수 있는 발판을 마련하였다.

그러나 전쟁 직후 세계경제의 노동력 재배치를 그려볼 때, 전쟁중에 공업과 농업의 생산속도가 빨라진 것이 양 세계전쟁 사이 시기의 세계경제의 발전과 밀접한 관계가 있다는 점에 주목해야 한다. 미국 법인기업 자본이 전후에 다시 초민족적으로 확대되기 위해서는 전쟁으로 황폐화된 중심부지대를 재건해야 했을 뿐 아니라, 양 세계전쟁 사이 시기에 비중심부지대, 특히 아메리카 대륙——즉 1950년대까지 미국 법인기업 자본의 주요 활동영역이던 '서반구'——에 집중되어 있던 경제적 추진력을 지속시켜야 했다. 전쟁이 초래한 팽창효과 때문에 이런 동력에는 더 힘이 붙었다(Gordon 1988). 초국적기업들은 바로 이런 배경에서 국경을 넘어선 경영활동을 재개하여 전지구적 규모에서 제조업 영역을 재편하였고, 선별된 지역들을 가로질러 생산과 노동과정을 통합적으로 관리하였다.

전쟁피해를 입은 지역들의 구조조정의 속도와 양태는 전쟁 전 법인기업 자본의 활동반경 내에서 각 지역이 차지하던 위상에 따라 달랐다. 공간적으로 보면, 3,40년대 미국 법인기업 자본의 활동반경이 제한적이었기 때문에, 1950년대 내내의 재건과정——무엇보다 먼저 30년대 초까지 법인자본의 활동반경 내에 있던 유럽을 재건하고, 바로 그 다음으로 여기에 속해 있지 않던 일본을 재건하는 과정——에서 국가가 중개하는 거래가 크게 부각되었다. 서반구는 1930년대 초부터 유럽의 재형성 시기까지 기업간체제의 주된 활동무대였다. 50년대 말 유럽에서 유럽경제공동체(EEC)가 수립되고 60년대 초 환태평양지역에서 PL480과 미국 원조계획이 종료되면서, 기업의 경제적 거래가 국가가 중개하는 거래를 대체하게 되었다.

이런 경제적 흐름이 전지구적 규모에서 노동의 윤곽을 규정하였다. 한 예로, 행정적·수직적으로 통합된 다단위 조직기구들*을 매개로 한 기업의 축적구조는 생산의 테일러주의화를 토대삼아 공간적으로 확대되었다. 국가가 중개하는 경제거래도 마찬가지였는데, 생산의 테일러주의화를 필

---

* 기획, 설계, 생산, 유통 등 상이한 단위들을 한 기업 아래 결합한 초국적기업의 전형적 조직
  형태를 말한다.

요로 하는 기술이나 테일러주의화에 유리한 기술을 구현하고 있는 자본재를 구입하거나 이전받는 것이 원조계획의 이행을 위한 조건이었기 때문이었다(Armstrong, Glyn and Harrison 1984: ch. 4; Harvey 1989: 132면). 이런 맥락에서 전시동원이 테일러주의의 전파에 끼친 영향은 의미심장하다. 유럽과 일본에서는 모두 전시동원에 힘입어 테일러주의가 제조업 조직에 깊이 뿌리내릴 수 있었다. 더구나 1930년대에 맹아가 출현하여 전쟁 직후 대부분의 비중심부지역에 뿌리내린 수입대체공업화 정책은 자본의 초민족적 확대 및 테일러주의의 세계적 적용을 추동하는 조직논리와 잘 맞아떨어졌다. 양 세계전쟁 사이 시기부터 소련이, 그리고 1950년대부터 동유럽이 채택한 공업화 양식은 전지구적으로 테일러주의의 범위를 더욱 확대시켰다.

그러나 테일러주의화는 순조로롭게 진행되지 않았다. 테일러주의화는 종전과 더불어 여성고용 비중의 증가가 갑자기 중단되거나 일시적으로 저지된 특히 중심부지대의 작업영역에 새로운 형태의 조정을 강제했다. 전후에 남성노동력이 '귀환'하자 '유급으로 고용된' 여성들의 숫자가 줄어들었다. 예를 들어, 1945∼60년에 여성노동력 비중은 프랑스와 노르웨이, 그리고 벨기에에서 각각 38%에서 32%로, 22%에서 18%로, 그리고 19%에서 16%로 줄어들었다(Deldycke, Gelders and Limbor 1968). 여성노동력 비중이 전반적으로 상대적·일시적으로 하락하는 형태로 진행된 여성노동력의 재구조화는 대부분의 중심부지역에서 프롤레타리아화 과정의 속도·성격에 영향을 끼쳤다. 한편에서는 여성노동력의 상대적 규모가 일시적으로 줄어들었음에도 불구하고, 기혼여성 대신 독신여성의 노동력 진입 비율이 눈에 띄게 높아져, 남성소득원 중심의 가계구조를 복원하는 데 기여하였다. 1945∼67/73년 시기 내내 유럽에서 독신여성 노동력 참여율은 남성노동력 참여율 못지않게 성장했다. 미국에서는 패턴이 조금 달랐다. 여성노동력의 다수는 독신여성이었지만, 45∼49세 기혼여성의 참여율이 독신여성 참여율 및 젊은 기혼여성(20∼24세) 참여율보다 상대적으로 빠르게 증가하였다. 이 경우에도 전후의 가계형성패턴은 남성노동자에게 새롭게 구성되는 가계단위들에서 소득원 지위를 인정했다. 젊은 기혼여성이 다시 노동력에 진입한 것은 1960년대였고, 그 결과 70년에는 미국 기혼여성의 31%가 유급노동을 하게 되어, 50년의 24%보다 그 비율이 증가하였다(Fox 1984: 27면).

다른 한편, 범위와 중요성이 꾸준히 증가한 시간제노동을 거의 전적으로 여성노동자들이 맡게 됨에 따라(Darling 1975: 73면), 바로 그 (남성—옮긴이) 소득원은 상시 '전일제'노동을 확보할 수 있었다. 1940년대부터 50년대 중반이나 후반까지 여성노동력은 간헐적으로 증가하였지만, 남성노동력에 비해 증가폭이 아주 작았다. 더욱이 여성이 시간제노동을 맡게 되면서, 여성노동력의 상대적 비중이 감소하는 현상은 생산의 테일러주의화가 부과한 작업속도 때문에 특히 제조업에서 두드러졌다. 제조업의 남성노동력 비중은 모든 지역에서 꾸준히 늘어났으나 중심부에서 가장 두드러져, 1950년의 36%에서 70년에는 44%로 증가하였고, 그와 함께 총고용 중 제조업분야의 비중 또한 30%에서 37%로 성장하였다(ILO 1986: V면). 노동력이 여성화되고 여성노동력이 시간제노동을 맡게 되는 것은 중심부지대의 일반적 현상이 되었는데, 이는 맨먼저 1960년대의 미국에서, 그리고 이어서 70년대 유럽과 일본에서 그랬다.

소위 '포드주의 협약'(Fordist accord)[3]은 법인기업 자본의 전지구적 이동성이 심각하게 제한된 3,40년대에 미국에서 체결되었는데, 전후에 자본은 이 의무를 회피하기 위해 생산을 한편으로 교외 밖 너머 소도시 및 농촌으로, 다른 한편으로 해외로 이전하였다. 자본이 포드주의 협약을 회피하기 위해 노동예비군을 찾아나서자, 국내외의 반프롤레타리아 가계가 늘어났을 뿐 아니라 대부분 여성 및 각종 유색 '소수인종들'로 구성된 비노조원

---

3) 이 협약은 1933년의 와그너(Wagner)법으로 상징적으로 표현되었는데, 이 법은 "노조의 생산영역에서의 권력을 희생시키는 대신, 시장에서의 권력을 노조에게 부여하였다(유효수요 문제를 해결하기 위해서는 단체교섭권이 필수적이라는 명백한 인식이 있었다)"(Harvey 1989: 133면; Arrighi and Silver 1984: 187~89면; 그리고 Burawoy 1979도 보라). 여기서 내가 '포드주의'라는 용어로 지칭하는 바는, 전적이지는 않더라도 대체적으로 사적 그리고/또는 국가적 기업부문에서 '사회적 임금' 체계가 우세한 특징으로 나타난다는 점이다.

임금노동자 집단이 팽창하였다(Piore 1979). 1950년대 말 국내에서 기존 노동예비군을 더이상 쉽게 동원할 수 없게 되자, 젊은 기혼여성의 노동력 편입이 가속화되는 동시에 많은 생산이 역외(域外)에 재배치되었다. 미국 밖에서는 미국 자본이 쇄도한 결과, 생산 및 노동 과정이 재편성되었는데, 이는 유럽과 일본에서 가장 두드러졌다. 유럽의 생활공간(Lebensraum)이 해체되고 일본의 대동아공영권이 해체되자, 이들 지역의 남성 노동예비군이 곧바로 고갈되어, 노동예비군을 충원하기 위허서는 여성(및 '수입')노동이 필요해졌다.

 1950년대 말 여성노동력 비중이 다시 커진 것은 달라진 배경하에서였다. 우선 첫째로, 시간제고용의 증가는 전후시기의 노동재조직에서 필수적인 부분이 되었으며, 대부분 거의 전적으로 여성적인 현상이 되었다. 예컨대 덴마크와 스웨덴의 노동력 중 여성의 비율은 1970년대 초반에 이미 40% 정도까지 증가했는데, 위기가 시작되면서 그 증가속도는 더욱 빨라졌다(Darling 1975: 30면). 서반구에서는 이 비율이 상대적으로 낮았는데, 미국에서는 1962년 26%이었다가 72년에 29%로 증가하였고, 캐나다에서는 19%에서 25%로 증가하였다. 1970년대 초반 유럽 중심부(특히 서독, 프랑스, 네덜란드, 영국)에서는 시간제 노동자의 80~90%가 여성이었다. 미국에서 이 비율은 65%로 더 낮았다(ILO 1984, I: 50면). 여성이 시간제노동을 담당하게 되었다는 사실을 평가하기 위해서는 A국면 동안 중심부지대의 노동인구 중 여성의 비중이 32.5%에서 35%로 증가한 반면, 남성노동의 비중은 61%에서 56%로 하락하였다는 사실을 염두에 두어야 한다. 남성노동의 비중 하락은 중심부지대의 노동력 중 농촌노동자의 비율이 격감하고 도시노동자가 급증한 시기에 일어났는데, 농촌지역의 공동화(空洞化)가 빠르게 진척된 결과, 1970년에는 농촌노동자 비율이 10% 이하로 줄어들었다(Singelmann 1978: 1228~31면).

 둘째, 위에서 언급한 추세가 진행됨과 동시에 대부분의 중심부지역에서 제조업 여성노동자의 비율이 하락하였다. 1950~70년에 그 비율은 북아메리카에서 25%에서 20%로 하락하였고, 북유럽에서는 35%에서 28%로 하락하였다(ILO 1984, I: 표 3). 생산이 중심부에서 반주변부·주변부 지대로 재배치됨에 따라 중심부에서는 써비스 부문 및 행정 부문이 빠르게 성장하였고, 이에 힘입어 여성노동의 고용이 증가하였다. 이 부문은 자본의 해외 이전을 위한 하부구조적 토대였는데, 미국에서는 예상되었듯 1950년대 후반부터, 그리고 유럽에서는 60년대 말부터 비약적으로 성장하기 시작하여 70년대에는 상당히 확대되었다. 이런 써비스기능들은 시간제노동에, 따라서 포드주의 협약의 비수혜자인 여성과 '소수인종'의 고용을 증가시키는 데 유리한 분위기를 조성하였다.

그리고 셋째로, 시간제노동이 주로 여성노동의 몫이 된 것을 보완하여 1950년대 말부터 중심부자본은 주로 제조업에 고용할 노동예비군을 추가적으로 동원하여 포섭하였다. 그런데 각 중심부지대별로 이런 동원의 수행 방식은 한참 진행중이던 팍스 아메리카나의 구조 형성에 좌우되었다. 헤게모니 중심지에서 법인기업 자본의 국경을 넘어선 확대 속도는 점점 빨라졌는데, 이는 주로——전적이지는 않더라도——유럽에서 미국계 초국적기업 자회사의 수가 빠르게 증가한 것과 미국의 해외직접투자액이 빠르게 증가한 데서 알 수 있었다(Vernon 1979; Whichard 1981).

한편, 유럽은 유럽의 반주변적인 남부 변두리로부터 이민노동자를 수입한 덕분에 생산과정에서 고임금 숙련노동자의 비율을 줄이는 동시에 저숙련 및 미숙련 노동자 비율을 늘릴 수 있었다. 이런 유입은 1950년대 후반에 본격적으로 시작되었고 60년대에도 그 기세는 누그러지지 않았다. 예를 들어, 서독이 수입한 노동자 수는 1958년 5만 5천명에서 60년에는 25만명으로 늘어났다. 유럽의 대부분 지역에서 총노동력 중 수입노동자 비율은 10%에서 15% 범위였으며, 어떤 경우에는 스위스처럼 30%에 육박하기도 하였다(Salt 1981: 138~39면). (유럽 내에서——옮긴이) 초국경적 확장에 따른 이동이 핵심적이긴 했지만, 1960년대에 미국으로 들어온 유럽 노동자의 유입도 상당한 수준(매년 3십만명 정도)이었음에 주의해야 한다. 그렇지만 이 수는 7,80년대의 엄청난 유입에 비하면 얼마 되지 않는다. 환태평양지역에서는 정치형세가 근본적으로 변했기 때문에, 일본의 옛 대동아공영권에서 일본계 법인기업 자본의 이동이 제약되었다. 이런 변화 때문에 일본은 직접투자를 통해 생산을 역외(域外)에 재배치하기보다는 생산하청을 주는 정책을 택하게 되었다(Bunker and O'Hearn 1993). 하청이 우세해지자 노동이동을 촉진하지 않는 환경이 조성되었다.

겉보기에 각기 달리 진행되는 듯이 보이는 이런 세 가지 패턴들은, 사실 세계체제 수준에서는 동일한 틀 속에 있는 것으로, 1950년대 말부터 미국계 법인기업 자본이 서반구의 경계를 넘어서 초민족적으로 확장됨에 따라 형성되었다. 유럽경제공동체가 형성되자, 유럽으로 흘러드는 노동유입이 갑자기 늘어나면서 제조활동도 팽창하였다. 이 팽창 때문에 테일러주의적 생산조직이 심화되었고 미국 법인기업 자본은 유럽을 향해 이동하였다. 환태평양 지역에서도 1960년대에 들어서면서 미국과 일본계 법인기업 자본의 흐름이 미국 원조를 대체하면서 이 지역 노동시장에서 새로운 변화가 나타났다. 일본은 대체로 1950년대 초에 형성된 생산구조의 제약 속에서 회생하였다. 한 예로, 전후에 표면에 등장한 금융적 병목 현상 때문에 거대한 고정자본이 유휴상태로 있었다. 게다가 자동차산업의 예에서 볼 수 있듯이, 한국전쟁 붐에 이어 격렬한 노동자투쟁이 발발하였다. 노동조합의 조직노동을 피해 유휴 고정자본을 순환시켜야 한다는 요구가 긴박해졌고, 이 때문에 기본 조직망에 있어 생산하청이 필수적이며 더욱 핵심적인 구성요소로 자리잡게 되었다(Smitka 1991).

세계적 규모의 분업에서 섬유·의류 산업이 증대하는 경쟁하에서 점차 사양길에 접어들게 되자, 1960년대 초에 생산하청이라는 조직배치가 이 산업의 조직틀이 되었다. 이 산업은 값싼 노동의 행로를 좇아 생산 중심지를 탈중심화하여, 처음에는 소도시로, 그 다음에는 홍콩과 싱가포르 같은 외곽 국가들로 생산을 옮겨갔다(Yoshihara 1976: 117면). 이런 독특한 경로는 1950년대 및 60년대 초의 국지적 노동시장들의 구조를 반영하는, 긴밀하게 연관된 세 가지 요인들의 결과였다. 세 가지 요인이란 일본(및 동아시아) 여성노동력의 높은 농촌성, 상대적으로 낮은 농촌-도시 이주율, 그리고 당시 우세한 섬유·의류 산업의 지리적인 분산성이었다.

이런 세 가지 요소가 결합하여 여성노동력 이용이 강조되면서 생산하청에 유리한 조건이 형성되었다. 일본에서 여성노동이 결국 도시노동력으로 완전히 포섭된 것은, 1950년대의 토지개혁이 농촌노동에 영향을 미치고 나서 그리고 하청생산이 '나라 밖으로' 이전되고 난 뒤였다. 1960년대에 농업생산이 빠르게 증가했기 때문에 농촌에서 도시로 가는 이주흐름은 지속될 수 있었다. 도시지역에서 유급노동에 종사하는 여성의 비율은 1963년 13%에서 1989년에는 40%로 치솟았다(Ogawa, Jones and Williamson 1993).

당시 일본 산업은 유럽처럼 노동자를 유럽의 생산중심지로 결집시키거나 미국계 법인기업 자본처럼 수직적 통합을 통해 전세계적으로 생산기지를 확대하기보다는, 하청을 주고 효과적으로 지휘해 인근 영토에 퍼져 있는 생산과정을 통합해냈다. 이 지역 여기저기에 뻗어 있는 이처럼 복잡한 조직적 장악력은 특히 옛 식민지인 대만과 한국에서 법인기업 자본의 흐름이 미국원조를 대체하면서 공고해졌는데, 이 흐름은 한국과 대만에서 하청 연결망을 만들려는 공급자의 목적을 사실상 강화시켜주었다. 그 결과, 재건중인 이런 제2지역에서는 노동에 대한 또다른 형태의 자본의 지배가 출현하였다.

이제 대체적인 개요를 살펴보자. 중심부지대의 노동을 포섭하기 위해서는 시간제로 고용되는 여성노동이라는 노동예비군을 동원해야 했는데, 이 예비군은 그후 반주변부 출신 이민노동자(유럽)나 반주변부지대에 살고 있는 노동자(미국)에 의해 보충되거나, 또는 생산하청을 통해 가족노동을 동원함으로써(일본) 보충되었다. 농촌노동의 꾸준한 대량 유출 그리고/또는 내부생산(*intra muros* production)*을 넘어서는 자본의 조직망 확장 능력에 힘입어 제도화된 이런 모든 노동통제 양식은 중심부 가계의 종신전업 프롤레타리아화를 저지하였다. 반주변부지역에서도 법인기업 자본이 유입됨에 따라 반프롤레타리아화한 노동예비군이 동원되면서 유사한 구조

---

* 내부생산이란 공장이나 기업 내부처럼 폐쇄된 공간 내에서 생산이 완결되는 것을 말하며, 이에 비해 외부생산(*extra muros* production)이란 하청생산처럼 생산이 내부공간을 넘어서 밖으로 확장되는 경우를 말한다.

가 형성되었다. 중심부지대에서 여성노동이 부분적으로 임금고용 내로 포섭되었지만, 중심부지대 가계의 프롤레타리아화의 심화는 이처럼 반주변부·주변부 지대의 종신시간제 프롤레타리아화 가계들의 성장에 의해 보완되고 상쇄되었다.

테일러주의의 전지구적 영향권

세계경제에서 분업을 구성하는 광범위한 과정들은 5,60년대 동안 비중심부지대에서 하부경제의 발아를 촉진하였다. 국가규제를 회피하려는 기업들의 노력은 말할 것도 없이, 맹렬한 드시화에서 대량이주 움직임까지, 인구학적 격변에서 새로운 노동통제 양식의 제도화까지 다양한 이 과정들은 변화무쌍한 하부경제의 필요에 응함으로써, 광범한 영역의 종신시간제 임금노동에 대한 법인기업 자본의 침탈을 촉진하였다.

매우 다양한 기제들이 세계경제의 상이한 지역에서 하부경제의 기반을 형성하고 이를 재생산하였음을 고려할 때, 1890년대 이후 '조절된'(즉 테일러주의적) 영역이 어떻게 전개되어 나갔는지 심층적으로 읽어내기* 위해서는 '조절되지 않은' 지형의 확장이 일어난(또는 재발한) 양태들까지도 설명해내야 한다. 이런 광범한 추세들이 지리상 무작위적으로 분포해 있던 것은 아니며, 이 차이들은 생산활동의 세계역사적 구조화를 반영했다. 앞으로 나는 이런 양태들을 검토할 것인데, 이를 위해서는 지금까지 세계경제의 반주변부·주변부 지대에서 프롤레타리아화의 비보편화를 달성하는 데 기여해온 하부경제의 수십가지 이념형부터 살펴보는 것이 불가피하다.

반주변부 세계의 특정 지역들에서는 5,60년대 동안 도시가 대규모로 빠

---

* 심층적 읽기(substantivist reading)란 칼 폴라니가 형식주의적 독해에 대비하여 사용한 개념인데, 일례로 그는 시장이 각 시기마다 존재한다는 형태적 유사성의 비교에 머문 것이 아니라 각기 어떤 다른 조건하에서 어떻게 상이하게 시장이 작용하고 있는지를 보는 심층적 읽기를 강조하였다.

르게 성장한 데 힘입어 종신시간제 프롤레타리아 가계 수가 비약적으로 증가하였다. 전후 시기의 두드러진 특징인 농촌지역의 급속한 공동화의 결과, 도시·공업·기업 부문에 '노동자가 무제한 공급'되었다. 확실히 도시화는 국가기구들이 확충된데다가 수입대체공업화와/또는 자본의 초민족적 확대가 진행되었기 때문에, 제도화까지 되지는 않았지만 지속되었다. 그 결과, 1960년대 말에 이르러 동유럽과 남유럽의 반주변부에서 도시 인구가 55% 수준까지 증가하였고, 소련과 라틴아메리카에서는 65%가 되었다(UN 1986; Jackson 1987).

팍스아메리카나의 국가간질서의 필수부분인, 산업화과정을 지배하는 국가주의적 틀은 도시화율이 증가——대부분은 수도였지만 꼭 그에 국한된 것은 아니었다——하는 데 유리한 조건을 마련했다. 각국에서 제조업 및 써비스업 활동이 한정된 몇몇 도시에 집중되었는데, 이것은 1945년 이후 조직된 공간적 질서의 지배적인 요소였다. 라틴아메리카와 남유럽에서 이런 공업화의 물결을 구현한 멕시코시티, 쌘띠아고, 싸웅빠울로, 마드리드, 바르쎌로나는 무엇보다 그런 추세를 보여준 사례들이었다. 라틴아메리카에서는 국내총생산, 제조업생산, 그리고 써비스 및 고용의 40~50%가 불규칙하게 뻗어나간 거대도시권역(metropolitan agglomeration)들에 집중되었다. 맹렬한 도시화와 제조업활동의 공간적 집중은 반주변부에서 A국면에 나타난 두드러진 특징들이었다.

라틴아메리카나 유럽의 남부 변두리처럼 법인기업 자본이 진행중인 제조업 공정의 분할 및 통합을 통제하는 곳에서 도시노동력의 비중이 최대로 높아졌고, 따라서 농촌지역으로부터 이주가 대규모로 진행되었다. 법인기업 자본이 초민족적으로 확대된 시간대와 이주의 성격에 따라 반주변부 발전의 양태가 다르게 나타났다. 두 지역 모두 생산이 기업구조에 통합되면서, 생산의 테일러주의화가 확산되었고 작업장에서 남성노동자의 고용이 촉진되었다. 그러나 가용한 노동예비군——특히 농촌의——의 성격이 다름에 따라 반주변부의 구조화 형태는 다르게 나타났다. 라틴아메리카의 농업구조는 플랜테이션식 영농단위에 유리했던 반면, 남유럽에서는 전후에 가족농장 기업이 재건되었다. 두 가지 전화 경로는 상이한 소득구성 양식을 낳았다.

라틴아메리카에서는 이주의 목적지가 주로 국내 도시였고, 여성은 이주자의 일부가 아니라 실질적인 주요 구성부분이었다. 그 결과 팽창하게 된 도시 하부경제는 반프롤레타리아화한 가계들을 창출하고 그들에게 호구지책을 마련해주어 30%에 가까운 도시노동력이 이 하부경제에 기반해 생계를 이어갔다. 남유럽은 정확히 그 반대였다. 이곳의 이주는 주로 중심부지대로의 이민이었고, 이주자는 거의 전적으로 남성들이었다. 결국 가계활동은 국경을 넘어 유지되거나 농촌과 도시 지역에 걸쳐 있었으며, 경화(硬貨) 송금은 가계의 토지보유를 강화시켰다.

라틴아메리카에서는 바로 농업생산의 자본집약적 성격 때문에 대부분 여성인 수많은 농촌거주자들이 거대도시권역으로 내몰려, 확대일로에 있던 하부경제에 취업하게 되었다. 농촌인구의 비율이 급격히 하락하자, 제조업 고용이 별로 늘어나지 않았음에도 불구하고 총고용 증가분 중 여성노동의 비중이 1950년 18%에서 75년에 38%로 뛰어올랐다. 결혼 후에 여성들은 자주 공식 노동력으로부터 퇴출당했지만, 하부경제의 가장 핵심적인 부분을 차지하여, 그 노동력의 45%에서 70% 정도를 공급하였다. 몇몇 중심도시에 인구와 제조업이 집중되고 여기에서 가계구성원들이 여러가지 돈벌이를 했기 때문에 이런 가계들은 종신시간제 취업으로 벌어들이는 소득 부분을 증대시킬 수 있었다(Boserup 1970).

농업의 변모는 가족농장의 쇠퇴뿐 아니라 그 보유지의 축소를 통해서도 드러났다. 1950~70년에 라틴아메리카의 소농장 수는 전체적으로 92% 증가하여 매년 2.2%씩 늘어난 것으로 집계되었다. 그러나 같은 시기에 소규모 보유지의 평균 면적은 2.4헥타르에서 2.1헥타르로 줄어들어, 매년 0.4%씩 축소되었다(de Janvry et al. 1989). 농업부문이 축소되면서 농촌지역의 비농업고용도 위축되어 고작 농촌노동의 1/3을 포괄했을 따름이며, 이는 아시아나 아프리카(여기서는 비율이 2/3에 가깝다)보다 상당히 낮은 수준이었다. 1960년대에 가족농장이 축소됨에 따라 농업 임금고용의 비중은 사실상 하락하였다(Haggblade, Hazell and Brown 1989: 1174~77면: ILO 1984).

라틴아메리카에서 탈농이주는 매우 단호하고 줄기차게 계속되었기 때문에, 농촌노동력의 증가가 농업노동력의 증가를 따라잡지 못하였다. 농업노동력은 1950년대에 연평균 1%씩 증가했고 60년대에 연평균 0.8%씩 증가해, 5,60년대에 연평균 0.6%씩 성장한 농촌지역 노동력보다 증가율이 높았다(Anderson and Leiserson 1980: 220~21면: Buttari 1979). 또한 대량 탈농이주는 대륙간 이민이 점증했다는 맥락에서 이해되어야 하는데, 대륙간 이민 총수는 1970년대 초에 대략 350만에서 400만명으로 집계되었고, 대부분 주변부에서 반주변부로 간 이민이었다(ILO 1984). 이런 추세는 소련과 동유럽에서도 나타났는데, 이 지역의 농촌인구 감소 및 도시화 속도는 다른 반주변부지역에 못지않았다. 전시에 슬라브공화국들이 입은 인적 손실은 예전의 통념보다 두 배나 많은 4천만명으로 추산되고 있으며, 이는 1970년대 초반에 이르러서야 복구되었다. 바로 이런 거대한 손실 때문에 소련에서는 1950년대 중반부터 노동력이동에 대한 많은 통제들이 완화되었다. 통행증제도에도 불구하고 2500만명에 가까운 사람들이 1956~70년간 농촌을 떠났고, 이 때문에 모스끄바, 레닌그라드, 끼에프, 민스끄 등의 도시가 엄청나게 성장하였다(Helgeson 1986: 148, 151~52면).

남유럽에서는 중심부지대로 노동력이 유출되고 농촌으로 송금이 유입됨에 따라 또다른 농업구조가 출현하였다.[4] 1950년대에 연평균 0.3% 정도씩 성장한 노동력은 중심부로의 이민이 늘어나자, 60년대에는 0.01%씩 하락하였다. 남유럽에서는 대체로 남성들이 이민했기 때문에 1960년대에 남성노동력의 성장률이 급락하였다. 대부분의 경우 남성노동력의 성장률은 마이너스를 기록했다. 이딸리아에서는 0.7%에서 -0.2%로 떨어졌으며, 그리스에서는 -0.05%에서 -0.2%로, 포르투갈에서는 0.3%에서 -0.9%로, 그리

---

4) 탈농이주가 (예컨대 농촌임금을 인상시킴으로써) 대규모 농업이나, (예컨대 가계의 토지 구입 능력을 향상시킴으로써) 가족-보유지, 또는 (예컨대 내포적 경작〔채소생산과 공업작물〕을 외연적 경작〔곡물〕으로 교체하는 것 같은) 토지이용 형태에 끼친 영향에 대해서는 Filias 1972와 de Oteyza 1972를 보라.

고 에스빠냐에서는 0.5%에서 0.2%로 떨어졌던 것이다(ILO 1986, IV: 7~9면). 한편, 여성노동력의 성장률은 이 지역 전체에서 1950년대 1%였다가 60년대에 1.3%로 높아졌다. 이 지역의 총고용 대비 농업고용이 하락한 시기는 라틴아메리카보다 더 늦었으며, 특히 1960~73년에 사이에 두드러졌다. 여성노동력 중 제조업 여성노동의 비중이 라틴아메리카에서는 1950년 23%였다가 70년에 20%로 하락한 반면, 남유럽에서는 같은 시기에 20%에서 28%로 인상적으로 증가하였다.

송금은 다른 일련의 '무역외' 수출과 더불어 남유럽 농촌 거주 가계 총수입의 상당 부분을 구성했고, 이 때문에 이 가계들은 보수의 일부를 '전통적' 임금으로 받는 시간제 노동자 및 일시적 노동자를 법인기업 자본에 공급할 수 있었다(Keyder 1985; Vergopoulos 1979). 1960년대 후반 들어 이런 이민형태는 바뀌었다. 이 지역들로부터의 노동유출이 감소했거나, 주로 주변부지역에서 배출되어 지구 무대에 출현한 새로운 이민군(群)이 이보다 더 중요해진 것이었다(Sassen 1988).

이들 두 반주변부지역의 농촌전화 경로상의 차이는 라틴아메리카에서 농촌 소도시가 점점 더 중요한 신규 고용입지로 등장하고 확대된 데서도 드러난다. 남유럽과 달리 1960년대의 소도시 인구성장률은 대도시권의 성장률에 견줄 만하거나 종종 그보다 높았다. 하부경제적 발판이 압도적으로 우세한 곳이 라틴아메리카라는 점을 고려할 때, 대부분의 연구가 이딸리아의 지하경제(l'economia sommersa)에서 하부경제의 (개념적) 기원을 찾는 것은 아이러니이다. 더 나아가, 새로운 사회현상이라고 생각되는 것을 분석하려 할 때 우리의 준거점이 얼마나 제한되어 있는지(그리고 얼마나 중심부에 뿌리박고 있는지)가 여기서 잘 드러난다.[5]

1967/73년에 주기적 하강기가 개시될 때까지 바로 이처럼 주로 반주변부지대들에서 준국영기업 영역의 형성 확장에 의해 국가성(stateness)이

---

5) '제3 이딸리아'를 '맹아적 유연생산'의 기원지로 보면서 이것이 근본적으로 그리고 구조적으로 '제3세계식' 비공식경제와 다르다고 주장하는 논의들은 이와 유사한 관점을 드러내고 있다.

심화·공고화됨과 더불어, 초국적기업들의 후원하에 노동집약적 제조업 공정들이 재배치되었다. 그후 이 '공식적'·'근대적' 산업부문의 임금고용은 놀라운 성장률을 기록했다. 비록 '발전'의 표지로서 '공식적'·'근대적' 산업부문의 전일제 임금고용에 부여된 중요성 때문에, (준국영이거나 사적인) 기업 부문의 대규모의 광범위한 보완적 고용형태가 확실히 과소평가되긴 했지만 말이다. 기업부문에 고용된 노동력이 상당히 늘어나긴 했지만, 비농업 노동력의 성장은 이를 앞질렀다. 오히려 거대한 노동예비군이 있었기 때문에 법인기업 자본은 직접 일시적 고용을 이용하거나 생산 및 마케팅의 하청을 통해 그 활동범위를 확장할 수 있었다(Portes and Benton 1984: 596~97을 보라). 이러한 이중운동을 보완한한 것은('사회적' 임금에 반대되는 것으로서) '전통적' 임금체계의 부활과 그에 따른 영속적인 하부경제의 부활이었다.

라틴아메리카와 남부·동부 유럽의 반주변부에서는 탈농촌의 결과물인 동시에 탈농촌화를 심화시킨 도시화와 이주가 진행되면서——'비공식' 활동이나 송금을 통해——가계가 소득원천을 다양하게 넓힐 기회와 수단을 얻은 반면, 동아시아에서는 주력 산업(섬유와 식품가공)이 공간적으로 분산되어 있었기 때문에 가계는 비공식활동이나 송금 중 어느 것에도 기댈 수 없었다.[6] 적어도 1960년대 말까지는, 잘 짜여진 2차도시망과 농촌 농업구조를 변화시킨 토지개혁 때문에 여타 반주변부지역에서 진행된 것 같은 도시성장은 저지되었다(Durand 1975: 149면). 게다가 농촌에서 외부생산이 가능했던만큼, 하청은 노동력이주를 방해했다고 할 수 있다. 지역내 및 지역간 노동력이동이 확산된 것은 대부분 B국면 동안 일어난 일로, 이는 1960년대 말과 70년대에 성장이 빠르게 진행된 결과였다.

결국, 다른 주변부지역과 아주 대조적으로 1950년대 동아시아의 도시성장 수준은 상대적으로 낮아서, 한국의 경우 60년에 28%에 이르렀을 뿐이

---

6) 가계 이주형태의 유형분류와 가계들이 종사하는 경제활동 구성상의 분기에 관해서는, 많은 비판이 제기되었음에도 불구하고 보스럽(Bosrup)의 세미나 작업인 *Woman's Role in Economic Development*(1970)이 아직도 탁월하다.

었다. 인구성장은 1960년대 후반에 정점에 도달하여 연평균 성장률이 2.5%로 치솟았다. 1950년대의 농촌개혁은 도시로의 이주의 증가를 부추겼다. 1960년대에 세계경제가 발전하면서 농업고용이 과거지사가 되자, 총고용 중 제조업의 비중은 1960년대의 11%에서 70년대에 21%로 높아졌다 (van Ginneken and van der Hoeven 1989). 여성노동력의 참가율 또한 1960~75년 시기에 급등하여, 남한에서는 17%에서 33%로, 홍콩에서는 22%에서 35%로, 싱가포르에서는 14%에서 30%로 증가하였다(Ogawa, Jones and Williamson 1993: 52면; Jones 1984).

1970년대 초까지는 자본의 초민족적 팽창과 생산활동의 재배치가 몇몇 반주변부지역에만 한정되어 있었기 때문에, 주변부에서는 국가기업 부문이 임금고용의 가장 큰 원천이었다. 그러나 국가기업 부문이 팽창하자, 또다시 유사한 농촌-도시 이주과정이 촉진되어 도시화율이 급격히 증가하였는데, 이때 이주의 목적지는 몇몇 선별된 중심지들이었으며, 대체로 관료권력의 중심지인 수도였다. 도시화와 공업화가 한 쌍을 이루어 신생 국가구조를 공고화하는 수단이 된 것은 5,60년대의 특징이었다. 그러나 이 도시·기업 부문의 규모가 상대적으로 제한되었기 때문에(중국에서는 주민의 20% 이하가, 아프리카 몇몇 지역에서는 주민의 10% 이하가 고용되어 있었다) 반주변부와는 다른 동학이 작동하였다(Doctor and Gallis 1966). 소득원을 다양화할 필요 때문에 가계규모가 커져야 했는데 이런 현상은 1960년대의 인구성장을 예고한 것이거나 부추긴 것이었다(Meillassoux 1975). 이처럼 세계경제의 주변부지역에서는 하부경제의 존재조건이 재생산되기 어려웠기 때문에 인구성장이 가속화되었다.

미국 법인기업 자본이 1960년대 말까지는 보호장벽을 유지하고자 했으며 주변부를 향한 기업 거래가 없었기 때문에 세계의 많은 지역에서 맹위를 떨친 수입대체 이데올로기는 그 시대의 테일러주의적 약진을 보편적인 것으로 보이게 해준 자급자족적 공업화 정책을 부추겼다. 중심부의 국내총생산 대비 수출 비율이 낮았기 때문에——미국 헤게모니의 황금기인 1960년대에 줄곧 낮았다(Lipietz 1987: 69면)——주변부경제들이 전후 호경기를 맞을 수 있었으나, 이는 불확실한 토대였다.

세계경제라는 전망대에서 보면, 기계가 노동력공급을 재배치하고 잡다한 경제활동에 종사할 수 있는 능력을 키워가는 구도 속에서 프롤레타리아화 과정이 진행되는 틀이 형성된 것이다. 그러나 대부분의 (반)주변부지역에서 5,60년대에 하부경제가 확대된 것은 산업화과정과 밀접한 관련이 있다. 예컨대 1950~80년 시기에 라틴아메리카와 남유럽에서는 매년 임금고용이 절대적으로 성장했다 해도 시종일관 비농업노동력의 연간 성장에 미치지는 못하였고, 농업 임금고용의 비중은 사실상 하락하였다(ILO 1984).

그러므로, 이처럼 비(非)임금소득 경제활동의 범위가 확산된 것은 단순히 B국면에서 통상적으로 주기에 대항하는 기능이 수행된 결과에 그치는 것만은 아니었다. 테일러주의 및 포드주의와 관련하여 A국면 동안 중심부에서 진행된 작업구조의 광범한 재구조화는 하부경제의 폭을 넓히고 하부경제를 변화무쌍하게 만들었으며, 또 이 변화에 크게 의존하였다. 한편, 대부분의 주변부에서는 자본의 초민족적 팽창이 거의 없었기 때문에, 임금고용의 범위가 제한되었다. 주변부를 놓고 볼 때, 1945년 이전과 이후의 경제질서 사이에 주요한 차이들이 있긴 하지만, 다음과 같은 세계경제의 두 가지 체제적 특징은 상호 긴밀히 연관되어 금세기 초부터 분명히 존속해왔다. 첫째, 자본흐름은 엄격하게 중심부 및 반주변부 지역들 내부 및 이들사이에 한정되어 있었다(그리고 이에 조응하여 주변부를 향한 자본흐름의비중은 줄어들었다). 둘째, 전지구적 상품거래 중 공산품의 비중이 계속 늘어났다. 두 추세 모두 브레튼우즈협정에서 신성시되었으며 이는 GATT에서 한층 더했다.

다른 한편, 간국가성(interstaeness)과 국가성 양자의 심화는 원심적 경향들을 촉진함으로써 노동시장의 재구조화에 왜곡된 영향을 끼쳤다. 5,60년대 동안 국가구조가 점진적으로 확대된 데 자극받아 기업들은 국가의 영향력에서 벗어나려 노력하였고, 또 이에 힘입어 (규모가 큰 개별 기업보다는) 국가의 통제를 받지 않는 기업의 수가 늘어났다. 이에 따라 반주변부·주변부에서는 하부경제의 구성원 수가 급증하였다. 반주변부에서는 이런 원심적 운동에 힘입어, 일시적 채용과 하청 또한 광범하게 이용되었다. 주변부에서는 중심부 자본의 유입이 상대적으로 제한되었음에도 불구하고, (수입대체공업화를 통한) 국가기구들의 공고화 및 이와 동시에 진행된 도시화만으로도 테일러주의적 영역이 확장되었다.

자본팽창 및 노동통제 양식의 변화

이후 B국면 동안에 발생한 일들은 이 경향들을 뒤집기보다는 가속화하였다. 시간제노동과 임시고용, 그리고 이와 유사한 편성들은 사실상 중심부지대에서 생산을 재조직하는 데 필수불가결한 요소가 되었다. 그리고 반주변부 · 주변부 지대에서는 생산 및 노동의 '비공식화'가 차지하는 비중이 엄청나게 커졌다. 동유럽과 소련에서는 이런 추세가 성과급노동의 중요성이 커지는 형태로 나타났다(Haraszti 1977). 1945년 이후 중심부의 프롤레타리아화가 진척되어, 70년대에는 노동력의 80% 이상을 구성하기에 이르자(실업률은 유럽에서 2~3% 수준이었고, 미국에서는 4~7% 수준이었다), 결국 노동집약적 제조업 공정들이 급속도로 중심부로부터 반주변부 · 주변부 지대로 이전되었다. 1967/73년 이후 자본유출지가 다원화되자——미국 외에 일본과 유럽이 등장하였다(Fröbel, Heinrichs and Kreye 1980)——중심부에서는 임시/시간제 노동 비중 및 실업률(이제는 11~12%)이 높아지고 비중심부지대에서는 '비공식화'가 심화되어, 앞서 살펴본 두 가지 경향이 모두 강화되었다.

사실 임금노동이 세계노동력에서 차지하는 상대적 비중이 급격하게 상승한 때는 미국 헤게모니의 절정기가 아니라, 그후인 B국면이었다. 그런데 그 이유는 전일제 고용편성의 쇠퇴에 따라 시간제 및 '일시적'(종신시간제) 임금고용이 늘어났기 때문이었다. 그것이 초래한 결과 중 하나는 1960년대 중반 이후 세계경제의 주변부 · 반주변부 지대에서 임금고용이 증가한 것인데, 물론 이는 부분적으로 국가기구가 임금고용 범주들에 오로지 종신전업 프롤레타리아만 포함시키기보다는 새로운 분류범주를 이용하여 새로운 임금고용 범주들을 추가 등재했기 때문이었다. 그 때문에 B국면에 서는——1945년 이후 경향들의 토대가 된 지형을 전환시킨——상호 밀접한 두 가지 변화가 전개되었다.

첫째, 1970년대에 자본의 초민족적 확대의 장소가 교체되어, 주변부지역 에 대한 투자량이 상당히 늘어났다. 이전에는 자본흐름이 압도적으로 중심 부·반주변부 지역들 내부 및 이들 지역간에 한정되었다. 그러나 1970년 대의 짧은 막간 이후, 81년에 '외채위기'가 발발하자, 자본흐름은 또다시 주 로 중심부 내부로 옮겨갔다. 그러나 그렇다고 해서 1945년 이후의 질서가 복원된 것은 아니었다. 오히려 1970년대에 자본의 영토적 범위가 확장되 자, 생산의 라이센싱과 하청의 기반이 반주변부에 마련되었다. 대부분의 하청체계에서는 고정자본 비율이 낮았기 때문에, 이런 '아웃소 싱'(outsourcing)* 은 중심부 자본을 '더욱' 유동적이게 했으며, 중심부 자 본의 유출을 부분적으로 보완하였다.

기업 축적구조의 전지구적 확대는 기업간체제 내에 중요한 변화가 발생 했음을 알리는 신호였다. 다소 거리가 있긴 했지만, 광범한 다층적 (cascading) 단위/회사들이 여기에 포섭되었다. 법인기업 세계 내에서 (생 산하청, 라이센싱, 합작투자 같은) 새로운 통합양식에 대한 의존도가 점점 더 커지면서, 그동안 친숙하던 자회사 및 내부경영(in-house operation)망 (즉 수직적 통합)은 희생되었다.[7] 1960년대 후반의 기업 구조조정은 수직 적 통합을 이완시켰고, 80년대의 외채위기는 이를 강화하였다. 외채위기 때문에 반주변부의 성장속도가 감소하자 중심부에서 법인기업 자본이 위 축되었고, 자본흐름 및 직접투자가 줄어들면서 비수직적인 통합양식이 선 호되었다. 그리하여 1960년대 말 이후 초국적기업과 그 자회사의 규모가 축소되자, 과거에 포드주의 및 테일러주의를 통해 기업구조 내에 갇혀 있

---

* 기업 내부의 프로젝트나 활동을 기업 외부의 제3자에게 위탁해 처리하는 것.

7) 과거의 내부화된 거래를 하청 및 분리를 통해 변모시키는 것에 대해서는 '위계' 대 '시장'이 라는 허쉬만의 논의를 보라(Hirschman 1986: 85~87면).

던 광범위한 생산활동을 이런 복합기업의 경계를 넘어서 수행할 수 있는 여건이 조성되었다(Harvey 1989). 이런 과정이 진행되면서 새로운 생산자집단이 초국적기업의 조직체계에 접목되거나, 기존노동력 저수지의 특정부류가 이 조직체계 아래로 재결집되었다. 특히 환태평양 및 그 인근지역에서는 하청이 널리 도입되었고, 그 기능양식에 맞추어 작업세계가 변모하였다.

둘째, 1967/73년 이후 초국적기업이 직조한 초국가관계망이 점점 응축되면서, 전지구적 경제활동의 불투명한 절반을 팽창시킬 수 있는 동력이 다시 한번 획득되었다. 유행중인 국가약화의 추세들은 주변부·반주변부에서 준국영기업 부문 그리고/또는 수입대체공업화와 연계된 활동들에 치명타를 가하였다. '사회적' 임금체계——즉 노동법기 보장하고 국가가 조절하는 고용——를 감시하고 경비할 국가기구의 능력이 쇠퇴하자, 의도했건 아니건 간에 노동의 '임시화'의 폭은 커졌다. 그 결과, 자본의 초민족적 팽창과정에서 주로 위에서부터 시작된 초국가과정들은, 비포드주의적 영역의 폭이 확대됨에 따라 아래로부터 강화되었다.

중심부에서는 1960년대 말과 70년대에 자본의 대규모 해외유출과 함께 제조부문에서 가내노동이 확산되었고, 고용영역에서 임시적 노동배치와 시장이 중개하는 노동편성의 중요성이 커졌다.[8] 중심부에서 이런 재편이 진행되자 여성노동자 및 이민노동자 예비군이 동원되었으며, 백인남성 전업 임금노동자라는 전통적 중핵의 비중이 줄어들었다. 생산장소를 공장에서 착취장으로 변모시킨 과거 20년간의 이런 밀접한 변화들은 '유연전문화', '포스트-포드주의', '신형투자'를 둘러싼 논의들에서 입증되었다(예컨대 Piore and Sabel 1984; Williams et al. 1987을 보라). 1960년대 말의 노동자반란의 물결 때문에 이미 강제되고 있던 생산 및 노동 구조상의 전화는 장기지속적인 것임이 판명되었다.

---

8) 유럽에서 이런 경향은 일시적 노동자 및 고정기간계약 이용에 대한 규제를 완화하고 작업시간을 단축 및 조직화함으로써 고용보호를 축소시키는 데서 나타난다(Osterman and Kochan 1990을 보라; 또한 Aglietta and Brender 1984: 173~79면).

간단히 말해서, 점진적이지만 누진적으로 반프롤레타리아 가계를 창출하는 토대를 마련한 꼰드라띠예프 A국면의 노동력형성 패턴은 B국면이 전개되면서 크게 강화되었다(Fröbel 1982). 중심부에서는 경기하강이 시작되면서 1970년대에 여성노동력의 고용이 새롭게 정점에 이르렀고, 80년대에는 시간제·계약제 일자리가 노동세계의 불가결한 부분이 되었다. 일례로, 영국에서는 여성노동력이 310만명 증가한 데 비해, 남성노동력의 증가는 단지 30만명에 그쳤다. 사실, 1994년 말에 이르면 '유급 고용된' 여성의 수가 유급 고용된 남성 수를 초과할 것으로 추정된다. 또 오늘날 영국에서는 네 명의 노동자 중 한명은 전일제 고용에서 배제되어 있다. 임시직원과 자영업자를 추가하면 이 수치는 40%로 상승한다(Beechey and Perkins 1987: 37면).

게다가, 전지구적 생산기구를 지원하고 관리하는 업무가 전세계적으로 중심부에 집중됨과 동시에 시간제고용은 확대될 수 있었는데, 실제로 전자는 후자를 조장했다(Sassen 1991). 미국에서는 1980년대에 빠르게 팽창한 시간제고용 부문에 주로 이민노동자들이 고용되어, 시간제고용은 더이상 여성노동자만의 영역이 아니게 되었다. 유럽에서는 이민노동이 제조업활동을 담당했기 때문에 써비스부문에서 여성의 시간제고용은 상대적으로 매우 안정적이었다. 이것은 유럽에서 이런 불황기에 남성보다 여성이 상태가 더 나은 이유를 부분적으로 설명해주는데, 현재 남성실업률이 12~14%인데 비해 여성실업률은 5.6%이다. 이런 사태의 결과, 유럽에서는 새로운 상황에 맞추어 시간제고용 및 계약제 일자리를 규제하는 조치들이 조금씩 바뀌고 있다. 반면 이같은 규제가 실행된 적이 없는 미국에서는 종신시간제 고용이 붐을 이루었다. 미국에서는 종신시간제 고용량도 늘어나고 비포드주의적 일괄계약을 기꺼이 수용할 사람들도 늘어났기 때문에, 유럽과는 반대로 실업 대신 임금하락이 나타났다.[9] 계약제고용 및 자영업의 확산,

---

9) 유럽의 명목실업률 수치는 미국의 수치보다 상대적으로 높다(6~7%인 미국에 비해 11~12% 정도). 그러나 미국의 수치에는 '실망실업자'(discouraged job-seeker)가 빠져 있다.

그리고 성과급노동 및 가내노동의 확산에 따라, 과거 법인기업체 안에서 내부화된 활동들이 별도 기업들로 분할되었고, 비포드주의적 고용형태의 기반이 강화되고 발전되었다.

환태평양지역에서는 생산하청이 압도적이었기 때문에 이 지역은 독특한 특징을 지니게 되었다. 이곳의 지역관계망은 일본을 축으로 하여 짜여진 다자적 의존성을 부분적으로 반영하고 있다. 하청의 영토적 세력권은 국지적 분업을 구성하는 본질적 요소가 되었다(Arighi, Ikeda and Irwan 1993; Cumings 1984). 일본의 법인기업 자본이 틀을 짠 조직에서는, 생산하청의 지속적 성장이 핵심요소는 아니라 해도 불가결한 구성요소였는데, 이 점은 홍콩의 제조업부문의 구조에서 명백히 드러난다. 홍콩 수출의 57%는 종업원 50인 이하의 토착기업들에서 나오며 이들 기업은 1만 4천개의 소형 수출-수입업자를 통해 거래를 한다. 이런 토착적 구조는 오늘날까지 대부분 가족이민의 형태를 띠는 이 지역 이민의 특징에서 확인된다. 세계의 다른 지역의 추세와 아주 대조적으로 이 지역의 도시가계는 농촌가계보다 규모가 커졌고, 농촌/농업가족과 도시가족 사이의 차이가 세계에서 가장 작다(라틴아메리카의 2:4에 비해 1:1.5). 이렇듯 환태평양지역을 기업적 축적 구조 속에 감싸안는 하청망은, 초국적기업에 의한 생산의 수직적 통합과는 근본적으로 다른 노동력흐름의 틀을 만들어 냈다.

일본 법인기업 자본이 지난 20년간 환태평양지역에서 다른 중심부지역으로 대량 유출되긴 했지만, 환태평양지역의 지역통합은 계속 진행되고 있다. 최근 자본흐름은 주로 지역간에 이루어진다는 특성을 회복하고 있지만, 작동중인 네트워크는 더이상 일본계 자본운동에만 의존하지는 않으며, 이제 (홍콩과 대만을 거쳐) 이 지역의 다른 부분에서도 뻗어나오고 있다. 일본 법인기업 자본이 직조한 이런 다자간 네트워크는 처음에는 소위 네 마리 용(남한, 대만, 홍콩, 싱가포르)만 포함하였으나, 최근 구 쏘비에뜨 아시아 및 중국에서 발생한 변화에 따라 상당한 변화를 겪을 것이다. 네 마리 용에서 노동자의 힘이 커졌기 때문에 새로운 영토 개척이 필수적이다. 이전에 거의 전적으로 네 마리 용에 한정되었던 하청망은 중국 남부뿐 아니라 동남아시아(예를 들어 인도네시아, 타이, 말레이시아)로도 확산되는 중이다(Singh and Kelles-Viitanen 1987).

서로 별개인 듯 보이지만 실은 보완적인 이런 사태들을 보면, 이 하청망의 수명이 반드시 현재의 하강기와 결부되어 있는 것은 아니라는 점을 알 수 있다. 생산의 하청은 하강기의 변덕을 상쇄하기 위해 작용한 힘 이상이었다. 지난 20년간 하청이 가속화되면서 새로운 생산자층이 초국적기업의 조직체계에 추가되거나 기존 노동력 저수지의 특정 부류가 이 조직체계 아래 재집결되었다. 예를 들어 인도네시아의 제조업 노동력의 75~80%는 농촌지역——말하자면 농공단지——에 남아 있다. 중심부에 기원을 둔 경제흐름들이 거대 '종합상사' 내에 봉합된 네트워크를 통해 소통되었기 때문에, 중심부로의 노동력이동은 효과적으로 억지되었다. 이동이 있었다 해도 환태평양 주변부지역에서 유출된 경우는 대부분 페르시아만으로 흘러갔고, 반주변부에서 유출된 경우는 미국을 향해 갔다. 막대한 송금액이 은행기구나 국가기구를 거치지 않고 고향으로 환류되었기 때문에, 하청망의 외곽에 있는 단위/기업들의 (금융적) 생존조건이 재생산될 수 있었고, 기존 패턴이 강화되었다.

이런 구조는 이민운동의 순환영역을——계속 바뀌고 있는——환태평양의 변두리로 한정시켰고, 일본이라는 진원지를 노동력유입에서 상당히 격리시켰다. 지난 20년간 이 지역이 빠르게 성장했음에도 불구하고 노동력이동의 크기는 상대적으로 보잘것없었다. 지금까지 이주한 350만명 중 단지 120만명만이 이 지역 내로 이동하였고, 그 나머지는 대부분 페르시아만으로 이동하였다(Stahl 1986). 앞으로 배후지가 확대될 전망이어서(예를 들어 한국이 통일되거나 꽝뚱이 홍콩을 통해 더 한층 개방됨으로써) 이 네트워크의 존재조건은 더 대규모로 재생산될 것 같다. 이렇게 동심원이 계속 성장하고 있기 때문에 향후 당분간 이 지역 내에서는 노동력이동이 상대적으로 낮은 수준으로 유지될 것이다.

일본 법인기업 자본의 유출입에 따라, 배후지역들의 도시성장률은 1970년대에 정점에 이르러, 60년대의 4.2%에서 5.2%로 상승하였다. 그후 이는

4.5%로 하락하였다. 1970년대 이후 최고의 성장률을 보인 곳은 인구 100만명 이하 범주의 도시들이었다(Douglass 1988). 아시아의 도시 대동맥에는 상대적으로 잘 발달된 보조적 2차 도시들이 연결되어 있었기 때문에, 이 지역에서는 이런 현상이 확고히 자리잡을 수 있었다. 1975년에 동아시아 도시인구의 1/5 이하가, 그리고 남아시아 도시인구의 1/3 이하가 2차도시에 살고 있었다(Rondinelli 1983: 53~57면). 남아시아에서 제1도시의 성장률이 상당히 하락한 반면, 인구 2백만명 이하 도시의 성장이 가장 빨랐다는 사실 또한 이를 통해 설명된다. 이런 도시화 추세는 이 지역에서 기존의 생산구조를 강화시켰다.

다른 중심부지대 내에서도 1960대 말 이후 유사한 조직적 재조정이 진행되었지만, 혁신의 정도가 비교적 과도하지 않은 편이었다. 자회사를 통해 해외생산이 재배치되었고 미국 세력이 유지되고 있었기 때문에, 기존의 이런 기업망을 청산하거나 혁신한다는 것은 매우 어려운 일이었다. 유럽 법인자본은 1960년대 말까지 초민족적 확장이 상대적으로 제한되었고 그 이후에는 이민노동자의 수입에 의존하였기 때문에, 당연히 생산하청에 의존할 수 있는 능력에 한계가 있었다. 유럽은 후발주자라서 그 기업망(의 일부)을 청산할 필요가 없긴 했지만, 남유럽이 완전 통합되고(예전에 남유럽은 유럽공동체의 변방이었으나, 지금은 공동체의 나머지 지역과 대등한 위치에 있다) 동유럽이 제한적으로 통합되자, 그러한 다른 통합양식을 확대하고 광범위하게 채택하는 데 심각한 한계가 발생했다. 실제, 동유럽에서는 7,80년대에 유럽——대부분 독일——기업의 하청이 흔한 현상이었으나(van der Wee 1986: 397면), 최근 사태의 추이도 인해 하청이 점점 더 곤란해졌다. 작업시간 이외 시간에 국유 설비 및 기계를 임대하여 사용하던 '노동자조합'(economic labour collectives)은 최근 산업 사유화 때문에 사실상 사라져버렸다.

반프롤레타리아 가계영역의 확대

중심부에서 비포드주의적 부문이 확대됨에 따라 반주변부의 반프롤레타리아 가계 수도 빠르게 늘어났다. 이는 국가간체제의 전화 및 법인기업 자본이 채택한 '거침없는' 팽창전략 때문에 경제흐름 및 노동시장을 통제하고 규제할 국가능력이 쇠퇴함에 따라 촉발되었다. 국가간체제와 기업간체제에서 일어난 변화의 결과, A국면에서 반프롤레타리아 가계의 재생산을 뒷받침했던 과정들——도시화, 이민, 인구성장——이 힘을 잃었다. 사실, 지난 20년간 이 세 가지는 모두 반주변부지역이 아니라 주변부지역의 특성이 되었다.

한편, 수입대체공업화에 각인되어 있던 도시 '편향'이 1970년대에 갑자기 중단되자 균형이 깨져, 최대 광역도시권들이 타격을 입었다. 이런 각도에서 보면, 외채위기가 완화되기 전에 경험한 고속 도시성장에서 드러나듯이, 1970년대 이후에 도시성장률이 전체적으로 높게 유지된 것은 기본적으로 소도시(그리고 때때로 소읍)가 비정상적으로 성장했기 때문이었다.

이 쇠퇴는 1967/73년 이후 시기 세계경제의 전개상의 특징과 완전히 일치한다. 이런 최근의 전개양상은 도시집중 및 탈농촌화를 선호한 5,60년대에 수립된 균형을 근본적으로 바꾸었으며, 세계적 규모에서 새로운 공간적 패턴구성을 불가피하게 요구하였다. (농업 및 공업) 생산을 주로 기업간 네트워크와 국가간 네트워크 내에 집적시킨 바 있던 '엔클로우저'운동이 반전되자 이전 시기의 도시지리가 경시되어 2차도시화가 촉발되었고, 제조활동의 '농촌화'가 촉진되었으며, 농촌 풍경이 변했다. 간단히 말해, 1945년 이후 시기의 농촌-도시 연계가 의문시되었던 것이다.

하강기와 더불어 수입대체공업화가 쇠퇴하고 상업영농이 출현하자, 원심적 경향들이 해방되어 제1도시의 성장률이 낮아졌다. 1970년대에 자본흐름이 주변부를 선호하는 쪽으로 바뀌자, 이런 변화가 맨 먼저 눈에 띈 곳은 반주변부였다. 그러나 1980년대에 외채위기가 발생하고 뒤이어 중심부로 자본이 이동하자, 주변부와 반주변부에서 감지되는 하강기의 전체 영향력은 같다는 것이 확인되었고, 단지 반주변부가 A국면에서 기축적 역할을 담당했기 때문에 다소 미묘한 차이가 있는 정도였다.

거대도시 지역으로 공업생산이 집적되는 추서는 둔화되었다. 예를 들어, 칠레에서 쌘띠아고가 차지하는 비율은 1973년에서 80년 사이에 49%에서 38%로 하락하였다(Gwynne 1985: 82~131, 234면). 그후 거대도시의 성장률은 감소하였다. (브라질의—옮긴이) 싸웅·빠울로에서는 인구가 10만명 이상인 2차도시들이 연평균 5.3%씩 성장하여 성장률이 4.6%인 거대도시 자체보다 성장이 빨랐다(Townroe and Keen 1984). 50~400만 정도의 인구를 지닌 도시의 성장률이 최하인 때는 1970년대였다. 인구 50~400만 정도의 도시는 연평균 성장률이 3.1~3.2%로 하락한 반면, 인구 10~50만명 정도의 도시들은 연평균 약 3.9% 비율로 성장하였다(Preston 1988).

1965~75년에 주변부·반주변부 지역에서 인구 4백만 이상 도시의 총인구는 5590만명에서 1억 2060만명으로——즉 연평균 7.7%의 놀라운 비율로——늘어났지만, 이런 성장의 거의 절반은 이 범주에 속하는 도시의 수가 9개에서 17개로 절대적으로 증가한 덕분이었다. 이를 고려하여 계산을 다소 '정정'하면, 처음 인구수에 3200만명을 추가하여야 한다. 즉, '자연증가'에 따른 도시 성장률이 (그 7.7% 중—옮긴이) 3%를 넘었을 것이다. 도시화 추세를 추적할 때, 초거대도시(megalopolis) 수의 절대적 증가를 살펴보아야 함은 두말할 나위가 없다. 그러나 이 때문에 거대도시권역의 성장률을 부풀려서는 안된다. 제1도시들의 우세가 끝났다고 할 수는 없다. 산업활동의 집중이 완화되는 조짐들 또한 명백하고 풍부하긴 하지만, 아직도 집중은 계속되고 있다(Storper 1991). 정보 인프라의 혁신에서 기인한 기업의 구조조정이 있었기 때문에, '외부에서' 지휘되는 정보 및 경제 흐름의 네트워크가 등장하여 물리적 집적의 중요성을 대체할 수 있었다.

도시성장률이 하락하자, 반주변부 각지에서 상이한 양태들이 나타났다. 고도로 도시화된 라틴아메리카에서 변화는 도시성장률이 둔화된 데서 예시되는데, 도시성장률은 1960년대의 4.5%에서 70년대에는 4.2%, 80년대에는 3.7%로 낮아졌다. 1980년대에 최고 성장률을 기록한 곳은 주민 2백만명 이하 범주의 도시들이고, 제1도시들도 빠르게 성장하였다. 마찬가지로 2차도시들의 인구성장은 8%로, 대도시 총인구 성장보다 빨랐다. A국면 동안 제1도시를 선호하는 미국 법인기업 자본이 상당히 유입된 환태평양 지역에서는, 1992년 자산시장이 극적으로 위축되었을 때 거대도시 주(province)만큼이나 배후 도시들(예컨대 필리핀에서는 마닐라 인근 주들, 또는 말레이시아에서는 페낭)도 영향을 받았다(*Far Eastern Economic Review*, 30 April 1992: 37~48면).

1980년대에 자본이동이 중심부로 위축되어 준국영기업체들이 만만찮은 어려움에 직면하자, 이 경제영역에 보조물로 기여해온 하부경제 또한 위축되었다. 고용이 줄자 비공식수입도 줄어들었는데, 이는 부분적으로는 하부경제에 속한 노동예비군이 빠르게 증가했기 때문이고, 더 중요한 이유는 도시임금이 하락하여 기업부문이 위축되자 수요가 동시에 하락하였기 때문이었다. 라틴아메리카 반주변부의 도시인구 비율이 이제 총인구의 80%에 이르는 상황에서, 국가·기업 부문이 위축되고 공업화 속도가 아주 더디다는 것은 하부경제 영역이 끊임없이 성장한다는 것을 뜻했다.

이는 '공식'부문(기업부문 또는 준국영부문)이 매각되거나 상당히 축소됨에도 불구하고 왜 이에 상응하여 '주변적' 부문의 고용이 비약적으로 증가하지 않는지를 부분적으로 설명해준다. 남유럽뿐만 아니라 라틴아메리카 거대도시권역에서도 도시 실업률은 급상승하여 전체적인 '전국' 실업률보다 줄곧 높았다. 여기서 또다시 라틴아메리카 반주변부는 남유럽 반주변부와 다른 길을 걸었다. 여성이 상대적으로 제조업부문에 많이 고용되어 있던 남유럽 반주변부에서는 남성실업보다 여성실업이 훨씬 더 흔한 경우였다. 이에 비해 하부경제에 고용된 노동력의 여성화가 상당한 수준에 도달해 있던 라틴아메리카 반주변부에서는 기업부문의 전화에 맞물려 하부경제 부문이 점진적으로 약화됨에 따라, 여성가장 가계가 우후죽순처럼 퍼졌다(Schmink 1986; Schultz 1990).

그러므로 A국면에서 도시화 형태를 결정한 구심력은 최근의 역사전개와 모순되면서 오늘날 그 공간적 조직력을 상실하였다. 그 반전의 신호는 반주변부에서 제1도시들의 성장 속도가 줄어든 것과 이를 보완해 2차도시들이 성장한 것, 그리고 중심부에서 거대도시권역들의 응집력이 상실된 데서 발견된다. 동시에 자연증가가 도시지역 성장의 더 중요한 요인이 되어, 때로는 70% 이상을 설명하였다(Roberts 1978: 105면). 또 이주의 흐름도 변형되어, 국내적이건 국제적이건 훨씬 더 도시내적 성격을 띠었다(Roberts 1990).

A국면과 아주 대조적으로 B국면에서는 상대적으로 제한된 규모의 농업노동력, 밀접하게 서로 얽힌 도시 및 농촌의 노동시장, 도시의 높은 실업수준 등이 어울려 반주변부에서 인구성장률을 낮추도록 작용하였다. 2차도시화를 지지(支持)한 추세가 여기서 작용하였다. 비곡물경작이 상업화되고, 또 고수익 비식량작물의 수출——기업·도시 부문에 보조금을 지급하기보다 외환보유고를 보충하는 데 이용되는——의 중요성이 커지면서, 임시고용의 새로운 영역이 열렸다. 상대적으로 집중된 소도시 노동시장에서 노동청부업자들이 이런 농업예비군을 동원함에 따라, 이런 소도시들은 발전과 성장의 동력을 얻었다. 떠돌다가 이따금씩 이런 소도시에 체류하는 사람들이 크게 늘어나면서 지주들은 자신의 필요나 임대농장의 필요에 따라 이처럼 소도시에 기반을 둔 노동자들을 훨씬 수월하게 임시로 채용할 수 있게 되었다. 농업노동력은 점점 더 도시화되었고, 주로 소도시에 근거를 두었다.

그러므로 농촌생산자들이 상대적으로 잘 조직된 이런 노동력공급과 경쟁하는 데 어려움에 봉착했기 때문에, 인구증가를 통해 가계를 확대하려는 경향에 추가로 제동이 걸렸다. 게다가 1970년대 말 이후 토지집적이 증가하여 땅이 없는 농민이 늘어나자, 농촌의 탈농이주가 가속되었다. 그러나 농업생산 구조가 변화하고 도시임금이 하락하였기 때문에 노동력흐름의 특징은 바뀌었다. 탈농이주자가 주로 도시 노동시장에 흡수되지는 않는다. 앞서 논의했듯이 무토지 노동자들은 그보다는 이제 (인구 10만명 이하인) 인근 농촌 소도시지역으로 몰리는 경향이 있다. 농촌생산자들은 점점 더 비농업 수입원에 의존하지만 농업부문을 포기하고 이주할 만큼 충분한 고용기회를 찾을 수 없으며, 두 가지 이유 때문에 계절적, 임시적 취업에 의존한다. 한편에서, 도시지역의 고용기회가 악화되어 사람들이 농업에서 추가 일거리를 찾게 되었다. 다른 한편, 새로운 전문화노선(곡물경작과 대립되는 원예 및 축산)이 노동집약적 특성을 지녔기 때문에 비록 아주 소량이긴 하지만 노동수요가 증가하였다.

이런 과정들은 출산력이 하락하고 반주변부로부터 이민이 줄어들 징조이다. 하부경제가 일신한 것은 급격한 인구증가에 의해 뒷받침된 도시화와 이주 과정 때문이 아니라, 기업팽창 양식들이 변화하고 국가화 추세가 약화되었기 때문이었다. 환태평양지역을 서로 연결한 하청기반은 경기하강기를 더 잘 견뎌낼 수 있음이 판명되었는데, 이것은 1960년대의 성공한 반주변부들에 대한 경쟁압력을 증가시켰으며, 테일러주의적 부문의 해체를 앞당겼다.

테일러주의가 상대적으로 빠르게 쇠퇴하자, 테일러주의의 영향권이 포괄적이라고 본 발전주의 패러다임에 대한 신뢰가 허위임이 드러났다. 사실 그 영향권은 대부분 반주변부의 영향권과 일치하였다. 1945년 이후 반주변부들의 궤적——즉 5,60년대의 인상적인 부상과 그후의 퇴락——은 포드주의·테일러주의의 궤적과 유사했다. 중심부 자본은 1970년대에 반주변부를 비껴갔고 노동비용을 절감하기 위해 주변부지역들을 선호하였는데, 이는 80년대 들어 외채위기 때문에 심화되었다. 따라서 1945년 이후 지속된 하부경제의 성장은 처음에는 67/73년 이전에 반주변부들이 이루어낸 두드러진 성과 (그리고 그에 따른 반주변부 '기업'부문의 성장) 때문에 다소 가려져 있었지만, 그후 사회과학자들의 주목을 받았다.

주변부에서는 국가화 추세가 반전되고, 그 결과 준국영부문의 규모가 축소됨에 따라 반주변부를 특징짓는 과정들과는 완전히 다른 과정들이 촉진되었다. 준국영기업 부문이 쇠퇴하고 중심부 내 및 중심부끼리의 통합이 늘어나자, A국면 조직체계의 노동력 편성구조의 한계가 드러났다. 간단히 말해, 새로운 추세들은 점증하는 주변화에 보조를 맞추어 이민유출을 조장하였을 뿐 아니라 인구와 도시의 성장도 조장하였다.

인구밀도가 높았고 농업에서 노동집약적 농업체제가 지배적인 남아시아에서는 경작자의 보유지가 보통 중소규모였기 때문에, 가족수는 많아도 보유지가 적은 경작자들이 토지를 매우 집약적으로 경작하거나 비경작 소유주의 토지를 추가로 임차하였다. 사하라 이남 아프리카처럼 인구가 희박한 지역에서는 대가족이 소가족보다 더 많은 토지를 이용할 수 있었다. 두 경우 모두 아동노동이 널리 이용되었는데, 긴 안목으로 보면 이것이 가계규모를 제약하지는 않는다. 또한 수많은 남성들이 도시지역에서 일해야 했던 사하라 이남 아프리카 및 남아시아에서 여성은 대체로 농촌지역의 (생계) 농업부문으로 밀려났는데, 이는 가계의 크기를 늘리고 인구성장을 유발시킨 추가적 유인이 되었다(Meillassoux 1994 Boserup 1990). 충분한 인구성장이 중요하다는 것은 1980년대에 많은 주변부지역, 특히 주로 아프리카와 남부 및 동남아시아에서 가계구성원 수가 늘어난 데서도 드러났다.

농촌-도시 연계를 끼고 소득원을 다양화할 필요성이 있기 때문에 아직도 국내 이주 및 도시화율은 높다(UN Center for Human Settlement 1987). 예를 들어 1965년 이후 아프리카에서 이주는 6% 이상의 높은 수준을 유지하고 있다. 동남아시아에서는 1970년대와 80년대 초에 봄베이 인구증가의 62% 및 다카(Dhaka) 인구증가의 71%가 순이주 때문이었다. 다카의 경우 1960년대에 그 비율은 63%였다. 이런 씨나리오는 그밖의 많은 도시들 가운데 마닐라와 방콕에도 적용되었다. 이런 이주흐름이 초래한 사회구조는 주변부의 각 지역마다 달랐다. 아프리카처럼 남성인구가 연중 떠돌아다니는 곳에서는 가계의 40% 이상의 가장이 여성이었으며, 이 여성의 85~95%는 농업에 고용되었다. 가족이주가 다른 형태의 이주보다 압도적으로 많은 아시아에서는 그 비율이 16~20%로 낮았다(UN 1989: 190면).

임금고용이 전반적으로 증가하였음에도 불구하고, 실질임금이 하락·정체한 동시에 '정규' 임금고용이 하락하면서 1960년대 말 이후 가계 소득구성 중 전일제 임금소득 부분은 줄어들었다. 1980년대 말 주변부의 총가계 소득 중 전일제 임금고용 소득은 10~20%였고, '공식부문 생계활동' 소득

과 '비공식부문 생계활동' 소득은 각각 30~40%씩 차지하였다(Evers 1989;
ILO 1984).

　자본의 초민족적 팽창은 처음 20년 동안은 주로 도시중심지를 향한 노동
력흐름을 만들어냈지만, 1970년대 들어 대부분 주변부인 새로운 지역으로
자본이 확장되자, 중심부로 흘러드는 노동력흐름의 성격이 크게 변화하였
다. 유럽과 미국의 수입노동자 구성의 변화가 그 예가 된다. 유럽의 노동력
흐름의 발원지는 남유럽에서 지중해지역 전체로 넓어졌고, 미국의 경우는
유럽에서 아시아 및 카리브해지역으로 넓어졌다. 결국, 중심부로의 이민이
전지구적 노동력흐름을 지배하게 되어, 1990년대에는 그 수가 연평균 7500
만명에 이르렀다(Golini and Bonifazi 1987: 123면; Barnet and Cavanagh 1994:
296면). 이런 유입을 동반하고 뒷받침한 것은 기업세계 내에서의 생산기능
의 세계적 재배치와 서비스기능의 중심부지역으로의 응축이다.——그래서
지구도시에 관한 문헌들이 나오고 있다.

　그 결과, 가계에 대한 자본주의 세계경제의 순수한 영향력은 수정되어왔
다. 첫째로, 국가부문 및 새로운 기업팽창 양식들이 약화되면서, 반주변부
에서 하부경제가 거의 끊임없이 성장하였는데, 이는 노동자에게 임금노동
에 대한 대안을 제공하였다. 주변부에서는 인구팽창이 이런 두 가지 경향
을 보완하였다. 둘째로, 세계농업에 변화가 발생하여 곡물생산이 중심부지
대의 영역이 되었기 때문에, 비중심부지역의 농촌생산자들은 수출작물 생
산에 특화해야 했다(Tabak and Kasaba 1994). 주변부에서는 지난 30년 동안
주로 농촌지역 남성들의 탈농이주율이 높아서 여성노동력이 곡물경작을
맡아왔는데, 주변부가 곡물경작에서 차지하는 비중이 상대적으로 하락함
에 따라 이 구조에 변화가 발생하고 있다. 비곡물 수출작물이 새로이 주변
부의 농업생산에서 지배적 위치를 차지하면서, 이는 거의 배타적으로 남성
직업활동의 영역이 되어가고 있다. 이는 주변부·반주변부의 농업에서 여
성노동력의 비중을 하락시킬 잠재력을 지니고 있다. 셋째, 준국영기업 부
문이 약화되거나 또는 재정긴축 프로그램 하에서 위축됨에 따라, 지역사회
나 가계 영역에 써비스들을 다시 맡기는 경향이 늘어났다. 비록 상이한 방

식이긴 하지만 1978년부터 중국에서 인민공사 체제를 대체하여 시작된 가구생산책임제 또는 가구청부제가 다른 주변부지역의 특징적 추세들을 유사하게 복제하였다는 사실도 언급해두어야 한다. 1984년 말이 되면 농촌 가계의 95% 정도가 청부제에 참여하게 된다(Rawski 1979).

종신시간제 프롤레타리아 가계의 신속한 세계적 확장이 초래하는 왜곡효과들을 보면, 종신전업 프롤레타리아화의 지속적 위축이 자본에 득이 됨을 알 수 있다. B국면 동안 생산의 하청계약이 증가한 것은 확실히 제조업 활동이 주기적으로 '농촌화'한 것의 반영이다. 1945년 이후 고도로 도시화된 구도와 부단히 흐려지는 도시/농촌 분할을 고려할 때, '농촌적'이라는 표현에는 2차도시 및 소도시, 소읍은 말할 것도 없고 임시노동자와 일용노동자의 주거지인 주요 광역도시권의 슬럼과 '임시'거주지도 포함된다고 해석해야 할 것이다. 이러한 순환적인 현상은 탄생기 이래 근대 세계경제의 특징이었다. 단기적으로 보면, 현 구조조정은 세계경제의 주기적 순환운동의 유형과 다르지 않고, 그 자체로 체제적 전환점을 나타내지는 않는다.

그러나 결국 그것이 장기적 추세임이 드러날 것이다. 중심부지대 총가계의 50% 가량은 1인가계나 2인가계이다(Sweet 1984). 이 때문에 일련의 가계활동 전략들이 제한을 받는다. 동시에 현재 가계총소득의 1/5에서 1/3은 '공공수입'(public revenue, 사회복지 급부 등 사회적 임금을 말함—옮긴이)에 의존하고 있는데(Therborn 1984: 27면), 이 때문에 법인기업 자본은 더욱더 사회적 임금체계를 비껴가려고 하게 된다. 결과적으로, 반프롤레타리아 노동 및 가계 영역을 찾아 비중심부지대로 진출하는 법인자본의 이동은 장기적 추세임이 판명될 것이다. 즉 1967/73년 시기에 시작된 B국면은 생산 및 노동 영역 내에서 과거의 형태들——오래된 것과 최근의 것 모두——과의 단절을 보여준다고 할 수 있다.

5

세계 인간복지

실라 펠리존·존 카스파리스

복지의 세계적 확대는 냉전기의 이데올로기 논쟁 가운데 핵심적인 것이었다. 헤게모니 국가로서 미국은 이론적으로 복지의 확대에 몰두하였는데, 국내와 유럽의 동맹국들뿐 아니라, 제3세계도 저발전국들의 발전이라는 개념의 일부로서 그 대상이 되었다. 이런 원칙에는 때때로 인간개발이라는 특별한 이름이 붙여졌다. 소련도 마찬가지로 똑같이 이런 원칙에 몰입하였는데, 사회주의적 발전이 훨씬 효율적으로 그런 복지를 제공할 수 있다고 주장했고, 또 사회주의적 발전이 주변부지역에 혜택을 가져다준 증거로 소련의 비유럽지역을 종종 예시하곤 하였다. 이처럼 냉전기에 세계 인간복지는 수사적 논쟁의 영역이었으며, 양측 모두 그들이 다른 민족들에게 원조를 제공하는 주요 목적이 인간복지를 증진하는 것이라고 단언하였다.

근대세계에서 복지공여는 현저하게 국가 수준의 기능이다. 국가기구들은 자신의 관할권 내의 인민들에게 복지 써비스를 제공한다. (소련이 그런 것처럼) 1945년 이전에 이미 서유럽과 북아메리카, 남대양주의 대부분 국가들이 국가 복지구조를 발전시켰으며, 전후시기에 이런 프로그램들은 아주 빠르게 진척되고 확대되었다. 게다가 1945년 이후 이 과정은 지리적으

보건과 식량에 관한 부분은 주로 실라 펠리존이 집필하였고, 교육에 관한 부분은 주로 존 카스파리스가 집필하였다. —필자

론 확장되었는데, 물론 세계의 비중심부지역에서는 일반적으로 복지공여가 그다지 포괄적이지는 않았다. 유엔은 직접 또는 그 전문기구들을 통해 전지구적인 프로그램들을 전개하였다. 복지의 세 가지 주요 차원별로 각각 전문기구들이 있는데, 보건에는 WHO(세계보건기구), 교육에는 UNESCO(유엔교육과학문화기구), 식량에는 FAO(유엔식량농업기구)이다.

우리는 인간복지의 실현도를 평가하고, 복지가 세계적 규모로 실현되는 가운데 평등이 성장했는지 또는 쇠퇴했는지를 알아보고자 한다. 우리는 복지의 구성요소로 다음과 같은 것들을 채택할 것이다. 공중보건 조치(하수, 풍부한 맑은 물, 각종 쓰레기 처리)와 근대의학의 혜택(예방과 치료) 같은 적절한 보건공여, 노령연금·실업수당·의료보험 같은 적절한 사회적 소득, 교육시설의 수혜범위와 질, 아마 가장 중요한 적절한 영양수준 및 주거, 그리고 마지막으로, 비교적 최근에 사회적 관심사가 된 일반적 환경의 질.

근대 세계체제 내에서는 한가지 장기적 추세가 나타났는데, 적어도 19세기 이후 중심부지대에서 인간복지를 증진시키려는 국가의 역할이 증대해왔다는 사실이 그것이다. 우리는 바로 이런 추세를 복지국가의 발전이라고 보통 지칭한다. 이 복지국가주의의 심화는 사실상 1967/73년경에 분수령에 도달하였고, 그후 인간복지 수준은 떨어지기 시작하였다. 최근의 이런 하강전환을 정치적으로 정당화하는 데 주로 이용된 논거는 정부가 사회적 지출 수준의 증가를 재정적으로 감당할 능력이 없다는 것이었다. 이런 전환은 거의 즉각적으로 불평등을 가시적으로 증가시킨 듯 보였다. 그러나 사실 (사회적·정치적·경제적) 불평등의 정도는 세계경제가 팽창국면이던 이전 시기에 이미 증대하고 있었고, 이것은 한편으로는 공식적 복지국가주의의 증가라는 미명 아래, 다른 한편으로는 생활수준의 향상(이는 일부 선별된 세계인구에 대해서는 틀림없는 사실이었다)이라는 수사학 속에 숨겨져 있었거나 가려져 있었다. 세계경제의 불황국면에서 이런 복지국가주의라는 미명의 허구성이 드러났고, 따라서 수많은 세계인민의 생활수준상의 내핍도가 점증하는 시기에 불평등은 이제 더 적나라하게 드러났다.

1945~67/73년: 복지국가의 정점

1945년 이후 중심부지대의 국가들은 일반적으로 '시민권 개념에는 정치적 의사결정에 참여할 권리뿐 아니라 사회의 일반적 복지를 공유할 권리도 포함된다'는 생각을 받아들였다(Ambrosius and Hubbard 1989: 127면). 1945년 이전에 복지국가라는 개념은 큰 논란거리였다. 왜 이 시점에 복지국가를 실행하는 데 점점 더 몰두하게 되었는지를 설명해주는 이유는 여러가지다. 서유럽에서 1930년대는 노동소요의 물결로 점철된 시기였다. 만약 그런 소요가 되풀이된다면 1930년대의 불황에서 회복된 전시의 상태를 더 이상 유지하기 어렵다고 생각되었다. 따라서 자본과 노동 간의 일시적 타협이 필요했다. 그런데 그 당시 노동은 상대적으로 강력한 위치에 있었다. 반파시즘전쟁에서 막 승리하였고, 노조운동은 중심부 전역에서 상대적으로 강력했다. 결국, 노동운동은 국가에 안정적인 완전고용, 일련의 보편적·개인적 써비스의 공적 제공, 그리고 빈곤 경감을 위한 써비스 '안전망' 등을 유지할 의무를 지울 수 있었다(Mishra 1990: 18~19면). 사실 이런 공약을 모두 실현하려면 전지구적 잉여를 어느정도 재할당해야 했지만, 정부와 고용주 모두 복지국가를 세계 경제성장의 필수 요소로 보았다.

본보기가 되는 문서는 1942년의 비버리지 보고서인데, 제2차 세계대전이 끝날 무렵 영국 노동당정부는 이를 공식적으로 시행하였다. 이때 채택된 조치들에는 교육정책의 민주화, 노령연금, 빈곤·사고·실업의 고통에 대비하는 '안전망'의 창출, 가족 내 자녀수에 따라 차별 지급되는 가족수당, 그리고 가장 두드러진 것으로 국가 의료써비스 등이 있었다(Ambrosius and Hubbard 1989: 127면). 이후 10년간 중심부지대의 국가들은 대부분 유사한 사회정책들을 채택하였다. 물론 사회적 적용범위 및 채택률에서 지역적 편차가 있었다. 예를 들어, 프랑스에서 농업노동자가 국가 의료보호 틀에 포함된 것은 1960년이었고, 자영업자의 경우는 65년에 가서야 포함되었다(Kimberly and Rodwin 1984: 258면). 서독에서는 55년에 이르러서야 의무적 국가 의료보험계획이 채택되었고, 그것도 90%의 주민에게만 적용되었다 (Oppl and von Kardoff 1990: 43면). 스웨덴은 55년, 느르웨이는 56년, 핀란드는 63년, 그리고 덴마크는 71년에 국가 의료보험지도를 도입하였다. 국가별 편차라는 점에서 보면, 스위스와 네덜란드만이 노령연금에 국가복지 모델을 도입하였으며, 서독은 각 사회층 및 직업집단별로 별도의 보험기금을 설립하였다(Ambrosius and Hubbard 1989: 128면). 그럼에도 불구하고 이 모든 나라에서 새로운 복지프로그램의 바탕에 깔린 원칙은 모든 시민의 보편적 참여, 평등한 기여, 포괄적 적용이었다.

완전고용은 5,60년대에 이룩된 중심부 경제의 강력한 경제성장 덕분에 쉽게 자리잡을 수 있었으며, 이런 경제성장은 복지공여를 확장하는 데 유리했고 또 이를 지탱했다(같은 책, 129면). 물론 완전고용 정책의 혜택은 주로 남성에게 돌아갔다. 대부분의 여성은 여전히 가정주부 대접을 받았고, 그 때문에 실업보험이나 기타 고용관련 급부를 받을 수 없었다. 그러나 유럽의 복지국가주의는 5,60년대에 출산휴가와 출산수당, 탁아처럼 아동과 산모를 지원하는 방향으로 확대되었다.

미국은 중심부지대에서 복지국가주의가 거의 보편성을 띠지 않는 유일한 국가였다. (미국에서 복지국가주의는—옮긴이) 사회보장(노령연금)을 제외하고는 단편적인 형태로만 존재했으며, 주로 노인이나 극빈자를 지원하는 목적을 지녔고, 또 예방책이기보다 완화책에 불과했다. 일반구제와 피부양 자녀가 있는 가족에 대한 원조 프로그램은 1930년대에 수립되었다. 제2차 세계대전 직후 새로이 제정된 주요 복지조치는 대학교육 자금이나 주택자금을 제공하는 퇴역군인원호법(GI Bill of Rights)이다. 이 법안은 시민권의 요소로서 경제적 권리를 확장하기보다 자기향상의 기회를 증진하는 쪽에 방향을 맞추었다.

연방식량카드계획(Federal Food Stamp Program) *을 통해 빈곤층에게 식량보조금을 지급한 목적은 주로 농산물가격을 높게 유지하고 식량잉여

---

* 빈민의 영양상태를 개선하기 위한 복지계획으로, 빈민에게 식량과 교환할 수 있는 식량쿠폰을 제공한다.

를 줄이기 위해서였다(Kutzner 1991: 69면). 1960년대에는 국가가 제공하는 (단편적·비보편적) 복지조치들이 다소 증가하였다. 노인 의료보장 (Medicare)*과 의료보호(Medicaid)** 덕분에 노인과 빈곤층이 의료써비스를 받을 수 있었다(Kimberly and Rodwin 1984: 258면). 이는 부분적으로 아래로부터의 동요에 대한 반응이었다. 북부 게토에서 발생한 흑인폭동에 크게 자극받아 존슨(Johnson) 행정부는 사회적 공약을 제안하였다. 산모와 아동을 위한 보건소(health clinic)가 건립되어 흑인 산모 사망률이 줄어들었지만 1천만명 이상의 흑인이 아직도 만성적인 영양실조로 고통받고 있다는 사실을 이 흑인폭동은 환기시켰다(Beardsley 1987: 276, 291면).

반주변부 국가들도 일련의 복지조치들을 제정하였는데, 그중 일부는 1945년 이후 중심부 지대에서 제정된 것과 유사하지만 그보다 덜 포괄적인 것이었다. 포르투갈과 에스빠냐, 그리스는 1975년에 국가의료보험 프로그램을 실행했지만, 경제활동인구의 70%에게만 적용되었을 뿐이었다. 이딸리아는 1978년에 가서야 대상을 전국민으로 확대하였다. 동유럽에서는 편차가 더욱 컸다. 소련에서는 1930년대부터, 동부 및 중부 유럽에서는 전후 시기부터 국가가 지원하는 의료보험제도가 있었다. 그러나 의료보험은 제조부문 노동자에게만 적용되는 경향이 있었다. 동독과 체코슬로바키아를 제외하면, 자영업자와 농민은 6,70년대까지 사회보험의 대상이 아니었다. 1970년대 들어서 연금 급부가 나아지긴 했지만, 노령연금 수준은 퇴직 전 봉급의 1/4로 상대적으로 낮게 책정되었다(Ambrosius and Hubbard 1989: 129~31면).

일반적으로 말해 이 시기 중심부지대(및 반주변부) 국가들에서 1인당 실질소득 수준 및 소비 수준으로 측정한 생활수준은 바로 완전고용 및 복지국가주의에 힘입어 상승하였다. 가계지출 중 기초적 필요——식량, 의복,

---

* 65세 이상의 고령자와 신체장애자를 대상으로 하는 미국의 의료보장제도. 사회보장세가 그 재원이며 재직기간중 규정된 점수를 얻은 사람이 수혜대상이 된다. 입원과 간병 비용은 무료지만 외래진료나 검진혜택을 받기 위해서는 따로 소정의 비용을 내야 한다.
** 저소득자를 대상으로 하는 미국의 의료보호제도. 보통 각 주의 복지기구에서 관장한다.

주거, 난방——에 대한 지출 비중은 1950년대 이전의 75% 이상에서 60년
에는 50% 정도로 낮아졌다. 그 결과, 상층과 하층의 내구소비재 소비형태
가 유사해졌고, 식량소비가 다양해지고 질이 높아질 수 있었다.

(1) 보건

이 시기에 중심부지대의 모든 정부는 보건기구에 보조금을 지급하였다.
그러나 보건 향상의 주안점은 예방보다는 치료 쪽이었다. 정부기금이 병원
의 건설 및 통합에, 그리고 의학교와, 연구시설 설립 및 병원간의 협력체계
구축에 제공됨에 따라 첨단기술 의학의 지위가 강화되는 결과를 낳았다
(Kimberly and Rodwin 1984: 259면). 미국 제약산업이 1945년에 페니실린 생
산법에 대한 특허를 성공리에 획득한 데 이어 각종 항생제가 개발된 뒤
(Wainwright 1990: 64면), 일련의 값비싼 신기술의 신약들이 개발되었고, 이
는 미국과 서유럽의 정부출연금에 의해 촉진되었다. 진찰과 진단, 치료 비
용에는 점차 실험과 기술적 기제들에 대한 상당량의 비용지출이 포함되었
다(Hollingsworth, Hage and Hanneman 1990: 33면). 백신과 항생제가 개발되었
다는 것은 확실히, 과거에 생명을 위협한 질병들——결핵, 폐렴, 기관지염,
연쇄구균 감염, 대다수 소아병——이 더이상 치명적이지 않게 되었다는 것
을 뜻했다. 이는 중심부 인구의 수명연장과 영아사망률 감소에 반영되었다
(Ambrosius and Hubbard 1989: 14~15, 76, 246면).

대부분의 중심부 및 유럽 반주변부의 주민들은 1945~67/73년 시기에
혜택을 받았다. 그 당시 대다수 인민들은 소득, 식량, 주거, 취업을 보장받
았다. 정부가 지원하는 의료보험 덕에, 예전 같으면 의료혜택을 받지 못했
을 수도 있던 사람들이 의료혜택을 받을 수 있었다. 미국에서 의료혜택에
대한 수요가 더욱 늘어난 것은 1950~73년에 일인당 실질소득이 76% 상
승한 것뿐만 아니라 경제가 성장하고 화이트칼라 직업을 가진 사람수가 증
가한 것과도 관련된다(Kervasdoué and Rodwin 1984: 5, 7면). 이것의 더 어두
운 측면은 1950년대에 의료비용이 두 배로 뛴데다 60년대에 다시 또 두 배
로 올랐다는 점이다. 이것은 의료보험에 가입하지 않은 사람들이 의료써비

스를 받기가 어려워졌음을 뜻했다. 프랑스, 영국, 스웨덴, 미국을 비교해 보면, 국가가 가격과 인원을 통제했든 안했든 이같은 일이 발생했음을 알게 된다(Hollingsworth, Hage and Hanneman 1990: 39~40면).

전후시기 초반에 설립된 세계보건기구(WHO)의 주 기능은 주변부 주민들의 보건상태를 개선하는 것이었다. 세계보건기구는 보건을 "단순히 질병이 없는 상태가 아니라 완전한 신체적·정신적·사회적 안녕상태"라고 아주 폭넓게 정의하였다(UN 1952: 22면). 이 기구는 활동과정에서 열대질병 치료에 우선 순위를 부여했는데, 열대질병은 "한 나라가 순조로운 발전의 기회를 갖기에 앞서 제거해야 하는…정글"이라고 규정되었다. 보건 공여는 주로 수직적 기획의 형태——DDT를 대량 살포하여 말라리아를 박멸하고, 대중 접종 프로그램에서 페니실린을 투여함으로써 딸기종을 치료하는 등——로 나타났는데, 이 활동들은 노동자의 생산성과 토지의 생산성을 높인다는 점에서 즉각적으로 유용하다고 간주되었다(같은 책, 25면). 그러나 수직적 기획은 일반 보건환경 개선에서 종종 제한적인 효과만을 거두었다. 다소 진보는 있었다. 세계보건기구는 1958년에 약으로 나병을 치료할 수 있다는 것을 보여주었고, 입원하지 않고도 항생제로 결핵을 효과적으로 치료할 수 있음을 보여주었다(WHO 1988a: 18면). 다른 한편, 말라리아 모기가 DDT에 내성이 생겼음이 1955년에 드러나, 말라리아 박멸이 실패할 수밖에 없음이 분명해졌다(UN 1957: 32면). 1962~75년에 보고된 말라리아 환자 수는 증가하였다(UNEP 1987: 349면; Bull 1982: 30면).

(2) 교육

교육을 확대하고 접근성을 높이며 더 많은 학생들에게 학교교육을 시키는 것, 바로 이것이 1945년 이후 교육이 걸어온 궤적이었다. 교육공여에서 진행된 일들을 이해하기 위해서 우리는 세계은행과 UNESCO의 자료를 참조하였으며, 아리기와 드랑겔의 연구(Arrighi and Drangel 1986)에서 채택된 분류법을 따라 이 자료를 세계경제의 세 지대별로 재분류하였다. 성인 문자해득률은 각 지대의 학교발전의 출발점인 교육적 토대를 보여준다. 주변

부는 가장 큰 장애물을 안고 시작하였는데, 1950년에 읽고 쓸 줄 아는 성인
은 1/4에 불과했다. 1975년에 이르러서도 성인 문자해득률은 아직 36%에
머물러 있었다. 반주변부는 아주 빠른 변화를 겪었다. 1950년에 68%이던
반주변부의 성인 문자해득률은 60년까지 국가가 보편적 초등교육이라는
과제를 거의 완수하자 75년에 이르러 87%로 높아졌다. 중심부지대에서는
1945년 이전에 거의 모든 성인들이 읽고 쓸 줄 알았고, 모든 아동이 취학하
였다.

  재학생 수는 전세계적으로 그리고 모든 교육단계에서 증가하였다. 더 많
은 아동들이 취학하였고 재학기간도 길어졌다. 물론 한 나라나 세계 인구
의 상이한 부분들에 따라 제공되는 교육의 질에는 아직도 불평등이 존재했
지만, 세계가 보편적 초등교육의 방향으로 나아감에 따라, 각 나라들은 하
위 단계의 학교교육에 대한 접근이라는 측면에서는 전보다 더 평등해졌다.
그러나 동시에 고등교육에서는 불평등이 더욱 심화되었다. 중심부지대에
서 대학에 등록한 학생 수는 다른 지대에 비해 월등히 많았다. 1960~88년
에 중심부와 주변부의 재학생 수 등락은 주로 인구학적 변동을 반영하고
있다. 중심부의 출생률은 교체(replacement) 수준에 근접하였다. 이 시기
에 이주자들의 수가 증가하였는데, 그들은 편입된 지역의 인구보다 평균적
으로 젊었으며, 따라서 중심부 학교에 더 많은 자녀들을 공급하였다. 그러
나 인구학적 효과는 그렇게 크지 않았다. 중심부의 연령분포는 매년 거의
같은 수의 어린이들이 학교에 공급되도록 구성되어 있었으며, 이는 표 5.1
에 나타나 있다. 반주변부의 인구통계는 같은 방향으로 변화하였으나, 훨
씬 더 변덕스러웠다. 28년 동안 총재학생 수는 1500만명의 범위 내에서 상
승하였다. 반주변부 국가들의 인구는 여전히 젊었다. 출생률이 하락하고
있었으나, 중심부보다는 높은 출생률 수준에서 하락이 시작되었다. 고출산
력의 본거지는 여전히 농촌, 그리고 농촌에서 도시로 이주해온 노동자였
다. 영아사망률이 더욱 줄고 주변부로부터 이민이 증가한 것 또한 인구증
가와 재학생 수 증가에 기여하였다.

  주변부 국가들의 추세는 아주 대조적이었다. 재학생 수가 배가된 것은

〈표 5. 1〉 세계경제 지대별 성인 문자해득률(1950~75년)과
6~11세 초등학교 재학생수(1960~88년)

	1950	1960	1965	1975	1985	1988
성인 문자해득률						
주변부	22	22		36		
반주변부	68	76		87		
중심부	98	98		98		
초등학교 학생수 (백만명)						
주변부		161	210	283	316	324
반주변부		59	73	64	73	74
중심부		47	50	47	39	41
6~11세 취학률						
주변부 전체		42	50	59	73	73
주변부 여성		31	38	49	64	64
반주변부		95	98	99	100	99
중심부		98	96	99	99	99

출처: UNESCO와 World Bank yearbooks.

매우 큰 성과였으나, 1988년 무렵 주변부 국가의 전체 아동 중 1/4은 여전히 어떤 교육도 받지 못하고 있었다. 비록 몇몇 나라에서는 산아제한 계획으로 최근 인구성장률이 낮아지긴 했지만——예를 들어 중국과 인도네시아(Lutz 1994)——사망률이 급격히 떨어지고 출생률이 높았기 때문에, 대체로 이 시기에 인구성장은 가속되는 추세였다. 그럼에도 불구하고 주변부의 연령구성이 젊다는 것은 출산력 수준이 하락하더라도 초등학교 재학생 수는 계속 늘어날 것임을 뜻하였다. 이처럼 주변부의 국가들은 반주변부나 중심부 국가들과는 달리 인구부담이 있었고, 이 때문에 명백히 불리한 조건에 처해 있었다. 보편적 초등학교 취학은 결코 가능하지 않았고, 게다가 이 시기 내내 남아에 비해 여아들은 거의 취학하지 못했다. 더구나 주변부 국가들이 초등학교에 쏟아야 하는 국민소득 비중은 다른 지대보다 훨씬 컸다.

  미국에서 개발된 것으로서, 모든 학생들에게 보편적인 커리큘럼을 적용

하는(쌍층체제two-tier system에 대립되는) 단일화된 통합적 고등학교 체제는 이 시기에 다른 많은 나라들에 전파되었다. 영국은 소위 종합학교(comprehensive schools)를 설립하였다(Reynolds, Sullivan and Murgatroy 1987). 유럽 대륙의 중등학교 또한 입학이 용이해지고 커리큘럼이 다양해졌지만, 대다수 학생들은 여전히 학업과 도제작업 경험을 결합한 직업전문화 진로를 밟았다(Schneider 1982: 207~26면). 모든 체제에서 입학은 쉬워졌지만, 소수인종이 입학 허가를 받기 위해서는 어디서건 싸워야 했고, 여전히 불이익을 받았다. 미국에서는 1954년에 교육차별이 법적으로 철폐되었으나, 흑인들은 입학하기 위해 이처럼 계속 법원에 호소해야 했다. 어쨌든 주거 차별이 있었기 때문에 더 좋은 학교에 입학하기는 어려웠다. 이민노동자가 대대적으로 유입된 중심부 국가에서는 입학에 있어 불평등과 차별이 있었다(Fibbi and de Rham 1988). 남아프리카와 같은 공개적인 인종주의 국가에서는 두 개의 분리된 불평등한 학교제도가 존재했다. 여학생들은 중등교육 단계에 도달하게 되면 직업을 가지라는 압력을 받게 되었고, 게다가 많은 국가에서 남학생에 비해 입학이 저조했다.

표 5.2에서 보듯이 1988년이 되면 중심부 국가에 거주하는 중등학교 연령의 아동들 거의 전부가 취학중이었고, 반주변부에서는 2/3가 그러하였으

<표 5. 2> 세계경제 지대별 12~17세 중등학교 재학생수(1960~88년)

	1960	1965	1975	1985	1988
중등학교 학생수 (백만명)					
주변부	19	36	88	132	144
반주변부	9	16	40	47	49
중심부	20	29	33	32	28
12~17세 취학률					
주변부	6	9	16	25	26
반주변부	31	38	57	67	71
중심부	58	63	77	91	94

출처: UNESCO와 World Bank yearbooks.

나, 주변부에서는 1/4만이 취학하고 있었다. 주변부에서 중등학교에 취학할 수 있는 기회는 뒤처졌지만, 재학생 수는 급증하였다. 1988년 세계의 2억 2100백만 중등학생 중에서 주변부 국가의 중등학교 재학생이 1억 4400만명이었다. 중심부 나라에서는 출산률이 일정했기 때문에 재학생 수도 일정했다. 반주변부에서는 청년 수가 증가함에 따라 재학생 수는 계속 늘어났다. 중등교육이 확대된 것은 부분적으로 농업노동의 중요성이 세계적으로 감소하였기 때문이었다. 중등학교 졸업생은 대부분 도시 노동시장에 진입하였다. 주변부의 두 대국에서는 도시인구로 분류되는 비율이 상승하였는데, 중국에서는 1965년 18%에서 89년에 53%로, 그리고 인도에서는 같은 시기에 19%에서 27%로 증가하였다.

1945년 이후에 서유럽 전역에서 중등교육이 확대되어 더 많은 노동계급과 농촌 인민들을 포괄하게 되었다. 그 결과, 경제적·사회적 기대가 상승하였다(King 1969: 48면). 특히 1960년 이후에 구직시장 구조가 변화하면서(Ambrosius and Hubbard 1989: 108면) 교육에 대한 수요, 특히 고등교육에 대한 수요가 증가하였다. 또 미국에서는 고등교육기관에 진학할 기회가 늘어나면서, 노동계급 및 중하층계급 인민들이 사회적·경제적 지위를 향상시킬 수 있는 수단을 얻었고, 천하거나 기계적인 직업에 종사하는 것을 꺼려하게 되었으며, 인간복지를 보장하는 국가의 역할 증대가 정당화되었다(Darknell 1980: 291면).

정부는 이런 수요를 충족시키기 위해 새로운 대학을 설립하였고, 국가 지원을 통해 학비를 감면하거나 폐지하였다. 동시에 영국(Peterson 1965: 161면), 서독(Merritt, Flerlage and Merrit 1971: 127면), 프랑스(Tournier 1973: 114면)에서 대학의 수가 늘어나면서 대학의 입학생 수도 늘어났다. 미국에서 정부의 대학 재정지원은 재학생 수를 더욱 늘리는 데 기여하였다. 냉전의 맥락에서 보자면, 이 의도는 "철의 장막 저편에 존재하는, 동원적이고, 단호하며 공세적인 사회와 경쟁하기…(위해 미국의—인용자) 자원을 동원하고 배치하는 것"이었다(Clark 1964: 98면).

표 5.3에서 20~24세 사이의 연령집단으로 제시된 대학 수준의 학교 재

학생 수를 보면 인구구성 변화의 영향을 거의 받지 않았음을 알 수 있다. 어떤 국가도 대학 입학생 수를 강제로 규정하지 않았다. 중심부는 세계 인민의 20% 가량이 살고 있는 곳이었지만, 세계 학생의 40% 이상이 중심부 대학에 다니고 있었다. 중심부의 큰 대학들은 세계적 지식 생산과 전파, 그리고 지배의 중심지였다(Galtung 1971: 92~94면). 제2차 세계대전 이후 대학시설들이 주변부에서 크게 확대되었지만, 그럼에도 불구하고 중심부에 위치한 시설들은 연구비를 지원받는데다가 세계적으로 재능있는 사람들을 끌어들일 수 있는 능력이 있었으므로 지배적 격할을 유지하였다(Arnove 1980).

주변부의 많은 대학들은 중심부 의존적인 시설로——전도사에 의해서 그리고 중심부 대학의 연장*으로서——설립되었다. 예컨대 전후에도 여전히 영국 식민지령으로 남아 있던 아프리카지역에서는 대학들이 별도로 시험을 치르거나 독자적 학위를 수여하지 못했다. 독립이란 빈약한 국가예산에서 자원을 찾고 새로운 사회적 과제들(moral agendas)을 수립해야 한다는 것을 뜻했다. 국가의 자원이 빈곤했기 때문에 대학원생들은 주로 중심부

〈표 5.3〉 세계경제 지대별 20~24세 고등교육기관 재학생수(1960~88년)

	1960	1965	1975	1985	1988
고등교육기관 학생수 (백만명)					
주변부	1	3	7	12	13
반주변부	3	5	8	11	11
중심부	5	7	15	17	19
20~24세 취학률					
주변부	1	1	2	5	5
반주변부	6	9	15	21	23
중심부	12	17	25	35	36

출처: UNESCO와 World Bank yearbooks.

---

* 중심부 대학의 부설, 지도, 모방 등 다양한 형태로 직간접적으로 중심부 대학체제와 같은 형태를 띠고 있는 것을 말한다.

및 반주변부의 대학으로 계속 유출되었다.

교육에 대한 대중적 견해는 교육이 줄곧 유익했다는 것이다. 교육은 19세기 이후 개인이——집단의 경우는 아니었지만——사회적 서열 내에서 상승할 수 있는 통로로 간주되었다. 그러나 실제로는 대중적 견해 속에서조차 이것은 서열체제를 고정시키고 정당화함을 의미하였다. 이 시기에 이루어진 교육기회의 증가 덕분에 확실히 몇몇 개인들은 소득을 향상시킬 수 있었다. 그러나 이것은 또한 만인의 경제적 안녕권에 대한 견제력으로서도 작용했다. 교육성취의 확대는 구직시장에서 배치 및 보수의 불평등을 정당화하였다. 교육체제는 이렇게 개인적 출세의 기능을 수행했을 뿐 아니라, 배제적 기능도 수행하였다(미국에 대해서는 Bowles and Gintis 1976을 보라. 그리고 아프리카에 대해서는 Carnoy 1974).

여성이 대학체제에 진입하는 것은 여전히 심하게 제한되었다. 예를 들어, 프랑스의 고명한 국립대학들은 여성 지원자를 교수직에 거의 임명하지 않았으며, 일반적으로 여성들에게는 2류 지위만 허용하였다(Tournier 1973: 114면). 미국에서는 퇴역군인원호법 때문에 노동자계급의 고등교육기관 진학이 늘어났고, 퇴역군인들이 실업상태를 벗어날 수 있었지만(Gittell 1991: 32면), 물론 수혜자는 주로 젊은 남성들이었다. 게다가 전반적인 학력이 증가했다 해도, 계급구조는 전과 거의 달라지지 않았다. 아동들은 학교에 입학할 때 자신의 배경을 달고 갔다. 교사들은 학급의 문화를 좌지우지하며, 학생들을 다룰 때 자기 자신의 편견을 주입했다. '객관식'시험 같은 능력평가는 지배문화에 유리하였다. 콜린스가 말했듯이(Collins 1988: 175면), "사실상 모든 사회(그리고 특히 현재 전인구의 75%가 고등학교를 졸업하고 거의 절반이 대학에 진학하는 미국)에서 학교교육은 엄청나게 팽창하였지만, 금세기 내내 사회 내에서 사회이동의 총량은 거의 변함이 없었다."

(3) 식량

복지의 가장 근본적인 쟁점은 물론 식량인데, 식량의 생산과 분배는 1945년 이후 줄곧 주요한 정치쟁점이었다. 제2차 세계대전 직전에 주요 곡물생산국들에는 안 팔리는 잉여재고가 쌓였는데, 이런 잉여는 기술 투입에 힘입은 생산성 향상과 불황 때문에 발생한 것이었다. 이 문제는 미국과 캐나다에서 가장 심각했다. 전쟁은 이 문제를 잠시동안만 경감시켜주었을 뿐이었다. 전쟁 직후에 이 문제에 대한 더 나은 해결책으로 유럽과 동아시아에 전쟁구호품을 공급하는 방법이 모색되었다(Mcrgan 1979: 93면).

1949년에 이르러 미국은 주도적으로 다른 주요 수출입국과의 곡물거래에 관한 무역규칙을 제정하였다. 냉전이 부과한 이데올로기적 속박 때문에 미국은 중국과 소련, 그리고 동유럽을 고객으로 받아들일 수 없었다. 따라서 이 나라들은 정기적으로 캐나다에서 밀을 구입하였다(Puchala and Hopkins 1980: 80면). 이에 대한 가장 공식적인 표현은 1949년의 국제밀협약(International Wheat Agreements)으로, 이 협약에 의해 캐나다와 미국은 국제 밀시장을 지배하는 비공식적 복점(複占) 공급자가 될 수 있었다(Puchala and Hopkins 1982: 261, 265면).

이 당시 미국정부가 국내 농장주들에게 보조금을 지급했기 때문에 미국정부의 비축곡물은 늘어나고 있었다. 1950년대 초반에 이르러 미국정부는 비축공급물 처리에 어려움을 겪게 되었다. 유럽인들은 이미 흡수할 수 있는 곡물을 다 흡수한 상태였다. 미국 회사와 농장주들, 정부는 곡물 공급과잉 및 이와 연관된 저장·관리 비용 문제에 직면하였다(Antle 1988: 85면). 새로운 시장을 찾으려는 시도는 일부만 성공을 거둘 수 있었다. 곡물을 가축 사료로 이용하는 것은 부분적인 해결책일 뿐임이 드러났다. 미국은 옥수수·콩 산업이 의존하는 옥수수·콩 복합사료의 주요 원천이 되었다(Morgan 1979: 100면). 이런 상황이 낳은 한가지 부수효과는 통닭구이 산업의 발전이었는데, 서독에 미국 닭고기의 판매시장을 창출려는 시도는 실패하였다. 독일인들이 닭을 좋아하긴 했지만, 그들 스스로 통닭구이 산업을 시작했던 것이다. 미국이 잉여밀 재고처리를 위한 시장을 창출하려고 동원한 또다른 방법은 일본인들에게서 빵에 대한 기호를 만들어내는 것이었다. 이는 일본 재건프로그램의 일부로 미국이 비용을 부담한 일본 학교급식계획을 통해 시행되었다(같은 책, 104면). 그러나 이것은 잉여곡물 재고문제를 해결하는 데 도움이 되지 않았다.

1950년대 초가 되면 미국정부와 농업기업은 잉여식량(더 정확히 말해 곡물재고)의 출로를 유럽이나 국내에서는 찾을 수 없었고, 중국, 소련, 동유럽은 정치적으로 경계 밖에 있었기 때문에 신생 탈식민지국가들에 대한 식량원조를 통해서 잉여의 새로운 출구를 모색(또는 창출)하게 된다. 식량원조가 필요한 이유를 미국 국민과 주변부지대의 정부 양자에게 설득력있게 설명하기 위해서는 우선 특정한 홍보활동을 해야 했다.

'인구폭탄'이나 '인구폭발'이라는 이미지가 1954년에 휴무어기금(Hugh Moore Fund)이 출판한 소책자를 통해 공적 대화 속에 끼여들게 되었다. 다른 무엇보다도 이런 이미지에 힘입어, 1954년도 미국정부 정책의 하나로 수립되어 평화를 위한 식량*(Public Law 480)이라 알려진 계획에서, 양여판매(concessionary sales)를 매개로 한 잉여 재고곡물의 공공연한 덤핑이 정당화될 수 있었다. 뒤이어 1960년에 유엔은 세계식량계획(World Food Program)을 수립하였다(Kutzner 1991: 68~69면). 사실 식량원조가 필요했다거나 혹은 주변부 국가에서 일반적으로 지난 50년간보다 더심각한 만성적 식량부족 사태가 벌어졌다는 뚜렷한 증거는 거의 없어 보인다. 수백년간 증가해온 세계 인구가 1945년 이후에 더 빠르게 증가하기 시작했고 다소 심각한 기근이 있었던 것은 사실이지만, 1950년대에 아프리카와 아시아, 라틴아메리카는 아직 식량자급 상태였던 것 같다(Brown 1988: 13면: Grigg 1983: 305면). 사실, 1945년 이전에는 많은 제3세계 지역이 매년 평균 1300만톤의 곡물을 수출하였다(National Research Council 1975: 13면; 아래의 표 5.4도 보라). 검토 대상의 시기에 식량원조 요구가 늘어난 것도 아니었다. 5,60년대에는 아프리카를 제외한 모든 곳에서 식량생산이 인구증가를 앞선 것 같다. 5,60년대에 인도에서는 기근이 발생하였는데, 그곳에서도 인구가 55% 성장한 반면 쌀 생산은 60% 증가하였다(Kutzner 1991: 25면; 아래 표 5.5 참조).

---

* 1954년 농산물 무역발전 및 원조 법안에 의해 인가된 해외 식량증여 계획이며, 비영리 국제조직이나 자발적 기구들을 통해 '우호적 정부'에 미국 잉여농산물이 기증되었다.

〈표 5.4〉 세계 곡물무역 패턴의 변화(1950~88년, 백만톤)

	1950	1960	1970	1980	1988
북아메리카	+23	+39	+56	+131	+119
라틴아메리카	+1	0	+4	−10	−11
서유럽	−22	−25	−30	−16	+22
동유럽/소련	0	0	0	−46	−27
아프리카	0	−2	−5	−15	−28
아시아	−6	−17	−37	−63	−89
오스트레일리아와 뉴질랜드	+3	+6	+12	+19	+14

주) 플러스 표시는 순수출이고 마이너스 표시는 순수입임.

출처: FAO, *Production Yearbook*; US Department of Agriculture 1988; Brown et al. 1989: 45면.

평화를 위한 식량 계획의 원리를 살펴보면, 이 계획의 가장 중요한 목표
가 굶주린 인민을 먹이는 것이 아니었다는 것이 분명하게 드러난다. 세계
의 굶주림 및 영양실조와 싸우는 것은 단지 네번째 목표로 제시되 있을 뿐
이다. 처음 세 가지 목표는 잉여농산물의 처리, 미국 농산품을 위한 해외시
장 개척, 국제무역의 확대와 연관되었고, 이 모두 미국 정부와 재계가
PL480을 통과시킨 경제적 동기들과 연관되어 있다(같은 책, 69면).

국제적 식량거래에 관해 규칙을 제정하는 것은 공급국 정부의 특권으로
생각되었다. 자유시장은 식료품을 전지구적으로 할당하기에 가장 좋은 방
법으로 간주되었다. 시장 외의 통로를 통해 식량배분을 하는 것은 무역을

〈표 5.5〉 연평균 세계곡물생산, 세계인구, 1인당 세계곡물생산 성장률

(1950~73년과 1973~86년)

시기	곡물 산출량	인구	일인당 산출량
A국면, 1950~73	3.1	1.9	1.2
B국면, 1973~86	2.1	1.7	0.4

출처: Brown et al. 1987: 133면.

통한 소득이 극적으로 감소하지 않는 한에서만 용인되었다. 이런 목적에서, 식량원조 수혜국은 앞선 5년간의 평균 수입량에 상당하는 물량을 상업적으로 수입해야만 식량원조 선적이 허용되었다. 미곡가격 정책과 관련해 일본이, 또 이른바 공동농업정책(Common Agricultural Policy)과 관련해 유럽경제공동체가, 그리고 때때로 미국 자신이 이런 자유무역 조항들을 지키기보다 위반하는 것을 훨씬 영예롭게 여겼다는 것은 주목해 볼만한 일이다(Puchala and Hopkins 1982: 263~65면). 사실, 이런 규칙들을 지키도록 요구받은 것은 제3세계 나라들뿐이었다.

PL480이 덤핑 기제로서 유효했음을 부정할 수는 없다. 1954~64년까지 식량원조는 미국 곡물 총수출의 34%와 제3세계 곡물 수입의 57%를 차지했다(Raikes 1986: 165면). 식량원조 덕에 극빈층이 식량을 더 많이 혹은 더 싼 가격에 공급받았는지는 의문이지만, 이 정책들이 특정 수혜국, 특히 아프리카 국가의 농업 전체나 일부 지방의 농업에 실제로 해악을 끼쳤다고 할 만한 증거가 많다. 아프리카 정부들은 밀과 쌀의 수입에 의존하여 도시 인구에 식량을 공급하였다. 이것이 전통적 주곡을 대체하였다. 정부가 도시 거주자에게 값싼 식량을 공급하는 데 몰두한다는 것은 일반적으로 농촌 인민들이 겪는 정도의 기근이 도시지역에서는 발생하지 않는다는 것을 뜻했다. 그러나 이런 정책은 일상식이 다양성이 줄어드는 방향으로, 또 소득이 충분치 않다면 영양도도 떨어지는 방향으로 바뀌어간다는 것을 뜻했다. 더구나 구입되는 일상식의 소비자가격은 포장비를 일부 포함하고 있었다(Bryceson 1989: 435면). 농촌인민들은 이런 형태의 주곡수입 정책 때문에 그들이 생산한 농작물을 판매할 시장도 잃었다(Raikes 1986: 161면; Selwyn and Drobnick 1978: 19면).

각국 정부들이 이런 정책이 분절(disjucture)을 야기함을 몰랐던 것은 아니다. 그러나 도시의 식량폭동을 우려하였기 때문에 이런 수입정책들은 유지되었다(Raikes 1986: 174면). 또한 정부관료들은 다수의 소생산자들과 거래하기보다는 농업기업이나 다른 정부와 거래하는 것을 선호하였다. 아프리카는 PL480이 영양과 지방 경제구조에 해악을 끼친 극단적 예이지만, 유일한 사례는 아니다. PL480에 따른 밀의 양여판매는 1968년을 전후로 남한을 쌀주곡 국가로부터 밀도 일부 소비하는 나라로 전환시키는 데 성공하였으며, 이 때문에 남한은 미국에 식량수입을 의존하게 되었다. 카길사와 퓨리나사 또한 PL480의 후원하에 남한에서 사료곡물 수입 업무를 시작할 수 있었다. 비슷한 과정이 대만, 콜롬비아, 볼리비아, 과테말라 같은 데서도 진행되었다(Lappé and Collins 1977: 371~78면).

세계가, 아니 오히려 미국이 곡물과잉으로 고통을 겪었다면, 적어도 이론상 곡물산출량을 훨씬 더 증가시키리라 여겨졌던 녹색혁명을 추진한 것은 어떻게 설명되는가? 녹색혁명은 PL480곡물을 위한 시장을 붕괴시키지 않겠는가? PL480이 미국정부의 과제를 진척시키는 역할을 맡았다는 점을 기억해야 한다. 그 과제는 부분적으로만 경제적 문제와 관련되어 있었다. 다국적 농업기업들은 주로 시장획득에 관심이 있었다 농산물시장을 찾을 수 없다면, 농업투입물 시장이라도 찾아야 했다. 농업혁명을 위해서는 새로운 다수확(HYV) 종자라는 투입물뿐 아니라 비료, 살충제, 관개설비, 트랙터——가장 두드러진 것들만 열거하였다——등 총괄적인 다른 투입물들도 필요했다. 이런 투입물들의 공급자들은 녹색혁명에서 이득을 챙겼다. 레스터 브라운(Lester Brown)은 이렇게 말한다. "농업관련기업만이 이런 새로운 투입물을 공급할 수 있다…다국적기업은 농업혁명에 기득권을 가지고 있었다"(George 1977: 90면에서 재인용). 더구나 수혜국들은 녹색혁명에 필요한 농업투입물을 구매할 때 미국의 다국적 농업기업 것을 사도록 자주 압력을 받았다. 예를 들어 인도는 1965년 가뭄으로 인해 기근이 발생한 와중에, PL480 선적을 중단하겠다는 위협을 받아 국내 비료산업이 꽤 규모가 있었음에도 불구하고 미국제 비료를 사지 않을 수 없었다(George 1977: 91면).

특정한 상투적 견해들은 녹색혁명 때문에 주변부지역의 농업이 점점 더 깊이 세계시장에 참여할 수 있게 되었다고 환호했다. 요컨대 이런 논리이다. "농업은 전체 경제에 더 긴밀하게 통합되었다. 각 나라에서 시장화된 생산의 비중이 늘어났고, 농촌가계들은 더 많은 타농(off-farm)투입물을 구입하고, 더 많은 제도적 신용을 이용하고, 더 닳은 비농 수입을 올렸

158

다"(Alexandratos 1988: 4면). 간단히 말해, 1950년대 이후 녹색혁명은 농민들을 더 열심히 일하도록 다그쳤지만, 생활수준을 반드시 향상시킨 것은 아니었다. 녹색혁명이 실행되면서, 기술관료적 접근법이 특정 부작용들을 파악하지 못한다는 것이 명백해졌는데, 그 부작용들 중 두드러진 것은 소농 및 농촌빈민 대신 도시빈민층이 팽창한 것이었다(Dahlberg 1979: 73면; George 1977: 102면). 인도에서는 생산성이 높아져 다른 나라로 곡물을 수출하게 되었지만(Kutzner 1991: 25면), 이것이 뜻하는 바는 정부가 증가한 생산성을 이용하여 빈민들의 식량소비를 늘이기보다 해외 곡물에 대한 의존을 줄였을 뿐이라는 것이다(Wolf 1986: 18면). 따라서 영양실조와 눈에 띄게 분명한 기아는 실제 증가하지 않았다 해도, 1960년대 수준에서 나아지지는 않았던 것 같다(Raikes 1986: 161면).

다수확품종 곡물 자체는 영양가가 낮았기 때문에, 그런 곡물의 경작이 영양실조를 가중시켰다. 다수확품종 곡물은 옛것들에 비해 녹말성분이 더 늘어난 반면 단백질 함유량은 낮아지는 경향이 있었다(George 1977: 101면). 더욱이, 신품종은 인도의 콩같이 과거에 지역주민들이 자급용으로 길렀던 더 영양가 있는 농작물들을 종종 대체하여 재배되었다(Dahlberg 1979: 53면). 서로 다른 증거이긴 하지만, 대부분의 연구는 자급영농으로부터 환금작물 생산으로의 전환이 영양수준의 저하와 관련된다는 것을 보여준다. 이는 녹색혁명에 앞서 1950년대에 페루의 안데스산맥 지역에서 이미 관찰된 바 있다. 멕시코의 타바스코(Tabasco)에서 수행된 연구에 따르면, 영양가 면에서 볼 때, 식료품을 구매하는 환금작물 생산 농민의 일상식이 인근 자급영농 농민의 일상식보다 열악했다. 환금작물 생산 농민의 경우, 개별 가족들의 식료품비는 농업투입물에 배정되는 현금과 경쟁관계에 있었다. 같은 일이 콜롬비아의 쿠아카(Cuaca)계곡에서도 관찰되었는데, 이곳에서는 환금작물 생산이 자급용작물 경작을 위한 가용 노동시간을 빼앗았다(Dewey 1989: 414~17면). 이것의 함의는, 환금작물 생산이 녹색혁명과 연계되어 수행되건 아니건 간에 농촌 인민의 생활수준을 낮추었다는 것이다.

1945~67/73년 시기에는 중심부에서 주변부로 유입된 기초 식료품이 증

가하였다. 한편으로 이는 근대 세계체제의 통상적인 역사적 무역유형의 방향이 바뀌었음을 보여준다. 다른 한편, 밀과 쌀이 전통적 주곡에 속하지 않던 세계 일부 지역에서 당시 이것들은 사치성 수입의 성격을 띠었을 것이다.

이 시기 전반적인 상은, 인민들에게 소득·주거·식량·의료를 보장해주고, 교육을 통해 자기증진 기회를 제공하였다는 점에서 중심부에서는 하나의 진정한 진보가 일어났다는 것이다. 논란의 여지는 있지만, 완전고용정책 및 복지국가주의 덕분에 특정 소비유형 측면에서 부자와 빈자 사이의 간극이 좁아졌을 뿐 아니라, 노동자는 고용주에 대해 더 평등한 교섭지위를 부여받게 되는 이득이 있었다. 그러나 중심부 즈민의 모든 집단들이 이런 혜택을 평등하게 공유한 것은 분명 아니었다. 다른 무엇보다 유색인종, 이민자, 장애자, 여성에게는 혜택이 적게 돌아갔다. 이민자와 유색인들은 중심부 모든 곳에서 값싼 노동력으로 이용되었다. 서유럽에서는 의도적으로 이국인들(non-nationals)로부터 '소수자들'을 만들어냈는데——학교가 그런 사회적 규정을 짓는 주요 장소였다——,그런 만큼 인종주의의 발현은 양적으로 증가했다고 할 수 있을 것이다. 이민자들이 공업이나 농업에서의 실직에 거세게 저항할 것으로 예상되었던 그런 단큼, 그들에게 가해지는 차별도 점차 늘어났다. 따라서 인종주의는 질적으로도 증가하였다. 여성에 대한 안건은, 결코 정확하게 정의된 바 없지만, 남성소득원 모델을 당연시하였다. "재정입법과 사회보장 공여, 고용정책들에서 기혼여성은 피고용 남편의 피부양자로 취급되어, 납세자로서 부차적 대우를 받았으며, 여성에게 돌아가는 의료혜택과 실업급여는 제한적이었다'(Balbo 1987: 209면).

그런데 주변부에서는 '발전'의 결과가 덜 낙관즈이었다. 의료는 더 많이 제공되었다. DDT가 있었고 (제한적으로) 항생세와 백신을 이용할 수 있었던 덕에, 말라리아, 결핵, 딸기종, 나병 같은 일부 질병들을 (박멸시키지는 못했지만) 관리할 수 있었고, 그 결과 사람들의 수명이 연장되었다. 대중적 초등교육이 도입되어 기초 문자해득률 수준은 크게 높아졌다. 식량생산과 원조는 늘어났지만, 이중 어떤 것도 빈민들에게 돌아가지 않았고 간접적으로나마 혜택을 주지도 않았다. 녹색혁명으로 일부 지역에서 밀생산이 확대되고 농민들이 국내 및 국제 시장에 포섭되었지만, 이는 생계를 박탈하고 종속을 심화시켰다. 칠레, 브라질, 멕시코처럼 산업화과정에 있는 반주변국들에서는 1960년에서 70년 사이에 국내 소득격차가 더 벌어졌다 (Müller 1979: 161~62면).

1967/73~90년: 공격받는 복지국가

경기하강이 시작되었음에도 불구하고 (사실 그 때문에) 1960년대 중반부터 70년대 말 사이에 중심부지대에서 국민생산 대비 사회적 지출 비율은 상승하였다. 서유럽에서 GNP 대비 사회적 지출 비율은 평균적으로 1965년 13.4%에서(50년에는 9.4%에 불과했음) 77년에 22.4%로 증가했다. 벨기에, 덴마크, 서독, 프랑스, 이딸리아, 네덜란드 영국에서 가처분 국민순소득 대비로 측정한 급부지출 또한 증가하였다(UN 1978: 28면).

이중 주요 부분은 의료비지출로, 국민생산 중 차지하는 비중이 두 배로 뛰었다. 의료비지출이 이렇게 팽창한 이유는 주로 세 가지였다. 첫번째는 인구의 노령화인데, 이는 연금생활 인구가 점점 더 늘어나고 의료에 대한 수요도 커짐을 뜻하였다(Ambrosius and Hubbard 1989: 129, 132면). 동시에 의료상에 새로운 문제가 발생하였는데, 이전 시기의 성공으로 기대수준이 상승하고 비용이 늘어난 것이었다(Kervasdoué and Rodwin 1984: 3~4면).

복지비 지출이 늘어난 두번째 원인은, 특히 중심부지대의 각국이 실업자의 소득보호를 추구함에 따라 경기하강기에 실업급여가 필요해졌기 때문이었다. OECD가입국들의 실업 수준은 1970년에서 75년 사이에 노동력의 2%에서 5%로 증가하였다. 1960년에서 76년 사이에 일일 실업급여율은 이딸리아에서는 세 배, 프랑스에서는 네 배 증가하였다. 1976년에 실업급여는 벨기에 미숙련노동자 수입의 60%, 서독 순수입의 68%, 룩셈부르크의 80%에 이르렀다(UN 1978: 13, 17면). 한걸음 더 나아간 조치들로 공공부문에서 일자리를 창출한 것, 조기퇴직자에 금전적인 보상을 한 것, 고용을 늘리는 사기업에 보조금을 지급한 것 등이 있었는데(같은 책, 16면), 이런 조치들은 부분적으로 부자를 위한 복지였다(Frank 1980, I: 44면).

실업이 늘어나고 경기침체가 심해지자 서유럽 정부들은 이민자에 대해 점점 더 적대적이 되어갔다. 노골적인 인종주의가 늘어났으며 갖가지 모습을 띠어갔다. '침몰'의 두려움을 부추기는 미디어의 반이민자 캠페인, 이민자 개인이나 재산에 대한 물리적 공격, 신나찌집단의 부상, 주요 정당의 정책에서 이민자문제에 대한 고의적 강조, 반(反) 이민자동원을 주요 강령으로 삼은 듯한 새로운 정당들의 부상 등이 그것이다. 정부와 고용주에게 이민자란 빈곤과 범죄, 오염 같은 사회문제의 책임을 뒤집어씌울 수 있는 편리한 희생양이었다(Castles, Booth and Wallace 1984: 5면). 게다가, 공적 토론에서 불법이민과 유색 시민(예컨대 미국의 히스패닉, 프랑스의 서인도제도인이나 뵈르Beurs, 영국의 '파키스탄인' Pakis) 사이의 구분선은 종종 흐려졌다.

복지급부가 팽창한 세번째 이유는 써키스 관료들 내의 압력뿐 아니라, 대중선동에도 대응해야 했기 때문이었다. 미국에서 북부 도시의 흑인 도시 이주자들의 빈곤문제는 인종폭동을 통해 극적으로 표현되었다. 학생시위의 초점은 노동계급 자녀들에게도 입학 기회가 열린 고등교육 내의 불만이었다. 유럽에서 학생소요와 함께 진행된 노동자파업은 엘리뜨의 관심을 불러일으켰으며, 복지개혁을 추동시켰다(De Swaan 1988: 227면).

저항자들의 불만 중 하나는 국가가 복지 및 평등을 증진하는 데 실패했다는 것이었다. 예를 들어, 의료평등을 증진시키리라는 기대에서 병원의 사(私)병상을 폐지하자는 정치적 운동이 있었다. 이 운동은 1968년 스웨덴에서, 74년 영국에서, 82년 프랑스와 에스빠냐에서 발생하였다(Starr and Immergut 1987: 237~38면). 미국에서 복지권운동은 빈민들에게 "복지에 대한 권리(이전 보수transfer payment—인용자)를 일깨우고, 이를 신청하도록 (그들을—인용자) 고무하고, 또 (그들이—인용자) 이를 획득할 수 있도록 도왔다"(Piven and Cloward 1977: 272면). 운동이 움츠려드는 기미를 보이자 복지권운동은 구조적 실업 및 흑인 빈곤에 저항하는 북부 도시들의 흑인운동과 결합하였다(같은 책, 331면). 의료보호대상인 흑인은 백인보다 50% 적었으며, 잠재적으로 자격이 있는 빈민의 40%가 의료보호를 받지 못한다고 지적되었다(Hollingsworth, Hage and Hanneman 1990: 160면). 이런 폭로 덕분에 복지는 확장되었다. 식량카드계획의 혜택을 받기가 훨씬 쉬워졌고, 남부도시의 흑인소득은 북부도시 흑인소득의 75%로 상승하였다(Beardsley 1987: 296면). 북부도시에서는 지역사회 보건소가 사설 (즉 병원이 아닌) 시설에서 빈민들에게 보건써비스를 제공하기 시작했다(Ehrenreich and Ehrenreich 1978: 66면).

남부의 시민권운동은, 약점은 있었지만, 테러가 더이상 남부 흑인에 대한 준공식적 사회통제 수단으로 사용되지 않게 만들었다(Piven and Cloward 1977: 256면). 더구나, 인종과 지적능력 간에 상관관계가 있다는 광범위한 믿음이 약화되었고, 개인적 성공 이데올로기가 재확인된 듯하다. 흑인들, 특히 빈곤반대운동이나 시민권운동의 활동가나 지도자였던 흑인들은 선거정치, 연방 재정지원을 받는 직업, 기업 고위직 및 고위 전문직에서 진로를 찾았고, 고등교육기구들은 더 많은 소수인종을 받아들이기 위해 입시정책을 수정하였다. 그러나 이는 성과일 뿐 아니라 흡수(cooptation)이기도 했다(같은 책, 255면). 여성에 대해서도 동일한 과정을 밟았음을 알 수 있다.

1968년과 73년 사이에 중심부 및 반주변부 국가들에서 발생한 저항은 사회복지와 사회적 평등이라는 문제를 정치쟁점화하였다. 당국의 관심은 이런 운동들을 억지하는 것이었는데, 특히 경기하강이 심화됨에 따라 그러하였다. 이런 목적을 위해서, 구(舊)상태를 추인하고 가능한 한 평등을 실제로 저하시키는 데 바로 그 당시의 사회운동이라는 수단이 이용되었다. 반체제적인 사회적 저항이 한 일은 제2차 세계대전 이후 상대적으로 탈정치화된 의료와 빈곤, 복지 일반이라는 쟁점을 재정치화한 것이었다. 이제 정책쟁점은 점점 (중립적이라 주장하는) 공복과 전문가들의 손을 떠나 정치가나 공개적으로 정치화한 관료들이 만들어내게 되었다. 동시에, '신우파’(new right)가 국가를 통제할 수 있을 때면 언제든, 이들의 설득에 의해 정치화 행위 자체가 통제와 억지, 그리고 역전의 도구가 되었다(Starr and Immergut 1987: 240면).

A국면의 엄청난 경제팽창 덕분에 복지비 지출은 상당히 늘어날 수 있었다. 그러나 B국면에서 경기가 위축되자, 심각도에서 차이는 있지만 모든 나라가 재정위기를 겪었다. 그리하여 1970년대 초의 지출의 마지막 급등 이후, 대부분의 나라에서 인간복지 지출은 크게 삭감되었다. 재정위기에 대한 대응 중 하나는 인간복지 공여를 국가적인 사업으로 만들기보다는 시장에 더 많이 맡겨버리는 것이었다. 인간복지 공여의 다른 재정자원들——친족망, 종교기관, 자선조직 및 기타 비정부조직——이 하강기에 역할을 확대하였으나, 부족을 일부 메울 수 있었을 뿐이다. 그것들은 어떤 경우에도 기본 공여자로서 정부와 시장을 대체하려 하지 않았고, 그저 보완적 역할을 했을 뿐이었다.

따라서 인간복지 공여가 눈에 띄게 확대되었음에도 불구하고 세계체제의 구조는 유엔 인권선언의 요구들을 충족시킬 만한 수준의 세계적 복지를 제공하지 못했다. 그런데 국가들은 인간복지를 제공함으로써 정당성을 획득해왔기 때문에, 이를 감당하는 국가의 역량이 점점 부족해지자——1970년대 중반부터 이런 추세가 시작되었는데 앞서 25년간은 성과가 좋았다——국가구조의 신뢰성과 안정성은 심각한 시련을 겪게 되었다. 1970년대 말에 이르러 경제상태 악화를 해결하려던 케인즈주의 정책들이 실패하자, “혼합경제 및 복지국가에 대한 일반적 신뢰가 사라졌다”(Mishra 1990: 1면).

이 시기에 중심부지대에서 세력을 얻어가고 있던 신보수주의적 입장은 과세 일반에 대해 적대적이었고, 특히 복지국가 경비에 대해 적대적이었다(같은 책, 13~14면). 이른바 ‘복지반격’(welfare backlash)(Piven and Cloward 1977: 331면)이란 것이 가장 먼저 (그리고 아마도 가장 강력하게) 출현한 곳은 미국이었다. 그 결과, 사회적 프로그램들에 대한 연방정부 수준의 기금 지원이 경제적으로 축소되었다. 특히 북부 도시의 지역사회 보건소 같은 각종 시설들이 곧바로 지원 중단의 표적이 되었는데, 그 이유는 이곳이 보

164

건문제보다는 광범한 사회적 쟁점이 발표되고 조직되는 장소로 간주되었기 때문이었다(Ehrenreich and Ehrenreich 1978: 66면). 복지급부의 인하는 때때로 진보적 언어로 포장되었지만(예를 들어 닉슨의 가족지원계획), 일반적으로 복지삭감은 우익의 핵심 주장이었다(Piven and Cloward 1977: 307~41면).

유럽에서 정치적 반동은 다양하게 나타났다. 바로 영국이 1945년 이후에 유럽에서 복지국가주의의 속도를 정했던 것처럼, 새처는 그 해체의 속도를 정했다. 그에 대한 하나의 대안은 스웨덴이 채택한 사회민주주의적 코포라티즘의 강화였는데, 이는 50년간 계속 정부를 장악해온 끝에 결국 1980년대에 권력에서 밀려났다. 1981년 미떼랑 통치하의 프랑스 사회당정부는 처음에 복지국가를 강화하는 방향으로 나아가려 했으나, 세계적 경기후퇴에 직면하여 곧 이로부터 후퇴하였다(Mishra 1990: 14면). 그럼에도 불구하고 프랑스와 서독은 보수적 정부하에서조차 영국이나 미국보다 복지국가 공여의 삭감에 신중하였다.

신보수주의자들은 빈곤한 주민층이나 역사적으로 차별받아온 집단에 혜택이 돌아가는 사회적 프로그램은 축소했지만, 보편적으로 적용되는 사회적 프로그램들——정부가 지원하는 의료, 노령연금, 교육지원 따위——은 다소 다르게 취급하였다. 특히 공격의 대상이 된 것은 노동자와 고용주의 조건을 평등화하고/하거나 총소득의 일부를 자본보다 노동에 돌리는 경향이 있는 정책과 프로그램들이었는데, 여기에는 임금인상 압력을 행사하는 경향이 있는 노동조합, 영국의 임금위원회, 미국의 피부양 자녀 가족에 대한 식량카드 및 원호(Food Stamps and Aid) 같은 제도뿐만 아니라, 완전고용 정책, 빈민에 대한 써비스, 공공주택, 실업보상 급여(특히 추가급여)도 포함된다(같은 책, 14, 24, 26~27면). 거의 모든 국가에서, 특히 한시적인 상병(傷病)급부, 노령 및 퇴역 연금, 출산급부 등에서 1970년대보다 80년대에 소득이전 성장률이 훨씬 둔화되었다. 실업급여 신청자는 늘어났지만, 신청기준이 강화되면서 일인당 실질 실업급여는 감소하였다(UN 1993: 111~12면).

실업은 특히 청년과 노령노동자, 여성에게 심각하였다. 청년의 실업은 노령노동자에게 대한 퇴직 압력을 늘린 한편, 교육기구들에 대한 재평가를 촉진하기도 했다. 여성의 실업률은 이들 다른 두 집단에 비해 약간 낮았지만, 이들의 일자리는 써비스부문과 시간제 고용의 저임금 직업에 치우쳐 있었다(UN 1985: 68~69, 71면). 그 결과, 빈곤격차는 심화되고 간극은 넓어졌다. 미국에서 빈곤층의 비율은 1970년의 12.6%에서 83년 15.2%로 증가했다. 영국에서는 1983년에 빈곤층 수가 전인구의 13.5%로 추산되어, 79년 이후에 55% 증가하였다(Mishra 1990: 27, 29면). 미국에는 대략 15만명에서 3백만명에 이르는 노숙자(homeless)가 있는 반면, 25만채의 공공주택과 1030만채의 주택이 비어 있다(UN 1993: 61~62면). 영국에서도 비슷한 상황이 전개되어, 육체노동자 및 기타 저소득가계를 입주시킨 공영주택 임대가 두 배로 늘어났고, 공영주택의 15%는 세입자에게 할인가격으로 판매되었다(Mishra 1990: 24면).

1970년대에 빈곤층 여성은 매년 10만명씩 증가하였다. 복지 삭감은 불균형하게 작용해 여성과 아동의 상태를 악화시킴으로써, '빈곤의 여성화'를 유발하였다(Stallard, Ehrenreich and Sklar 1983: 5, 17, 46면). 1969년에서 74년 사이에 83.1%에서 81.1%로 약간 좁혀진 흑인과 백인 사이의 영아사망률의 격차는 그 이후 계속 확대되어, 1987년에는 108.1%가 되었다(Reed 1993: 16~17면). 유럽에서는 일반적으로는 상대적으로 더 빈곤한 인구 절반이, 특수하게는 여성, 이민자, 청년, 노인이 특히 삭감의 영향을 받아 생활이 힘들어졌다. 1980년에 발표된 『블랙 보고서』(Black Report)에 따르면, 영국에서는 50년대 이후 줄곧 상층 사회경제계급에 더 낮게 나타난 사망률과 질병률의 격차는 80년대 들어 확대되었다(Smith, Bartley and Blane 1991: 373면). 스웨덴에서는 정신없이 바쁘고 단조로운 작업과 실업, 흡연이 심장혈관질환 및 조기사망의 중요한 요인이라고 알려져왔다. 최근 들어 불평등이 일반적으로 심화된 듯하고, 이주자는 특히 위험에 처해 있다고 지적된다(Didericksen 1990: 366면).

사회주의국가들도 일반적인 악화 상황에서 벗어나 있지 않았다. 동유럽에서는 세계경제 위기와 국가들의 위기 때문에 일반 복지가 감소하였다. 폴란드에서 사망률은 1970년에 0.95% 이상으로 높아진 이래 이 수준을 유지하고 있다. 이런 증가는 특히 여성사망률과 관련해 두드러졌다(Duch and Sokolowska 1990: 343면). 영아사망률은 1971년에 출생아 1천명당 22.9명에서 70년대를 경과하며 37.1명으로 증가하였다. 공해의 증가가 암 사망이 늘어난 원인일 것이라고 생각되고 있다(Wnuk-Lipinski 1990: 862, 869면).

가장 최근에는 구소련 및 동유럽의 공산주의정권들이 해체되어 상당한 사회적 단층(dislocation)이 생겼는데, 왜냐하면 이들 나라에서 사회-써비스 지출이 생활수준을 유지하는 데 중요한 역할을 해왔기 때문이었다. 문제는 의료와 주거 영역에서 특히 심각하게 나타나고 있다. 실업은 급증하였고, 빈부격차는 확대되고 있다(UN 1993: 63, 98, 112면). 많은 주변부지역에서 복지국가주의는 그것이 존재했던 정도만큼 강한 직접적 억압으로 대체되었고, 더불어 세계은행 및 IMF가 중재하는 경제긴축이 시행되었다(Frank 1981: 188~229면).

(1) 보건

표준적 보건통계를 적절한 지표로 본다면, 보건상황은 일반적으로 향상되었다고 할 수 있다. 주변부지대에서 출생시 기대수명은 1975~80년 57.4세에서 1985~90년에 61.4세로 늘어났고, 영아사망률은 1975~80년에 출생아 1천명당 97명에서 1985~90년에는 1천명당 78명으로 감소하였다. 사람들은 주변부지대의 산모사망률 또한 감소하였다고 믿고 있다(UN 1993: 34~35). 그러나 5개국의 산모사망률을 비교연구해보면, 이 모든 나라에서 산모사망률이 떨어졌지만, 주변부지대 국가들(모리셔스, 베네수엘라, 타이)과 중심부지대의 두 국가(잉글랜드 및 웨일즈, 그리고 네덜란드) 간 산모사망률 격차는 1970년 이전 시기에는 줄어든 반면, 70년에서 80년대 후반 사이에는 사실상 크게 벌어졌다(Kwast 1989: 56면).

주변부지대에서는 '전통적' 질병 외에, 암과 심장질환 같은 더 '근대적'인 질병들이 빠르게 증가하였다. 세계 암환자의 절반이 현재 발전도상국에 거주하고 있다(WHO 1988a: 32면). 그곳 주민들의 수명이 연장되었다는 사실은 이런 증가를 일부 설명할 수 있을 뿐이다(Vainio, Parkin and Tomatis 1990: 165~67면). 말라리아처럼 예전엔 통제되었던 많은 질병들이 되살아났다. 예방주사 때문에 많은 아동질병이 줄어들었지만, 성인 열대질병은 '창궐하였다'(*World Health*, May-June, 1993: 4면). 점점 늘어가는 슬럼에서는 주택부족, 물공급과 하수처리 문제 때문에 고통을 겪고 있고, 이는 공중보건 지출의 감소, 열악한 자원 배분, 빈곤과 영양실조, 그리고 근대화 자체에 수반된 과정들 때문에 악화되었다(Abel-Smith 1990: 62면; Cooper Weil et al. 1990: vii면). 이 목록에 각종 유독물질의 덤핑판매와 중심부 초국적기업이 위험공업을 주변부로 이전한 것을 추가할 수 있다. 늘 그렇듯이, 특히 빈민, 여성, 아동과 청소년이 유달리 피해를 입었다. 전체적으로 보아서 1970년대에 중심부와 주변부의 GNP 성장의 격차는 좁혀지지 않았다(UN 1978: 18면). 신흥공업국의 GNP와 중심부지대의 GNP를 비교한 연구에 따르면, 두 지역 모두에서 GNP가 증가하긴 했지만, 둘 사이의 격차는 사실상 확대되었다(Arrighi and Drangel 1986).

각종 수자원계획은 인기있는 개발계획이었다 세계은행은 1951년에서 82년 사이에 1만 천개 이상의 대형댐 건설을 지원했는데, 이는 현존하는 3만 5천개 대형댐의 거의 1/3에 해당한다(중국은 계산에 포함되지 않았다). 이런 계획들은 종종 홍수통제와 수력발전을 가능케 하기도 했지만, 농촌주민들의 비자발적 이주(예컨대 9만 5천명을 이주시킨 인도의 나르마다 사가르 댐), 침전과 침식, 토양의 염화 및 침수(곡둘수확에 나쁜 결과를 가져옴), 어류에 대한 나쁜 영향, 보건에 대한 각종 부정적인 결과들을 포함하는 수많은 환경문제의 초점이었다(Dixon, Talbot and LeMoigne 1989: 4, 26, 59~63면). 댐 건설기 및 건설 직후에 보건에 끼친 나쁜 영향으로는 주택난, 과밀, 생활비 상승, 매춘, 해당 지역으로의 새로운 질병 유입 등이 열거되었다. 댐이나 관개계획과 관련해 개발 이후에 발성하는 문제 중에는 말라리아 및 주혈흡충증 발병률의 증가도 있다. 가나의 아코솜보(Akosombo)댐에 대한 자료를 보면, 댐건설 이전에 아동의 주혈흡충증 이환률(罹患率)은

5~10%였으나, 댐건설 이후 90%를 넘어섰다. 정도는 다르지만 이런 결과는 아시아와 아프리카, 라틴아메리카에서도 비슷하게 나타났다(Hunter, Rey and Scott 1982: 1127~29면).

WHO와 UNICEF는 1978년에 예방 및 1차치료에 토대를 둔 만인보건정책(Health for All Policy)을 인준하였는데, 여기에는 회원국의 분담금이 줄어드는 사정이 반영돼 있다(WHO 1988a: 23면). 만인보건정책은 1950년대의 광범한 목표로부터 사실상 후퇴한 것이었는데, 각국에서 재정위기가 발생하고 의료비가 상승하여 국제적 복지지출이 줄어드는 경향이 있었기 때문에 이제 그런 목표를 달성하기가 어려워 보였다(Abel-Smith 1990: 62~63면). 한결 제한된 예방 프로그램이 1968년에서 77년 사이에 진행된 성공적인 천연두 박멸 캠페인을 통해 정당성을 얻고 장려되었다(WHO 1988a: 14면). 1차 의료접근법(primary health care approach)이 출현하자, (다른 무엇보다) 모자(母子)보건의 관리 및 조직이 바뀌었다. 의료는 '통합방식'으로 지역사회 수준에서 제공되어야 했다. 전문가들은 상층에서 이를 지원하게 되었다(WHO 1980: 134면). 그러나 만인보건정책의 목표가 국제적 복지이전에 의존하지 않고서 제3세계 정부들이 의료량을 값싸게 증가시킬 수 있는 길을 모색하는 것이었다면, 이것은 처음에는 실패였다. WHO가 이 프로그램에서 맡은 몫은 주로 모자보건이었다. 실제로 이는 경구피임약 및 기타 화학적 피임법을 보급하는 것으로 요약되었다. 이런 노력은 특히 1980년대 초반에 맹렬히 이루어졌다. 주변부지역의 산모사망률이 중심부보다 높았던 것은 사실이지만(WHO 1988a: 30), 피임으로 이것이 개선되었다는 증거는 없다. 피임 캠페인을 유발시킨 동기는, 경구피임약이 건강에 미치는 장기적 영향에 대한 미국 여성해방론자들의 관심이 높아지면서 그 복용이 줄어들었다는 사실이었다(Hartmann 1987: 178면). 이는 판매에 대한 위협을 표현하였다(Chetley 1990: 29면).

세계인구가 식량공급을 초과하고 있다는 두려움이 1970년대 말에 다시 부각되었다. 사실 이런 특수한 '식량위기'는 일시적인 현상으로, 인도 및 사바나초원의 가뭄, 미-소 곡물거래 때문에 발생한 세계곡물가 인상, 그리고 OPEC의 유가인상 때문에 발생한 비료가격 인상 등이 그 원인이었다 (Raikes 1986: 165면). 이런 일이 발생하자 미국국제개발기구(USAID), 세계 은행, WHO, 각종 인구통제집단측은 강제를 비롯한 모든 방법을 동원하여 제3세계의 빈곤(특히 농촌) 여성들에게 산아제한을 장려하였다. 이와 연관된 여성 개인의 건강과 안전이라는 문제는 별로 주목받지 못하였다 (Hartmann 1987: 132면). 이런 인구통제 노력에 호응하여 중국에서는 한자녀 갖기 정책이 시행되었다. 환경적 관점에서 보면 초과인구가 있었다고 주장할 수 있겠지만, 이는 맥락 속에서 이해되어야 한다. 제3세계에서 아동은 추가 가계노동력으로서 필수적이었다. 근대화의 효과로 가계에서 남성 생계노동이 박탈되었다. 이 때문에 여성은 생계를 우지하기 위해 노동시간을 늘려야 했다. 가축사료를 모으고, 땔감을 마련하고, 물을 긷는 일은 상업적 벌목 때문에 더 힘들어졌다(Jacobsen 1993: 75면). 이런 맥락에서 아이가 늘어나는 것은 늘 자산이었다. 그런데 인구가 팽창하면서 농민들은 경작지를 부적절한 토지에까지 확대시켰다. 삼림의 황폐화는 더욱 심화되었고, 땔감과 사료를 구하는 데는 더 많은 시간이 소모되었다(Durning 1989: 43면).

　이처럼 환경악화는 악순환이었다. 질소산화물, 일산화탄소, 오존, 납, 이산화수은 같은 대기오염물질을 방출하는 공업은 1970년에서 80년대 말 사이에 OECD 나라들에서는 줄어들었다. 그러나 주변부로 공업이 이전되면서, OECD 나라들에서 감소한 오염까지 이전되었다(Ives 1985: 172~86면). 그러나 각종 미세독소는 감소하지 않았는데, 여기에는 인간 중추신경계에 유해하며, 발암성이 있고 4유전자구조를 이루고 있는 폴리염화비페날 (PCBs), 벤젠, 카드뮴, 비소말고도 다른 것들이 더 포함된다. 이것들은 특정 산업과 연관이 있으며, 잘 규제되거나 체계적으로 통제되지 않는다 (OECD 1991: 36면). 노동자들이 이런 미세독소에 직접 노출되어 있는 문제와는 별개로, 이런 오염물질은 공기와 먹이사슬을 통해 옮겨다니면서 인구 전체에 악영향을 끼쳤다. 이러한 공업/농업 오염이 암 같은 질병의 인과적 요인이라는 증거가 점차 늘어가고 있는데, 암은 이제 중심부와 일부 반주변부에서 두번째로 큰 사망원인이다(UNEP 1991: 240~41면). 더구나 비료가

씻겨나가면서 OECD국가 주민들이 먹는 물에서 질산염이 발견되었는데, 이 현상은 특히 영아건강에 유해한 것이었다(OECD 1991: 182면). 그러나 인간 세포조직 내에 쌓인 살충제 및 비료 잔류량은 주변부 주민에게서 가장 많이 늘어났다(UNEP 1987: 118~19면).

(2) 교육

미국은 중심부에서 고등교육의 확대를 주도하였다. 단일 모델이 출현하지는 않았지만, 수많은 기회를 주었을 뿐 아니라 사회적 압력과 대변동을 일으키기도 한 '대중대학'(mass university)이 탄생하였다(Schneider 1982: 219~21면). 중심부에서는 청년기 성인 중 1/3가량이 대학에 진학하였다. 확장된 아동의존기——20세기 들어서 '청소년'이라는 용어가 발명되었다——는 1990년대에 이르러서 20세 훨씬 이후까지 연장되어, '학생'이라는 새로운 피부양 범주가 생겨났다.

그러나 여러해 동안 전세계적으로 교육을 발전전략으로 추진하였음에도 불구하고, 교육현황은 여전히 특히 대학 수준에서 불평등하였다. 1945년부터 90년까지 취학의 장기적·단선적 확대는 계속되었다. 그러나 B국면에 들어와서, 확대에 대한 찬양은 비판으로 일변하여 낮은 질을 개탄하게 되고, 결국 커리큘럼의 개정, 기준의 강화, 장식(frills)*의 제거, 그리고 기초로 돌아갈 것 등이 요구되었다(Meulemann 1982). 대체로 그 의미는 계급적 기초를 가진 교육규율을 재언명함으로써 교육 접근기회를 제한하는 것이었다. 교사/학생 비율, 학급규모, 교육자원 가용성 등으로 측정했을 때, 표준이 아마도 악화되어온 듯하다. 그렇지만 재정적 정당화를 통해 학업비용 부담을 국가에서 시장 및 가족으로 이전할 수 있었고, 또 학교체제가 일자리를 확보해주지 못하는 것을 학생들 탓으로 전가할 수 있었다.

하강기에 미국에서는 대중·보편 교육모델이 공격받았다. 미국의 고등학교는 일본 및 서독의 중등학교와 비교했을 때 나쁜 평가를 받았다

---

* 꼭 필요하다고 보지 않는 예술 계통, 학생 지원계통, 과외 활동 등을 말한다.

(Cremin 1990). A국면에서 대학진학을 자유화한 중심부 국가들에서는 학생들이 넘쳤다. 서독은 의과대학 학생 수를 제한했다. 미국은 공립대학의 수업료를 대폭 인상하였다. 따라서 더욱 많은 학생들이 방향을 틀어 전문대학(community college)에 등록하거나 시간제 등록을 하였다. 미국에서 1980년대에 흑인남성 대학생 수는 사실상 감소하였다(National Center for Education Statistics 1989: 159~61면). 학사학위만으로는 더이상 평생직장을 얻을 수 있는 믿을 만한 신임장이 되지 못했다. 청년들은 교육에는 끝이 없고 살아가면서 끊임없이 새로운 경력을 추가해야 할 것이라는 주의를 들었다. 이처럼 대학에 들어가기는 더 쉬워졌지만, 졸업생을 위한 시장이 꼭 개선된 것은 아니었다.

B국면의 압력을 가장 심하게 받은 곳은 대부분 중심부 외부의 지대들이었다. 다른 부문들이 낡은 구조와 씨름하던 바로 그 시기에, 초등학교에 대한 수요는 계속 커졌다. 가장 심각한 유출은 이민유출이었다. 모든 숙련 수준에서 두뇌유출은 계속되었다(Rehsche 1981). 중심부는 (반주변부와 주변부라는—옮긴이) 두 지대에서 유출해갔기 때문에 최대 수혜자였다. 주변부는 가장 고비용의 교육체제를 지니고 있었으나, 지불능력은 최저였다. 각국 교육체제는 계급구조의 재생산을 도왔고, 학교는 계급에 기반해 구조화되었다. 세계적 수준에서 학교교육은 세계경제의 지대별 분할을 유지시켜주었다. 초중등교육의 보편화에 따라, 중심부의 불평등한 우위는 대학에서 지속되었다.

교육기회가 확대되었다고 해서, 복지국가주의의 파괴와 세계경제적 하강으로 가장 심하게 피해를 본 사람들이 일은 상대적 불이익의 불균등성이 줄어들지는 않았다. 1970년대에 대부분의 중심부 및 반주변부 국가들에서 여자 대학생 수가 늘어나긴 했지만, 이런 증가의 일부분은 주로 교사양성 및 간호교육을 대학 틀 안으로 포섭한 결과였다. 일반적으로 고급학위와 관련해서는, 오직 미국에서만 석사 수준에서 여성이 수적으로 동등해졌다(Sutherland 1991: 132면).

세계경제의 변화는 무엇이 고등교육을 구성하는가에 관한 관념을 바꾸어놓았다. B국면에서는 직업주의로의 전환, 공세적인 능력별 학급편성, 그리고 교양(liberal arts) 대학프로그램의 축소가 관찰되었다(Carnoy and Levin 1985: 259~67면). 어떤 나라의 교육체제도 학생은 너무 많은데 직업은 너무 적은 문제를 해결하지 못했다. 고용주들은 대학졸업생들이 익힌 기능과 태도를 싫어했고(UN 1985: 36면), 피고용자에 어울리는 기술적 기능과 태도를 갖춘 사람들을 선호했다. 대학졸업생들의 소위 과잉교육과 실업문제가 심각해지자 중심부 및 유럽 반주변부 정부들은 고등교육을 사회의 경제적 필요를 위해 존재하는 것으로 재규정하였다. 그 결과, 고등교육은 재규정되어, 직업훈련에서 물리학 박사학위 공부까지 모든 것을 포함하게 되었다(Sutherland 1991: 131면). 이런 추세는 1980년대에 소련 및 동유럽에서도 유사하게 나타났다(UN 1985: 34면).

이런 상황에서 여성들은 언제나 그랬듯이 피해를 입었는데, 거의 시장가치가 없는 인문학 프로그램에 몰리거나——프랑스, 스웨덴, 폴란드 등 많은 곳에서 그랬다(UN 1991: 53을 보라)——또는 섬유, 판매, 가정학, 예술, 사회사업, 행정·사무 업무, 간호, 미용, 식품관련 기술처럼 보수·지위 위계의 밑바닥에 있는, 여성의 관습적 구직시장 지위를 반영한 교육과 훈련 프로그램들로 밀려났다(Wilson 1991: 207면). 많은 나라에서 정부보조금이 학생 대출로 교체되는 경향 또한 여학생들에게 불리하게 작용했는데, 왜냐하면 여학생들은 동등한 자격이 있더라도 남성보다 늘 수입이 적었기 때문이었다(Sutherland 1991: 133면).

중심부·반주변부의 교육확대는 주변부에서도 유사한 형태로 진행되었는데, 성별격차까지도 유사하게 나타났다. 그러나 재정적 제약 때문에 교육의 질에는 제동이 걸렸다. 서적 등의 공급이 부족했고, 교사들이 한결같이 훈련이 잘 되어 있는 것은 아니었다. 그러나 취학연령집단이 계속 증가했기 때문에, 학교교육에 대한 지출을 계속할 것을 요구하는 압력이 아래로부터 나왔다. 동시에 정부는 중등 및 그 이후 수준의 교육제도들을 확대하는 압력을 위에서 행사하기를 꺼렸다(UN 1985:34, 41면). 여성문맹자의 절대수는 늘어났다(WHO 1988b: 21면). 중국에서는 문화혁명중에 주창된 교육의 평등주의적 목표가 포기되었고, 대신 더 엘리뜨적인 체제가 되살아났다(UN 1985: 34면). 이는 여성의 배제를 포함하였다(Mak 1991: 44면).

(3) 식량

녹색혁명은 처음에 펀잡, 터키의 연해지역, 타이의 중앙저지대처럼 관개가 이미 되어 있는 지역에서 수행되었기 대문에, 쿠의 지역적 격차를 강화하였다. 노동은 처음에 수확기의 고임금에 이끌려 이 지역으로 이주했다. 이는 상황이 더 좋지 않은 지역이 노동력을 상실했음을 뜻했다. 시간이 지나면서 녹색혁명이 진행된 지역에서 기계가 노동을 대체했으며, 농촌노동은 일자리를 잃었다(Cleaver 1979: 228~29면; Kutzner 1991: 68~69). 녹색혁명을 가능케 하는 일군의 제조업 투입물을 얻기 위해서는 현금지출과 신용이 필요했는데, 이는 일반적으로 상대적으로 부유한 사람들만 이용할 수 있는 것이었다(Bull 1982: 83~84면). 동시에 녹색혁명과 대규모 상업농업은 중심부지대에서 금지된 살충제인 DDT, 엔드린, 클로르덴, 헵타클로르 등을 판매하는 통로가 되었다. 광범한 중독 및 반환경적 영향을 보여주는 최초의 사례들이 1970년대 초반에 카르나타카(Karnataka), 필리핀, 방글라데시, 몇몇 동부아프리카 지역에서 나타나기 시작하였다. 이들 지역에서는 살충제가 먹이사슬을 통해——논에 사는 생선의 중독이나 과실수의 중독——인체에 흡수되었다 이런 중독의 첫 인간희생자는 농촌노동자들이었다(같은 책, 63~79면).

저소득국들의 농업전략은 여성에게 해로운 영향을 끼쳤다. 과거에는 빈곤이 가계구성원 사이에서 공평하게 공유된다고 가정되었으나, 이것은 명백하게 더이상 사실이 아니었다. 자원은 남성과 스년에게 유리한 방향으로 배분되었다. 이는 정부가 소유의 사유화를 남성 가구주에게 유리한 방향으로 추진하였기 때문이었다. 이는 특히 아프리카어서 그러하였다. 아시아에서는 촌락 '공유지'가 정부기구와 대지주에게 배분되었다. 과거에 이 두 지역들에서 여성은 대부분의 경우 호주나 혈연관계를 통해 토지를 얻을 수 있었다. 신용, 농업기술, 개량종자를 얻고 농업 부가써비스를 받을 수 있는가의 여부는 종종 토지를 소유했는가 여부에 좌우되었다. 이 때문에 여성은 상품작물이라는 틀 내에서는 경쟁할 수 없었다. 동시에 자급용 식량작물에 대해서는 거의 연구와 개발이 이루어지지 않았다(Jacobsen 1993: 70~72면). '신품종들' 때문에 여성의 소득 비중이 줄었다거나, "여성이 (신품종들을—인용자) 재배한 지역이 거의 없었다"는 것은 놀라운 일이 아니다(Lipton 1989: 190, 238면).

이 모든 것은 여성과 여성이 하는 일이란 본래부터 비생산적이라고 믿는 뿌리깊은 성편향이 개발정책에 내재되어 있으며, 개발전문가에서부터 아래로는 지방 농민들까지(그리고 심지어 그들의 부인들조차) 모두가 이를 공유하고 있다는 사실을 부분적으로 반영하고 있다. 귀중한 현금수입을 벌어오는 것은 남성소득원이라는 이데올로기가 보편적이 되었다. 그러나 경험적으로 여성의 일——가계소비를 위한 식량재배(아프리카에서는 식량재배의 80%, 인도에서는 70~80%, 카리브지역에서는 50%), 장작채취, 물긷기——에는 매일 12~18시간이 소모되며, 현금수입 가치를 30~60% 가량 높인다. 모든 지역에서 환금작물 경작의 이윤은 남성이 챙기는 경향이 있었지만, 그 경작의 50% 정도는 여성이 담당하였다(Jacobsen 1993: 63~68면).

이 결과, 한 가계 안에서 여성과 아동에게 배정되는 식량의 비율은 사회경제적 맥락에서 그들이 차지하는 지위와 전망, 권력에 좌우되었기 때문에 위에서 언급한 사태의 결과 영양공급상의 성편향이 발생하였다. 빈곤가계의 소녀들은 소년들에 비해 더 굶주렸고, 따라서 사망의 위험이 더 높았다(Lipton 1989: 236~37면). 그러나 여성과 아동, 그리고 청소년은 주변부 인구의 3/4을 구성하며, 좋은 영양상태가 가장 필요한 사람들이다. 임신 전·임신중 여성의 영양실조와 5세 이전의 모든 아동의 영양실조는 나이든 이후까지 계속되는 건강문제의 단일원인으로 가장 중요한 것이다(Nightingale, Hamburg and Mortimer 1990: 116~72면). 더구나 교육받은 어머니의 자녀들이 더 나은 보건 혜택을 받는다고는 하지만(같은 책, 125면), 교육을 더 많이 받은 어머니들이 사실상 양육기술을 선택적으로 발휘하기 때문에, 그들 밑에서 자라는 딸들이 음식섭취 및 의료혜택과 관련해 상대적으로 불이익을 받는다는 점이 지적되었다(Cleland and van G_nneken 1989: 28면). 인도에 기초한 연구에 따르면, 이런 형태의 성별격차는 1980년 이래 확대되었다. 방글라데시, 네팔, 파키스탄, 중동 및 북아프리카 전역에서 유사한 형태의 차별이 발견되었다(Jacobsen 1993: 65면).

이제 공식 출판물에서 인정되는 것처럼, 영양실조는 인구성장의 함수라기보다 소득의 함수이다(UN 1993: 28면). 1960~73년에 일인당 실질소득은 '발전도상'국에서 53% 늘어났고 '선진'국에서 66% 늘어난 반면(National Research Council 1975: 4면), 아프리카, 아시아, 라틴아메리카에서는 빈곤이 증가하거나 예전 수준을 유지한 것 같다(Griffin 1987: 7면). 저소득의 비정규 고용(Frank 1980, I: 13~14면), 무토지 농민의 증가(WHO 1988b: 33면), 부적절한 개발계획, 농업에서 여성 역할의 무시 등이 그 이유로 열거되었다(Kutzner 1991: 15, 27, 31면; Griffin 1987: 8~9, 18면). 원인이 무엇이건간에 빈곤이 증대하고 기초식료품 가격이 상승함에 따라, 영양실조는 늘어나거나 적어도 줄지는 않았다. 이는 건강의 악화를 암시했다. 영양실조는 말라리아, 간염, 결핵 같은 중대하고 만성적인 전염병과 열악한 모자보건 상태와 연결되어 있었다(WHO 1980: 128면; Uyanga 1990: 653면).

인간복지 공여의 하강추세가 의미심장하게 역전될 수 있는지 여부는 이른바 재정위기를 극복할 수 있는 국가의 능력에 달려 있다. 그러나 (국가들이 군사비 지출을 크게 줄일 것 같지는 않아 보이는 세계체제의 상황 속에서) 재정위기의 최대 단일 원천은 인간복지 접근을 평등화하려는 정부 지출의 증가였다. 이는 제거하기 힘든 악순환인 것 같다.

6

국가의 사회적 응집력

게오르기 M. 덜루기안

1945~67/73년: 보편적 해방의 시절

이 시기에 세계경제는 전례없는 경제팽창을 이루었으며, 동시에 '현존 사회주의지대'들을 포함하여 세계체제 내에 효율적이며 질서정연한 국가구조들이 전례없이 확대되었다. 이때는 또한 '반둥'(Bandung)이라는 상징적 단어로 표현된 제3세계의 민족해방 프로젝트가 결실을 맺는 것처럼 보인 시기였다. 근대국가와 반체제운동 양자에 포위된 다양한 종교단체들은 기세등등한 세속주의가 허용한 보조적 역할에 만족하는 듯했으며, 사회사업과 관용의 설교, 교회통합을 위한(ecumenic) 대화에서 공동의 미래를 찾기 시작했다.

1945년 이전의 수많은 관찰자들이 보기에 체제는 회복이 불가능할 정도로 손상된 것 같았지만, 양 세계대전 사이 시기 체제의 무질서는 갑작스럽게 끝이 났다. 간단히 말해 역설적이게도 5,60년대에는 거의 모든 이들이 앞선 시기의 시련과 고난의 열매를 거두고 있는 중이라고 정당하게 주장할

이 장을 쓰는 데 반체제운동과 환경악화에 대한 자료를 제공해준 나의 친구이자 동료인 호세 모타 로페즈와 수지 히사에다에게 고마움을 표하며, 세심하게 교정을 보아준 디이터 루트에게도 감사를 전한다.—필자

수 있다고 느끼는 듯했다. 반체제운동들(우리는 이 용어를 자본주의 세계체제의 바탕을 이루는 주요 과정인 자본축적을 근본적으로 제한하거나 방해하는 방식으로 사회변화를 추구하는 모든 집단들로 폭넓게 정의한다)도 그렇게 생각했고, 자본주의의 옹호자들의 경우에는 이를 더욱 확신했다. (그 당시 거의 일반적으로 근대화*aggiornamento*라는 용어를 사용한) 종교 지도자들이 그렇게 믿었을 뿐 아니라 세속주의자들은 이를 더욱 확신했다. 제3세계의 민족해방 세력들도 그렇게 생각했으며, 한편 자신들의 식민지체제를 전지구적 질서를 보장하는 방식으로 해체하고자 한 식민열강들은 이를 더욱 확신했다.

세계 곳곳에서, 국가는 1914~45년의 무질서를 겪은 후 더욱 강력한 모습으로 등장했으며, 세계체제 중심부에서 특히 그러했다. 19세기의 마지막 30년 이래 이런 중심부 국가들뿐만 아니라 많은 반주변부지역의 국가들이 예전엔 사회적 활동(social activity)의 '비국가'영역으로 규정되었던 곳까지 영향권을 확장하고 있었으며, 이것은 각기 다섯 방향으로 진행되었다. ① 이전의 사적 자본주의기업의 국유화를 통한 공공부문의 형성, ② 거시경제 관리, 또는 주로 케인즈주의적 사고에 따라 거시경제적 상황의 조절을 위한 국가의 과세권 및 지출권의 사용, ③ 항공료·전화료에서부터 의약품과 아동 완구의 안전에 이르기까지 다양한 영역에서 표준을 제정할 권한을 지닌 광범한 전문기구들을 통한 경제활동 및 사회활동의 규제, ④ 정치적으로 규정된 '사회악'(빈곤, 인종주의, 성차별주의, 약물남용, 청소년범죄 등)의 박멸을 목표로 하는 사회공학, ⑤ 국가를 최저생계 수준의 보장자로 설정하는 엄밀한 의미에서의 복지공여(King 1983: 8~9면).

이와같은 복지국가적 경향은 1840년대 대영제국의 공장법과 나뽈레옹 3세의 사회적 국가, 독일의 비스마르크의 정책으로부터 20세기 초두 영국의 로이드 조지(Lloyd George)의 자유주의적 개혁과 이딸리아에서의 지오리띠(Giolitti)의 자유주의적 개혁에 이르기까지 부단히 지속된 역사를 가지고 있다. 하지만 적극적인 개입주의로 나아가도록 국가를 가장 분명하게 몰아세운 것은 제1차 세계대전의 엄청난 압박과 뒤따른 1929~39년의 세계적인 경제불황 국면이었으며, 이로 인해 1945년 이후 복지국가의 발판이 마련되었다.

이 최신의 리바이어던(Leviathan)은 다양하게 규정되었다. 맑스주의자들은 이를 '국가독점자본주의'라고 조롱했지만, 사실상 '조직된 자본주의'나 '초자본주의'(ultra-capitalism)라고 찬양했으며, 공산주의자들은 (자본주의의—옮긴이) '최후단계이자 사회주의의 전야'라고 칭송했다. 2,30년대의 극우 이론가들과 파시스트들 또는 수많은 준파시스트들은 그것이 바로 자신들이 이야기하던 '신 국가' 코포라티비즘이라고 주장했다. 자유주의 중도파들이 19세기 '맨체스터' 교리*의 언어적 제약에서 벗어나기까지는 얼마간 시간이 필요했다. 하지만 1930년대에 이르러 그들은 그들 나름의 국가주의적 의제를 공공연히 내세우게 되었다. 파시스트 모델이 실패한 뒤 자유주의적인 국가주의적(케인즈주의적) 비전은 마침내 1945년 이후 시기의 지배적인 의제가 되었으며 미국 헤게모니의 이데올로기적 토대로 기능하게 된다. 주변부·반주변부의 반체제적 공산주의정권들과 혁명적 민족주의정권들을 국가간 층위로 흡수하려는 노력이 진행되었으며 (얄따와 엄격하게 통제된 냉전뿐만 아니라 비동맹입장의 정당성을 인정해주는 것이 이에 해당된다), 그 결과 민족을 경계로 한 발전주의적·반(反)자본주의적 쏘비에뜨 모델은 하위헤게모니 패러다임이라 부를 만한 것으로 전환되었다. 두말할 나위 없이 쏘비에뜨 모델은 극히 국가주의적이었으며, 스딸린이 이야기했듯이 "소련의 국가는, 맑스와 엥겔스의 예상처럼 국가의 기능이 약화되어 소멸하는 것이 아니라, 그것이 최대로 강화되어서 소멸한다"(*Problems of Leninism*, Fursov 1991: 87~88면에서 재인용)

이러한 질적 차원에서의 국가주의적 경향은 국가간체제에서 주권국가들의 수적인 증가라는 양적 팽창과 함께 진행되었다. (대사관 수 및 총직원들 수의 증가만 헤아려 보라!) 특정한 '국가성의 규준들'에 부합하는 주권국가관——이 관점은 원래 중심부에서 생겨났지만 이제 주변부와 반주변부

---

* 19세기 전반 영국에서 주창된 경제적 자유주의로 스미스의 이론에 근거해 '곡물조례'에 반대했다.

에도 전적으로 적용된다——은 새로운 헤게모니 국가와 하위헤게모니적 동반자인 소련으로부터 모두 적극적인 지지를 받았다. 소련이 최초의 공산주의국가로서 본질상 세계제국의 성격을 더었으며 자국의 맑스주의적 유산에서 국제주의적 수사가 핵심적이었음어도 불구하고, 볼세비끼와 스딸린이 두 차례나 민족자결이라는 규준을 따라야 한다고 느꼈던 것은 의미심장하다. 첫째는 1920년대 초 일군의 형식상의 주권공화국들을 창설하여 쏘비에뜨연방으로 통합하고 또한 몽고와 따누 뚜바(Tannu Tuva, 시베리아 중동부지역의 공화국—옮긴이)의 독립을 형식적으로 승인한 예이며, 두번째는 소련을 세계의 모든 사회주의 지망국들어 대해 개방된 동맹체라 보는 코민테른 본래의 소련관을 1940년대 후반에 버리게 될 경우이다. (불가리아 공산주의자들이 그 가능성에 흥미있어했다고 하지만 불가리아는 1940년의 리뚜아니아와 달리 '불가리아쏘비에뜨사회주의 공화국'Bulgarian SSR이 되지 못했다.)

1917년 우드로 윌슨과 레닌이 동시에 천명한 민족 자결강령은, 45년 이후 식민주의가 철폐되고 근대적——즉 자본주의적——관료제(이런 관료제는 중심부 '자본주의'국가들이나 그들의 짝인 반주변부 공산주의국가들을 본뜨거나 혹은 직접 그들로부터 훈련받아 형성되었다)를 갖춘 형식상의 주권국가들이 수적으로 엄청나게 증가하면서 다 성공을 거둔 것처럼 보였다. 물론 5,60년대 주변부에서 생겨난 이런 매우 많은 신생독립국들 또는 재건된 국가들은 새로 탄생한데다 허약했으므로 내부 반대자들의 목소리를 잠재우기 위해 가공할 만한 경찰의 감시체계와 별도의 기제들을 만들어냈다. "(국가가 조직한 테러—인용자) 현상은 (지역문화—인용자)보다는 좀더 지구적인 원인에 뿌리가 있으며, 도처에서 국가의 관료적이며 기술적인 폭력 및 억압 역량이 점점 더 교묘해지고 증가하고 있다는 점과 관련된다"(Bushnell et al. 1991: 3면)는 것은 논란의 여지가 없는 사실이다. 굴락(Gulag)과 게슈타포(Gestapos)는 아마도 20세기 국가성의 본질적인 속성이 된 듯한데 명백히 운이 좋은 중심부지대 밖에서 특히 그러했다.

서구나라들 내부에서는 1945년 이후 가속화된 경제성장과 자유주의적인 사회정치적 조정에 힘입어 전례없는 수준의 계급평화가 달성되었다. 독재정권이 판을 친 세계체제 주변부지역의 상황도 상대적으로 평온한 안정이 유지되었다고 묘사할 수 있을 것이다. 중심부에서 성숙한 복지국가가 등장하고 그외 지역에서 국가주의적 발전주의 모델이 등장한 것은 이와같은 전후(戰後)현상의 주된 조건인 동시에 그 결과였다. 중심부에서 1962년에 29.6%였던 공공지출의 중앙치(median size)는 70년에 32.7%로 증가했으며, 이후 유례없는 증가를 계속해서 80년에는 40.2%에 달하게 되었다. 중심부 밖의 대부분의 비공산주의국가들에서도, 비록 예산의 구성은 달랐지만——복지지출이 좀더 적었으며 하부구조와 군비에 대한 투자는 더 많았다——공공지출은 비슷하거나 더 빠른 증가를 보였다(UN 1985: 89~90면).

당시에 주요한 역사적 변화로 보인 상황 속에서 공산당과 사회민주당 모두 정치적 영향력 면에서, 그리고 또 적어도 외관상으로는 체제변혁을 이끌어낼 수 있는 역량 면에서 유례없는 성장을 보였으며, 직접 집권하거나 정당성있는 주요 반대세력이 되었다. 나찌즘을 패퇴시키는 데 소련이 참여하였고 극동에서 중국혁명이 발발했기 때문에 이 경향은 멈출 수 없는 것 같아 보였다. '세계 사회주의운동'은 맹렬히 상승하는 듯했고, 그중 공산주의운동은 엘베강에서 압록강에 이른 '사회주의국가진영'뿐 아니라 그외의 지역들, 특히 프랑스, 이딸리아, 인도차이나에서 기세를 떨쳤다. 영국과 서유럽 소국(小國)들, 그리고 구(舊)영국령 내에서 사회민주주의자들의 영향력은 점점 커졌다. 중국에서의 성취는 제3세계에서의 강력한 사회주의운동을 위한 올바른 기초라고 생각되었으며, 여기에 자극받아 주변부의 나머지 지역도 점점 더 급진화되었다(Sweezy 1949: 14면). 예컨대 모리스 돕(Maurice Dobb)은 1947년 학문적 맑스주의의 고전이 된 책을 쓰면서 조금도 주저하지 않고 다음과 같이 단언했다.

현세계에서 사회적 활동과 유리된 재산권은 전반적으로 경멸의 대상이며 수세적 위치에 처해 있다. 반면에 노동계급은 도처에서 어느 때보다도 더욱 강력하게 등장하고 있으며, 자신들의 힘을 잘 의식하고 있고, 확고한 목적을 지니고 있다. 약속으로 충만한 미래상은…인간들에게 새로운 믿음과 희망을 북돋우기 시작했다(Dobb 1964: 386면).

그렇지만 돌이켜보면, 혁명적 돌파의 잠재력이 있던 첫 순간이 지난 후, 반자본주의운동의 이러한 외관상의 성공은 오히려 흡수의 한 형태인 것처럼 보인다. 중심부 및 그와 인접한 반주변부의 반체제운동들이 1917~45년 시기에 택한 바 있는 형식('구좌파')은 대체로 무력해졌다(또는 그들 자신과 자신들의 생존의 터전인 체제를 위험에 빠뜨리지 않고 밀어붙일 수 있는 한계점이 어디인지 배웠다고 할 수 있다). 가장 주목할 만한 것은 이것이 공공연한 억압이 아니라 '국가화'(statization)를 통해 이루어졌다는 것이며, 그 결과 반체제운동들은 1945년 이후의 질서와 번영이라는 물질적 진보를 공유할 수 있었다. 냉전의 지정학 덕에 집권 공산당들은 기존의 통치중인 국가를 계속 장악할 수 있었으며, 서구 공산당들(프랑스, 이딸리아, 그리스에서는 금방이라도 권력을 잡을 것 같았다)은 여러 지방정부들을 실질적으로 통치하는 제도권 야당이 되고픈 유혹을 느꼈다(이것은 특히 이딸리아와 프랑스에서 두드러졌다). 국가권력을 장악할 수 있는 가능성이 커지자 1950년대에 사회민주주의자들은 맑스주의의 마지막 유물과 일반적인 '붉은' 수사 및 역사적인 상징들을 버리고 있었다. 1959년 독일 사회민주당이 바트-고데스베르크 강령(Bad-Godesberg programme)* 을 채택한 것은 매우 상징적인 사건으로, 서유럽 정치판에서 1890년대의 에두아르트 베른슈타인(Eduard Bernstein)식 수정주의자들의 이데올로기적 직계후손이 구(舊) 자유주의정당의 자리를 최종적으로 인계받았음을 나타냈다.

1950년대에 시민운동은 그 전이나 후에 비해 확실히 드물었지만, 수적으

---

* 대중적 지지를 얻기 위해 맑스주의적 유산과 계급정당관을 버리고, 기독교적 윤리에 기초해 민주사회주의를 폭넓게 정의한 강령으로, 이를 기반으로 독일 사회민주당은 1969년 선거에서 승리할 수 있었다.

로나 조직, 그리고 부여된 위신 면에서는 또한 훨씬 강력해진 듯했다. 시민운동이 상대적으로 드물면서도 힘이 있었던 것은 제도권정당과 협력했기 때문이었다. 그들은 때때로 하나 이상의 정당과 동시에 협력했는데, 공산당과 사회민주당, 좌파 가톨릭, 그리고 심지어는 일부 온건보수파의 지지까지 얻었던 반핵평화운동의 경우가 그런 예이다. 이런 패턴의 다자적 협력은 그 시대에 그토록 보편적으로 대중적이며 강력해 보이던 운동이 어떻게 냉전의 지정학에 공헌했으며 결국 어떻게 그토록 무력해질 수밖에 없었던가를 설명해준다.

이로써 서구 나라들의 투표 패턴은 상당히 안정적이 되었으며, 1980년대 중반까지 중요한 변화를 보이지 않았다(그림 6.1을 보라). 이런 안정화 추세는 범죄율의 경우와 마찬가지로(그림 6.2) 분명히 꼰드라띠예프 A국면의 출현 이전에 시작되었으며, 아마도 금세기 초의 '좋았던 시절'부터 나타나서

〈그림 6. 1〉 20세기 유럽의 일반적 정치흐름 중 득표율의 안정성

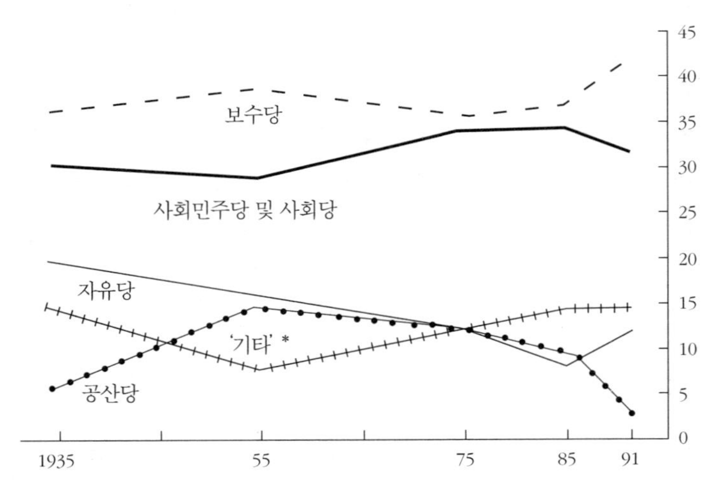

* '기타'에는 농민당, 민족주의 정당, 극우 및 극좌 정당, 녹색당이 포함된다. 1980년대에 '기타'의 대부분을 차지한 것은 파시스트 정당이었다.

출처: *The Economist*, 23 November 1991: 79면.

1920년대 이후 분명해졌음은 주목할 만하다. 이 그림은 1945년 이후의 질서와 번영이 단지 꽁종끄뛰르적인(꼰드라띠예프) 경제주기나 1914년에서 45년까지 지속된 장기 세계대전(영국 헤게모니를 계승하기 위한 투쟁) 종결의 영향 때문만이 아니라, 그보다는 몇몇 장기적 추세와 주기적 순환운동이 누적된 결과라는 전반적인 논지를 증명해준다.

　미국식 노동관계(즉 계급갈등의 관리)모델은 새로운 헤게모니국가에서 세계로 퍼져나가 처음에는 서유럽에서, 그 다음에는 일본에서, 그리고 이후에는 좀더 넓은 반주변부지역에서까지 본보기가 되었다. 중심부지대 노동운동의 관점에서 볼 때 이것은 1940년대 말에 적절했을 모델로, 대량생산과 미국 법인기업들의 세계경제 지배, 그리고 전지구적 안보에 대한 냉전적 인식에 바탕을 둔 경제팽창이 시작되던 상황에 더 어울리는 것이었다. 전지구적 경제팽창 계획의 토대는 시장의 자창출과 생산성·수요·소비 수준의 성장이었다. 따라서 임금인상, 사회보장 급부, 보너스 지급, 여가시간 확충 등의 제도화——정치경제학의 '조절학파'에 속하는 저자들이 소위 포드주의적 '축적체제'라고 묘사하는 것——가 필요했다(Aglietta 1979를 보라).

　대공황 이후 미국처럼 유럽에서도, 이 모델은 케인즈적(또는 계획경제적) 복지국가가 가능하게 하고 필요로 한 노자관계의 특징을 이루게 되었다. 팽창이 계속되자 완전고용이 실현됐으며, 미국에서는 공업부문 임금이 두 배 이상 인상됐고 서유럽에서도 거의 같은 정도로 늘어났다. 이 과정은 또한 이전의 노동자 급진주의도 효과적으로 제거하였다. 역사적으로 공산당 조직 및 노조조직이 강력하던 나라에서는 많은 주민들(반드시 공업노동자는 아니었다)이 지방선거와 전국선거에서 좌파를 지지하곤 하였다. 하지만 이것은 국가와 자본가집단에 압력을 넣어 양보를 얻어내거나 얻어낸 양보를 빼앗기지 않으려는 의식적인 대중전술이었지, 결코 정권의 혁명적인 전복을 꾀하는 전략은 아니었다.

　자본의 관점에서 보자면 복지국가라는 제도는 애초 보수주의가 정치적으로 침체한 데 대한 대안이었는데, 보수주의의 정치적 침체는 혁명이 일어날 가능성이 있는 불안한 상황을 초래했다. 그렇지만 복지국가 제도는 또한 세계경제가 5,60년대에 안정과 경제성장, 그리고 지속가능한 높은 순이윤율을 성취하는 데 핵심 요인이 되었다. 1967~73년에 이르자 팽창기는 어느덧 침체기로 바뀌기 시작했고, 포드주의 모델의 한계가 분명해졌다. 이윤이 줄어들고 잇따라 경쟁이 치열해지자 고임금과 사회적 급부가 자본측에서는 점점 더 부담스워졌다. 한편 노동자계급측에서 봐도 노동자 조직이 노사관계 틀에 포섭되면서 교섭력을 상실했고, 그 결과 이후 20년간 실질소득이 계속해서 감소했다.

교회통합주의(Ecumenicism)는 역사적 종교들에 대한 근대성의 영향이 가장 공공연하게 표현된 것이었다. 이것의 지적인 버팀목은 근대 자유주의의 정수를 이루는 사상 가운데 하나인 이데올로기적 다원주의였다. 교회통합주의는 주로 서구의 자유주의적 프로테스탄티즘의 산물이었으며, 다른 종교조직들은 매우 세속적이며 평범하기까지 한 이유들 때문에 이 논의에 참가했다. 로마가톨릭교회의 근대성 적응과정의 절정은 의심할 여지없이 보통 바티칸 제2차 공의회(Vatican II)*라 알려진 1962~64년 회의와 교황 요한 23세와 바오로 6세의 재임기였다. 유대교는 한편으로 급성장하는 미국과 소련의 '용광로' 속으로 점차 집중되고 통합됨으로써, 그리고 다른 한편으로 국가성을 유대주의의 필요충족조건으로 삼았다는 점에서 탁월한 세속화 교리인 시온주의를 받아들임으로써 완전히 세속화되었다.

종교에 대한 세속주의의 영향력이 더욱 성공적으로 발휘된 곳은 후에 제3세계가 된 지대들이었다. 세속주의는 최근 탄생·재탄생한 국가들의 주요 정당화 논거인 발전주의 신조가 국제적·국내적으로 승인받기 위한 필수조건이 되었다. 이들 나라의 현지 종교들은, 전후 일본의 신도(神道)건 1949년의 공산당의 승리 이후의 중국의 민간신앙이건, 인도 국가와 의회로부터 압력을 받고 있던 힌두교의 카스트제도건, 이란의 샤(Shah) 및 다

---

* 로마가톨릭 제21차 에큐메니컬(ecumenical) 공의회. 1959년 1월 25일 교황 요한 23세가 교회를 쇄신하고, 로마가톨릭교회와 분리되어 있는 기독교도들에게 재연합의 길을 공동 모색할 수 있는 기회를 만들려는 목적으로 소집.

양한 아랍 사회주의정당들(바트당Ba'ath, 나쎄르주의자들the Nasserists)로부터 압박을 받고 있던 이슬람교건 간에, 자신의 자리를 지키기 위해 수세적으로 저항했는데, 결의와 열의 면에서는 각기 달랐다.

하지만 1945년 이후에는 20년대의 소련, 몽골, 멕시코, 터키의 경우와 비교해 볼 때, 세속주의운동이 정면공격을 통해 국가권력을 장악하게 된 경우는 (알바니아와 같은 주목할 만한 예외를 제외하고) 줄어들었다. 일단 개화된 견해를 취하고 국가로부터의 분리를 받아들이고 나자 주류 종교의 성직자층은 서방에서뿐만 아니라 대부분의 공산주의 동방에서까지 상대적인 번영을 누릴 수 있었다.

기독교와 이슬람교는 아프리카에 포교하기 위해 계속 진출한 반면, 아프리카인들은 탈식민지화가 진행되는 상황에서 국가에 종속된 지역 종교기관들을 통제하기 시작했다. 곧 그들은 세계적으로 북(北)의 같은 종교인들에 비해 자신들이 수적으로 우세해지고 있음을 인식하기 시작했고 제도적 권력으로 진지하게 대우받기를 요구했다(이는 로마가톨릭 내에서 가장 두드러졌지만, 많은 프로테스탄트교회와 이슬람의 수피Sufi 지도자들도 마찬가지였다)(Whaling 1987: 84면). 1950년대에는 남(南)의 토착적인 입장에서 이루어진 기독교와 이슬람교의 '재구성'이 사회적·정치적으로 중요성을 얻기 시작했다. 즉 아프리카에서뿐만 아니라 카리브해지역(라스따파리안Rastafarians, 브라질 흑인기독교Afro-Brazilianists 등등*)에서도 흑인기독교 '시온'(Zion)교회들이 뻗어나갔으며, 동남아시아에서는 카오다이교(Cao Dai), 호아하오교(Hoa Hao)**와 기타 혼합주의적 소종교집단들

---

* 라스따파리안은 자메이까, 꾸바, 아이띠 등 카리브해 지역의 흑인들이, 브라질 흑인기독교는 브라질 지역의 흑인들이 기독교를 자신들의 상황에 맞게 변형시킨 특수한 종파들이다. 이들 종파의 발전은 흑인의식의 성장과 깊은 관련이 있었다. 이들은 기독교 예배의식에 춤과 드럼 등 무속신앙적 요소를 도입했다.

** 카오다이교의 정식 명칭은 Cao-Dai Tien-Ong '존경하는 불멸의 할아버지'로 근대 베트남의 절충식 종교의 일파이다. 호아하오교는 1939년 베트남에서 불교개혁자인 후인 푸소가 만든 민족주의적이며 이타적인 신불교비밀결사이며, 카오다이교와 함께 프랑스, 일본의 식민주의자에 대항해 무력으로 저항했다.

이 퍼져나갔다. 이러한 종교적 반대파의 창궐은 바로 1960년대에 '북쪽'지대, 특히 미국, 영국, 남아프리카의 비백인계 공동체 내에서 폭발적으로 터져나온 비세속적 저항운동들의 서곡이었다.

1945년 이후의 국가의 번영은 아마도 폭력을 봉쇄하고 독점하는 국가의 능력에 의해 가장 잘 측정될 수 있을 것이다. 걸이 역사적 개관을 하며 언급하고 있듯이, 서구사회들 내 범죄율은 그 당시가 "역사상 가장 낮았다"(Gurr 1989, I: 43면). 찰스 틸리는 "유럽 전역이 같은 방향으로 나아갔다…유럽의 분쟁에서 민간인에 의한 파괴와 강탈이 차지하는 역할이 점점 더 작아진 반면, 민족국가의 대리인들은 점점 더 깊이 집단적 폭력에 연루되었다"고 덧붙인다(그림 6.2를 보라). 전쟁은 1480년 이후, 특히 20세기에 점점 더 빈번해지고 일상적이 되었으며 게다가 무시무시하게 파괴적이 되었는데, "일반인의 삶이 상대적으로 평화스러워진 반면 국가의 영역은 점점 더 폭력적이 되었다"(Tilly 1989: 93~94면).

이딸리아 범죄율의 장기적인 하락세에 대한 아를라끼의 설명은 틸리의 설명과 유사해보인다. 다시 말해 국가가 실질적으로 폭력을 독점했으며 범죄자들을 무력화하고 흡수했다는 것이다. 아를라끼는 1945년 이후 시기 동안 "국가가 공공질서에 대한 통제를 다시 장악함에 따라 마피아세력은 정당성뿐만 아니라 자율성과 통치권까지 상실했다…(마피아 단원들은—인용자) 새롭게 구성된 공공기관의 일원이 되어 국가 행정기구에 통합되었으며, 이것은 많은 면에서 마피아 단원들이 구현하고 있던 무법성과 폭력의 요소를 무력화하는 데 도움이 되었다"(Arlacchi 1986: 79면)고 이야기한다. 범죄율은 1962년에 가장 낮았는데, 그해 이딸리아에서 마피아와 연루된 살인으로 기록된 것은 단 한 건이었다.

미국에서도 범죄자와 자경단원들의 폭력이 극적으로 감소하였다. 19세기 후반 이후 자경단원들의 수와 사형(私刑)의 횟수가 급격하게 줄어든 것은 누가 보기에도 분명했다. 금주법시대의 지나치게 낭만화되고 악명높은 갱들의 전쟁 이후, 미국의 갱단은 사업상으로 번창하면서 상대적으로 질서를 찾게 된다. 전전(戰前) 시기의 범죄자들이 "약 50개에 달하는 합법적인 사업분야에 참여하게 되었다"는 1950년대 초 키포버위원회(Kefauver Committee)*가 내린 결론은 정확해보이며, 이딸리아에서 마피아 단원들의 통합이 좀더 관료적인 방식으로 진행된 것과 흥미로운 대조를 이룬다(Nelli 1987: 25~27면을 보라).

세기 중반에 이루어진 국가기능들의 유례없는 확장에는 많은 비용이 들었으며, 이는 과세 수준의 상승과 GNP 중 국가예산 비중의 증대로 반영되었다. OECD 나라들의 장기 세입추세에 대한 보고서는 이것을 다음과 같이 요약하고 있다.

나라들간에 상당한 차이가 있지만, 1955년에서 80년까지의 주된 추세는 다음과 같다.

- GDP 대비 총세수(稅收) 비율의 증가.
- 소비세에 대한 의존의 감소와 소득세 및 사회보장 납부금에 대한 의존의 증가.
- 개인 소득세 및 고용주의 사회보장 납부금에서 유입되는 세수 비중은 크게 증가하고 일반 소비세 및 피고용자 사회보장 납부금에서 유입되는 세수 비중은 소규모 증가.
- 특정 재화 및 용역에 대한 세수(대부분 물품세excises) 비중의 대규모 감소와 법인 소득세 및 재산세로부터 유입되는 세수 비중의 소규모 감소(OECD 1981: 2면).

같은 보고서에 따르자면, 1955년에 "연구에 참여한 나라들의 (GDP 대비 세금 수준―인용자)의 비가중치 평균 비율이 24.7%였으며 80년에는 36.6%로 연평균 약 0.5%씩 증가했고, 60년대 후반기에는 연평균 증가율이 거의 1%에 달했다." 하지만 다음을 주목해야 한다. "이 추세들은 대부

---

* 1950년 시작된 청문회로 키포버 상원의원이 위원장을 맡았다. 이 청문회의 조사를 통해, 뉴욕과 시카고에 거대 범죄씬디케이트가 존재하며 조직범죄가 스포츠, 주류업 같은 합법적 사업에까지 침투했음이 확인되었다.

분 1975년 이후 속도가 늦추어졌으며 77년에는 완전히 정지했다. 다시 말해 1980년의 세금 수준 및 세금 구조는 77년과 거의 동일했다.”

UN의 측정에 따르면 '선진 시장경제'의 과세 수준은 1970년대에 최고점에 달했다. “대체로 GNP의 약 43%로, 스웨덴 67%, 네덜란드 64%에서 미국 38%, 스위스 30%에 이르기까지 다소 차이가 있다. 이에 비해 개발도상국들은 15% 정도였다”(UN 1985: 2면). 중심부 나라들에서 탈세 및 '지하' 경제가 차지하는 비중에 대한 측정치는 뒤죽박죽이며 일치하지 않는다. 그럼에도 불구하고 측정치를 작성한 이들은 1950년에서 70년까지 그것이 무시해도 좋을 정도였다거나, 적어도 그 이후 20년간의 수준에 비해 상당히 작았다는 점에서 예외없이 의견의 일치를 보인다(Pyle 1989: 53면; OECD 1987 참조).

우리는 같은 시기에 세계 전역에서 국가구조가 강화되는 추세를 관찰할 수 있다. 지구의 광범위한 지역에서 최초로, 또는 무정부상태와 지방화된 비국가적 권력관계가 오랜 기간 지속된 후에, 국가체제(statehood)가 명확한 형태로 자리잡았다. 라틴아메리카의 꼬로네이즈(coroneis)와 까우디요스(caudillos)* 는 전통적인 산적들과 더불어 사라졌으며, 종종 농촌 경찰이나 선출된 공무원, 전국적 당조직원 자격으로 국가기관에 편입되었다. 중동의 아랍국가들도 공화주의혁명이나 왕정의 혁신을 통해 반식민적 종속과 부족적 가산제(patrimoniality)에서 벗어나 좀더 '근대적인' 독립국가로 탈바꿈했으며, 이렇게 하여 근대 세계체제의 기능에 좀더 적합한 모습을 갖추게 되었다.

이 시기에 주변부 전역에 번진 게릴라현상은 확실히 기존 국가질서에 대한 도전이었지만, '민중의' 국가질서라는 하나의 대안적인 국가질서를 명분으로 내걸고 있었다. 베트남, 알제리, 앙골라, 모잠비크, 나미비아, 그리고 대부분의 라틴아메리카 게릴라들은 새로운 국가를 세우거나 국가권력

---

* 꼬로네이즈는 포르투갈어로 무장집단의 지도자라는 뜻으로 브라질의 지방 군벌을 지칭하는 용어이며, 까우디요스는 에스빠냐어로 무장집단의 지도자라는 뜻으로 브라질을 제외한 라틴아메리카 지역의 지방 군벌을 지칭하는 용어이다.

을 장악하여 사회질서를 근본적으로 전화시키는 도구로 이용하겠다는 분명한 강령을 가지고 싸웠다.

1945년 이후 출현한 공산주의블록에는 예전에 내부분쟁 지역이던 상당수의 국가들이 포함되었다. 새로운 공산주의정권들은 이 지역의 그 이전의 정권들을 곤란에 빠뜨린 바 있는 일련의 토착적 갈등들에 대해 처음에는 동결책을 썼고 이후에는 이 갈등들을 재조직했다. 발칸반도에서 중앙아시아를 거쳐 중국 남부에 이르기까지, 사실상 이 국가들 전역에서 발견되던 토착적 갈등들은 혁명을 통해 새로이 수립된 공산주의질서의 무게에 눌려 묻혀버린 듯했다.

극심한 폭력으로 얼룩진 첫 시기 이후 공산주의국가들은 상대적으로 평화스러운 발전의 시기에 들어섰다. 국가 및 당 관료들은 '스딸린 있는 스딸린주의'(Stalinism with Stalin)의 치명적인 불안정성을 제거하고 난 뒤 번창하였고, 마침내 자신들의 지위에 걸맞은 과실들을 거두어들여 평화와 안정 속에 그것을 향유할 수 있게 되었다. 모든 공산주의체제들이 탈중심화되었으며 여기서 국가기구들은 수평적으로 팽창했다.

20세기에 발발한 두 번의 세계전쟁이 초래한 파국적 경험이 가져다준 가장 중요한 결과 가운데 하나는 국가간 수준, 특히 중심부 및 인접 지대에서 전쟁이 비록 제거되지는 이루어지지 않았지만 그 부당성이 확인된 것이었다고 할 수 있다. 이로써 국가정권까지 보호되지는 않더라도 적어도 국경이 어느정도 보호될 수 있게 되었다. 1945년 이후 한 국가가 다른 국가에게 선전포고한 일이 거의 없었다는 사실은 의미심장하다. 그보다는 (상당히 많은 수의) '개입'이 있었는데, 그것은 한 나라가 개입세력들간의 다소간 인위적인 내부 동맹을 대표해서 주도하거나, 또는 UN으로 구현된 세계공동체의 주도로 이루어졌다. 어느 경우에나 국가의 경계선을 침해하지 않는다는 것이 당연시되었다. 5,60년대에 중심부 내에서는 원자폭탄에 의한 절멸의 이미지가 생생하게 퍼져 있었으며, 이것은 정치적 의사결정과 대중의식에 강력한 반전정서를 불어넣는 비할 데 없이 효과적인 도구가 되었다.

　물론 초강대국 경쟁자들이나 그들의 동맹국들은 정기적으로, 국가내 및 국가간 갈등에 '비밀공작' 방식의 개입뿐 아리라 공공연한 군사적 개입까지 했으며, 이런 개입은 대부분의 경우 두 블록 내부에서 냉전을 유지하기 위한 과정의 일부였다. 이같은 개입은 보통 기존 정권들을 안정화시키곤 했다. 지정학적 블록들간의 유동적인 경계지역인 제3세계에 대한 개입은 좀더 빈번했다. 이런 개입들은 보통 꽤 효과적이었다(예를 들면, 1958년의 레바논, 61~64년의 콩고, 65년의 도미니까공화국). 제2차 세계대전 이후에 정복이 시도되거나 성공한 예는 아주 드물었다. 1962년에 인도가 포르투갈령 비지(飛地)인 고어(Goa)와 다만(Daman), 디우(Diu) 지역을 강제로 탈식민화한 것은 이제 완전히 잊혀진 사건이 되었다. 1948년과 67년의 전쟁을 통해 이루어진 이스라엘의 영토확장은 정확히 말해 그 예외적 성격 때문에 널리 이야기된 것이다. 그러나 이러한 정복과 합병은 예전의 기준에서 보면 거의 무시할만한 사건이었고, 세계적인 규모에서 봐도 아주 드물게 발생했다.

　앞서 살펴본 바 있는 유럽의 경우와 마찬가지로 주변부지역에서 일어난 폭력적 대중봉기는 유럽에 비해 훨씬 더 피비린내나기는 했지만 단기간에 그치는 경향이었으며, 대개는 국가가 진압할 수 있었다. 대중폭력 사태의 발발이 몇몇 나라에서는 중요한 정치적 대변동으로 이어지기도 했지만(인도 1950·56·61년, 튀니지 52년, 이란 51~53년, 동독 53년, 모로코 52~56년, 헝가리 56년, 아이티 57년, 라오스 54·60년, 남부 로데지아와 남아프리카 60년, 우간다 63년, 케냐 63년) 이는 단지 예외에 불과했다 (Taylor and Hudson 1972: 94~102면).

　아프리카·아시아 신생국들의 정치적 독립은 문민관료와 군인의 엄청난 비대화를 동반했다. 독립운동가들에게 보상을 해주고 탈식민지정권의 사회적 기초를 공고히 다지기 위해 관료직과 군사직위를 만들어낸 것은 분명 별로 특별한 게 아니었겠지만, 종종 그 도가 지나쳤다.

　주변부에서 국군의 성장은 계획적으로 추진되었으며, 새로 확립된 발전주의 국가체제를 탄탄하게 하는 방법으로 환영받기까지 했다. 그리고 곧바로 이는 이런 국가체제를 관리하고 보전하는 최후수단으로 여겨졌다. 혁명 이후 들어선 정권이 군사력을 증강하는 것은 특히 광범위한 현상이었다(꾸바, 베트남, 이라크). 더욱 극적인 것은 반주변부에서 현대적 정보기관들이 확산된 점이다. 1945년 이전에는 '제국주의' 중심부 국가들의 배타적 특권이던 고급 정보기구들이 중국과 한국에서 이라크와 이스라엘에 이르는 아시아 전역과 라틴아메리카(꾸바)에 등장하였다. 꾸바나 파키스탄이 스파이망을 갖고 있다는 얘기는 1917년 아니 50년까지도 우스꽝스러운 모순어법처럼 들렸겠지만, 70년에 이르자 사정은 달라졌다.

요약하자면 자료는 명백하며 모호하지 않아보인다. 1945~67/73년 시기에 국가는 도처에서 팽창하고 발전했으며 모두 전성기를 누리고 있었다. 장기간에 걸친 국가형성과 국가팽창의 과정이 마침내 전례없는 성공을 거두게 된 것처럼 보였다. 전지구에 주권국가들이 들어찼으며, 이것들은 매우 만족스럽게 작동하고 있는 것처럼 보였다. 비(非)국가적 또는 준(準)국가적 지방권력(군벌, 실력자, 촌장, 부족장)의 지원을 받아야만 수도(首都) 외의 지역을 통치할 수 있던 '명목상의 정부'들이 최초로 거의 다 사라졌다. 물론 1946~66년간 지속된 꼴롬비아의 비올렌시아(violencia)* 와 같은 예외들도 있지만, 그것은 정말 예외적이며 종종 그 이전시기 투쟁의 '연장전'에 더 가까웠다(Bergquist, Penaranda and Sanchez 1992: 7~8면).

일반적으로 말해 범죄와 정치적 대중폭력의 발생률은 대단히 낮았으며 국가에 의해 봉쇄·흡수되었다. 국가는 대부분의 경우 이를 통해 억압을 (거듭) 독점할 수 있었다. 이 시기에 다양한 해방운동들과 게릴라운동들은 거의 한결같이 명백히 국가주의적인 전망을 가지고 있었으며 언제 어디서건 (해방구, 대외업무** 등등) 전형적인 국가의 기능과 속성들을 의식적으

---

* 꼴롬비아에서 20여년간 지속된 자유당(Partido Liberal) 지지자들과 보수당(Partido Consevador) 지지자들 간의 무장투쟁으로, 일명 La Violencia라 불리며, 특히 농촌지방에서 극심했다. 보수당이 정권을 장악한 후 일부 자유당 지지자들은 게릴라집단을 조직해 정글 안에서 독립공화국을 수립하기도 했다.

** 외교의례상 외교사절단이라고 부르지는 않았지만, 실질적으로 게릴라 집단들이 그에 준하는 외교업무를 수행한 것을 지칭한다.

로 재생산하였다. 게다가 다양한 민족해방전선들과 농민봉기들이 대중폭력과 수많은 범죄행위를 국가에 대항하는 '해방적인 강압'과 혁명적 폭력의 틀로 재포섭하고 재정비해서 실제로 그것들의 출구 역할을 한 것도 잊어서는 안된다. 이 운동의 저명한 이론가 중 한명인 프란츠 파농(Frantz Fanon)은 이 기능에 분명히 주목했으며 자랑스럽게 여기기까지 했다. 그는 민족해방운동에서 룸펜 프롤레타리아의 바람직한 역할에 대해 이야기하고 있다(Fanon 1963: 119~64면). 물론 실제로 이득을 본 것은 보편적인 국가질서였다.

국가관료제는 전세계계적으로 증가했는데, 관료제가 사회정치적 안정의 필수적인 토대를 제공한 것으로 보이는 중심부에서뿐만 아니라 특히 주변부와 반주변부의 신생독립국들에서도 그러하였다. 1945년 이후 지정학적인 조정을 통해 주권국가의 원칙은 분명하게 재천명되었으며 실행에 옮겨져, 독립국가의 수가 엄청나게 증가했다(UN회원국의 수로 따져보면 세 배 이상 증가하였다). 실로 빛나는 30년이었다.

1967/73~90년: 몰락의 시절

앞서 논의된 대부분의 추세는 1967년 이후 시기 또는 73년 이후에 극적인 변화를 겪는다. 1963년에는 반전의 최초 조짐들이 나타나기 시작했고, 73년에는 어려움이 분명해지고 일반화되었다고 할 수 있다. 숫자상의 변화는 '중요한 일이 벌어지고 있었'음을 너무나 분명하게 보여준다. 예를 들어 군사공격 횟수는 1967년 직전 10년간의 중앙치가 1600회였는 데 비해, 67년에는 무려 3400회로 급증하였다(Taylor and Hudson 1972: 103~109면). 미국의 대중적 저항 및 폭력 사건의 횟수는 나머지 중심부 국가들의 평균치를 훨씬 웃돌아, 한 분석가는 "아마도 1960년대는 미국 역사에서 가장 소란스런 시기였을 것"이라고 이야기하기까지 한다(Gurr 1989: II, 109면). 이 시기에 미국의 사망률은 제3세계의 어떤 나라보다 낮았지만, 이 헤게모니 국가에서는 도시폭동, 켄트주립대 총격사건, 운디드니 반란(Wounded Knee rebellion)* 뿐 아니라 존 케네디와 로버트 케네디 형제 암살, 마틴 루터 킹과 말콤 엑스의 암살 같은 기묘한 사건들이 발생하였다. 질서정연하게 구조화된 운동과 조직이 예전부터 존재했음에도 불구하고 새로운 반인종주의 운동과 학생운동, 반전운동이 출현하여 1960년대에 미국 전역을 휩쓸었다. 이 운동들은 길들여지지 않았고 매우 새로웠기 때문에 거대한 파괴력을 지녔으며, 이것이 이 운동들의 강점이었다. 종종 하묵은 문제를 다룰 때조차 그들이 사용한 수사와 전술은 얼마간 충분히 반체제적인 색채를 되찾았다.

미국과 나머지 중심부 나라들 사이에는 언제나 시간적인 어긋남이 있었다. 2,30년대에 이미 비국가적 폭력과 무질서가 역사적으로 가장 낮은 수준으로 떨어진 바 있는 서유럽과 오스트레일리아에서는 범죄율이 서서히 증가하고 있긴 했지만, 1960년대 내내 대체로 비교적 평화로운 상태였다. 1968년의 프랑스와 이딸리아는 소란스러웠던 프랑스의 1900년대, 30년대, 40년대 후반과 이딸리아의 1920년대 및 40년대와 비교해볼 때, 폭력이 드물었던 것처럼 보인다(Tilly 1989: 67~75면). 유럽과 일본에서 국가권위에 대한 도전이 가장 강력하던 시기는 1970년대로, 테러가 매우 기승을 부렸다(이딸리아, 서독, 일본, 프랑스, 그리스에서 극단주의적인 민족운동이 있었고 에스빠냐, 영국, 프랑스에서는 분리주의운동이 있었다). 이들 나라에서 테러공격 발생율은 대중매체가 1960년대 테러행위의 주도 지역이라고 지명한 라틴아메리카보다도 높았다.

마피아식 범죄조직들이 중심부 나라에서 엄청나게 확대되었지만 동시에 그들의 힘은 약화되었다(그림 6.2를 보라). 이것은 겉보기만큼 역설적이지는 않다. 마피아 파벌들간의 경쟁이 격화됐고 새로운 범죄단체들이 등장했으므로 범죄는 더욱 비조직적이게 되었다. 더구나 조직범죄는 대부분 10대들

---

* 1973년 2월 27일 일군의 미국인디언운동(AMI) 지지자들이 오글라라 수(Oglala Sioux) 인디언 보호구역에 있는 운디드니 마을을 무력으로 점령하고 부족지도자 교체, 인디언 관련 모든 조약을 재검토하고 상원이 인디언에 대한 처우를 조사할 것을 요구했던 사건으로, 1973년 5월 8일 연방군에 의해 강제 해산되었다.

이 저지르는 대중적 범죄 및 폭력의 큰 흐름 속에 묻혀버렸다(Reuter 1983).
청소년범죄는 북대서양 중심부 전역(서유럽과 미국)에 확산되고 있던 탈
공업화된 지역과 동유럽 공산주의 반주변부지역의 전형적 특징이 되었다.
그들은 단순히 길거리 깡패들이거나, 새롭고 더 어리고 더 저열한 각종 스
포츠 팬클럽과 록음악 팬클럽들, 또는 서구의 신(新)파시스트 스킨헤드나
러시아의 신(新)쏘비에뜨 '리우베리'(Liubery) 같은 정치적 색채를 띤 집
단들이었다. 길거리 깡패들에게 국제적 연결망이나 실질적인 범죄사업을
경영할 가능성이 있을 리 없음은 분명하다. 1960년대 후반과 70년대에 이
기능을 떠맡은 것은 이른바 대규모 범죄였는데 이는 본질상 범죄 다국적기
업이었다(Arlacchi 1986: 214~15면). 그들은 마약과 무기의 국제거래뿐 아니

〈그림 6.2 a〉 이딸리아의 인구 10만명당 연간 살인 및 살인미수 사건 비율 (1881~ 1990년)

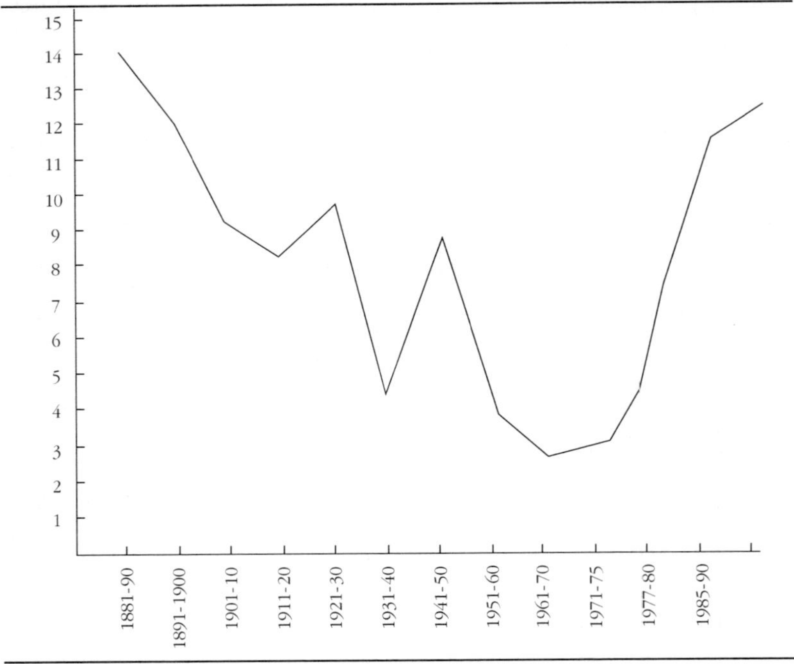

출처: Arlacchi 1986: 86면; *New York Times*, 10 October 1990: A4.

〈그림 6.2 b〉 미국의 인구 10만명당 살인사건 추세 (1900~85년)

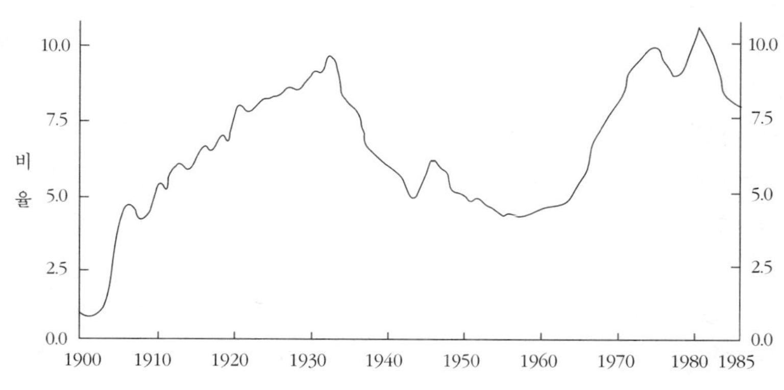

출처: Harries 1990: 11면.

〈그림 6.2 c〉 서구사회의 절도 및 폭력 범죄의 일반적 추세 (1830~1970년)

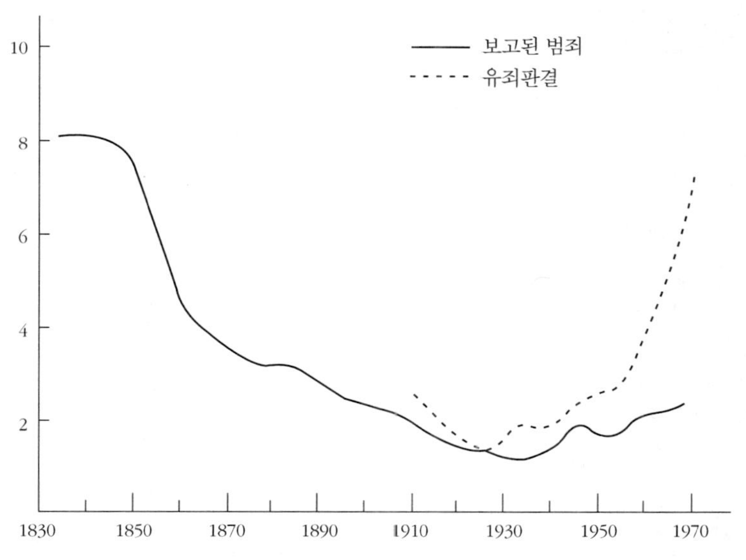

출처: Gurr 1989: Ⅱ, 22면.

라 노동력의 불법적인 이동과 금지협정이 맺어진 상품 거래, 그리고 화폐 이전(移轉) 거래에도 몰려들었다. 대부분의 전문가들은 1950년대 유로달러 시장의 탄생과 70년대 석유달러의 증가 때문에 불법적인 거래와 돈 세탁에서 전대미문의 조직범죄가 가능해졌다는 점에 동의한다. 마약시장은 여전히 가장 이문이 남고 가장 폭력적이며 가장 국제화된 곳이었다. 국가 당국이 압수한 마약의 양은 1970~90년 시기에 급속하게 증가했는데, 이것은 의심할 여지없이 마약 밀거래가 계속해서 늘고 있음을 반영한다(표 6.1을 보라).

이와같은 급속한 증가현상은 통제되지 않는 국제 금융시장의 팽창과 긴밀히 연관되는데, 범죄로 얻은 이득이 대부분 바로 이 시장에서 '합법화'될 수 있었다. 이런 활동을 잘 나타내는 지표가 '조세피난'국들에 대한 투자 증가인데, 조세피난국의 수는 1945년에서 90년 사이에 거의 열 배 늘어났다. OECD 같은 국제조직들은 이런 대규모 조세도피와 그것이 초래하는 결과들에 대해 점점 더 우려하게 되었다(OECD 1987 참조). 국제 조세경찰을 창설해야 한다는 이야기가 꾸준히 되풀이되었다(OECD 1987: 서문 참조).

〈표 6. 1〉 세계 헤로인 및 코카인 압수량 (1947~82년, kg)

	헤로인	코카인
1947~66(연평균)	187	41
1967~74(연평균)	953	625
1975	1,708	2,406
1976	2,583	2,419
1977	2,377	3,977
1978	2,441	5,391
1979	2,070	8,365
1980	2,510	11,820
1981	5,613	9,541
1982	6,153	12,092

출처: UN Division of Narcotic Drugs MNAR/1/1984, Review of Trends in Drug Abuse and Illicit Traffic, Arlacchi 1986에서 인용.

1990년대 초 국제상업신용은행(Bank of Commerce and Credit Inter-national)과 관련된 소동*은 그에 대한 염려를 심화시켰으며 더욱 직접적인 행동으로 나아가게 하는 자극제가 되었다.

과세는 7,80년대에 사실상 모든 국가에게 심각한 문젯거리였다. 역사적으로 과세수준은 자본주의 세계체제 전기간에 걸쳐 증가하고 있었다(그림 6.3은 '고전적인' 프랑스의 예로, 이를 더욱 잘 입증해준다). 1887년 미국의 연방수입은 GNP의 약 3%였는데 연방 소득세(1913년에 도입)가 없었으므로 이것은 주로 관세로 거두어들인 것이었다. 1937년에 미국의 연방수입은 GNP의 5.5%였는데, 45년 이후에는 거의 20%로 급증했다(Stein 1988: x면).

1969년의 특징은 미국에서 복지국가를 겨냥한 언론의 비판이 거세게 몰아쳤다는 점인데, 그 당시 사실상 모든 우럽 나라들에서도 비판이 행해졌다. 정부의 높은 지출에 대한 대중의 태도는(그것은 국가의 사회관리 능력에 대한 불신을 완곡어법으로 표현한 것이었다) 1960년대 후반과 70년대에 극적으로 변화했다. 미국과 영국에서 비판적인 태도를 지닌 사람들의 비율은 1960년대 중반의 약 50%에서 70년대에는 거의 80%로 급상승했다. 이 시기에 모든 OECD 나라들은 납세자들의 (언제나 존재하는 소규모 극단적 운동 단계를 넘어선) 이러저러한 형태의 저항에 직면했다. 오래된 보수정당 및 인민주의 정당들, 또는 특히 서유럽의 새로운 반정부운동들(이들이 그림 6.1의 1970년대 '기타' 정당의 주요 구성원이다)이 높은 세금을 문제삼았다(Peters 1991: 157~59, 172~74면).

사실상 모든 OECD회원국들이 1980년대 초 이래 정부개혁을 통해 상당 정도로 조세를 삭감·재조정하거나 적어도 절약과 경쟁력이라는 수사를 구사할 수밖에 없었으며, 멕시코, 꼴롬비아, 인도네시아, 중국(여기에 다른 나라를 추가하기는 쉽다) 같은 중요한 반주변부 나라들도 마찬가지였다. 다른 한편 제3세계의 수십개국에서는 국가의 조세·관세 정책 강제력 결

---

* 룩셈부르크와 케이멘군도(群島)에 본거지를 두었던 BCCI는 비밀 금융거래를 통해 꼴롬비아 카르텔의 마약자금을 세탁하고 테러리스트에게 무기를 공급하며 파키스탄과 아랍국가들에게 핵무기 기술을 제공하여 파문을 일으켰다.

〈그림 6.3〉 임금으로 환산한 노동시간 및 일인당 노동시간으로 표시한 프랑스의
총 과세액 (1597~1966년)

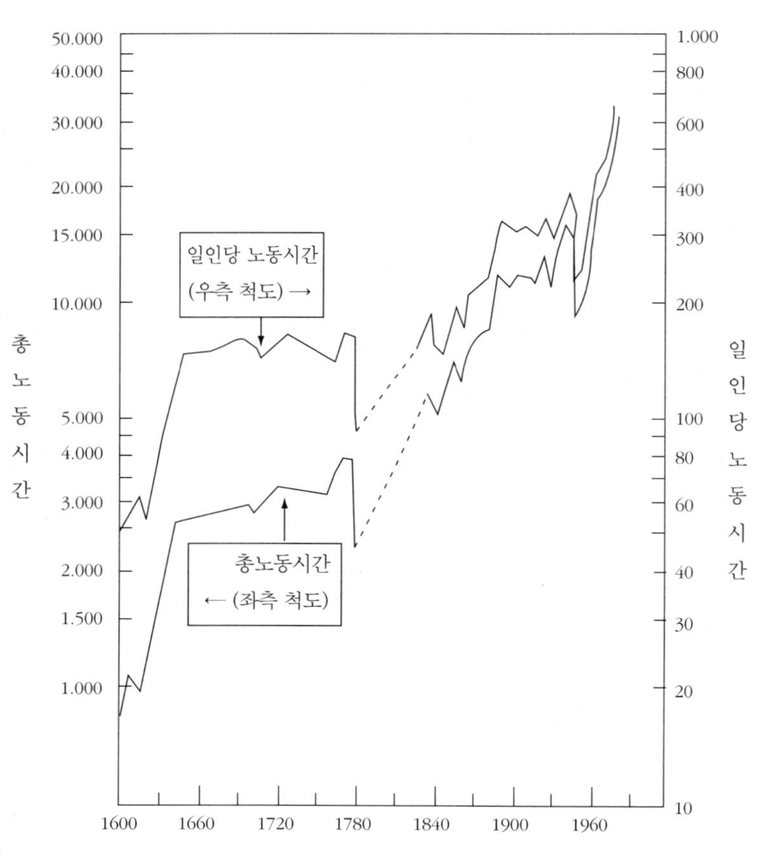

출처: Tilly 1981: 230면.

여와 관리들의 '토착적인' 부패(기업엘리뜨가 국가기구를 통제하여 개인
적으로 축재하는 형태를 보통 이렇게 부른다) 때문에 과세가 거의 사라졌
다. 1980년대 열대 아프리카의 사실상 모든 나라에서 공무원의 평균 봉급
이 한달 중 1~12일의 기본생계비를 제공해주는 수준이었음을 고려해볼

때, 관료가 되는 데에는 봉급이라는 직접적 동기 외에 다른 동기가 있었음이 분명하다(MacGaffey 1991: 15면). 결과적으로 꽤 많은 주변부 국가들에게는 해외원조가 주요 수입원이 되었으며, 다른 한편 몇몇 국가들은 실제로 이러저러한 수준에서 다양한 국제적·지역적 비(非)국가기구들에 의해 운영되었다(Brodersohn 1988: 118~24면을 보라; 쿠르드족 현상에 관해서는 van Bruinessen 1992: 33~67면을 보라).

국가수입을 거두고 그것을 정당화하기가 어려워진 문제는 국가의 많은 복지기능과 경제기능이 제거되어가던 일반적 추세와 직접적으로 연관이 있었다. 최후의 의미있는 국유화가 이루어진 것은 1970년대 중반이며, 이것들은 구(舊) 포르투갈 식민지인 에티오피아와 인도차이나, 그리고 몇몇 더욱 작은 제3세계 국가들에서 사회주의를 지향하는 정권이 승리한 것과 관계가 있었다. 프랑스의 사회주의자들은 1980~81년에 몇몇 은행을 국유화했지만, 몇년이 지난 후 '탈집중화'를 진행시켰다. 전체적 추세가 극적으로 역전된 것은 1980년대였다. 화폐주의에 기반한 정책과 신보수주의적 조세개혁이 순식간에 서구 전역으로 퍼졌으며, 부채에 시달리는 남(南)의 국가들도 IMF와 채권자클럽의 강요 아래 이것을 새로운 교리로 받아들이기 시작했다. 영국과 프랑스, 서독, 이딸리아, 스웨덴, 일본이 광범위한 탈국유화 계획에 착수하였으며, 제3세계에서는 방글라데시와 베닌인민공화국, 브라질, 칠레, 도미니까공화국, 에꽈도르, 자마이까, 코트디브와르공화국, 케냐, 멕시코, 파키스탄, 뻬루, 포르투갈, 필리핀, 남한, 자이레 등이 이를 시작하였다(UN 1985: 97면). 1990년 이후 구 공산주의국가들의 사유화의 물결 때문에 이 목록은 극적으로 늘어났다.

번창하는 일본에서조차 "공무원시험의 지원자 수가 1979년 이후 감소하고 있다"(Sakamoto 1991: 109면)고 하는데, 이 나라는 근대 내내 국가가 경제에서 중심적인 역할을 담당했으며 국가공무원의 위신도 높았던 곳이었다. 이 현상은 사기업 관료제가 눈에 띄게 성장했기 때문이라고 이야기된다. 『UN 세계 사회현황 보고서』(*UN Report on the World Social Situation*)는 다음과 같이 주장한다.

최근 사적 경제가 공공써비스 공여에서 담당할 수 있는 잠재적 역할에 대한 새로운 관심이 일고 있다. 이들 써비스에는 소방과 경찰, 탁아 및 양로 시설 공급, 응급구조, 개인 소유 감옥의 건설과 관리까지 포함된다. 미국은 다른 어떤 나라보다도 더 많이 이런 써비스에 의존하고 있으며, 1980년 한 해에만 국가 및 지방 수준에서 이렇게 지불된 금액이 668억달러였다⋯선진국과 발전도상국 모두 점점 더 전기, 가스, 수도 같은 공공써비스 공급을 사적 부문에 의존하고 있다(UN 1985: 93~4면).

많은 나라들에서 전형적인 공공써비스인 우편과 통신은 물론 교도소와 경찰까지도 점점 더 민영화되고 있다. 『유에스 뉴스 앤드 월드 리포트』(*US News and World Report*, 12 November 1990: 12면)의 추산에 따르면, 미국 경호원 세 명 중 한 명은 지역사회나 기업이 고용한 사립 경호원이다. 2000년에 이르면 사립 경호원이 전체 경찰력의 절반 정도에 이를 것이라고 추정된다. 구 공산주의 나라들에서도 유사한 과정이 더 극적으로 진행중이다. 러시아 한 나라만 해도 1992년 초에 등록된 사립 탐정과 경호원 수가 십만 명을 넘어섰으며, 방범장치와 훈련견 시장이 번성하고 있다(*Nezavisimaya gazeta*, 9 May 1992: 6면).

이것이 바로 1980년대 동안 그토록 자주 논의되고 종종 찬양된 바 있는, 국가가 독점한 기능들의 시장화이다. 이와같은 공적인 것에서 사적인 것으로의 전환은 몇몇 경우에는 어느정도 만족스러운 기능적 효과를 낳았지만, 전체적으로 보아 명백하게 더 나은 어떠한 대안도 제공하지 못한 채 근대성의 제도적 토대를 더욱 약화시켰다. 간략히 말하자면, 법과 질서에서 가장 근본이라 할 수 있는 공익(公益)이 사적 특권이 되거나 기업의 특권이 되었다.

국가간체제에서 밀접히 연관된 두 가지 중심원칙인 영토와 주권이 점점 더 문제시되고 있다. 대부분의 저자들에게 서유럽통합은 주요한 경험적 논쟁거리였다. 피터 카젠슈타인의 유명한 설명(Katzenstein 1987)에 따르면, 서독은 위로부터는 NATO 구조의 영향력이 아래로부터는 연방주들(the federal *Länder*)의 영향력이 동시에 깊숙하게 침투하고 있는 '일종의 반(半)주권 국가'라고 이름붙일 수 있다.

하지만 '국가 극복'으로 이해되는 지구화 및 지역화 과정을 개념화하기에는 상당한 이론적인 어려움이 따랐다. 여러 저자들은 경험적 관찰을 토대로, '상호의존적이며 더욱 복잡해진' 세계에서 지구적 권위(global authority)가 바람직하다거나(예를 들면 Walker and Mendlovitz 1990), 또는 이미 형성중이라고(Gilpin 1975; Keohane 1989; Camilleri and Falk 1992 참조) 결론 내렸는데, 지구화나 지역화라는 생각은 바로 이런 경험적 관찰에서 출현한 것이었다. 몇몇 이들이 '신연방주의'라고 부르기도 하는(D'Amico and Piccone 1991: 2~12면을 보라) 국가 및 지구화/지역화 문제와 관련해 다소 상이한 논제가 조직되었는데, 포스트모더니티라는 개념이 그 논제의 중심이다. 이 문제는 매우 신속하게 주류 정치학에 동화되었으며, 이 자체가 개념상 위기의 신호였다(Apter 1987; Ruggie 1993 참조).

왜 국가에 기초한 권력조직이 현재 변화하고 있는가라는 핵심적 문제에 관해서는 큰 혼란이 있거나 문제가 회피되고 있는 상황인 듯하다. 대부분의 논의들은 일관된 이론에 기초하지 못한 채 본질적으로 현실을 순간적으로 포착하는 데 그쳤다. 러기의 다음 언급은 바로 이 사실을 잘 포착하고 있다. "현재의 일반적 시각에서 그 과정을 묘사하거나 설명하는 데는 어려움이 있다…하지만 어느 누구도 그것이 진행중이 아니라고 이야기하지는 않는다"(Ruggie 1993: 141면). 미네르바의 브엉이는 또다시 황혼녘에야 날아오를 것인가? 반체제운동들에 대한 논의는 한층 더 혼란스러운데, 아마도 이것은 정치적 · 이데올로기적으로 헌신했던 잔재가 관찰자들에게 남아 있기 때문일 것이다. 안드레이 푸르쏘프(Andrei Fursov)가 지적했듯이

좌파(특히 공산주의자)가 운동 자체의 사회적 성격, 그리고 특히 '사회주의진영'(socialist camp), '공산주의정권'(communist regime), '소비에트형 사회'(Soviet-type society)와 같은 (끝없이 이어지는 잘못된 이름들

―인용자)로 제도화된 바 있는 권력의 시스템을 개념화하는 데 궁극적으로 무능했다는 점은 그들의 이론상 가장 중요하다고는 할 수 없어도 중대한 실패중의 하나였다(Fursov 1991: 30면).

1960년대 후반 이후 반체제운동들은 목표를 성취하는 데 있어서뿐 아니라 단결과 동원, 조직과 전략의 관점에서 봐도 사회변화의 주역으로서의 개입능력을 급속히 상실해갔다. 간단히 말해, 그들은 쇠퇴해갔으며, 심지어 소멸해가기까지 했다.

(정권을 잡고 있거나 잡고 있지 못한) 공산당들이나 사회민주주의라는 명칭을 지닌 정당들, 정당과 연결되거나 되지 않은 노동자조직들, 그리고 구(舊) 민족해방운동들 모두 아주 미미한 정도의 차이는 있지만 공통적으로 이러한 쇠퇴를 겪었다. 1945년 이후를 보면 영향력 측면에서 공산당 조직들과 정체(政體)들의 궤도는 60년대 후반까지 꾸준히 상승곡선을 그리다가(56년에 탈스딸린주의화의 내부위기가 있었지만, 그후 추세가 회복되었다), 점차적으로 하락하기 시작해서(68년에 체코슬로바키아와 폴란드에서 자유화운동이 있었으며, 폭넓게 '반대파 반정치학'dissident anti-politics으로 정의될 수 있는 것이 제도화되었다), 대략 1980년을 지나면서부터 급격한 하강곡선을 그렸다(외채위기가 있었고 아프가니스탄, 니까라과, 인도차이나, 앙골라 등 새롭게 사회주의블록에 '결합한' 모든 지역에서 서구의 강력한 반발이 있었으며, 유럽의 데탕트가 종결되고 크루즈 미사일이 등장하였으며, 폴란드에서는 쏠리다리티Solidarity를 억누를 수 없었고 소련 지배층의 세대교체가 시작되었다). 1989~91년의 소련·동유럽 정권들의 몰락은 이러한 추세를 최종적으로 확인시켜준 사건이었다. 몇몇 나라에서는 공산주의정당들이 상대적으로 쇠퇴하자 처음에는 사회주의정당들이 이득을 얻기도 했으며, 1980년대 초에 그 성장이 최고도에 달했다. 하지만 이후 1980년대가 끝나가면서 그들 또한 복지국가 프로그램에 대한 신뢰성이 하락한 것으로부터 영향을 받기 시작했다.

1960년대에 신사회운동은 전세계적으로 이 모든 쟁점들을 강력하게 제기하였고 철저하게 확대시키고 변형시켰다. 이 쟁점들이 최초로 선거상의 문제로 진지하게 표현된 것은 1980년대의 '녹색'은동을 통해서였다. 1980년대 후반에 녹색운동은 구좌파정당들의 자리를 이어받을 경쟁자로 부각되기 시작했다. 그들은 처음에 서독에서, 그후에 다른 서구 나라들에서 일시적으로 정치적 성공을 거두었다. 그후 그들은 정치라는 장기판의 어느 지점이 그들에게 맞을 것인가, 즉 구좌파를 대신한 극좌가 될 것인가 아니면 새로운 중도파세력이 될 것인가라는 문제를 둘러싼 내부논쟁에 시달렸다. 이러한 논쟁은 그들을 약화시켰다. 하지만 이 사실이 녹색운동의 완전한 패배를 뜻하는 것은 결코 아니었다. 인권운동도 마찬가지였으며, 이 경우 한층 더 들어맞는 이야기라고 할 수 있다. 정확하게 말해 환경주의, 반전, 여성, 소수자, 또는 일반적 인권에 대한 관심들은 분명 새로운 것이 아니며 사실상 19세기까지 거슬러올라갈 수 있다. 하지만 1960년대까지 그런 관심은 자유주의에 종속된 담론이었으며, 맑스주의자와 혁명적 민족주의자들은 보통 이 문제들에 대해 기껏해야 애매한 태도를 취할 뿐이었고, 투쟁의 주요 대의에 종속되는 문제로 여겼다. 주로 엘리뜨 집단 및 개인들(알프레드 노벨Alfred Nobel, 버트란드 러쎌Bertrand Russell, 아나똘 프랑스Anatole France, 웰즈H. G. Wells, 프리조프 난센Fridtjof Nansen 등등), 또는 자유주의적 서방정부들 및 정부간 조직들(국제연맹League of Nations, 유엔, 유엔 하위기구들)이 특히 전시에 평화주의와 반차별, 자연보존, 일반적인 '자선활동'을 주창하고 그에 관련된 규범을 만들어냈다(Luard 1967: 7~22면).

신사회운동들이 정치무대에 진입한 것은 처음에는 급진적인 혁신처럼 보였다. 그러나 그들은 거의 곧바로 중심부 국가들의 헤게모니적 자유주의 담론과 조직적 틀 속으로 편입되었다고 할 수 있는데, 이것은 수많은 활동가들이 노벨상을 받았고 UN이나 각종 위신있는 회의에 초대받아 연설을 했다는 사실에서, 또는 쏘비에뜨블록의 정치적 반대파들의 경우에 서방의 냉전 선전장치를 광범위하게 이용했다는 사실에서 확인된다. 그럼에도 불구하고 중심부 국가들은 마틴 루터 킹, 하벨, 만델라, 싸하로프, 그리고 라틴아메리카와 아시아의 군사정권에 대항한 수많은 시민 저항가들을 인정하고 후원하면서, 그들이 제기한 쟁점을 적어도 공적으로는 받아들여 고려하지 않을 수 없었다. 그린피스와 국제사면위원회(Amnesty International) 같은 자발적 파수꾼 NGO들이 영향력있는 전지구적 기관으로 변모될 수 있었다는 것은 확실히 매우 중요한 사실이다. 1970년대 후반 이후 전세계적으로 온갖 종류의 수많은 독재정권을 휩쓸며 그것을 무너뜨리거나 또는 심각한 손상을 입힌 연속적인 민주화 물결은 꼰드라띠예프 B국면위기 때문에 촉발된 것이었다. 그러나 그 후의 민중운동과 개혁, 그리고 혁명이 띠었던 구체적인 역사적 형태들은 분명히 미국 헤게모니의 1945년 이후 자유주의 담론의 산물이라기보다는 60년대 정치학의 역사적 유산의 일부였다.

주변부지역에서 벌어진 예전의 민족해방운동들의 경우에도 1970년대 중반 이후 쇠퇴와 퇴보, 붕괴의 궤적이 두드러졌는데, 늘 그렇듯이 세계의 비참한 지역에서 이 과정은 훨씬 더 참혹했다. 일반적으로 말해 이 운동들은 민족적 발전을 추진하는 데 어려움에 봉착했으며, 이 어려움은 전세계적인 경기침체와 서구가 부과한 구조조정 프로그램 때문에 더욱 악화되었다. 대안적 세계체제임을 공언해온 사회주의체제도 기껏해야 세계체제 내의 하나의 지정학적 진영에 불과함이 점점 더 분명해졌고, 엄밀히 말해 사회주의에는 스스로 하나의 체제가 되기 위한 경제적 토대가 없었으므로, 여기에 참여하는 것은 점점 더 매력을 잃어갔다. 나쎄르와 띠또, 까스뜨로의 반둥시대는 끝이 났다. 대대적 공격이 전개된 후 전장은 인간 및 제도의 잔해들로 뒤덮였으며, 싸담 후쎄인과 유고슬라비아의 공산당 출신 군벌들, 또는——알리 마쯔루이가 비꼬아 이름붙인(Ali Mazrui 1973)——아프리카의 룸펜-밀리타리아트(lumpen-militariats) 같은 약탈자들에 의해 장악되었다.

갖가지 종의 민족해방운동을 통해 정권이 창출된 국가들의 최후의 보루를 포위·공격한 것은 절망에 빠진 반세속적 투사들이었다(인도, 이집트, 알제리, 스리랑카, 튀니지, 뻬루, 따지끼스딴). 1979년 이후 점점 더 많은 수의 반세속적 운동들이 국가를 뒤흔드는 데 성공한 반면(이란, 수단, 아프가니스탄), 지배연합(ruling coalitions)의 일원이 되어 공격에 실패한 수도 늘어났다(이스라엘, 인도, 파키스탄, 터키뿐만 아니라 미국도 이에 포함된다). 세계적인 주류 종교조직도 종교투사들의 표적이 되었으며, 세속적 권력과 동거하고 세속 이념과 화해한 대가를 치러야 했다. 종교 근본주의자들은 진정한 저항을 대표하기는 했지만 적어도 현대적 견지에서 해방적인 운동은 아니었다. 더 면밀히 살펴보면, 그들은 보통 단언되듯 역사를 거스르려 했다기보다는, 신뢰를 잃은 민족 발전주의자의 프로젝트를 인수해서 그것의 가치 및 사회적 토대를 재조직하려 했음이 분명하다(전형적인 이란의 예에 대해서는 Abrahamian 1992; 아랍국가들에 대해서는 Sivan 1992; 브라질의 기독교기초공동체 Comunidades eclesi á sticas de base에 대해서는 Hewitt 1990 참조). 예전의 민족주의자와 사회주의자가 발전이라는 대의를 실제로 폐기하고 있을 때, 주변부의 근본주의자들은 본질적으로, 바르 그 대의를 떠맡으려 애썼던 것이다. 그래서 주변화되고 아노미적인 제3세계 거주자들의 풀뿌리 공동체와 종교적 메타공동체들——이슬람교의 움마 Umma, 시크교의 칼사 Khalsa, 힌두교의 카스트질서, 해방신학의 기독교적 형제애——에 대한 신화화된 관념이 강조된다.

중심부에서 세속주의에서 벗어나는 최초의 조짐은 비(非)아브라함적 예전(禮典)과 교리에 강한 관심을 보이는 '신종교운동들'의 급속한 증가라는 기묘한 형태로 나타났다고 할 수 있다. 이 운동에 참여한 것은 주로 유럽과 북미의 젊은 세대들이었다. 20세기 초두어 이와 유사한 운동들이 신지학적(theosophic) 엘리뜨주의를 표방한 데 비해, 새로운 신비주의집단들은 상당수의 기층 대중을 적극적으로 개종시켜 끌어들였다('전업' 종교인이 수만명이었고, 단기간의 추종자들은 수십만명에 달했다). 이 현상은 매우 큰 주목을 받았다. 로빈즈는 '신종교운동들'이 종교사회학자들에게 미친 영향을 "몇몇 위험한 식인도마뱀을 포함한 약 300개의 새로운 종류의 도마뱀의 발견이 파충류학회에 끼친 영향"에 비유하기도 했다(Robbins 1988: 13면). 하지만 이는 학구적 관심을 넘어서는 것이었다. 적어도 중심부 나라에서는 대부분의 사람들이 여전히 세속주의와 계몽운동을 돌이킬 수 없는 것으로 보았다. 7,80년대에 전투적 근본주의운동이 폭발적으로 성장하자 이러한 믿음은 산산조각났으며, 암흑시대가 재래하는 것은 아닐까 하는 암울한 전망이 자리잡게 되었다(덧붙여 말하자면, 이것은 꼰드라띠예프 B국면인 양 세계대전 사이 시기에 나타난 지금은 반쯤 잊혀진 '신반계몽주의' *에 대한 두려움과 유사했다). 근본주의자들은 분명히 서구와 서구 자본주의적 근대성에 도전하는 반체제적 전략을 반영하고 있으며, 근대국가를 서구의 가장 억압적인 측면이라고 보았다. 그렇지만 이 운동들이 민족해방운동을 완전히 대체했다고 보기는 어렵다. 녹색운동과 '구좌파'의 관계, 또는 동유럽의 민주주의자들과 공산당의 관계에서 보듯이, 새로운 단계는 진정한 새로운 운동의 시작이라기보다는 구(舊) 운동들 및 관념들이 사후에도 그 명맥을 이어가는 것이라 할 수 있다.

국가와 관련해 반체제운동들을 살필 때, 바로 1967~73년의 혁명적 격변 이후, 그리고 주로 그것이 원인이 되어서 국가의 직접적인 적수들이 사라졌다는 것은 아이러니이다. 여전히 항거하고 있지만 지속성이 없는 테러리스트들을 별도로 친다면, 다른 반체제운동들은 더이상 자신들의 세계관 속에서 국가에 중심적 위상을 부여하지 않고 있다. 레닌의 대표적인 문구 하나를 빌려 말하자면, 이 점은 "**모든 나라에게 그들의 가깝고 불가피한 미래에 대해서 무엇인가를——매우 중대한 무엇인가를——드러내 보여줄 수 있다**"(Lenin 1975: 291~92면).

테러리스트조직들조차 매우 중요한 한 가지 의미에서 이전의 게릴라운동들과 다르다. 1967년 이전 시기의 게릴라운동에 본질적으로 '구좌파'/민족해방 강령이 있었다면——다시 말해, 그것의 가장 중요한 중기적 목표가 국가권력의 장악이었다면——1967년 이후 북(北)과 남(南)의 대부분의 테러리스트조직들은 이런 목표를 세우지 않았다. 대신 그들은 (1815~48년

---

* 신반계몽주의(new obscurantism)는 2,30년대의 유럽 지식인들이 파시스트와 기타 과격한 보수주의자들처럼 반계몽주의적인 교리를 설파하던 부류를 지칭하던 용어이다. 오늘날 우파 종교집단과 다양한 근본주의자들이 이에 해당한다고 볼 수 있다.

의 서유럽 지하운동들과 다소간 유사하게, 국가와 사회질서 자체가 극적으로 변화하거나 완전히 소멸할 수 있는 상황을 만들어내려 했다. 7, 80년대의 테러리즘이 1968년의 여진(餘塵)이었다면, 디들과 20세기 초반의 게릴라 사이의 차이는 신 반체제운동과 구 반체제운동 간의 차이에 비교될 수 있다.

그외에 첩보활동의 음침한 세계도 이런 혼란기의 어려움을 공유한 것처럼 보인다. CIA와 M15는 공공연한 추문에 시달렸다. 소련의 KGB와 이스라엘의 모사드(Mossad) 및 신베트(Shin Bet)*는 그들을 난처한 처지에 빠뜨린 수많은 변절과 국내 권력투쟁 때문에 신비로움과 전능의 신화를 대부분 상실했다. 제3세계의 신참 특수기구와 테러리스트, 국제 범죄자들이 스파이세계에 가담해 경쟁은 치열해졌으며 그 세계는 매우 복잡해졌다. 결국 첩보기구들은 이전에 자신들이 누렸던 절대적 후광과 국가적 정당성을 다소 잃기 시작했으며, 그 결과 국가들의 실질 권력은 더욱 축소되었다.

군비경쟁은 1970년대와 80년대 초에 가속화된 듯하다. 명백히, 점점 더 많은 국가들이 1970년대 초의 새로운 불안정 상태에 대처하기 위해 억압기구들을 확장하고 결국 내전과 외전을 벌이게까지 되었다(아프리카에서는 차드내전, 차드/리비아전, 나이지리아내전, 우간다/탄자니아전, 소말리아/에티오피아전, 수단내전, 서사하라/모로코전, 모로코/모리타니전이 있었다. 라틴아메리카에서는 아르헨티나, 으루과이, 칠레, 꼴롬비아, 베네주엘라, 뻬루, 볼리비아, 과뗴말라, 니까라과에서 '내전'이 있었고, 게다가 예견적 의미를 지니며 내부의 문제를 '외부화한' 사례인 포클랜드/몰비나**의 남-북간 충돌이 있었다. 중동 전역에 분쟁이 있었으며 레바논은 그중 특별한 사례였다. 남아시아와 동남아시아에서는 아프가니스탄내전, 인도/

---

* 모사드와 신베트는 대표적인 이스라엘의 정보기관들로, 모사드는 주로 해외에서의 정보수집을 담당했고, 신베트는 국내에서 정치적 색채를 띤 활동들을 감시하는 역할을 담당했다.

** 영국과 아르헨티나간에 포클랜드(또는 몰비나)섬의 지배권을 두고 벌인 전쟁(1982~86)으로, 몰비나(Malvinas)는 이 섬의 아르헨티나식 이름이다. 지은이가 통상적으로 부르는 대로 포클랜드전쟁이라고 하지 않고 양측에서 쿠르는 지경을 둘다 써 준 이유는, 이 섬에 대한 지배권이 논쟁의 여지가 있음을 보여주기 위함이다.

파키스탄분쟁, 캄보디아/베트남전이 있었다). 수치상 분명한 경향으로 나타나지는 않지만 군사력을 동원한 정권탈취 또한 증가했다. 앞서 인용한 UN보고서에 따르면, 1987년까지 전세계적으로 59개의 군사정부가 존재했다.

그러나 이러한 군사적-관료적 규제추세는 곧바로 전세계적인 '민주화'의 대대적 물결 속에서 역전된다. 1990년까지 라틴아메리카에서는 모든 군사정권이 사라졌으며, 그외의 지역에서 점점 더 많은 약소국(토고, 모잠비크, 탄자니아)과 그보다 강한 국가들(남아프리카, 터키, 타이, 남한, 대만)이 민주화, 다시 말해 군사력과 경찰력을 동원한 공공연한 억압 대신 정치 및 경제 엘리뜨 내부의 타협에 의존하기 시작했다. 이 전환이 역전되는 경우도 없진 않았다(가장 두드러진 예는 아마 알제리라고 할 수 있지만, 1980년대 후반에 전국적 봉기에 의해 이전의 국가권력의 독점이 파괴된 많은 구(舊) 공산국가에서도 민족주의적 독재가 수립되었다). 민주화가 국가의 응집력에 미친 영향은 기껏해야 잡다한 듯하다. 경제가 팽창한 지대의 몇몇 나라(칠레, 남한, 대만)에서 민주화는 분명히 국가를 신민(臣民)의 눈에 더 정당하게 비춰지게 했지만, 다른 더 많은 지역에서 이 추세는 지역 엘리뜨들이 변화하는 세계체제 속에서 자신들의 지위를 지탱하기 위해 지배이데올로기를 지지한다는 것을 분명하게 밝혀 대외적 인정을 받아내려는 필사적인 노력에 가까웠다. 많은 주변부·반주변부 국가들은 점점 더 자국 영토에 대한 통제력을 상실했으며, 완전히 붕괴되기도 했다. 1978~90년에 레바논은 하나의 국가로 존재하지 않았다. 레바논은 시리아 '식민지 총독'(proconsulship)의 지배 아래 부활했지만, 이런 안정은 정당화될 수 없는 정복이며 따라서 국가간체제가 불안정해지고 있음을 보여주는 표지라고 볼 수 있다. 1990년경에는 리베리아와 아프가니스탄, 소말리아 국가가 사라졌으며, 복원될 가능성은 거의 없어 보인다. 구(舊) 유고슬라비아 내의 전쟁들과 구 쏘비에뜨 공화국 내의 갈등들은 가장 '북부'적인 '남측' 국가들의 붕괴였으며, 직접적으로 중심부의 중요 지역(서유럽)을 위험에 빠뜨렸다.

가장 권위있는 지표들을 모아놓은 자료집 중 하나인 『UN세계사회현황 보고서』를 하나의 지표로 삼아보자면, 처음 나왔던 1952년에서 82년까지 그 보고서는 주로 인구와 보건, 교육, 도시화에 대한 장들로 구성되었다. 1982년에 『보고서』의 구조상 중요한 변화가 있었다. 시민권과 정치적 권리, 그리고 군비 축소에 대한 장들이 처음 등장하였고, 서론에서 매우 흥미로운 새로운 어조가 느껴졌다.

최근 경기후퇴 때문에 앞날에 대한 기대가 꺾였을 뿐 아니라 사회경제적 변화의 관리자로서 민족국가의 한계가 드러났다…다양한 형태의 정치적 불안이 발생했는데, 특히 이는 정부가 국가 건설과 생존가능한 경제 건설을 동시적으로 추진해야 하는 막중한 임무를 안고 있던 지역에서 두드러졌다. 종종 이 불안정에 대한 대응으로 한층 더 권위적인 정부들이 등장했다. 또 그것은 공적 행위 및 사적 행위의 쇠퇴로 나타나기도 했다. 개인들을 하나로 묶어주던 각종 권위 및 공인된 가치가 약화되었으며, 그 결과 개인의 자유는 더욱 커진 반면 사회는 더욱 허약해졌다…공적 권위에 대한 태도는 종종 공공연한 도전의 형태를 취하고 있다. 법, 조례, 조세가 점점 더 의문시되고 있으며 이를 회피하는 경우도 늘고 있다. 문화와 발전의 수준이 각각 다른 많은 사회에서 공통적으로 알코올중독, 약물중독, 범죄, 동료 및 공동체에 대한 무책임을 더 자주 접하게 되었다(UN 1982a: 1~2 면).

이 보고서는 바로 전지구 인류의 집단적 견해를 표현해야 하기 때문에 용어와 스타일상 당연히 미진한 점이 있긴 하지만, 우리가 다양하고 수많은 현상들 속에서 추적해온 추세를 간결하게 요약하고 있다. 1985년 『UN 보고서』에는 "집단 및 개인에 대한 폭력"이라는 또 하나의 새로운 장이 첨가되었다. 그 장에 다음과 같은 흥미로운 두 가지 진술이 등장한다.

그러나 종교부흥은 현재 진행중인 몇몇 내전과 갈등을 초래한 강력한 원인인 것처럼 보인다…그리고 또, 장기적 추세인 세속화 또는 사회질서의 세속화가 점점 더 의문시되고 있으며 몇몇 경우에는 그 추세가 역전되고 있다.…

복지국가를 바라보는 시각이 비판적이게 되었다…많은 발전도상국에서 금융자원이 매우 부족해졌기 때문에…이 국가들은 생존투쟁에 직면해야 했다 (UN 1985: 25~26, 89면).

수많은 찬양과 기대 속에 1980년대 후반과 90년대에 진행된 전지구적 민주화는 분명 고조되고 있던 이러한 국가의 불안정과 약화 현상의 한 표현이었다. 이 현상의 또다른 지표는 인권을 요구하는 압력이 증대하고 이른바 '소수자 문제'가 중심 문제로 새롭게 등장한 것이라고 할 수 있다. '소수자문제'는 1970년대에 주목받기 시작했으며 이에 대한 관심은 현재 중심부뿐만 아니라 세계체제의 다른 곳에서도 빠르게 확산되고 있다. 동유럽의 구(舊) 공산주의국가들의 경우 민주화가 무엇보다도 국가의 붕괴와 사회적 혼란의 결과라는 것이 가장 명백하다.

중심부 국가들에서 (남南 출신의) '유색' 소수인종을 이데올로기적으로 흡수하는 것에 대한 저항은 '다문화주의'에 대한 요구를 낳았으며, 이로 인해 다문화주의에 대한 저항 또한 초래되었다. 결과적으로 국가는 양편에서 공격을 받고 있다. 한편에서 점점 더 효과적으로 조직화되고 있는 '남(南)의' 소수인종들이 '다문화주의적' 압력을 넣고 있으며, 다른 한편에서는 외국인 혐오적 기독교도들 또는 전(前)기독교적인 근본주의 우익 인민주의자들조차 압력을 가하고 있다.

세계체제의 지배이데올로기인 자유주의는 이처럼 많은 이데올로기적·정치적 난제들에 봉착하고 있는데, 이 문제들은 이전에는 자유주의가 대충 얼버무리거나 완전히 무시할 수 있는 것들이었다. 소수자 권리는 '일인일표' 원칙을 손상시키는 것이며, 차별수정조치(affirmative action)*는 실력사회와 모순된다. 국가란 우익들이 보기에는 '부당한 간섭자'이며, 소수자

---

* 미국에서 흑인, 소수민족, 여성의 고용과 고등교육 등을 적극적으로 추진하는 계획.

들이 보기에는 불충분하고, 신뢰할 수 없으며 위선적이다.

위기에 처한 것은 정치적 근대성에 대한 자코뱅적 기획 전체, 즉 주민들을 균일화시켜 근대 국가기구에 절합시키는 데 있어 중요한 기제인 민족주의이다. 확실히 공동체가 현실적인 것이 되기 위해서는 상상될 수 있어야 하며, 공동체를 민족으로 상상한다고 했을 때(Anderson 1991) 민족주의 원칙은 종족 단위와 정치적 단위가 일치할 것을 요구하되 보통 그에 따르는 희생은 개의치 않는다(Gellner 1983을 보라). 루리타니아(Ruritania)* 사람이면 누구든 자신이 루리타니아 사람이라고 의식하게 되는 즉시 모든 루리타니아 사람들을 위해 싸워야 한다. 한편, 근대 세계체제는 가능한 지원자보다 훨씬 소수의 국가들만 인정하는 것처럼 보인다. 따라서 민족국가를 추구하는 행위의 확산 자체가 국가가 강제하는 질서를 침식한다.

60개 이상의 국가가——즉 UN의 평가에 따르자면 전체의 1/3 이상이——심각하고 급박한 분리주의의 위협에 직면해 있다. 1945년 이후 시기에 분리주의운동이 제대로 된 자기 국가를 서우는 데 성공한 경우는 거의 없다(가장 두드러진 예외는 방글라데시인데, 이 경우 방글라데시가 파키스탄의 여타 지역에서 물리적으로 상당히 떨어져 있다는 특별한 이점이 작용했다). 그러나 1991년 유고슬라비아와 소련의 붕괴로 국제적으로 공인된 신생독립국들이 상당수 생겨났으며, 뒤이어 체코슬로바키아가 해체되었다.

세계체제의 더 많은 그리고 그다지 덜리 떨어져 있지 않은 지역에서 군벌이 다시 한번 기승을 부리고 있는 것처럼 보였다. 국가가 붕괴하고 있는 상황에서 많은 게릴라운동이 이러한 형태의 권력조직으로 변질되었다. 필리핀과 캄보디아, 미얀마, 타이, 스리랑카, 인도, 아프가니스탄, 레바논, 차드, 우간다, 모잠비크, 앙골라, 소말리아, 리베티아, 수단, 에티오피아의 일부 지역과 구 유고슬라비아와 소련의 상당히 넓은 지역이 무장집단——명목상의 정치적 강령을 지닌 집단도 있고 그렇지 못한 집단도 있다——의 지배하에 놓여 있었다.

---

* 동화나 사극, 오페라 따위에서 자주 배경으로 설정되는 전설적이고 낭만적인 작은 왕국.

국가의 탈중심화는 동일한 과정의 또다른 측면이었다. 이 현상은 서구의 공공행정 연구자들이 보통 생각하던 것보다 훨씬 더 일반적이다. 왜냐하면 서구 학자들은 남(南)에서 '전통적'이거나 근본주의적인 공권력 구조가 재등장한 것을 일반적으로 인류학적인 것으로 분류했으며, 따라서 중심부에서 진행중인 통치의 지방화 추세로부터 분리시켰기 때문이다. 앞서 서술한 여러 이유들 때문에 이미 드러난 이 경향은, IMF구조조정 정책들이 강요한 '신개방'에 의해 한층 더 강화되었는데, IMF정책들은 A국면의 국가주의-민족주의적 정책들의 대부분을 뒤집는 것이었다. 주변부와 반주변부에서 국가가 해체되고 그보다 낮은 '하위-국가' 수준 및 높은 '초국가' 수준으로 옮겨가는 현상은 고통스러울 정도로 명백했다. 탈식민적인 세칭 민족국가는 단지 이 두 수준을 정당화하기 위해 덮어씌우는 탈로 변해가고 있었다. 이러한 견지에서 베이커는 알듯말듯한 질문을 던진다. "식민지국가들의 경제적 허약함과 취약성은 독립 후에도⋯지속되었다. (탈식민적—지은이) 국가는 이제 **신식민주의의 산파가 될 것인가?**"(Baker 1991 : 362면, 강조는 원저자). 소말리아에 대한 간섭 시도는 이같은 신식민적인 인도주의적 간섭의 표본이라고 할 수 있는데, 이 사건에 비추어보자면 앞서의 경고까지도 매우 비현실적인 것처럼 보인다. 미국 헤게모니 주기의 막바지에 이른 지금, 특히 공범자인 소련이 더이상 그 주변에서 제 역할을 할 수 없게 된 뒤, 제국주의는 현재 동원할 수 있는 것보다 더 강력한 정치적 의지와 더 많은 자원을 필요로 하고 있다.

동시에 1967~90년 시기 동안 지구 생태권 및 그와 관련된 모든 것들이 인류의 가장 큰 두려움이자 가장 큰 희망의 자리를 차지하게 되었다. 1990년대 초까지 사회현상으로서 환경론은 상호경쟁적인 몇몇 흐름들로 뿔뿔이 흩어진 채 분열되어 있는 것처럼 보였다. 반체제적이라 할 만한 것도 있었지만 어떤 것들은 분명하게 중심부의 기성체제에 속해 있었다. 게다가 환경론은 모든 수준에서 작동했지만, 자신의 목표를 민족국가보다 높거나 낮은 수준에 두는 경향이 두드러져서, 사적이거나 국제적인 코즈모폴리탄적 지구환경기구에 힘을 싣거나 지역공동체나 도(provinces) 내에 있는 지역 수준의 풀뿌리 압력단체에 힘을 실어주었다. 국가주의적 환경론의 중요한 사례들도 있지만 이는 예외적이며, 프랑스처럼 전통적으로 시민사회와 분리된 강력한 국가가 있는 나라들에서만 전형적으로 나타났다.(de Montbrial 1990: 363면).

1980년대 후반 이후 환경론의 주된 흐름을 이룬 것은 지구적 환경관리와 지구생태론(global ecology)이다. 이들은 여러가지 형태로 북(北)의 자본가집단과 국가정부들, 그리고 국가간기구들로부터 막대한 자원을 원조받았다. 이런 유형의 환경론은 분명 최신판 자유주의 이데올로기의 두 변종을 대변하고 있다고 할 수 있는데, 하나는 보수적 신자유주의이고 다른 하나는 사회민주주의적 개량주의이다. 기술관료적 환경론이라는 이 품종이 발전론의 약간 변형된 형태인 '지속가능한 발전'과 협력하여, 20세기 말 자본주의의 '이데올로기적 접착제'의 위기에 대한 생존가능한 대안 역할을 할 수 있으리라고 기대된 것은 분명하다.

이것은 장차 자본주의 세계체제에서 가능한 발전의 하나의 방향을 보여준다. 촘촘하게 짜여진 국제적인 또는 주요 민족국가의 관료제의 망——과학적인 동시에 경영적이며 공적인 동시에 사적인——이 지구 관리 및 안보의 기능을 떠맡아 스스로를 정당화할는지도 모른다. 환경론은 매우 생기있는 인간적 열정을 불러일으키고 있고 예외적으로 폭넓은 대중의 호응과 지지를 얻고 있으며, 또한 매우 성공적인 선전 캠페인과 보편적으로 호소력 있는 구호들(바로 '지구를 구하자' 같은), 그리고 영웅과 순교자들(치꼬 멘데스Chico Mendes, 조이 아담슨Joy Adamson, 블라디미르 체르누쎈꼬 Vladimir Chernousenko)을 거느리고 있기 때문에, '포스트모던적' 파편화와 곤경에서 다시 한번 정치적인 안정을 가능케 해주는 예외적인 기회를 제공해줄 수도 있다.

실제로 1989년의 여론조사에서 미국인 중 77%가 환경문제와 관련된 회사의 평판이 구매 결정에 영향을 준다고 응답했다(Miller 1991: 216면). 듀퐁사는 현재 '생태이미지'를 선전하는 데 앞장서고 있다. 미국 참치잡이업자들은 시키기도 전에 비용이 많이 드는 돌고래 보호정책을 채택하는 극적인 조치를 취했다. 또 다른 예로 미국에서 익충(益蟲) 판매는 1985년에서 90년 사이에 세 배로 늘어났으며, 한편 의료폐기물 처리산업의 시장은 1995년까지 50억달러 더 증가할 것으로 예측된다(같은 곳). 더욱 인상적인 것은 1989년 뉴욕타임스의 여론조사 결과, 정식 미국 유권자의 80%가 '환경보호 기준이 아무리 높아도 결코 지나치다고 할 수 없으며, 비용에 상관없이 계속적으로 개선되어야 한다'는 진술에 동의하고 있다는 것이다. 1981년에는 단지 45%만이 이에 동의했다(같은 책, 206면).

반드시 덧붙여야 할 것은 환경친화적 기술들이 빠른 속도로 독점적 지대(rent)를 낳는 또하나의 생산우위가 되어가고 있으며, 지구 청소에 들 막대한 비용이 점점 더 신뢰를 잃어가는 20세기 군산(軍産) 케인즈주의를 대체할 수 있는 (국가나 국제기구에 의해 관리되는) 납세자-유지(taxpayer-sustained) 시장을 제공할 수도 있다는 것이다.

현재의 생태학적 캠페인이 많은 점에서 노예폐지론과 닮았다는 것은 흥미롭다. 노예폐지론은 18세기 공적 논쟁의 핵심에 있던 또 하나의 중대한 휴머니즘적 쟁점으로, 영국 헤게모니를 강제하는 중요한 도구가 되었으며, 미국의 북부 엘리뜨들은 이것을 자신들이 세계권력이 되기 위한 투쟁에 적절한 담론으로 이용하였다. 노예제의 경우와 마찬가지로, 오늘날 반(反)환경론적 입장을 옹호하는 것은 매우 곤란한 일이자 비정상적 보수주의의 표지가 되었다.

노예폐지론에 비유해볼 때, 지구적 환경관리가 안고 있는 최대문제는 전체 강령이 너무 쉽게 반체제적 도구로 전화될 수 있다든지, 또는 남(南)의 통치집단들이 지속가능한 개발이라는 강령 아래 하나가 되어 시대에 뒤떨어진 공장굴뚝 대신에 '탈산업적' 환경친화 기술들을 자신들에게도 나누어줄 것을 강력하게 요구할지도 모를 그런 사태에 의해 엉망이 될 수 있다든지 하는 것은 아니다. 어쨌든 역사적 자본주의의 성공적인 이데올로기들은 언제나 그 스타일에서 혁명적이었으며, 따라서 반체제적 결과로 넘어가기 직전에 절묘한 균형을 이루어냈다.

문제는 환경관리가 충분히 혁명적인 것 같지 않다는 것이다. 그러므로 시작부터 실패가 내재되어 있다고 할 수 있다. 현재 미래의 지구 헤게모니를 쥐기 위해 다투는 후보자들간에 정치적 의지의 조정이 없고 사용가능한 자원이 부족하기 때문에, 지구를 구원하기 위한 십자군은 실현 가능성이 없어 보인다. 이것은 우리가 미래에 대허 질문을 던져가는 과정에서 마주치는 또 하나의 매우 중대한 의문거리이다.

7

지식의 구조

리차드 리

근대 세계체제의 주요 특징 중 하나는 과학이 지적 분야들의 위계 내에서 정상을 차지한 모델이 되었다는 것이다. 이러한 '지식의 구조'가 종교적·정신적·선험적 '신념체계'들을 결정적으로 제압하고 인간오성의 지배적 양식이 된 것은 겨우 19세기에 이르러서였고, 그것은 그 시기의 사회정치적 투쟁 및 그것의 제도적·지적 표현과 복합적으로 절합(節合)됨으로써 가능했다. 낡은 신념체계가 사라진 것은 아니었다. 낡은 신념체계는 과학·인문학이라는 이항대립의 틀 속에 자리잡았으며, 이 이항대립은 논란이 없었던 것은 아니나 내적인 전화를 통해 끊임없이 심화되었다.

1959년에 스노우(C. P. Snow)는 현상황에 대해 폭넓은 견해를 토로하였다. "한쪽 극에는 문학적 지식인들이, 그리고 다른 한쪽 극에는 과학자, 특히 대표적으로 물리학자가 있는데" 여기서 "한쪽 극에서 느끼는 공감은 다른 쪽 극의 반감을 불러일으킨다"(Snow 1965, 4: 11면). 그러나 다른 이들은 두 극 사이에 인문과학 또는 사회과학이라는 '제3의 문화'가 출현하였다는 주장을 폈다.[1]

---

[1] 과학과 문학 사이에서 그런 '제3의 문화', 즉 사회과학(특히 사회학)이 세워진 것에 대해서는 Lepenies 1988을 보라. '문화'라는 개념 자체에 대해서는 Williams 1983: 87~93면을 보라.

현재 이런 구조를 재생산하는 장기적 과정의 위기는 그 과정이 내적 모순을 억지할 수 없다는 점에서 분명히 드러난다. 우리가 주목하려는 것은 경제적·정치적 생활과 (단지 상관관계만 있는 것이 아니라) 긴밀하게 연관된 지식형성의 갈등적 양식들이 사회·문화적으로 어떻게 정당화되어왔는가 하는 것이다. 우리는 이로써 지난 반세기 동안 지배적이던 권력과 축적의 구조에 외관상의 '자연스러움' 또는 불가피성의 기초를 마련해준 몇몇 암묵적 가정들을 밝혀내고자 한다. 우리는 이렇게 1945년 이후 정세의 지적 지형을 살펴보고, 그 다음으로 반(反)경향들의 복합적 절합을 검토한 뒤, 마지막으로 위기와 기회의 현황을 관찰할 것이다.

1945~67/73년: 합의의 구성

미국 헤게모니와 꼰드라띠예프 팽창이라는 정세로 요약되는 1945~1967/73년 시기는 경험적이면서 실증적인 보편과학에 이데올로기적으로 깊이 몰입한 시기였으며, 이는 영원한 진보가 법칙적인 (뉴튼적·역학적인, 그리고 따라서 원리상 예견 가능한) 세계에서 궁극적으로 실현된다는 계몽주의의 이상을 표현하는 것이었다.

1945년에 '원자폭탄'의 힘은 미국 헤게모니를 보증하였다. '평화를 위한 원자력'(또는 그보다는 '거대 과학'의 원형인 맨허튼 프로젝트 자체)은 곧바로 합리적 (서양)과학을 통한 물질적 진보의 은유가 되었다. 배느버 부쉬(Vannevar Bush)는 미국 대통령에게 제출한 보고서『과학, 영원한 전선』(*Science, The Endless Frontier*, 1945)에서 국내의 안녕 및 해외에서의 정치적 우위는 정부가 학계, 그리고 어느정도까지는 산업의 기초과학 연구에 대한 지원을 통해 과학·기술의 진보를 달성하는 것과 연관되어 있다고 지적했다. 1945년 이전부터 45년 직후 시기 사이에 기초과학에 대한 미국 정부의 지출은 백 배 증가하였다(Greenberg 1967). 그리고 미국은 그 이후 세계 지식생산을 지배하였다. 이는 과학분야에 수여된 노벨상을 검토하거

218

나 '사회과학의 주요 발전'을 비교함으로써 측정될 수 있다. 미국이 노벨상 수상에서 차지한 비중은 1940년대에는 43%, 50년대에는 48%, 60년대에는 49%, 70년대에는 52%, 80년대에는 56%였고(Broad 1991), 사회과학의 주요 발전은 1900~29년에 유럽 33개, 북아메리카(미국) 12개, 기타 4개였다가, 1930~65년에는 유럽 11개, 북아메리카(미국) 41개, 기타 0개였다(Deutsch, Markovits and Platt 1986: 407면). 중심부의, 그리고 사실상 전세계의 정치지도자 및 제도권 정책입안자들은 과학, 기술적 진보, 경제적·군사적 안정 사이에 밀접한 상관관계가 있다고 생각하였는데, 기성 지식인세계는 이를 뒷받침하여 합의를 강화하였다.

적어도 19세기 중반부터 과학의 지배적 인식론은 점점 더 실증주의적——진리란 관찰 가능한 사실들과 결부되며, 법칙이 사실들의 관계를 지배한다——이 되어갔다. 분석적 전통 속에 서 있으면서 경험적 유산의 계승자인 논리실증주의가 1920년대와 30년대에 주도권을 잡았다.[2] 그 '검증원칙'——명제의 의미는 검증방법에 달려 있다——은 (수학과 논리학 같은) 동어반복적 진술이나 관찰을 통해 검증할 수 있는 진술을 유의미한 것으로 받아들였다. (형이상학과 신학 같은) 다른 모든 것은 검증할 수 없기 때문에 참도 거짓도 아닌 무의미한 것으로 보았다. 유효한 지식은 과학적인 것뿐이며 과학은 단일하다는 추론은 (질서정연한·법칙적인, 사실적·설명적인) 과학과 (카오스적·무정부적, 인상적·시적) 인문학 사이의 심연을 확대시켰고, 그 사이에 놓인 학문들의 군도(群島)인 사회과학의 위상은 격렬한 논쟁의 대상이 되었다.

더욱 유연한 인식론이 선호되면서 논리실증주의에 대해 주기적으로 사망선고가 내려졌지만, 논리실증주의의 망령은 되풀이해서 모습을 드러냈다. 검증원칙의 지위가 공격받고, '사실'들의 독립성을 단정지은 계율들이 비판을 받고, 설명을 위해서는 맥락 및 모델이 중요하다고 인식됨에 따라, 논리실증주의에 대한 신뢰가 손상되었다. 그럼에도 불구하고, 이 철학적

---

2) Hanfling 1981; Ayer 1959; Weitz 1966을 보라.

계보는 이데올로기적 하부구조를 제공한데다가, 물질세계를 이해하고 통제하는 데 있어서 (결정론 및 예측성과 결합된) 20세기 과학과 기술의 매우 실질적인 성과와 지속적으로 연계됨으로써 계속 도움을 받았다.

실증주의와 결합하여 미국 사회과학(들)의 이론적·방법론적 관점을 지배한[3] 것은 기능주의였다. 기능주의는 보통 "사회적 항목들이 인간집합체의 사회적·문화적 삶에 기여한 바"를 연구하며, "기능주의적 분석은 … 사회적·문화적 항목들을 더 넓은 맥락 속에 위치시켜 탐구하는 것이다"(Cohen 1985: 322~23면). 기능주의는 인류학, 사회학, 심리학, 건축, 그리고 정신철학까지 영향을 끼쳤다. 사회학에서 이런 관점은 구조기능주의 형태를 취했고, 수량화 및 비교방법에 토대를 둔 조사분석과 동맹을 맺고 있

---

3) 1942년에 헴펠(Hempel)은 '역사서술에서 법칙이 기각된다는 생각을 거부함으로써' 개별 기술적·법칙정립적(idiographic·nomothetic) 논쟁을 재개하였다(Weitz 1966: 254면). 사회과학들을 하나의 단일한 과학에 동화시키자고 주장할 때, 행동주의(Watson 1925; Skinner 1971을 보라)는 논리실증주의자의 논리에 필수품이었다.

사회학은 '자연과학'이라 불리는 다른 몇몇 과학들과 근본적으로 대립하는 '도덕과학'이나 '인간 정신생활의 연구'(좀바르트의 'Geisteswissenschaft')가 아니다. 그렇다. 사회적 행동주의로서 사회학은 단일 과학의 일부이다 … 사회적 행동주의의 비옥성은 새로운 상관성을 수립하고 거기에 기초하여 성공적으로 예측함으로써 증명된다(Neurath 1959: 296, 317면).

행동주의는 근본적으로 실제 반응들의 경험적 연구(종종 동물심리학의)——독립적 사례들의 관찰에 기초한 실험방법——와 연결되었고, 그런 식으로 '객관성'을 주장할 수 있었다. 1950년대에 이르러 심리학에서 행동주의의 계기는 다소 위축되었지만 정치학에서는 광범한 영향력을 얻게 되었다. 그것은 경험적·양적 기법과 가설검증을 선호하는 경향이 있었다(Dahl 1963; Meehan 1971을 보라). 사회학자의 말을 따르자면, "과학으로서 사회학의 목적은 조사를 통해 예측성과 설명을 획득한다는 모든 과학의 목표를 공유하면서 지식을 축적하는 것이다"(Hauser 1981: 63면).

사회학자들은 "서로 다른 설득방식을 동원해 힘을 모아 사회학을 국립과학재단(the National Science Foundation) 설립의 입법 초안에 포함시키려 노력하였으나 실패하였다"(Volkart 1981: 65~66면). 의미심장하게도, 1968년에 사회과학은 이 재단의 지원영역 목록에 추가되었다. 1991년에는 사회과학을 담당하는 별도의 이사가 임명되었다.

었다. 이는 실제로 사회변동과 갈등의 중요성을 무시했다. 근대화이론[4]은 비서구와 부유하지 않은 자들이 포함된 세계를 이해하려는 (냉전과, 민족해방을 향한 정치적 돌진에 비추어본) 서구 사회과학의 노력을 대표하였다. 근대화이론은 발전에 대해 진정한 관심을 표명하는 동시에 제3세계에서 공산주의의 호소력을 통제하려는 정치적 요소를 숨기고 있었다. 소련판 근대화이론은 서구 판본의 복제품이었다. 이론가들은 현 서구/소련 사회를 제3세계가 '발전'을 통해 도달해야 할 종착점으로 제시하였다. 그렇게 함으로써 제3세계는 동일한 경제적 성공(산업화)과 유사한 정치조직(민주주의/사회주의)을 모두 달성하고자 했다. 비교관점은 정치적으로 설정된 경계 내에 있는 각 국가를 하나의 '사회'라고 규정하였고, 그것을 분석을 위한 독립적 '사례'로 삼았다.

서구 과학 및 사회과학의 지배적인 지적 흐름들은 논리실증주의 형식으로건 아니면 구조기능주의와 근대화 형식으로건 간에, 인문학을 같은 조류 속에 끌어들였다. 이글튼은 미국의 신비평(New Criticism)에 대해 이렇게 썼다. "문학 텍스트는 '기능주의적' 도식이라 부름직한 것 속에서 파악되었다. 미국의 기능주의 사회학이 그랬듯이, 신비평은 각 요소가 서로서로 '순응'하는 '갈등 없는' 사회모델을 발전시켰다"(Eagleton 1983: 47면). 정치적 함의는 분명했다.[5] 영미 경험주의와 짝을 이룬 것은 외재적 관계들의 현실인 묘사였고, 물질적 대상의 독립(주체/대상의 구분)은 여기서 되풀이되어 나타났다. 1920년대의 리차즈(I. A. Richards)의 작업에서 나타나는 '과학적' 심리학 및 행동주의적 원칙들은 영국의 '꼼꼼한 읽기'(close

---

4) Rostow 1960; Eisenstadt 1966; 1973; Huntington 1968을 보라. 로스토우에 대한 비판적 평가로는 그 저작의 지적 내용보다 냉전 문서로서의 가치에 특별하게 중요성을 부여한 Baran and Hobsbawm(1961: 242면)와 Huntington, Leys(1982)를 보라.

5) "(그것은—인용자) 정치적 무기력을 빚는 처방이었으며, 그리하여 정치적 현상태에 복종하도록 하는 처방이었다 … 신비평의 한계는 본질적으로 자유민주주의의 한계였다. 존 크로우 랜섬(John Crowe Ransom)은 시란 '말하자면 시민의 개인적 특성을 희생시키지 않고서 국가의 목적을 실현하는 민주국가 같다'고 썼다. 남부 노예들이 이 주장을 어떻게 생각했을지 흥미롭다"(Eagleton 1983: 50면).

reading)를 미국의 신비평과 연결시켰으며, 신비평은 텍스트를 철저히 객관화시키게 된다. 실제로 신비평의 비평가들은 텍스트를 시(詩)와 동등시하였다. 이들은 텍스트의 불투명성을 내적인 '긴장'과 '역설' '아이러니' 그리고 '양가성'의 분석을 통해 다룰 수 있다고 보았으며, 이를 통해 텍스트는 분리되어 역사 밖에, 그리고 사회적 맥락에서 벗어나 떠도는 위치에 놓였다. 이런 자기봉쇄적 특징은 1949년에 씌어진 클린스 브룩스(Cleanth Brooks)의 고전적인 저서 『잘 빚은 항아리』(*The Well Wrought Urn*)라는 제목에서 분명하게 드러난다. 이런 속성 때문에 신비평은 보수적 저류——즉 랜섬의 구 남부 미학(the aesthetic of the Old South)과 T. S. 엘리엇의 정치학——의 영예에 동조하였다. 신비평은 자신들이 기성체제에 반대한다고 주장했지만, 중기적으로 볼 때 사실 그것을 지탱하였다.

신비평은 1930년대부터 50년대까지 줄곧 번창했으나 결국 구조주의, 그리고 나중에는 탈구조주의의 맹공에 굴복하였다. 그럼에도 불구하고 신비평은 '객관성'(이는 '과학적' 사고와 조화를 이루어 비평을 지식으로 정당화해주었다) 및 형식주의적 특성(이는 수많은 학부생의 교육을 상당히 수월하게 만들었다)을 지녔기 때문에, 비평이 학술적으로 전문화되는 데 핵심적인 역할을 했다. 그러나 논리실증주의적 색채가 강한 신비평은 교리로 설파되지는 않았다 해도 계속해서 널리 실행되는 실천적 공식이었다. 마지막으로, "신비평의 흔적은 또다른 곳에서 발견되는데, 각종 현대 이론가들이 역사를 줄곧 그리고 종종 아주 교묘하게 부정하는 것이 바로 그것이다"(Lentricchia 1980: xiii면).

그 시기의 정치적 투쟁은 바로 이런 지적 말판(pegboard) 위에서 전개되었다. 중앙의 의견이 동질화될 수 없을 때마다 정치적 영역에서 반대파의 표현을 통제하려는 노력이 있었다.[6] 게다가 캠페인의 중심 무대는 헐리우드가 선전하는 대중문화였다. "헐리우드는 결코 전통적 미국을 대표하는 산업이 아니었지만, 전후 시기에 정치와 민족정체성의 미래를 결정하는

---

6) 미국에 대한 문헌으로는 Isserman 1987: 221 n.2; 222 n.1을 보라.

중심 경연장이었다"(May 1990: 358면). 헐리우드는 곧 영화와 텔레비전, 그리고 그 속에 담겨 있는 문화적 가치들을 전세계에 조달하는 주요 공급자가 되었으며, 헐리우드의 생산물은 다른 상품과 마찬가지로 세계경제의 추세에 종속되어 있었다.

사회주의 동방에서 반대파는, 흐루시초프의 탈스딸린화 프로그램의 일환으로 출판된 쏠제니찐의 『이반 데니쏘비치의 하루』처럼 쓸모있던 경우를 제외하고는, 국가검열과 개인에 대한 탄압(이에 대항해 지하조직 및 '지하출판물' samizdat이 등장했다)을 통해 관리되었다. 동방과 서방에서 모두 저항을 억압하기 위해 늘 일자리 압력과 개별적 협박에서부터 대리 폭력과 은밀한 공작, 투옥에 이르기까지 일련의 강제력이 동원되었다.

'고급문화' 영역에서도 이데올로기적 투쟁이 벌어졌다. 1950년대에 서방에서 러시아/소련 예술의 위업은 훼손되거나(사회주의 리얼리즘), 최소화되었으며(구성주의), 또 베르쟈에프(Berdyaev)와 도스또예프스끼의 작품이 실존주의에 흡수된 것처럼 더 넓은 맥락에 흡수되었다(한 예로 Friedman 1991을 보라). 미국의 문화제국주의는 노골적으로 미국해외정보국(USIA)을 통해서, 그리고 은밀하게 CIA를 통해서 동원되었을 뿐 아니라 추상표현주의를 수출한 현대미술관(Museum of Modern Art)을 통해서도 동원되었다.[7] 유럽과 더불어 아시아와 라틴아메리카가 특히 표적이 되었다. CIA는 "자신이 자유롭게 행동한다고 믿는 반대파 지식인들이 국제 선

---

7) (1951년의 현대미술관 전시회에서 공공연하게 신성시된) 추상표현주의——"인간과 인간의 행동, 특히 (예술가들—인용자) 자신의 내적 자아와 예술가로서 그들의 활동이 직면한 공포와 비극, 그리고 궁극적 조화의 솔직한 표현들"(Reise 1992: 262면)——는 '피상적'이면서 '국가의 통제를 받는' 쏘비에뜨 사회주의 리얼리즘과는 명백히 대조되었다. "공식적 천박성, 공인된 천박성"(Greenberg 1948: 579면)이라 평가된 쏘비에뜨의 사회주의 리얼리즘은 그린버그가 주장했듯이 나찌 및 파시스트의 '전체주의' 예술과 융합될 수 있었다(Greenberg 1948: 578면; Golomstock 1990도 보라). 그러나 서구(미국) 문화의 우위를 달성하기 위해서는 눈부신 도약(*soubresauts*)이 필요했다. 구성주의를 신 아방가르드 신전의 일원으로 받아들이는 것을 최종적으로 거부하기 위해서는, 쏘비에뜨 예술계 내의 논쟁사를 재정리하는 그린버그의 작업——구성주의 '대' 사회주의 리얼리즘——이 필요했다(Buchloh 1990).

전전에서 유용한 도구가 될 수 있다는 것을 인정했다." 현대미술관의 록펠러(Rockefeller)와 여타 인물들은 "정치적 목적을 위해 추상표현주의를 '정치적 자유의 상징'으로 의식적으로 이용하였다"(Cockcroft 1992: 83, 90면).

(군사적·정치적 무대에서처럼) 문화적 무대에서 유럽 국가 중 미국 헤게모니에 가장 눈에 띄게 도전한 것은 프랑스였다. 드골은 미국이 유럽의 이해에 대해 선생 노릇을 하려는 데 대해 불신감을 드러냈다. 1963년 드골은 프랑스군대를 나토 지령체계로부터 철수시켜 독자적인 억지력(*force de frappe*)을 수립하였다. 이에 대한 하나의 대응은 '문화외교'로 나타났다. 권력과, 가치, 합의의 절합은 1964년 베니스 비엔날레를 둘러싼 사건에서 정점에 이르렀다. 베니스 비엔날레는 오랫동안 프랑스의 지배 아래 있었다. 미국측의 참가도 전체 전시회와 마찬가지로 재정상의 부담이 있었지만, 결국 USIA를 통해 기금 지원을 받아 이루어졌으며(미국정부는 현대예술을 '구원'하려 하였다), 미국의 출품작들이 별관을 가득 채웠는데(전무후무한 일이었다) 이곳에서 팝아트가 하나의 중요한 운동으로 등장할 수 있었다. 유럽 비평가들은 이것에 미국 팽창주의라는 이름을 붙였다.

미국 비평가들은 미학적 우월성 측면에서 라우센버그*의 승리를 설명하였다.…미국측 전시회 큐레이터 알란 쏠로몬(Alan Solomon)은 미국의 우승 직전에 공식적 성명을 통해 다음과 같은 소감을 피력하였다. "세계 예술의 중심지가 빠리에서 뉴욕으로 옮겨갔다는 것을 전세계가 인정했다!" 그러나 쏠로몬은 사적으로는 "(진가와는 무관하게) 우리는 어쨌든 승리했을 것이다. 그런데 우리는 실제로 승리를 만들어냈다"고 시인하였다(Monahan 1990: 369~70면).

중심부 내에서 영국은 '새로운 풍요'를 맞이했으며, 서독은 '경제기적'을

---

* Robert Rauschenberg. 본명은 Miltan Rauschenberg로 1925년에 출생하였으며, 미국의 화가이자 그래픽 아티스트이다.

경험하였다. 그리고 '전통적 미국 가족들'은 '다른 편'에서 일어나는 모든 일들을 무시할 수 있는, 로렌스 웰크(Lawrence Welk)와 노만 록웰 (Norman Rockwell)이 그토록 떠들어대던 목가적 교외의 레빗타운 (Levittowns)에서 고립된 채 행복——현상태의 보호——을 누리는 이상적 삶을(비록 많은 사람에게는 현실이 아니었지만) 즐겼다.* 헤게모니 국가는 지구문화적으로 진보라는 형상을 빌어 발전의 약속을 수출하였다. 그러나 '새로움'은 항상 '낡은' 형태들(고전음악, 발레, 오페라)과 대조되었는데, 낡은 형태들은 소련의 문화적 공세[8]와 베니스에 참가한 프랑스 모더니스트(로제 비씨에르)를 지탱하는 주요 대들보였다. 라우센버그의 '혁명'은 추상미술가들의 전통주의 및 형식주의와 대립되며, 그것을 넘어서는 '비정치적이고 긍정적인' 것으로 제시되었다(Monahan 1990: 387면). 추상표현주의의 (선전된, 구성된) 본질이 아이젠하워 시기의 보수주의와 완벽하게 어울렸다면, 팝아트는 새로운 케네디정권의 이상을 구현하고 있다고 선전될 수 있었다. 그러나 항상 '새로움'이었다. 모나한이 주장하듯이, 1964년에

---

* 로렌스 웰크(1903~92)는 밴드 리더였고, 전국에 방송된 텔레비전 쇼 '로렌스 웰크 쇼'의 사회를 맡기도 했다. 노만 록웰(1894~1978)은 미국인 화가로, *Saturday Evening Post*지에 일상적인 소도시의 가족생활의 세밀한 묘사를 자주 게재했다. 레빗타운은 뉴욕주 롱아일랜드 햄스테르에 있는 편입 거주지이다. 1946~51년 레빗 앤 썬스사가 개발하였는데, 완벽한 사전계획하에 건설된 대규모 주택단지로, 2차대전 후 건설붐 등안 세워진 교외거주지를 가리키는 대명사가 되었으며, 전쟁에서 벗어나고 싶은 중하층의 이상을 대변하였다.

8) 소련이 수출한 품목——**고전적 형식들**——뿐 아니라 수출한 시기 또한 중요하다. 1950년대부터 60년대 초까지 뉴욕에서는 볼쇼이의 공연을 볼 수 있었다. 그랬다. 그런데 뿐만 아니라 영국 왕립발레단과 프랑스 마들렌느 르노(French Madeleine Renaud) 및 장-루이 바로 협회(Jean-Louis Barrault Companies)도 공연하였다. 나중에 중화인민공화국에 대한 문호 개방이 이루어지자 문화적 정당성을 획득하려는 똑같은 시도로 중국의 국립단체들이 미국에 초대되었다. 미국은 처음에는 아방가르드를 이용하였으나, 결국은 미국 발레단이 유럽과 극동, 심지어 소련까지 순회하였다. 월러스틴이 말하듯이, 전형적인 헤게모니는 "자유의 문화를 고양하지만, …회오리바람을 일으키지 않으면서 주된 지배적 이익을 가능케 하는 정치적·경제적 우위를 축적하기 위해서…그것을 제약한다"(Wallerstein 1982: 119면).

이르러 분명히 "경제력은 … 이미 승리를 거두었다. 미국 해안에서부터 시작된 새로움의 힘은 이미 영화와 잡지, 그리고 문화를 이용하여 세계를 지배하는 데 성공하였다"(같은 책, 407면).

그런데 1945년 이후 시기의 문화적 헤게모니는 보편화·객관화하는 실증과학에서 파생된 관점, 그리고 예측 가능한 결과들과 결합된 (공평무사하고 비정치적인) 진보로 귀결되는 실험·비교 방법 두 가지로 구성되어 있었다. 이런 관점은 과학뿐 아니라 사회과학에도 스며들어 있었고, 비록 변화가 있었지만, 미국의 정치적 헤게모니 및 경제적 팽창과 지속적으로 절합되면서 인문학에서도 강력한 반향을 불러일으켰다. 분과학문 내부에서 또는 정치적 행동을 통해, 도전이 제기될 때조차 깊이 뿌리박힌 관념들은 상식적 지위를 유지하였다. 대중적 의식 속에서 빠블로프의 개는 여전히 행동주의의 꼬리를 흔들고 있고, 중심부의 하층계급과 마찬가지로 제3세계는 저발전의 책임을 여전히 떠맡고 있다.

그러나 그동안 이런 지적인 기성체제에 대한 도전이 없던 것은 아니었다. 기성체제 이면에 존재한 반체제적·변칙적인 시도들과의 관계에서 본다면 도전의 양상들은 더욱 분명하게 드러난다. 실증적 (사회)과학의 분석적 전통은 현상학과 실존주의, 구조주의와 인접해 있었다. 근대화이론은 종속이론가들(*dependentistas*)의 반격을 받았다. 그리고 인문과학의 원리들과 그 제도적 구조는 브로델의 『아날』(*Annales*)의 도전을 받았다. 신비평과 추상표현주의, 팝아트는 구조주의와 초현실주의, 누보로망과 싸워야 했다.

반경향, 저항, 대결

대륙에서 현상학은 (분석적 전통에 대한 분명한 대안으로서) 실증주의에 대한 반발이었으며, 제1차 세계대전이 끝난 뒤 해체되는 문명에 대한 지각을 담고 있었다. 데까르뜨적 기획의 전통에서 작업한 후썰은 확실성(certainty)의 철학을 추구했다.[9] 그러나 인간주체를 인지가능한 세계의 중

---

9) 후썰의 새로운 출발이 주장하는 바에 따르면, 철학적 탐구의 핵심은 서술(description)이

심에 두려는 그의 작업의 효과가 반드시 반기성체제적인 것은 아니었다.

주체는 모든 의미의 원천이자 기원으로 간주되었다. 사실 주체 그 자체
는 세계의 일부가 아니었는데, 왜냐하면 무엇보다 주체가 그 세계를 존재
하도록 했기 때문이었다. 이런 의미에서 현상학은 '인간'이 어쨌든 인간의
역사 및 사회적 조건들보다 선행한다는 믿음을 축으로 하고 있는 … 고전
적인 부르즈와 이데올로기의 해묵은 꿈을 복원시키고 일신하였다
(Eagleton 1983: 58면).

실존주의자들(하이데거, 싸르트르 등등)은 후썰의 사상을 후썰이 때때
로 비판하던 방향으로 발전시켰다. 하이데거는 자신의 스승인 후썰과 단절
하고, 의미의 근본적으로 역사적인 차원을 되찾으려 하였다. 실존은 결코
완전히 대상화될 수 없지만 문제로 남아 있으며, 생성(becoming)이고, 따
라서 역사에 의해 구성된다. 실존주의는 관찰(실증과학들)에 맞서 참여를
통한 지식을 긍정함으로써 딜타이의 인간연구와 연결되었다. 그 뒤를 이은
역사주의는 영원한 진리나 포괄적 사유체계를 거부하는 상대주의를 동반
하였다. 반복, 운명, 비극성 같은 주제들은 어떤 손쉬운 진보의 독트린도
혐오하는, 태초부터 '평평해진' **존재**의 비전과 어울렸다. 그럼에도 불구하
고, 사변적 의미(이성을 관찰 가능한 것을 넘어서 선험적 실재까지 확장하
는 것) 대신 서술적 의미(세계 내에서 인간의 위치)에서 형이상학을 재평
가하는 것은 또한 실존주의적 관점의 특성이라고 할 수 있다. "인간에 대

며, 이 서술은 (독립적으로 존재하는 대상에 대한) 모든 '자연적 태도'를 버리고서 의식의
내용만을 추구하는 깊은 내적 성찰과 함께 시작되어야 했다. 그의 목표는 철학을 구체성
의 영역으로 되돌리는 것이었는데, 구체성이란 내적인 것이고 직관을 통한 접근에 의존
하는 것이었다. 슈츠(Schütz)는 실증주의 · 행동주의라는 대세에 반발하여, 베버적인 맥
락 속에서 후썰의 방법을 사회적 세계('해석된 세계')로 확장하였다. 결국 그의 저작은
초험적(a priori) 개인을 거부하고 서술 및 상식적 지식에 충실할 것을 주장하였다
(Wagner 1983). 현상학은 민속방법론(ethnomethodology)과 민속방법른의 일상활동 연
구를 위한 철학적 기반이었고(Garfinkel 1967; Sharrock and Anderson 1986), 문학비평
에도 영향을 끼쳤다(Lentricchia 1980: ch. 3).

해 질문을 던지는 것은 또한 세계, 시간, 역사, 그리고 이것들과 인간의 관계에 대해 질문을 던지는 것이기도 하다"(Macquarrie 1972: 241면).

적어도 상징주의 시대부터 예술가와 작가는 바로 이런 용어들로 기성체제의 모델에 대한 저항을 조직해왔다. 초현실주의의 직계 선조인 다다(Dada)는 어쨌거나 진퇴유곡에 빠진 듯한 전쟁증인 세계를 거부하고 이에 저항하는, 사실상 이미 국제적인 운동과 함께 출현했다. 다다의 목표는 "인간이 만들어낸 이성적인 기만을 부수고 자연적이고 비이성적인 질서를 회복하려는 것이었다"(Arp, Ades 1981: 114면에서 인용). 다다는 무정부적이었고 모든 것을 거부했기 때문에 (그 논리적 귀결로, 세계의 일부인) 자기자신까지도 파괴하였다. 그러나 다다의 반부르즈와적, 반예술적 태도는 살아남아 리얼리즘에 대항한 초현실주의의 더욱 구성적인 캠페인——"내가 보기에 실증주의의 영향을 받은 리얼리즘의 태도는 … 모든 지적·도덕적 성과들에 적대적이었다"(Breton 1972: 14면)[10]——과 무의식·상상의 힘을 인정한 프로이트로 계승되었는데, '자동기술'(심리적 자동기제 psychic automatism의 표현)은 후자의 핵심 기법이었다.

뒤샹(Duchamp)과 삐까비아(Picabia)는 뉴욕에서 (다다—옮긴이)운동을 주도했는데, 그곳에서 이 운동은 추상표현주의자인 잭슨 폴락(Jackson

---

10) 발자끄(Balzac)는 맑스가 좋아한 작가였고, '리얼리즘'은 1848년의 구호였다. 혁명 전야에 쥘 미셸레는 "문학은 환상의 그늘에서 벗어나 생기가 넘치고 현실적인 하나의 **행동 형태**가 될 것이며, 그것은 이제 더이상 일부 개인들이나 게으름뱅이들의 오락이 아니라 인민을 향한 인민의 목소리가 될 것이다"라고 주장하였다(De Micheli 1978: 11면에서 인용). 혁명은 실패했지만 혁명의 바리케이트에 섰던 예술가들은 드 쌍띠("예술이란 현실의 객관적 재현, 현실의 왜곡되지 않은 표현 이외의 다른 것일 수 없다")나 꾸르베의 정신 속에서 그 운동을 끌고나갔으며, 이들에게 예술이란 "실존하는 사물들을 가장 충실하게 표현하는 법을 어떻게 발견해낼지 아는 것"이었다(같은 책, 14~15, 17면에서 인용). 그러나 리얼리즘은 곧 부르즈와 자유주의적 기성체제에 동화되었고, 마침내 1871년 빠리꼼뮨 몰락과 더불어 그 해방적 호소력이 소진되었다. 19세기 말과 20세기의 아방가르드 운동들 또한 반대파적이었지만, 방식은 새로웠다. 그들은 외적 세계보다 내적 세계를 묘사함으로써 리얼리즘의 전제들에 이의를 제기하였고, 반실증주의적이었으며 비서구적인 문화적 표현들의 영향을 강하게 받았다.

Pollock)과 팝아트에 큰 영향을 끼쳤다. 그런데 '미국식 미술가들'의 토착적 우월성을 희석시키지 않으려 한 클레먼트 그린버그(Clement Greenberg)는 이 미술가들의 발전과정에서 나타난 초현실주의의 역할을 삭제하고자 했다. 이렇듯 기성체제의 강제된 합의는 억제된 저항, 반역적 대안으로 터져 나온 저항을 봉쇄했다. 달리(Dali)의 축 늘어진 시계들은 거칠긴 하지만 시간의 본질에 대한 합의의 해체를 잘 표현해냈고, 마그리뜨(Magritte)의 훨씬 더 혼란스런 작품은 "세계에 대한, 그리고 그려진 대상과 실재 대상 사이의 관계에 대한 일반인들의 가정을 되묻고 있다"(Ades 1981: 133면).

　1950년대에 누보로망은 이런 똑같은 관심들——'모든 기존 질서의 최종적 거부'——을 받아들였다(Robbe-Grillet 1972c: 81면). 로브–그리예의 '새로운 리얼리즘'(Robbe-Grillet 1972f; 1972g: 15면)이나 부토의 '고도로 발전한 리얼리즘'(Butor 1972a: 11면)은 창조적이고 전화적인(transformative) 상상의 잠재력을 지지하는 쪽을 계승해갔다. "세계는 유의미하지도 부조리하지도 않으며 그저 **존재할 뿐이다**"(Robbe-Grillet 1972e: 21면). 모든 단순한 형태의 몰입은 거부되었고, 선호된 것은

　　자신의 언어로 현재 문제들을 완전히 의식하는 것, 그 문제들이 대단히 중요하다는 것에 대한 확신, 그리고 내부로부터 그것들을 해결하려는 결심이었다. 그것이야말로…예술가로서의 유일한 희망인데, 즉 모호하고 아득히 멀지라도 언젠가는 무엇인가에——어쩌면 그것이 혁명일 수도 있는데——유용한 예술가가 되는 것이다(Robbe-Grillet 1972d: 46~47면).

부토는 초현실주의 진영의 비평들이 주류와 다르지 않다고 보긴 하지만, 일반적으로 초현실주의에 대해서 긍정적으로 평가하고 있으며, 특히 (그들이 공유하고 있는 '실재적인 것'에 대한) 상상의 설명력 및 전화력에 관한 가정에 대해 긍정적이다(Butor 1972b: 182면). 그러나 인물 구성(이것은 개인주의의 득세와 결합되어 있다)과 선형적 내러티브를 (왜냐하면 이것이 질서를 표상하고, '기억은 결코 시간 순서에 따라 구성되지 않기' 때문에)

거부한다고 해서 인간 행위의 부재를 가정하는 것은 아니다. 로브-그리예에게 글쓰기는 개입이며, "앎의 문제라기보다는 정복의 문제였다"(Robbe-Grillet 1972d: 33면). 독자는 창작에 참여하도록 초대되어, 자신의 삶을 만드는 법을 배운다(Robbe-Grillet 1972a: 168~69면).

이는 실존주의적 관점을 연상시킨다. 싸르트르는 실존주의를 인간주의로 찬양했는데, 이는 자연보다 인간에서 출발해 '철학하는 스타일'이었다. (실재적 *factical* 가능성의 환경 내에서) 행위를 강조하고, 자유·결정·책임이라는 테마와 감성들을 강조하는 실존주의의 논의들은, 비록 세계-내-존재(being-in-the-world), 타자와-더불어-있는-존재(being-with-others)처럼 개인을 일종의 통합체로서, 즉 맥락 속에서 육체와 정신을 모두 가지고 있는 존재로 보긴 하지만, 개인에 중점을 두는 경향이 있었다. 이런 측면은 1968년에 '계기를 포착한' 청년세대에게 가장 중요했다. 그런데 개인적 요소가 공동체-내-존재(being-within-a-community)에 대한 강조보다 우세해질 수 있었다. (인간성을 말살하는) 집단주의에 대한 반대가 반공동체적 편향으로 이어지기는 아주 쉬웠다. 그리고 진정성(authenticity)과 급진적 선택, 무제한도의 자기 긍정은 비도덕주의 및 전체주의의 옹호나[11] '나 중심의 세대'(me generation)를 위한 단순한 핑계가 될 수 있었다.

그런데 인간주의 역시 사회과학과 인문학 양쪽에서 도전에 직면하였다. 알뛰쎄르의 구조주의적 맑스주의[12]는 경제주의와 경험주의, 그리고 그가

---

11) 실망스럽긴 하지만 하이데거의 경우가 대표적이다.

12) 1950년대로 거슬러올라가는 영국 맑스주의 내부의 역사/이론 및 문화/이데올로기 논쟁의 맥락에서 톰슨(Thompson 1978)은 구조주의적 입장을 비난하였다(Thompson 1965; Anderson 1964; 1966을 보라). 결정론과 행위자 문제가 중심 쟁점이었다. 톰슨 등의 '문화주의자들'은 사회주의적 인간주의를 지지하였는데(Soper 1990을 보라), 이는 역사주의와 함께 알뛰쎄르의 공격을 받았다(Althusser 1969; 또한 Althusser and Balibar 1970). 그러나 문화주의자들의 입장이 항상 내적으로 일관된 것은 아니었다(Thompson 1961을 보라). 톰슨은 '이론'을 조롱하였으며, 구조주의자들은 극단적인 경우에 '역사'를 부정할 수 있었다(Hindess and Hirst 1975를 보라). 그러나 구조주의자와 문화주의자 모두 어떤 기계적 경제주의도 거부하였다.

싸르트르에게서 (그리고 실천적으로 그밖의 어디에서나) 발견한 인간주의와 역사주의를 비난하였다. 여기서 문제는 정치적 **정세**(*conjuncture*)였는데, 알뛰쎄르는 1960년대 초의 저작에서(Althusser 1969) 자신의 인간주의에 대한 거부가 '개인숭배' 및 소련공산당 20차대회의 폭로에 뒤이어 진행된 것이라고 쓰고 있다. 로브그리예는 인간주의를 비난하면서, 인간을 의미의 중심에 두는 실존주의 기획의 이중성과 무기력함을 지적했다. 로브-그리예가 보기에 문제는 바로 근대 (세계체제) 사상의 근본적인 이데올로기적 주춧돌인 '인간'의 헤게모니였다. 그는 인격화한 '자연'의 구성을 통해(형용사적 은유를 통해——예를 들어 '위엄있는 산') 존재가 세계로부터 분리되었다는 사실에 대한 철저한 인식에 근거하여, ('인간'이 편재하는) '습관적' 인간주의와 (인간과 사물 간의 차이의 승화인) 비극을 비난하였다. 브로델은 인간주의적 틀이 사회과학들의 '수렴'에 큰 장애가 된다고 보았다 (Braudel 1958).[13)]

---

13) 알뛰쎄르는 "생산관계들, 정치적·이데올로기적 사회관계들이 역사화된 '인간관계들' 즉 인간간, 주체간 관계들로 환원되는 미끄러짐(slippage)"을 강조하였다. "이는 역사주의적 인간주의가 선호하는 지형이다"(Althusser and Balibar 1970: 139~40면).

로브-그리예는 쏘쒸르적 언어학에서조차 지속되고 있는 자연주의적 오류를 직접 공격하였다(Lentricchia 1980: 119면을 보라). 그는 비우연적이고 비일시적인 자연을 무능력(paralysing)한 것으로 보았으나, 인간을 부정하려 한 것은 아니었다.

자연에 대한 믿음은…용어의 전통적인 의미에서 모든 종류의 인간주의의 원천으로 간주될 수 있다.…우리가 소위 '자연'을 거부하고 그 신화를 영구화하는 어휘를 거부하는 것, 그리고 대상을 (배제된 것은 아니더라도——인용자) 순전히 의적이고 표면적인 것으로 간주하는 것은——남들이 주장하듯——인간을 부정하는 것은 아니지만, 그러나 '범인류론'(pananthropism)을 거부하는 것이다. … 최종심급에서 그것은 자유의 추구를 그 논리적 결론까지 끌고나간 것에 불과하다(Robbe-Grillet 1972c: 63~64면).

브로델은 집합적 연구를 지향하며 '수학화, 공간으로의 환원, 장기지속'이라는 테마들을 제안하였고, 사회과학들 사이의 '수렴'을 제안하였는데, 이것은 그가 보기에 **인문과학들**이 … "더이상 적절한 틀을 제공해주지 못하는 역행적이며 교활한 인간주의와 투쟁하며" 진보를 이루어냈기 때문에 필요해진 것이었다(Braudel 1958: 753, 725면).

　그럼에도 불구하고 실존주의의 세계-내-존재라는 개념에서 '세계'는 주체에 선행하고 모두가 참여하는 '언어'에 의해 구성되기 때문에——'의식이 언어를 담고 있는 것이 아니라 언어가 의식을 담고 있는 것'이라는 누보로망의 중심적 견해(Robbe-Grillet 1972g: 117면, 부스께의 표현을 반복하고 있음)——이것은 구조주의적 프로그램과 아주 절묘하게 어울렸다. 반세기 동안 잠자고 있던 구조주의는 1950년대에 유럽 지성계에서 꽃을 피웠다. 구조주의 시대는 인문학과 사회과학 전반에 광범한 영향을 끼쳤다.

　'사상사는 모델들의 역사'라는 제임슨의 단정적인 견해를 구조주의보다 더 잘 만족시키는 것은 없다. 비록 그 계보가 길긴 하지만(혹스는 그것의 연원을 비꼬까지 거슬러올라가고 있다! Hawkes 1977), 스위스의 언어학자인 드 쏘쒸르(de Saussure)의 저작이 토대라고 할 수 있다. 쏘쒸르는 그의 『일반언어학강의』(1916)에서 언어를 "그 개별 부분들과 관련해서, 그리고 통시적으로뿐 아니라, 그 부분들 사이의 관계와 관련해서, 그리고 공시적으로" 연구해야 한다고 주장하였다. "(여기에는—인용자) 언어의 역사적 차원들뿐 아니라 현재의 구조적 속성들에 대한 인식도 포함되어 있다"(Hawkes 1977: 20면). 언어는 항상 그리고 언제까지나 총체적 체계이다. 각각의 독특한 언설(utterance)인 발화(parole)는 지시관계상 자의적이며, 관계들의 체계인 랑그(langue) 속에서만 의미를 찾을 수 있는데, 랑그 자체는 결코 표면에 드러나지 않는다. 개별 소리들은 대립체계, 그리고 그 소리들과 다른 단어들의 소리의 차이에 따라 특정한 관념을 부여받는다. 언어는 의미를 표현하는 기호의 체계이다. 그런데 기호들——이것이 쏘쒸르 이론의 핵심 요소이다——은 개념인 기의(*signifié*)와 청각 이미지나 단어인 기표(*signifiant*) 양자에 의해 구성된, 불가분의 전체를 이루고 있다.

　인류학자들은 일찍이 이 모델을 비언어적 현상에 적용하여, 기록된 역사가 없는 문화/사람들을 연구할 때 이용하였다. 레비-스뜨로쓰는 친족, 종교, 신화에 대한 연구에서(Lévi-Strauss 1963; 1964; 1966) 출현한 사회에 구애받지 않고 비교적 관점에서 인간 정신(mind)의 근본적 형태 또는 본질적 성격에 대해 통찰력을 제공해주는 언어구조에 두비될 수 있는 대조관계들을 찾아내려 하였다. 그는 모순을 극복하는 것이 신화의 특징이라고 보았다. 현대 공학자나 원시적 다능인(*bricoleur*)이나 모두 하나의 보편적 활동을 수행하는데, 그것은 사물에 의미를 부여하는 것이다.* 반경험주의적이며, 실재 또는 자연과 의미의 구성 사이에 일대일 대응관계가 존재한다는 가정에 도전하는 그의 구조주의적 접근방법은 옛 연구노선들에 대해 이의를 제기하는 것이었다. '사회적인 것'을 형용사적이기보다 명사적인 것으로 파악하는 것은 뒤르켐과 모스에 뿌리를 둔 것이었고, 역사적 결정성에 반대되는 비역사적이고 공시적인 '구조주의적 인과성'은 언어학적 모델에서 연원하였다. 이런 (내적 배치라는) 접근법은 알뛰쎄르에게서 적극적으로 나타나며, 이에 기반해 그는 이데올로기 연구에 새로운 활력을 불러일으켰다. 맑스주의자들에게 특히 매력적인 것은 결정하는(determinate) 조건들에 대한 강조였다.

세계에 대한 개방이 바르뜨의 초기 프로그램의 핵심적 부분이었다는 것은 의심의 여지가 없다. 그는 동요없이 의미와 의미의 형성——'의미화'——그리고 그 기능에 관심을 기울였다. 반식민지 투쟁기인 이 시기(반둥회의, 쑤에즈 위기, 알제리, 베트남)에 바르뜨가 1957년에 쓴 대표적인 이론적 해설인 「오늘의 신화」에서 주요 예시 중 하나로 "프랑스 군복을 입고…경례하는 젊은 흑인"의 이미지(*Paris-Match*의 표지 사진)를 택했다는 것은 암시적이다.

순진하건 아니건 나는 이것이 내게 무엇을 의미하는지 잘 안다. 그것이 의미하는 바는 프랑스가 대제국이라는 것, 프랑스의 모든 자녀들은 피부색의 구분 없이 국기 아래 충실하게 봉사한다는 것, 그리고 소위 식민주의의 비방자들에게 응수하는 데 있어 이 흑인이 자신의 이른바 압제자들에게 봉사하며 보여주는 열의보다 더 좋은 방법은 없다는 것이다(Barthes

---

* 다능인은 전문화된 지식이 없이 상황별로 특수한 방식으로 작업을 수행하며, 공학자는 매우 일반화된 지식을 가지고 일반화된 방식에 따라 작업을 수행한다. 다능인은 레비-스뜨로쓰가 사용한 용어이다.

1972: 116면).

1970년에 바르뜨는, 50년대에 이데올로기 비평이 분명히 필요하던 것처럼, 68년 5월에 그것이 다시 분명히 필요해졌다고 썼다(같은 책, 9면). 이 비평은 언어역학(mechanics of language)의 기호학적 분석을 통해 "쁘띠부르즈와 문화를 보편적인 것으로 전환시키는 신비화를 상세하게 설명하고자 하는데" 그가 말하듯이 이것은 자신의 쏘쒸르 독해에 빚지고 있었다(같은 곳).

언어 그 자체는 개념을 표현함으로써 개념을 만들어내거나(formulate), 개념을 숨김으로써 개념을 삭제할 수 있다. 언어를 '신화'로 읽는 바르뜨의 혁신적 독해는 양자를 모두 달성한다.[14] 바로 이렇게 해서 신화는 역사를 이데올로기 낳는 자연으로 전화시키며, 또 신화는 (모든 측면에서 이미지의 내용——역사, 피, 투쟁——이 제거되는) 가치의 기호학적 체계가 아니라 (프랑스의 제국주의성이 경례하는 흑인 병사의 이미지 속에서 자연화되는) 표현의 사실적 체계로 독해된다. 그러나 의미의 구성과 이것이 실천과 맺는 관계에 대한 그의 이렇게 지배적 프로그램으로서 명백하게 관심을

---

14) 바르뜨는 쏘쒸르의 1차적 체계(first-order system)를 한 걸음 더 밀고나갔으며, 측면적 교체를 통해 언어적 기호를 '의미'를 생산하는 2차적 체계인 '신화' 내에 도입해 이 언어적 기호에 더 확장된 의미에서 기표의 역할을 부여하였다. 그 과정에서 최초의 기호나 기호들의 집합은 내용을 상실해 전적으로 형태만으로 축소되그 자의적이 되어, 새로운 체계 속에서 기표로서 작용하게 된다. 이런 혁신 때문에 언어가 신화로 이동하면서 의미 구성이 특수한 질을 갖게 된다. 신화의 수준에서 흑인 병사의 이미지는 프랑스의 제국주의성을 그것이 확립한 대로 찬양하지만, 일부 지식은 상실된다. 왜냐하면 그 이미지에는 언어적 기호 차원에서 지녔던 역사가 제거되어 있기 대문이다. 그의 말에 따르면

신화는 어떤 것도 숨기지 않는다. 그것의 기능은 사라지게 하는 것이 아니라 왜곡하는 것이다. … 신화 속에서 기표의 편재성은 정확히 알리바이의 지형(physique)을 재생산한다. … 신화는 가치이며, 진리가 그것을 보장하지는 않는다. 어떤 것도 그것이 영구적인 알리바이임을 막을 수 없다. 신화의 기표는 신화가 늘 '다른 장소'를 확보할 수 있도록 양면을 갖는 것으로 충분하다(Barthes 1972: 121, 123면).

보인 것은 시간적으로 제한적이었다.

구조주의는 인문과학에 새로운 엄밀함과 (비환원주의적이고 비실증주의적인) 과학적 지위를 약속하였다. 이는 레비-스뜨로쓰, 그리고 생산양식들이 언어처럼 구조화되어 있다고 생각한 알뛰쎄르에게서 분명하게 드러났다(Althusser and Balibar 1970). 그러나 바로 이런 가능성 때문에 구조주의는 자기자신의 내부에 갇히게 된다. 다시 말해, 텍스트의 내적 관계들을 특권화하는 우아한 형식적 분석이 실현된 것이다. 지나치게 공시적인 경향[15] (역사적 변동을 설명할 때 발생하는 문제)과 더불어, 언어 이외의 영역에 거의 의미를 부여하지 않는 것, 그리고 구조주의 출현 자체의 역사적 조건 등이 구조주의적 분석에 지속적으로 남아 있는 어려움이었다. 그러나 "인간적 의미의 '구성됨'(constructedness)에 대한 강조는 커다란 진전"이었다(Eagleton 1983: 107~108면). 구조주의는 유럽의 인간주의와 실증주의의 사망을 의미했으며, 그리고 (물질적이건 인간적이건 시적이건 간에) 생의 본질을 강조한 낭만주의의 종말을 의미했다.

실체보다 관계들의 분석에 우선성을 부여하는 경향은 근대화이론의 수출에 적극적으로 저항하는 움직임에서도 분명히 보인다. 특히 라틴아메리카 출신의 제3세계 학자들이 이를 주도하였다. 기성체제적 관점에 대한 이러한 유보를 처음 제기한 것은 일찍이 1950년대에 프레비쉬(Prebisch)와 유엔 라틴아메리카경제위원회(ECLA)였다. 그들은 '중심부'와 '주변부' 사이의 무역조건이 반(反)리카아도적으로 악화되고 있음을 주시하였다(Baer 1962를 보라). 장기간에 걸쳐 구성된 관계인 '저발전의 발전'(Frank 1967; 1969)은 종속이론가들의 주제가 되었다(Cardoso 1977; Palma 1978). 변종들의 존재는 중심부(메트로폴리스, 중심지)와의 접촉 증가가 주변부(위성)의 발전을 가로막았다는 주장을 뒷받침하였다. 근대화의 논리는 전도되었다. 그

---

15) 레비-스뜨로쓰는 공시적인 것과 통시적인 것을 둘 다 공평하게 다루려고 최선을 다했지만, 브로델이 보기에 인류학자의 시간관은 '아주 길고' '너무 길어서', 사실 영원하다고 할 수 있었다. 설사 그런 시간이 존재한다고 하더라도, 그것은 '현자들의 시간'일 뿐이었다(Braudel 1958: 748면).

러나 공식 노선으로서 근대화의 힘은 강력했기 때문에, 이런 비판들은 대개 처음에는 무시되었다.

브로델과 아날학파는 "보편화하고, 경험주의적이며, 정치를 경제로부터 분리하고 정치와 경제를 문화로부터 분리하며, 매우 자민족중심적이고, 오만하고 억압적인——세계적 수준에서, 그룹시의 말을 빌자면, 헤게모니 문화"(Wallerstein 1978: 5면)——19세기 학문들의 논리와 그 논리를 구체화시킨 제도인 대학에 정면으로 대항했다. 이들은 (단지 정치적인 것보다는) 경제적인 것과 사회적인 것을 연구했고 ('사건들'이나 개인적 전기의 연대기적 기술 대신에) **장기지속** 및 **꽁종끄뛰르**를 강조했는데, 이는 보편지향적인 법칙정립적 사고에 대한 직접적인 공격이었고 개별기술적 역사——프랑스에서 지배적이었다——에 대해서는 훨씬 더 직접적인 공격이었다. 냉전기 동안 『아날』은 맑스주의자를 포함하여, 온갖 종류의 신념이나 국적을 지닌 반대파를 끌어들일 수 있는 비(非)앵글로-색슨적이고 비(非)쏘비에뜨적 축으로서 이득을 보았다(Wallerstein 1991b: 187~201면). 이런 점에서 아날은 세계 정치에서 미술에 이르기까지 분명히 부각된 제3세력인 프랑스 민족주의의 또다른 측면을 대변하고 있다.

금방이라도 터질 듯이 들끓고 있던 세계혁명이 1968년 5월에 마침내 폭발하였다.[16] '구좌파'는 냉전 매카시주의의 외적 압력과 소련의 탈스딸린

---

16) 국제적 차원을 포함해 1968년에 대해서는 Caute 1988과 Fraser 1988을 보라. 세계체제 내의 혁명이란 관점의 글은 Arrighi, Hopkins and Wallerstein 1989과 Wallerstein 1991a: 65~83면을 보라. 구좌파 및 신좌파에 대해서는 Isserman 1987과 Widgery 1976을 보라. 1960년대 내내 미국은 모든 전선에서 증폭되는 도전들에 직면하여 헤게모니를 유지하기 위해 싸웠다. 1961년에 케네디정권은 평화봉사단(Peace Corps)과 진보를 위한 동맹(Alliance for Progress)을 창설하였다. 1962년에 민주사회를 위한 학생들(Students for Democratic Society: SDS)은 아직 상대적으로 온건하고 '정당 재편'을 선호하는 포트 휴런 성명(Port Huron Statement)을 선포하였다(Isserman 1987: 202~19면). 반폭동 전쟁과 '인민의 심중'의 장악(당시 미국 군부의 구호였다——옮긴이)에서 고조되기 시작한 (무력의 사용은——옮긴이) 결국 베트남에 대한 전면 개입의 패주로 귀결되었고, 국내 전선의 반란은 사실상 1969년의 '웨더맨'(Weathermen, SDS 급진파가 결성한 무장테러조직——옮긴이)에서 정점에 이르렀다. 학생운동은 어디서나 중요했지만 아마 프랑스보다

주의화에 이은 내적 불안에 굴복한 상태였다. 미국에서는 (전지구적 차원의 냉전적 탈식민주의로부터 분리되지 않은) 인종관계와 베트남전 반대운동, 그리고 대학개혁 같은 주제들을 둘러싸고 '신좌파'가 연합하였다. 영국에서 1950년대 후반에 저항이 처음 꽃피었을 때 등장한 테마들은 '적극적 중립주의,' '사회주의적 인간주의,' 그리고 '핵군축'이었다(Widgery 1976). 그렇지만 1968년의 지속적인 영향은 『아날』의 토대를 이루는 테마들에 조응하였다.

> 1968년이 진정으로 영향을 끼친 것은…대학의 **지적** 생활이었다. 그것은 1945~67년에 이루어진 직전의 합의에 대한 도전이었을 뿐더러, 적어도 19세기 중반 이후 세계의 지적 활동을 지배해온 좀더 뿌리깊은 합의에 대한 도전이기도 했다.…그러나 그 제도적 기반까지 파괴한 것은 아니었다(Wallerstein 1991b: 222면).

물론 운동들이 모든 시기에 한결같이 전복적이었다거나, 매번 전복적인 것으로 비쳐졌던 것은 아니었다. 예를 들어, 실존주의는 각 시기마다 서로 다른 영향을 끼쳤고, 초현실주의의 동성애혐오적이고 남근중심적인 경향들은 서구 사상의 장기경향과 맞아떨어졌다. 급진적 대안으로서 이러한 경향의 신임장이 탈색했다고 본 것은 새로운 여성운동 혼자만이 아니었다. (한편—옮긴이) 매우 급진적인 듯 보여 호된 비판을 받은 탈구조주의 전략은 실제로 새로운 형식주의들을 낳았다. 더 '과학적인' 역사학을 열망한 『아날』도 마찬가지로 강점을 잃어버리고, 학제를 넘어서지 못한 채——유일한 성과물인 다학문체제(multidisciplinarity)는 겉치레에 불과했다——법칙정립적이고 개별기술적인 방향으로 변화해갔다(소위 세분화 *émiettement*)(같은 책, 224면).

더한 곳은 없었을 텐데, 프랑스에서 학생운동은 베트남전과——훨씬 더 많은 외상을 남긴——알제리전쟁기 내내 지속되었다.

1967/73~90년: 모순과 전화

1968년 이후 최근 시기로 눈길을 돌리면, 우리는 세 가지 믿음이 공격을 받고 있으며, 이를 통해서 기성체제가 정당한 지식이라고 간주한 것에 대한 공공연한 도전이 증대되었음을 발견할 수 있다. 그 믿음이란 다음과 같다. ① 기술을 통해 실행되고 실제 세계에 적용할 수 있는 공적 지식으로서 도구적 과학은 진보를 낳는다. ② 영원한 진리를 반영하는 보편적 명제들은 존재한다. ③ 학문분과들간에 지식의 위계를 이루는 본질적 차이가 있다.

각각은 물질적 위기와 관련이 있으며, 보편화 과정과 구분화 과정이 모두 함축되어 있다. 첫번째 것은 단선적 시간학(chronosophy)의 위기——진보와 자본주의의 무한 축적 사이의 추정된 (은폐된) 관계를 손상시키는 중대한 위기——와 연관된다(Pomian 1979를 보라). 두번째 것은 보편과학에 지배되던 **장기지속적** 지식구조의 위기와 관련되는데, 보편과학은 바로 진보라는 관념 자체의 바탕을 이루고 있는 것이었다. 그리고 세번째 것은 한 세기 이상 보편/특수(과학/인문학)의 이율배반을 유지해온 학문분과들이 분화되고 재구조화되는 19세기 꽁종끄뛰르적 위기와 관련이 있다.

진보의 모호성

무제한의 성장과 진보를 제공하는, 가치중립적 과학에 토대를 둔 '기술사회'의 이데올로기는 1960년대 후반에 전환점에 도달했다. 베트남에서 구정공세가 있은 지 두 달 남짓 된 1968년 4월에 로마클럽이 처음 회합을 가졌다. 그들은 상호연관된 주요 경향들을 장기적이고 전지구적이며 체제들의 관점에서 검토할 것을 제안하였다. 그들이 의뢰해 진행된 연구에 따르면, 제어되지 않은 성장은 결코 만병통치약이 아니며, 만약 제어되지 못한다면 결국 "인구와 산업생산 능력이 급격하고 통제할 수 없을 정도로 쇠퇴"하게 될 것이라고 했다(Meadows et al. 1974: 29면).

이론과학의 발견에 기초하고, 그것의 대규모 전개를 위한 경영/조직 기법의 후원을 받은 신기술 발전——원자폭탄 연구(맨해튼 프로젝트)와 전자공학(예를 들어 레이더)——은 제2차 세계대전의 대량파괴를 동반하였고, 또 부분적으로 그것을 가능케 한 것이기도 했다. 종전 직후에는 이 기술이 크게 변신해 '매우 값싼' 원자력이 될 것이라 예상되었다. 그러나 그후 40년 동안 칼의 생산이 쟁기의 생산보다 훨씬 더 중요시되었다. 핵무기반대운동이 (1968년 세계혁명 동안 그 정점에 도달한 바 있는 반전운동과 결합해) 비교적 떠들썩하게 진행되었지만, 보잘것없는 승리만 거두었을 뿐이며, 이 승리도 1980년대 중반에 핵무기를 적재한 선박에 대해 항구를 폐쇄한 뉴질랜드의 경우처럼, 1968년 이후 시기의 (군사——옮긴이)전개와 관련이 있었다. 핵확산은 계속되었으며, 과학이 세계를 더 안전한 장소로 만든다는 주장은 여전히 강자의 정치적 미사여구의 주 요소였고 군산복합체가 입법에 관여하면서 늘어놓는 주된 선전가락이었지만, 그 말을 믿는 사람은 거의 없었다.

핵발전은 핵무기처럼 그렇게 명백하게 비진보적이지는 않았다. 따라서 그것을 문제시하는 운동은 더 늦게 시작되어, 1968년 이후 시기에야 실질적 세력이 되었으며, 잘 알려진 방사능 유출사고나 대재난을 초래한 '노심용융' 사건(1979년의 스리마일섬, 86년의 체르노빌), 그리고 가장 최근에는 방사능 폐기물에 대한 관심을 통해 지지를 획득하였다. 그런데 반대는 기술적 관심——사고, 폐기물 처리, 손해보상——에 크게 의존하고 있었기 때문에, 반핵합의는 화석연료의 결점(온실효과)과 전력수요의 성장 같은 이유로 쉽게 반전될 수 있었다. 그럼에도 불구하고 기성체제는 1980년대 말경까지 새롭고 더 깨끗한 기술개발을 계획하지 않았다. 기성체제는 이를 홍보문제로 파악했다(Nuclear Energy Agency 1989: 9, 10면). 왜냐하면 대중적인 항의에도 불구하고, 공식적인 홍보 캠페인의 지원을 받아 중심부는 광범위하게 핵발전을 장기적으로 진행시켰으며, 주변부에서도 이런 계획이 점점 증가하였기 때문이었다. 그렇지만 핵발전으로 대표되는, 기술을 통한 진보란 터무니없는 소리였다.[17]

크게 확대된 화학산업 또한 전후 시기를 대표하는 것으로, 이 산업은 대체로 식용곡물 중 새로운 다수확 품종을 개발하는 '녹색혁명'을 위해 필요한 살충제 및 비료를 생산하였다. 레이첼 카슨(Rachel Carson)은 1962년에 출판된 그녀의 저서『침묵의 봄』(*Silent Spring*)에서 살충제 오염을 폭로했다. 이 일은 오래 전에 확립된 (그리고 기성체제의) 개량주의적 자연보전운동과는 구별되는 것으로서, 생태론에 대한 현대적 관심이 일제히 시작됨을 알리는 신호탄이었으며, 그것은 중심부에서 일종의 대중적 십자군운동으로 효과적으로 개시되었다.[18] 씨에라클럽(Sierra Club)*과 오드본협회(National Audubon Society)**처럼 비교적 보수적인 주류 환경보전조직들조차, 급진주의적 색채는 피했지만, 더욱 활동적이 되었다(예를 들어 Mitchell with Stallings 1970을 보라). 이 운동은 폭발적으로 불어나 다양한 철학과 방법, 목표를 아우르게 되었다. 그린피스와 어스퍼스트(Earth First!)처럼 급진적이고 직접적인 행동으로 대항하기도 했고, 자연에 대한 모든 인간중심적 태도를 혁명적으로 거부하는 심층생태론운동도 나타났으며(Devall and Sessions 1985; Wexler 1990), 그외에도 성장의 경제학에 대해 큰 관심을 표명한 이들도 있었고(Brown 1978; Meadows et al. 1974; Schumacher

---

17) (스웨덴이 '온실'가스 배출에 대한 법적 제한 때문에 핵을 선호하고 있지만) 유럽과 미국에서 새로운 핵발전소 건설은 사실상 답보상태이다(Price 1990). 그러나 당분간 동유럽에서는 구식 원자로에서 생산되는 에너지를 대처할 만한 것이 등장할 것 같지 않다. 신형 원자로 투자만 어려움을 겪고 있는 것이 아니다. 거대한 구모의 수력발전 계획(예를 들어 브라질, 캐나다, 다뉴브강)도 재평가에 직면해 있다.

18) 카슨의 저작은 미국에서 1971년에 DDT의 등록 취소를 이끌어냈다. 미국에서 1970년 첫 번째 '지구의 날'과 더불어 뿌리내린 대중적 낙관주의는 레이건의 통치 동안 공식적 무관심 속에 밀려났다. 그렇지만 전세계적으로 (이 문제에 대한—옮긴이) 경계가 증가하고 있으며, 1992년 '지구정상회의'에서(Johnson 1993을 보라) 미국의 입장은 소수파였다. 주변부의 견해는 중심부의 견해와 근본적으로 달랐다(Pearce 1992; Ramphal 1990; Durning 1990).

* 씨에라산맥 보호를 위해 설립된 미국에서 가장 오래된 환경운동단체.

** 조류와 기타 야생상태의 자연생태계 보호와 복원을 위해 1905년에 설립된 미국의 환경운동단체. 저명한 조류학자인 존 오드본(John J. Audubon)의 이름을 땄으며, 현재 55만 명의 회원을 확보하고 있다.

1973), 선거정치를 중시한 이들도 있었다(Ryle 1988; Gorz 1980).[19]

유럽과 북아메리카의 중심부지대에서는 자본과 환경 간에 일정한 타협이 이루어졌다. 그러나 동유럽의 구 코메콘 나라들에서는 급속한 공업화를 통해 무절제한 발전이 진행된 결과, 토지와 물, 대기가 재난에 가까울 정도로 오염되었음을 쉽게 관찰할 수 있다. 1970년대 초에 이르러 근대화——그리고 서양과학——의 기수 중 하나인 녹색혁명이 불러온 예상치 못한 결과가 주변부에서 고통스러울 정도로 분명해졌다.[20] 활동범위가 좀더 제한된 핵발전반대운동조차 많은 동일한 관심들——장기적으로 생물권(사바나 대초원, 열대우림, 오존층)의 생명 지탱능력의 퇴화와 임박한 재난(1984년 보팔 사건)——을 갖고 있다는 것은 놀라운 일이 아니다.

사실 사회변동에 대한 지지는 광범하지만 아직 명시화되지 못하고 있다. 델린저에 따르면 "반핵운동에는 숨겨진 의제가 있는데, 그것은 에너지독점 및 핵산업에 의존하지 않고 평등과 민주주의에 바탕한 사회를 만들기 위해 싸운다는 것이다"(Dellinger 1982: 233면). 그런데 정말 그러한가? 그렇다면 어느정도로 그러한가? 중심부(미국, 영국, 서독)에 초점을 맞춘 연구에서 밀브래스는 '새롭게 발전하고 있는 환경지향적 윤리'가 '지배적인 사회적 패러다임'——인간을 다른 창조물들과 분리시켜, 끊임없는 진보의 무제한적 세계 속에 살고 있는 자기 운명의 주재자로 설정하고 있는 것——과 대립하면서 어느 정도의 노력을 기울이고 얼마나 성공을 거두고 있는지를

---

19) 1967/73년의 전환점 무렵 몇몇 더욱 중요한 조직들이 설립되었다. 1969년 세워진 지구의 벗들(Friends of the Earth)은 압력집단이었고, 70년 설립된 자원방위협의회(National Resources Defense Council)는 법안의 초안을 제출하고 교육 프로그램을 담당하였으며, 71년 창립된 그린피스는 비폭력적 직접행동에 나섰다. 동유럽과 서유럽에서 모두 '녹색'당이 넘쳐났는데, 그들은 구 운동들과 마찬가지로 국가권력에 관해 동일한 구조적 딜레마에 봉착하였다.

20) 글래서(Glaeser 1987)는 녹색혁명이 주변부에서 부자들에게는 이익을 준 반면 소토지보유자에게는 부정적 영향을 미친 전개과정을 개괄하고 있다. 세계의 기아문제에 대한 라페와 콜린즈의 논의는 녹색혁명 문제를 포함하지만 그것을 넘어서서, "부를 생산하는 재산을 무제한으로 축적하고 그 재산을 마음대로 이용할 권리로서의" 자유는 "기아를 끝내는 것과 근본적으로 모순된다"는 것을 발견하였다(Lappé and Collins 1986: 131면).

(신념과 행위 모두와 관련해서) 양적인 자료에 바탕해 기술하고 있다 (Milbrath 1984: 7~8면). 이런 경향들이 이해관계가 상이한 운동까지 포함한 (예를 들어 근본주의[21]) 주변부의 운동과 통하는 점이 있다면, 그것은 계몽주의 프로젝트를 표방하는 낡은 형식들에 대한 탈주술화라고 할 수 있다 (Borgmann 1992).

중심부건 주변부건 간에 여성운동 세력보다 더 근대사회의 과학적/기술적 근본을 부정함으로써 근대사회의 진보성에 대해 소리높여 의문을 제기한 현대적 주장은 없었다. 사실 여성들은 반핵운동의 전위에 있었고, 오염과 유독폐기물의 강력한 규제를 요구하는 데도 대단히 많이 참여하였다 (Milbrath 1984: 75면). 여성들은 여성 신체 자체를 과학적인 대결의 대표적인 장으로 부각시켰다(Gallagher and Laqueur 1987). "전례 없는 문화적 권위와 그것의 진리를 보증하기 위한 대규모 물질적 투자"에도 불구하고, "여성 신체에 초점을 맞춘, 과학적 담론"의 탈신비화는 빠르게 진행되었다. 1960년대 말에 이르러 피임과 낙태, 아동보호라는 재생산의 쟁점들에 뿌리박은 페미니즘적 사고는 새로운 모습을 띠기 시작하였는데, 그들은 '과학적' 원리라는 가면 속에서 정당화되어온 '가부장적 특권'뿐 아니라 지금까지 의문시되지 않던 자유사회의 전제들에도 도전하였으며, "기술사회의 기계적 사고인 선형성을 거부하고, 그것을 유기적 전체성, 곡선성, 상호연관성이라는 관념으로 치환하였다"(Rothman 1989 252~53면).

1500년 이후 우리의 유럽중심적 체제에서 진보란 팽창을 뜻했다. 그러나 20세기 후반에 이 운동은 전지구적으로 토지(자원)와 인민(노동력)을 포섭하는 데 한계에 도달한 듯하다. 앞서 이야기한 바 있는 진보라는 관념에 대한 '회의적 재평가'는 원래 중심부에서 꼰드라띠예프 B국면에 뒤이어 발생한 현상이지만, 팽창의 구조적 반전과 현정세의 지정학적 변동 때문에 "진보에 대한 의문은…오늘날 과거에 비해 더욱 강력해졌다"(Wallerstein 1991a: 232면). 세계적 규모로 측정할 때 생활수준이 장기적으로 양극화되었

---

21) 미국에서 우세한 기독교 근본주의는 비중심부지대의 종교 근본주의와는 달랐는데, 이들은 정당성을 추구하기 위해 ('창조')과학의 언어로 치장하였다(Kitcher 1982를 보라).

다는 인식(Wallerstein 1983: 98~105면)은 (끊임없는 자본주의적 축적과 시공간적 보편주의와 결합한) 보편적 과학과 기술을 통해 더 나은 세계를 구성한다는 이데올로기에 의문의 씨앗을 뿌렸다.

미심쩍은 과학

고전과학의 전제들은 수많은 현대 과학자들의 공격을 받았다. 고전과학이 내세운 통일성은 과학 자체의 내적인 발전에 의해 손상되어 그 한계에 도달하였다. 천체역학을 모델로 수립된 통일성은 19세기의 마지막 25년 동안 균열을 보이기 시작하였는데, 이 시기에 수학자들은 연속이지만 미분불가능한 함수들과 초산술(transfinite arithmetic)*을 탐구하기 시작했고, 3체(three-body) 문제**는 풀 수 없다는 것을 증명하였다(Lee 1992를 보라). 1960년대 말 이후 동역학계들(dynamical-systems)에 대한 연구의 결과, 세계는 결정되지만 예측할 수 없는 하나의 복잡성으로 재개념화되었다. 카오스 속의 질서(기묘한 끌개strange attractors), 카오스로부터의 질서(소산구조dissipative structures), 괴상한 함수의 시각적 표현(visual representation of pathological functions), 그리고 비정수(non-integer) 차원들을 보여주는 자연적 형태들(프랙탈 기하학fractal geometry) 같은 새로운 이론들이 등장하였다. 간행된 자료를 검토해보면 관련 문헌들이 실제 폭발적으로 늘어났음을 알 수 있다.[22]

데이비스는 현대 과학연구를 세 가지 범주로 나누었는데, 그것은 극대, 극소, 그리고 극복잡한 것이라는 영역들이다(Davies 1989). 위버는 복잡성

---

22) 『과학인용색인』(*Science Citation Index*)의 퍼뮤텀(Permuterm) 색인에 속한 문헌의 총수는 1960년대 이후 평탄하게 직선적으로 성장한 반면, '카오스' 항목 및 그와 동종에 속한 것은 기하급수적으로 증가하였다.

* 개별 증명의 증명을 다루는 메타적인 성격의 증명법인 초수학의 일부.

** 천체역학의 난제 중 하나로, 서로 상대 주위를 돌고 있는 두 천체의 움직임에 더해 3체로 이루어진 계에서 나타나는 상호작용을 수학적 공식으로 풀려는 노력을 말한다. 19세기 말에 브런스(Bruns)와 푸엥카레(Henri Poincaré)는 이것을 적분이 가능한 계의 형태로 표현하는 것이 불가능하다는 것을 보여주었다.

에 대한 새로운 평가(Aida et al. 1985; Atlan et al. 1985)를 예견하였다(Weaver 1948).[23] 니콜리스와 프리고진은 일상경험의 일부로서 간주되는 자연적 복잡성에 관심을 기울였다(Nicolis and Prigogine 1989). 예측성의 한계와 실재계(real systems)의 자기조직화는 시간 및 비가역성이라는 불가분의 관념과 긴밀하게 연관된 것으로 제시된다. 펠리티와 벌피아니는 복잡성의 과학의 출현을 승인하는 경향을 받아들여, 상이한 계들의 특수한 측면들과는 무관한, 복잡계(complex system)들의 보편적 특징을 다룬다(Peliti and Vulpiani 1988).

이런 사고전환──환원주의적 접근법에 대립되는 종합적 접근법, 분과학문의 구분을 철저하게 가로지르는 것(cross-disciplinarity), 그리고 '다루기 어려운'(intractable) 문제들을 포함하는 것(Pagels 1988; Stein 1989)──은 뉴튼적 세계관으로부터의 탈피를 보여준다. 파머와 패커드는 "뉴웨이브 과학"의 질문들은 "환원보다는 **종합**을 소리높여 외친다"고 이야기하는데(Farmer et al. 1986: viii면), 그 이유는 이 과학에서는 적어도 두 개의 시간척도를 담은 계들의 연구가 씨뮬레이션에 기초해 진행되며, 분과학문의 경계선을 넘나들기 때문이다.

카오스적인 것처럼 보이는 특정 동역학계들의 진화의 바탕에 질서가 있다는 증거는 이 계들과 결합된 '기묘한 끌개'의 발견과 더불어 분명해졌는데, 그 출발점은 1960년대 중반 로렌쯔의 기상(氣象)모델이었다(Lorenz 1963a; 1963b; 1964). 파이겐바움이 비선형계들의 주기배가적 분기(cascading bifurcation)에서 보편성을 발견하면서, 인간이 인지가능한 중간 규모(meso-scale) 현상은 그 보편적 상수를 얻었다(Feigenbaum 1983).[24] 쇼는 카

---

23) 위버는 변수의 수에 따라 과학을 세 지대로 구분하였는데, 그것은 변수가 거의 없는 고전 물리학의 **단순한 문제들**, 통계방법에 의해 기술될 수 있고 많은 변수들이 있는 **탈조직된 복잡성**, 그리고 그 중간 지역에 있는 것으로, 유기적 전체로서의 분석체제에 의존해서만 문제를 해결할 수 있는 **조직된 복잡성**이다. 그는 20세기 후반에──컴퓨터 및 학제적 '혼합팀' 연구에 기초한──이런 세번째 활동이 과학의 세번째 위대한 진전을 이루어낼 것이라고 예견하였다.

24) 파이겐바움의 'δ'는 복잡성의 개시 속도가 극한에서 수렴되는 고정값이다.

오스적 성질이 "물리적 세계에 **완전히 편재한다**"고 주장하였다(Shaw 1981: 107면). 그는 정보이론을 차용하여, 난류(turbulence)의 개시를 정보 흡수 지에서 정보 원천으로 계가 옮겨가는 통로로 특징지었다. 기묘한 끌개는 섭동(perturbations)을 미시적 규모에서 거시적 규모로 전달한다. 쇼에 따르면, 그 함의는 작은 규모에서뿐 아니라 큰 규모에서도 세계를 기계로 보는 19세기의 관점이 틀리다는 것이다. "거시적 규모 속으로 새로운 정보가 끊임없이 주입되면 우리의 예측능력이 심각하게 제한될 수 있지만, 또한 우리 경험은 끊임없이 다양성과 풍부함을 얻게 된다"(같은 책, 108면).

마르쿠스, 뮐러, 니콜리스는 비선형성의 출현을 하나의 통일 원리로 제시하는데(Markus, Müller and Nicolis 1988), 이 원리 속에서는 개방된 다양한 자기-조직화하는 계들에서 나타나는 보편성이 화학자, 생물학자, 생태학자, 물리학자, 수학자, 의사들에게 공통의 언어를 제공한다. 프리고진과 스땅제르는 비선형성(불안정성, 파동, 카오스로부터의 질서)에 주목하는 열역학의 현대적 연구들을 언급하면서, 뉴튼역학에 도전하는 과학의 개념적 전화를 명시적으로 다루고 있다(Prigogine and Stengers 1984). 자기조직화 과정 및 소산구조라는 특징을 지니는, 평형으로부터 멀리 떨어진 계들의 진화의 불가역성이 시간의 화살을 결정한다. 저자들은 우연과 필연의 상호연관 및 존재와 생성의 조화에 대해 논의한다. 카오스는 질서의 대립물이 아니라 그 원천이자 같은 편으로 제시된다. 프리고진은 과학과 인류가 이행기에 있다고 말한다. 우주가 복잡성을 담은 역사를 지니고 있다는 것은 인간과 인간 사이의, 그리고 인간과 자연 사이의 새로운 대화를 가정한다. 자연을 수동적이 아니라 능동적이라고 보아야 하며, 과학은 "보통 '생태론적' 관점이 그런 것처럼, 전지구적 문제에 대한 순전히 보수적인 접근법을 넘어서야 한다"(Prigogine 1986: 506면).

뉴튼과 데까르트의 질서정연한 수학세계와 비교되는 칸토르(Cantor)의 집합(sets) 및 뻬아노(Peano)의 공간충만 곡선(space-filling curve)의 세계는 참으로 비의(秘儀)적인 듯하다. 그러나 만델브로트는 이들 (그리고 기타) 19세기 말 수학자들이 개념화한 구조들이 우리를 둘러싼 일상세계에 얼마나 편재하는가를 보여주었다(Mandelbrot 1982). 유클리드의 점, 선, 면, 입체라는 범주에 쉽게 들어맞지 않는——그러나 다소 그 사이에 있는——형태(shape)에 대한 만델브로트의 프랙탈 기하학은 해안선과 눈송이처럼 자연적으로 발생하는 현상과, 나무·혈관계·폐계통 같은 분지계, 그리고 수면(睡眠) 주기와 심장의 세동(細動) 같은 진동계를 묘사한다.

시간-가역적인 고전과학과 대조적으로 이런 모든 연구들은 시간 자체의 재개념화를 요구한다. 시간이란 비가역적이기 때문에 환상이거나, 또는 존재에 선행한다(Géhéniau and Prigogine 1986; Prigogine and Géhéniau 1986). 굴드는 진화를 진보의 행진으로 보거나 또는 점증하는 다양성의 원뿔구조로 보는 관념을 모두 거부하고, 대신 역사과학에서의 우연성의 테마를 흥미진진하게 설명하면서, 그것을 다양화와 파괴(decimation)의 이미지——반복할 수 없고 따라서 예측할 수 없는 것으로서의 역사——로 대체하였다(Gould 1989). 그는 시간의 화살에 대한 또다른 재개념화인 삶의 화살(life's arrow)이라는 개념도 제안하였는데, 그것은 "모호하고, 검증할 수 없고, 또 문화적으로 과부하된(laden) '진보'라는 관념을 대체하여" 하층이 더 두터운 비대칭인 클래드(clades)* 집단들(계통발생적 조각들)의 통계적 속성에 기초를 두고 있다(Gould; Gilinsky and German 1987: 1437면).

봄은 실재와 의식 간의 관계에 관심을 기울여, 명사보다 동사를 강조하는 새로운 비파편적 세계관을 창안하였다(Bohm 1980). 그는 과학의 발전이 독립적이고 분할되고 비연관된 사물들을 분석하지 못한다고 주장하면서, 기억이 두뇌 전체에 분산된다는 정보저장의 홀로그램 이론을 제안하고, 또 만물이 다른 만물 속에 감싸지는 접히는(implicate or enfolded) 질서 개념을 제안한다. 이는 각 사물이 다른 사물의 영역 밖에 놓여 있는 지배적인 펼쳐지는(explicate or unfolded) 질서와 대조된다.

카프라는 위기에 빠진 세계를 그렸는데(Capra 1982), 여기서 위기는 20세

---

* 가계도처럼 유기체를 그 진화과정에 따라 분류하여 나무 분지구조를 그리는 진화생물학의 분과를 cladistics라 하며, 이에 따라 그린 계보학적 그림을 cladogram이라고 부른다. 이 분류 도식에서 각 부분을 구성하는 것이 clades가 된다.

기 물리학이 구분된 사물들이 아니라 관계들로 구성된 물질세계의 묘사에 초점을 맞추어 발전하면서 데까르트와 뉴튼의 기계적 우주관에 도전한 것을 뜻한다. 그는 이런 20세기 물리학의 세계관과 결합된 가치체계가 개인과 사회의 건강에 큰 영향을 끼쳤으며, 이 지구 전체가 '전환점'에 이르렀다——즉 총체적 또는 생태론적 관점에 입각한 전화——고 주장한다. 라즐로(Laszlo 1987)는 인간진화가 더이상 유전학적 문제가 아니라 사회문화적 문제이며, 우리 시대는 불확실성의 시대일 뿐 아니라 기회의 시대이기도 하다고 주장한다. 등장하고 있는 "초분과학문적(transdiscilinary) 실재관은 적응과 생존보다 창조성을, 결정론보다 개방성을, 그리고 안전보다 자기-초월을 강조한다"(Jantsch 1981: v면). 이런 주장들에 반향하는 주장이나 이와 유사한 주장들이 분과학문들 전체에서 발견된다. 우리가 살펴보려는 것은 바로 이것들이다.

분과학문 경계선의 붕괴

인문학의 몇몇 학자들이 과학의 새로운 발전을 유용한 모델로 사용하고 있는데,[25] 이것은 지식영역의 위계를 반영한다고 추정되는 학문분과들의 위계에 대한 강력한 저항의 연장선상에 있으며, 이런 저항은 인문학 내에서 오래 전부터 제기되어왔고 실제로 점점 늘고 있다. 1960년대에 출현한 다양한 새로운 형식들——'뉴저널리즘'(Wolfe 1973), (형식은 허구이나, 내용은 사실적인) 창조적 논픽션, '논픽션 소설'(카포트Capote의 용어), 메

---

25) 본래 화학자의 교육을 받은 헤일즈(Hayles 1990)는 과학의 현대적인 발전과 문학 및 비평이론의 현대적 발전을 나란히 놓고, 그것들 사이의 유사성을 추적하고 있다. 그녀는 양자가 공통의 문화적 주형(matrix)에 뿌리를 내리고 있다고 주장한다. 즉, 둘 다 지방적인 것과 전지구적인 것 사이의 관계에 대해 관심을 가지고 있으며, 질서와 무질서의 상호침투 관계를 알고 있고, 또 복잡계가 결정될 수는 있지만 예측될 수는 없다는 것 (그리고 전개과정에서 초기조건에 예민하게 반응한다는 것)을 인정한다. 이와 마찬가지로 쏘브차끄는 "많은 문화비평가들이 포스트모던 표상의 특징으로 간주하며, 카오스이론의 모델에도 똑같이 적절하게 적용되는 몇가지 주요 테마와 미학적 특징들"의 목록을 작성하고 있다 (Sobchack 1990: 153면).

일러(Mailer)의 "'소설 형식을 취한' 역사"(Hollowell 1977: x면)——은 사실
과 허구를 구별할 수 있는지에 대해 의문을 제기했다. 톰 울프(Tom
Wlofe)와 게이 테일즈(Gay Talese), 지미 브레즐린(Jimmy Breslen) 같은
저널리스트들은

경험의 직접성을 전달하고 그것에 일관성과 의미를 부여하고자 하면서,
소설가로 전환했다.…소설가들은…사실을 모으기 시작했는데, 그것 자
체가 목적이 아니라 그들의 예술의 원료로 사용하기 위해서였다. 사람과
사건에 관한 사실을 모으기 시작한 작가들을 부르는 명칭은 저널리스트이
다(Agar 1990: 76면).

이것이 분과학문의 성벽에 생긴 균열의 유일한 지표는 아니다. 1968년
에 단토는 내러티브와 인문과학들 사이의 관계를 분명히했다.

내러티브는…변동을 설명하기 위해, 그리고 가장 특징적으로는 때때로
광범한 시기에 걸쳐 개별 인간들의 삶과 관련허 발생하는 대규모 변동을
설명하기 위해 사용된다. 우리에게 이런 변동을 드러내주며, 과거를 일시
적 전체로 조직하고, 그리고 무엇이 일어났는지 말해주는 동시에 이런 변
동들을 설명해주는 것이 바로 역사가 맡은 일이다(Danto 1968: 255면).

그리고 이제, 라우즈는 사회적 실천으로서의 과학적 연구를 유사한 내러
티브 관념과 연결시키고 있다.

내러티브의 인식상의 의미에 대한 이전의 섵명과 대조적으로…내러티
브는 자연과학적 지식에서 중요하다.…우리는 내러티브가 지식을 기록한
문학형태가 아니라 실천활동을 이해하기 위한 일시적 조직화임을 알아야
한다(Rouse 1990: 179면).

    과학과 내러티브의 관계에 대한 이런 시각은 헤이든 화이트의 최근 저작(White 1973; 1978; 1987)에서 묘사된 과학/인문학 대당과 어긋나는 듯하지만, 화이트가 그린 이미지는 관찰자의 영향을 받지 않는 본래적 실증과학과 역사학의 병치에 더 가깝다.[26] 이런 맥락에서,

    메타역사는 하나의 과학이고 역사는 하나의 텍스트이다. 메타역사는 역사의 안정성을 보증하는 과학이다. 그 관점에서 역사적 대상은 안정화되며, 결국 이해될 수 있다(Anderson 1983: 268면).

    그렇지만 "과학적 사실을 담론적 사건으로" 재규정함으로써 "관찰자를 그가 관찰하고 있는 것으로부터 분리시키는 과학-문학간의 위계가 제거된다"(Anderson 1983: 276~77면). 왜냐하면 화이트의 역사관은 랑케의 'wie es eigentlich gewesen ist'(그것이 실제로 어떠한가—옮긴이)에서 가장 많이 벗어난 것이기 때문이다. 다시 말해 역사는 미메시스(mimesis)라기보다 포에시스(poesis)이기에 세상을 변화시킬 수 있다(Ermarth 1975: 962~63면). 이것은 "새로운 형태의 내러티브로서 역사학의 탈분과학문화에 영향을 끼치게 될 것이다…이것은 우리가 이해하듯이 역사로부터의 탈출구이며, 정치의 승화이다"(De Bolla 1986: 50면). 역사는 과학과 마찬가지로 내부로부터 전화되고 있다(Gearhart 1987; Veeser 1989 참조).
    그리고 현대 과학이 던지는 메씨지는, 한편에 차갑고 엄격히 결정론적인 것과 다른 한편에 불가해하고 접근 불가능한 것 사이에 카오스로부터 질서가 생겨날 수 있는 세계가 있다는 것이다. 미래는 현재의 행위자가 과거의 재료를 가지고 결정하는 것이지만, 그 구조를 예측할 수 없다. 세계체제적 관점은 역사를 세계적 규모의 사회변동의 연구 속으로 철저히 복귀시키지만, 다시금 '전체사'(total history)를 만들어내지는 않는다. 과학자들이 중간 영역을 개척했듯이, 세계체제 분석은 19세기 사회과학의 전제들을 거부

___

26) 아날학파에 대한 그의 논의를 보라. 그는 "'역사'로부터 '이야기'를 끌어내는 것은…역사 연구를 하나의 과학으로 전화시키는 첫걸음이었다'고 쓰고 있다(White 1987: 169면).

하며, 따라서 급진적이다. 꽁종끄뛰르의 변동은 장기지속 구조들 속에 뿌리박고 있다(추세 속의 주기). 시간상으로 제한되고 공간상으로 한정되며(그러나 팽창중인), 노동의 기축적 분업에 의해 규정된 독특한 사회체제를 일관된 분석단위로 상정함으로써, 세계체제 분석은 개별기술적 특수주의와 법칙정립적 보편주의 양자를 거부하고, 19세기 구조적 위기에 대한 구분화방식의 해결책과 대결한다. 그 표어는 과정이다. 존재는 항상 생성이다.

'중간학문들'(in-between disciplines, 즉 사회과학들을 뜻한다—옮긴이)의 미래에 관해 로즈노는 포스트모던 사회과학이라는 것이 있다면, 그것은 "예언적이고 정책지향적이기보다 관대하고(broad-gauged) 서술적일 것이며" 능동적 독자의 "해석을 장려할 것"(Rosena, 1991: 169~70면)이라고 주장한다. 스스로 포스트모더니스트라고 생각하는 사람들은 "인간의 노력이 경주되는 거의 모든 영역에…있을 수 있는 그 어떤 엄격한…경계들도 의문시할 것이다"(같은 책, 6면). 이중 코드화(Jencks 1989), (비역사적인) 파편화와 회의주의(Lyotard 1984), 자유로운 놀이에 이르는 탈중심화, 기의의 벗어남, '차연'(différance)(Derrida 1976; 1978; 1982), 지식·권력의 '고고학'과 '계보학'(Foucault 1970; 1972; 1980) 같은 포스트모던 개념들이 우리를 무한한 해체의 회귀(regress)로, 그리고 주관적·비이성적·자기모순적 공허로 이끌고갈 수도 있다는 것은 분명하다. 실로 이는 구조주의자들이 오로지 기호에만 집중하기 시작했을 때 벌어진 일이었다. 그 결과는 정치적으로 능동적인 모든 지시대상과 결별한 "가장 세련되고 틀에 박힌 형식적 해체"였다. "그들이 문화적 위기를 해결하는 데 공헌한 바는 아무 것도 없었다"(Hall 1990: 22면). 포스트모더니스트 자신들에게 반드시 이런 일이 발생할 필요는 없었다. 그러나 1980년대 말에 보수적 지식인들이 비탄에 빠진 가운데 포스트구조주의적·해체주의적 관점이 학계의 주류에 진입하였으며(몇몇 영역에서는 주류를 형성하기조차 했다), 그에 상응해서 일정정도의 정치적 무기력화가 나타났다.

포스트모던한 것은 근대적인 것과의 관련 속에서만——즉 무한한 자본주의적 축적의 우위를 보증하는 과정과의 관련 속에서, 그리고 진보, 연대기적인 역사적 시간, 그리고 재현적 리얼리즘(이것은 근대 세계체제 역사의 출발점인 15세기에 원근법이 발명되면서 전환점에 이르렀다)이라는 개념적 형태를 취하는 모더니스트적 의식과의 관련 속에서만——유의미하다. 푸꼬와 데리다가 추구한 것은 "'중립적이고, 열정이 배제되고, 오로지 진리에만 몰두하는' 역사의식을 제거하는 것이었다.…(정확히 말해 그들은—인용자) 지배적인(presiding) 이성중심적(logocentric) 충동과 규칙, 그리고 대립쌍들을 밝혀내려 하였다"(Lentricchia 1980: 208면). 이로써 포스트모던 내러티브는 시간을 율동적 시간으로 재규정할 수 있게 되었는데, 이 율동적 시간은

> 입장의 함수이며, 특수한 사건들의 한 차원이다.…포스트모던한 시간은 어떤 형상을 취하는데, 그 안에서 "다른 세계(the other world)는 늘 우리를 에워싸고 있지만, 결코 순례의 종착점은 아니다"(Ermarth 1992: 10~11, 16면).

이것은 브로델의 사회적 시간들의 복수성과 그다지 다르지 않은데, 그 개념은 차가운 본질주의가 아니라 상상적인 (그러나 설명적인) 구성물을 필요로 한다.

"포스트모던한 관점은…상대적 절대주의 또는 파편화된 전체론적 사고(holism)…과학 성장의 발전적이며 도약적 성격, 그리고 모든 진리 명제가 시간과 맥락에 따라 달라진다는 사실을 지지할 것이다"(Jencks 1989: 59면). 그럼에도, 언어의 탈선적(digressive)·율동적·기호론적 성향이 복원되었다고 해서 언어(시간과 마찬가지로)의 상징적·구문론적·재현적 차원이 반드시 상실되는 것은 아니다. 포스트모더니즘은 의미와 놀이의 재결합을 배제하지 않는다. 의미는 "선형적 주장을 유지하고, 정보를 전달하며, 결론을 소통하는 힘"이고, 놀이는 "신뢰를 잃었을지도 모르지만…비율(proportion), 복잡성, 유연성, 기쁨, 그리고 가장 확대된 의미에서 에로티

시즘 같은 질적 가치들의 영역(에 속한다—인용자)"(Ermarth 1992: 146, 143 면).[27] 이처럼 포스트모던한 것은 '사회적인 것'에 대한 19세기의 모든 관념을 문제시했지만, 그것으로 우리가 책임과 사회적 과제의 종점에 도달한 것은 아니다.

이행중인 세계

요컨대, 현정세의 이데올로기적 위기의 징후는 명백하다. 더이상 태연히 무비판적으로 과학과 진보를 연결시키는 것은 불가능하다. 인문학이 분석적 구성물들(constructs)에 한층 더 개방적이 되었기 때문에, 과학의 내적 발전 자체는 자신의 권위를 허물고 있다. 그리고 과학을 특권적 극점에 두는 지식의 위계를 반영하는 분과학문의 경계선들이 사실상 이미 희미해지고 있으며, 게다가 그 추세는 '모호성'(fuzziness)이 점점 더 늘어나는 쪽으로 나아가고 있다.

이렇듯 우리의 주장은 역동적 차원에서 이데올로기에 대한 대부분의 논의들과는 다소 거리를 둔다. 분명, 근대 세계체계는 보수주의, 자유주의, 사회주의라는 세 가지 거대한 정치이데올로기를 생산해냈다.[28] 그리고 확실히 보수주의와 사회주의 양자는 지배적 집단에 대항한 투쟁을 정당화하는 중요한 기능을 지녀왔다. 그러나 시간이 지나면서 세 가지 이데올로기 사이의 차이가 엷어졌고, 그 결과 자유주의가 근대 세계체제에 군림하는 이데올로기가 되었다. 사회주의와 보수주의는 각기 좌파 자유주의와 우파 자유주의로 수렴되었다(Wallerstein 1992a; 1992b). 그렇게 된 것은 이해할 만

---

27) '하이퍼텍스트'라는 물질적 유사물을 떠올릴 수 있다. 하이퍼텍스트는 (서지적 기반 위에 텍스트 자체, 주석, 예시 등 일반적으로 최대 넷 정도의 예견된 층들로 이루어진) 고전적인 문서를 재정의하는 정보기술이다. 하이퍼텍스트의 경우 독자는 독서과정에서 전자검색 기제들을 통해 위계를 무너뜨리고, 독자/소유자/작가 관계를 초월하면서 (무한히 재중심화/탈중심화할 수 있는) 그 자신의 문서를 모은다(Landow 1992를 보라).

28) Eagleton 1991; Gray 1986; McLellan 1986; Nisbet 1986을 보라.

한데, 왜냐하면 자유주의는 그 형제들과는 달리 **꽁종끄뛰르**의 정치를 정당화하기 때문이다. 끝없는 (장기적) 직선적 진보를 쌓아가는 개량주의적 변화의 중기적 증식은 미래의 변혁(사회주의)이나 목가적 과거(보수주의)를 암시하지 않고서도 외삽할 수 있는 황금기인 '현재'를 제시한다.

뉴튼역학은 이와 아주 유사한 길을 걸었다. 체제의 성공 자체가 그 과정을 극한으로 몰고 갔다. 단선적 발전모델을 제공한 것은 바로 과학 자체였으며, 이 모델은 독립적 단위들의 존재론적 실재에 경험적·인식론적으로 기초한 것이다. 그런데 과학은 이제 우리에게 물리적 실재에 대한 대안적 모델을 제공해준다. 상관적으로 구성된 자기조직화하는 계들과 프랙탈 기하학, 변동의 모델들과 복잡성이론, 이행의 모델들과 카오스이론 등이 바로 그것이며, 이들은 모두 고전과학과 고전논리, 그리고 현재의 상식(또는 '이해타산적' bottom line 사고)의 토대가 되는 배중률(排中律)에 도전하고 있다.

이제 자연세계의 현상들이 포괄적이며 상호배제적인 범주들로 나뉠 수 있다고 생각하는 사람은 더이상 없다. 마찬가지로, 모든 지식은 사회적이며 근본적으로 상호연관되어 있다는 깨달음을 지니고서 학자들이 연구를 진행해감에 따라, 분과학문을 구분하는 역사적 경계들이 점점 흐릿해지고 있다. 대학, 학과, 학회, 개별 교수들이 자신들의 영역을 지키려는 제도적인 이해관심을 지니고 있기 때문에, 아직까지는 소위 학제적 연구 계획과 (네트워크 모델로서 중요한) '전자대학' 현상을 넘어서는 주목할 만한 운동은 아주 적다. 다문화주의는 진전의 신호일 수 있으나, 1970년대에 '맑스주의'가 학과와 학회에 쉽게 흡수된 것을 생각할 때 조직상 고무적인 일은 아니다. '사회과학과 인문학 사이의 간격을 메우는' 것을 분명한 목표로 삼는 프로그램들을 갖춘 '문화연구'의 제도화는 이런 운명을 피해갈 수도 있고 그렇지 않을 수도 있다.

기성 조직과 제도의 바깥에서는 또한 주제의 재배치와 새로운 조직전략이 실험되고 있다. '두뇌집단' 모델이 일반적으로 보급되었으며, 특히 정책분야에서 그러했다. 예를 들어, 복잡계들의 연구에 종사하는 산타페연구소

(1984년 창설)는 서로 겹쳐지는 다(비)학둔적 집단들의 연결망을 통해 실험작업과 이론작업을 모두 수행하고 있다(Fines 1988).

과학이 독립적이고 견고한 단위들의 세계를 넘어, 열린 체계와 관계들의 세계를 향해 나아가고 있는 것처럼, 인문학도 인간주의와 씨름하고 있다. 자유주의의 사회적 구성물인 억세고 독립적이며 자기본위적지만 책임감있는 개인, 즉 '주체'는 자신의 이데올로기적 지주를 상실했으며, 현재 중복되는 지위를 갖게 된다. 독특한 객체——그리고 모더니즘의 영웅인 개인창조자——또한 쓰러졌다(예를 들어, Barthes 1972: 109~59면; 1977: 142~48면; Krauss 1981). 몇몇 곳에서 제한적이고 서로 겹쳐지는 주권들을 재제도화하려는 시도가 있고(캐나다가 그 사례이다—옮긴이), 또 어떤 더 큰 구조의 전체성를 유지하면서 다양한 집단들의 자율성의 요구를 충족시킬 법적 틈새공간을 발견하려는 노력(캐나다에 거주하는 에스키모인 이누이트의 경우가 한 예가 된다—옮긴이)이 나타나고 있다는 데서 배증률이 점차 무너져가고 있음을 징후적으로 관찰할 수 있다. 국경을 가로질러 활동하는 국제사면위원회 같은 비정부조직들 또한 미래를 어렴풋이나마 엿볼수 있게 해준다.

커리큘럼연구 같은 실천적 영역에서 과학과 이데올로기간 관계의 정체가 드러나고 있는[29] 바로 이 시점에, 과학자 자신들이 뿔란차스가 말하는 "권력을 은폐하는 **과학의 가면**"을 제거하고 있다(Eagleton 1991: 154면). 그리고 이런 과학의 문화적 대용물인 근대성은 점점 더 자유보다는 복종·압제·억압의 원천으로 모습을 드러내고 있다(Rosenau 1991: 6면). 따라서 '위기'이다. 그러나 이 위기의 박동이야말로 성공과 실패가 주는 기회이며 다능인과 공학자가 만나는 이행의 지점이다.

---

29) 마이클 애플의 주장에 따르면, '중립적인' 과학/기술 과정들은 임상적·심리적·치료적 관점과 평가를 정당한 지식으로 보증해주는데, 이러한 관준과 평가는 "학교가 추상적 개인들을 익명화하여, 예정된 사회적·경제적·교육적 위치(slots)로 분류해 배치하는 메카니즘으로서 기능하고, 미국사회 내에서 권력배분을 주어진 것으로 수용하는 기존의 기술적·문화적·경제적 통제체제를" 정당화해준다(Apple 1990: 126, 129면).

제 2 부

개 관

8

전지구적 구도, 1945~90

이매뉴얼 월러스틴

우리가 분석한 일련의 벡터들을 개괄해 볼 때 세 가지 결론을 이끌어낼 수 있다. 첫째는 1945~90년 시기가 꼰드라띠예프 주기의 모든 일반적인 특징들을 다 보여준다는 분명한 증거가 있다는 점이다(비록 B국면은 1990년 현재 아직 완결되지 않았지만). 둘째르 이 시기 중반경에 세계체제에서 미국 헤게모니 주기가 정점에 도달한 것처럼 보이며, 또한 1990년에도 여전히 미국은 많은 (거의 대부분의) 면에서 세계체제 내의 가장 강력한 국가의 자리를 고수하고 있지만, 1970년대와 80년대에 미국 헤게모니 주기의 하강국면이 시작된 것처럼 보인다.

세번째 결론은 좀더 복잡하며 그 의미는 더 불분명하다. 꼰드라띠예프 B국면과 헤게모니 주기의 B국면으로 설명될 수 있거나, 그것과 연관지어 생각할 수 있는 현상들을 제외하면 세계체제의 역사에서 수세기 동안 지속된 일련의 몇몇 장기적 추세가 7,80년대에 반전되기 시작한 것처럼 보이며, 또한 다른 추세들도 구조적 점근선(asymptotes)에 접근하면서 수평선을 그리고 있는 듯하다.

물론 정확한 연도를 잡는 문제는 상당히 경험적인 논쟁거리이지만, 우리는 1967/73년을 이 시기의 전환점으로 선택했다. 이 연도를 택한 이유는 이 시기가 두 번의 중요한 경제적 충격들——하나는 미국 통화가 최초로 심

각한 어려움에 봉착한 것이고, 다른 하나는 OPEC 오일쇼크이다——과 맞
닿아 있으며, 앞선 시기의 패턴들과 중대한 단절을 초래한 것처럼 보이는
일련의 정치적 사건들이 발생한 시기이기 때문이다. 이런 정치적 사건들로
는 세계적인 1968년 혁명(실제로 70년까지 지속되었다)과 구정공세, 미소
간의 데탕트 선언, 미중관계 정상화, 그리고 워터게이트 사건으로 미국 대
통령의 위세당당한 통치권이 훼손된 것 등을 들 수 있다.

두 개의 주기(꼰드라띠예프 주기와 헤게모니 주기)와 관련해서 우리가
모은 자료들과 체제의 전환점을 보여주는 자료들을 요약해보기로 하자.

I

1945년은 고전적인 꼰드라띠예프 A시기가 시작된 시점이라고 할 수 있
다. 경제팽창을 측정하는 선택적인 기준들(예를 들어 가격, 생산, 투자, 이
윤율) 사이에 시간적 격차가 있고, 모델에 따라 이 측정기준들에 부여되는
우선도가 다르기 때문에,[1] 꼰드라띠예프 파동들(waves)의 연대를 정하는
것은 널리 알려진 논쟁거리이다. 어떤 이들은 1940년에 상승이 시작되었
다고 보기도 한다. 물론 제2차 세계대전중 생산 및 고용 두 가지 면에서 모
두 세계적으로 대단한 팽창이 이루어졌지만, 그와 동시에 전세계적으로 고
정자본과 인명이 파괴되었고, 생산과 무역에도 상당한 정도의 지장이 초래
되었다. 만약 세계경제가 전반적인 팽창을 시작한 시점을 보고자 한다면
1945년으로(또는 오히려 그보다 몇년 후로) 잡는 것이 더 합당할 것 같다.

사실, 1945년경에 유라시아대륙이 입은 파괴는 매우 광범위했다. 거대
규모의 난민 발생은 말할 것도 없고, 생산과 무역, 수송에 심각한 차질이
생겨 기초식량 및 의복, 숙소의 부족현상이 만연했다. 그런데 잘 알다시피

---

1) 상이한 모델들과 그에 따른 연대 설정의 차이에 대해 개괄한 글로는 Goldstein 1988 참조.
　현 꼰드라띠예프 주기의 연대를 설정하는 문제와 관련한 논쟁에 대해서는 Wallerstein 1979
　참조.

이런 어려움들은 실제로 몇년 이내에 극복되었다. 중요한 사실은 세계경제가 그후 곧바로 빠르고 꾸준한 그리고 정말로 유례없는 팽창의 시기에 들어섰다는 것이다. 상승을 더욱 가속화한 것은 1950년에 발발한 한국전쟁이었는데, 전쟁의 경제적인 영향은 북아메리카와 서유럽, 동아시아뿐만 아니라 제3세계의 많은 지역에까지 파급되었다.

미국은——직접적으로는 국내 경제활동을 통해, 그리고 간접적으로는 주로 서유럽과 동아시아에서, 부차적으로 많은 제3세계 지역(특히 라틴 아메리카와 중동)에서 이루어진 국가원조를 통해——전세계적인 경제팽창의 추동자이자 후원자로서 중심적인 역할을 했다. 이 시기에 이루어진 해외직접투자 중 대부분은 미국 초국적기업들이 한 것이었다. 앞서 언급했듯이 해외직접투자는 처음에 라틴아메리카에서 시작해서 곧 서유럽 전역으로 확대되었다. 충분한 금보유고의 뒷받침을 받은 미국의 달러화는 세계금융계에서 기축통화의 역할을 했다. 따라서 세계 통화공급을 실질적으로 좌우한 것은 미국 재무성과 연방준비제도이사회의 결정이었다.

5,60년대에는 세계체제 전체의 생산이 더욱 증가하였는데, 특히 이른바 선도산업의 고수익산품들의 생산이 모두 증가했다. 서유럽은 마샬플랜과 초기 유럽기구들의 추동하에, 그리고 동아시아는 (일본 혼자만은 아니지만 특히 일본이) 냉전과 관련된 미국의 경제적 지출에 힘입어 전시(戰時)의 파괴를 완전히 회복했을 뿐 아니라 주요 산업부문의 세계시장에서 경쟁력을 갖추기 시작했다. 그들은 매우 신속하게 자신들의 국내시장에 대한 지배권을 회복했고 1960년대가 되자 나라 밖 시장 중 미국 내에서 적극적으로 경쟁하게 되었다.

5,60년대에는 소련과 미국의 의도적인 정책에 의해 블록 외부와의 무역이 최소한으로 억제되었던 이른바 사회주의블록도 동시에 경제팽창을 시작했다. 사회주의블록은 다소간 서로 유사한 여러가지의 집약적 공업화의 국가적 계획들을 과제로 강조했으며, 그 결과 선도산업들의 세계총생산이 한층 더 늘어났다. 마지막으로 사회주의블록 밖의 제3세계 나라들도 전반적으로 다소간 덜 집약적이긴 했지만 마찬가지로 공업화라는 목표를 추구

했다.

세계공업생산이 대대적으로 증가하려면 당연히 이른바 1차산품이 대대적으로 증가되어야 했다. 이것은 농촌 및 탄광 지역의 경제적 번영을 낳았고, 특히 세계체제 주변부지역에 있는 국가의 수입의 기초를 확대했다는 점에서 중요했다. 이것이 뜻하는 바는 독립운동들이 식민지권력으로부터 쟁취하고자 했던 국가의 상당수, 아니 아마 대부분이 경제적인 번영에 관심을 집중했거나, 또는 그렇게 보였다는 것이다. 이로써 (정치적 독립 이전과 특히 독립 이후에) 임금소득 부문의 팽창도 가능해졌는데, 이는 꼭 한정된 것은 아니지만 특히 국가관료제와 국영기업에서 두드러졌다. 또 이에 힘입어 교육 및 보건 기구 부문에 투입된 자원도 전세계적으로 크게 확대될 수 있었다. 대체로 보아, 한 프랑스 연구자가 이름 붙였듯이 세계적 규모에서 '영광의 30년'이었다(그의 관점에 따르자면 이 시기는 1973년까지 지속된다).

우리의 자료들을 통해 보건대, 전반적 번영과 생활수준의 향상, 상대적인 완전고용이라는 관점에서 이런 영광의 시기는 아마도 빠르면 1967년경에 끝났다고 할 수 있으며, 이른바 OPEC 오일쇼크로 (그 대문에 야기된 것은 아니지만) 하강국면으로의 전환이 극적으로 표현된 1973년에 이르러서는 확실히 종결되었음이 분명하다. 의심할 여지없이, 그 핵심요인은 이윤수준이 전세계적으로 하락하기 시작했다는 것이다. 그에 대한 설명은 간단하다. 1950년대에는 전세계적 차원에서 소수의 기업들이 선도부문을 상대적으로 독점한 데 비해, 1960년대에는 경쟁자들의 수가 상당히 증가했다. 경기장이 비좁아진 것이다.

7, 80년대에는 전반적으로 생산의 성장이 상당한 정도로 둔화되었는데, 인구팽창이 지속되었음을 고려하면 세계 1인당생산은 아마도 감소했다고 할 수 있다. 이것은 예상할 수 있듯이 활동적 실업률(적극적으로 일자리를 찾는 실업자의 비율—옮긴이)의 증가를 수반했다. 물론 그 영향이 공간적으로 고르게 미친 것은 아니었다. 더욱이 각 나라가 다른 나라로 '실업을 수출'하면서 (또는 그렇게 하려고 애쓰면서) 고통을 최소화하기 위해 힘씀에 따

라, 부정적 효과들은 계속해서 지리적으로 이전되었다. 하지만 앞선 꼰드라띠예프 A국면과 비교해볼 때 전반적으로 경기침체 추세가 나타났다. 특히 총생산이나 총실질가치, 이윤율로 측정했을 때 초국적기업들의 극적인 팽창은 둔화되었고, 때때로 그 둔화 정도가 상당한 수준에 이르기도 했다.

확실히 세계적인 총유효수요의 부족에 대응하기 위한 노력들이 지속적으로 진행되었다. 1970년대의 유가인상은 두 가지 중요한 방식으로 이 목적을 달성하는 데 훌륭하게 기여했다. 연료 에너지 비용의 극적인 인상은 도처에서 생산비를 증가시키는 명백한 결과를 초래했고, 따라서 세계생산을 줄이는 압력으로 작용하였으며, 이렇게 해서 세계생산은 세계유효수요와 좀더 조화를 이루게 되었다. 유가인상은 또한 세계 전역에서 잉여가치를 빨아들이는 진공청소기의 역할을 했다(그러나 물론 GDP 대비 비율로 따져볼 때 그 영향을 가장 심하게 받은 곳은 제3세계였다). 결국 이 돈의 일부분은 석유생산자들(그들 대부분은 한정된 몇몇 국가의 국가기업들이었다)에게 지대로, 또 일부분은 초국적기업들에게 지대(또는 예외적으로 높은 이윤)로 배분되었고, 또 나머지 일부는 중심부 국가들의 은행에 투자된 예탁금 형태로 배분되었다. 이 예탁금은 그 이후 1970년대에 (사회주의 블록 내의 국가들을 포함해서) 주변부·반주변부 국가들에게 제공된 차관 형태로 '재순환'되었다.

재순환된 돈 덕분에 주변부·반주변부의 많은 정부가 1970년대에 국제수지의 어려움을 해결할 수 있었는데, 그 어려움의 원인은 부분적으로 유가인상 때문이기도 했지만 꼰드라띠예프 B국면에서 주변부 생산물의 교역조건이 악화되었기 때문이기도 했다. 차입기금은 물론 주로 중심부지대의 국가들로부터 재화를 수입하는 데 사용되었고, 이로써 중심부 국가들의 수출품에 대한 수요감소가 일시적으로 일부 회복되었다. 하지만 과다한 차관 같은 인위적인 촉진제는 오래 지속될 수 없었다. 부채상환 비용이 점점 더 늘어나게 되자 불가피하게 1980년대의 이른바 외채위기로 치닫게 되었다.

생산부문의 이윤율 하락은 세 가지 주목할 만한 구조적 결과를 낳았다. 우선 이 때문에 생산비를 줄이는 방법을 긴급히 찾게 되었다. 경제 하강기에 사용되는 한 가지 고전적 방법은 노동비용을 눈에 띄게 줄이려는 기대 아래 생산장소를 중심부로부터 반주변부·주변부 지대로 옮기는 것이다. 이러한 이전은 1970년대에 상당한 규모로 시작되어 80년대에는 더 한층 가속화되었다.[2]

두번째 구조적 결과는 상당량의 투자가 이윤을 찾아 생산활동으로부터 금융영역으로 옮겨간 것이다. 그 결과, 기록상으로도 잘 남아 있다시피 주요 법인기업을 금융적 (수단을 통해—옮긴이) 인수하는 일련의 사건이 일어났으며 정크본드(junk bonds)가 번성하였는데, 이것이 가능했던 것은 주요 법인기업들의 이윤 상태가 악화되었기 때문이었다. 물론 이런 금융조작은 또한 당면한 부채부담도 과중한 사적 부문에 추가적 어려움을 안겨주는 결과를 초래했으며, 미국의 저축대부조합(US savings-and-loan) 파산의 경우처럼 장기적으로 높은 비용을 치르는 붕괴들을 초래했다.

세번째 구조적 결과는 경제적 압박의 시기에 정부지출을 증가시키고자 할 때 정치적으로 가장 잘 용인되는 주기조절적인 케인즈적 조치로서 군사지출을 증가시키는 방향으로 전환한 것이었다. 이것은 두 가지 방식으로 진행되었다. 첫째로 제3세계국이 강대국, 특히 미국뿐 아니라 몇몇 반주변부 국가로부터 점점 더 많은 무기를 구매하게 되었는데, 이를 통해 유가인상 때문에 발생한 상당량의 이윤이 흡수되었다. 그 당연한 결과로 제3세계에서 내전상황이 악화되었을 뿐 아니라 국가 내 폭력이 증가했다.

군사 케인즈주의의 두번째 형태는 1980년대에 미국 자신이 무기에 대한 지출을 증가시킨 것이었다(그보다 적긴 하지만 소련의 지출도 증가했다). 미국이 이처럼 지출을 크게 증가시킨 결과, 적어도 국내에서는 실업수준을 낮추는 효과를 거두긴 했지만, 그 대신 자국의 부채수준을 엄청나게 증가시킨 값비싼 대가를 치러야 했다. 이렇게 해서 이 B시기에는 세계경제에 세 곳의 주요 부채지역이 출현하였는데, 제3세계(그리고 사회주의) 정부들, 대형 법인기업들, 미국정부가 그것이다.

---

2) 이런 이전은 1977년부터 이미 눈에 띄었고 보고되었으며, Fröbel et al. 1980에서 이론적으로 설명되었다.

이런 변화가 노동력에 끼친 영향은 이전의 주도적 부문에 속한 모든 노동자들의 실질임금이 하락한 것과 실업(또는 고용의 비정규성)이 증가한 데서 찾아볼 수 있다. 이 부문은 바로 노동조합이 가장 강력하던 곳이기 때문에, 노동운동이 매우 약화되었다. 이와 함께 전세계적으로 법적인 통제를 덜 받는 쪽(가내작업, 비공식적 경제)으로 작업형태가 전환되었으며, 하청이 크게 확대되었다. 이 전환으로 실제적으로 임금노동자의 수는 전세계적으로 증가했지만, 동시에 평균임금 수준이 낮아지고 임금노동의 평균 총노동시간 비율이 낮아졌다.

세계경제의 하강은 두 가지 이유 때문에 주변부지대 식량생산의 심각한 저하를 동반했다. A국면에서 중심부 나라들은 부분적으로 식량원조계획을 통해서 식량수출을 상당히 확대했다. 이것으로 중심부 나라들은 경제적으로 국지적인 식량생산을 대체하였다. 주변부지대의 이런 새로운 식량종속은 주변부 국가들이 국제수지의 어려움을 해결하기 위해 더욱 정력적으로 수출주도형 생산으로 전환하여 식량생산 지역을 공업용작물이나 비(非)주곡 수출작물의 재배지로 바꿔나간 B시기에 심화되었다.

그 결과, 기아가 증가하고 집없는 사람들이 늘어나 농촌에서 도시지역으로 이주가 가속화되었지만, 지난 A시기와는 중대한 차이점이 있었다. 과거 제3세계 내부의 이주 중 농촌에서 도시지역으로의 이주는 국가부문이 팽창한 상황에서 주로 임금고용을 찾아 수도 및/또는 제1도시로 향한 것이었다. 그런데 이번에는 계절적·비공식적·일시적 노동이 새롭게 강조되기 때문에, 이주자는 떠나온 농촌지역에서 좀더 가까운 소도시들로 몰려들었다. 그 결과 중 하나는 도시와 농촌 간의 구분이 없어진 것인데, 이 점에 대해서는 나중에 다시 이야기하기로 하겠다.

국가의 소득잠재력이 쇠퇴하여 국가부문이 쇠퇴하자 노동력이 재구성되었을 뿐만 아니라, 교육 및 보건 시설의 수준을 유지하고 확대하는 국가부문의 역량도 심각하게 쇠퇴하였다. 이것은 전세계적인 사실이었으며, 대중폭력의 누적효과 및 국가써비스의 감소로 인한 도시환경의 쇠퇴라는 일반적인 문제로 감지되었다.

세계의 지대간 이주 양상 또한 변화하기 시작했다. A시기에 남(南)-북(北)의 이주는 대부분 북의 국가구조들이 계획하고 조장한 것이었다. 경기가 침체되자 중심부 나라에서 구직난이 발생했으며, 이것은 예상할 수 있듯이 합법적인 이주자들을 전보다 덜 환영하게 되는 정치적 결과를 초래했다. 하지만 저임금 노동자들에 대한 중심부 고용주들의 필요가 현재 증가하고 있기 때문에 이들과 국경통제를 피해가는 길을 알선하는 조직들이 사실상 공모하게 되며, 그 결과 불법적인 (또는 등록되지 않은) 노동자의 유입이 크게 증가했다. 주변부지대의 정치적·경제적 (따라서 안전)상태의 악화가 이 현상을 더욱 조장하였다.

여성노동자들은 B시기에 더 많은 일자리를 얻었지만, 이것이 작업장에서 여성이 좀더 평등한 위치를 차지하게 되었음을 의미하는 것은 결코 아니었다. 한편으로 여성노동자에 대한 선호가 높아진 것은 그들의 임금수준이 사회구조적으로 낮았기 때문이었다. 여성고용의 증가는 종종 의도적으로 남성노동자들의 희생 위에 이루어진 것이기 때문에, 남성노동자와 여성노동자 간의 통계상의 임금격차가 다소 줄어든 것처럼 보이더라도, 이는 주로 남성노동자의 임금수준을 낮춘 결과였다. 다른 한편으로 이런 남성노동자와 여성노동자가 '소득을 공유하는 가계'에 속해 있는 만큼 가계의 평균 총 현금소득이 하락하였으며, 그 결과 실질임금은 급격히 줄어들었다. 더군다나 전체 임금노동 중 시간제 임금노동이 차지하는 비율이 전세계적으로 증가했으며, 시간제 노동자를 고용하는 고용주들은 여성을 더 선호하는 경향이 있었다. 이처럼 세계노동력에 속하게 된 여성의 수는 늘었지만, 여성노동 중 전일제작업의 비율이 줄었기 때문에 사실상 여성의 종속적 역할은 더욱 강화되었다.

마지막으로 생태학적인 결과들이 있었음에 주목해야 한다. 5,60년대에는 세계생산이 엄청난 규모로 팽창했기 때문에, 1차자원의 소모가 크게 증가했다. 7,80년대에는 이와 유사한 팽창은 없었다. 대신 그 시기에는 주요 생태학적 비용을 지불하는 장소가 중심부로부터 주변부·반주변부 지대로 이전되었다.

II

세계체제에서 미국의 역할은 적어도 1870년대 이후 꾸준히 강력해지고 있었다. 영국 헤게모니가 B국면에 접어들면서, 미국이 세계시장의 경쟁자로서 점점 더 중요해졌고 그 주요 경합자는 독일이었다. 독일과 미국의 경합은——실제적으로 1914년에서 45년까지 계속된 하나의 긴 '30년전쟁'이라고 할 수 있는——두 차례의 세계대전에서 극어 달했으며, 알다시피 이 전쟁은 미국과 그 동맹국들의 무조건적인 군사적 승리로 끝이 났다.

1945년에 미국은 그 당시 주요 공업강국으로서는 유일하게 고정자본에 물질적 손상을 거의 입지 않은 채 군사적 갈등에서 벗어났을 뿐 아니라, 오히려 생산능력과 효율성 면에서 대단히 강력해졌다. 미국은 이런 경제적 우위를 재빨리 정치적·군사적 우위 및 섬지어 문화적 우위로까지 바꾸어 놓을 수 있었으며, 이런 미국의 우위는 종전 직후 시기에 지속되고 강화되었다. 이렇게 1945년을 기점으로 세계체제 내에서 의심의 여지없는 미국의 지배 또는 헤게모니의 전성기가 시작되었다. 미국의 힘은 그후 약 25년간 계속해서 증대되었다.

1945년에 지정학적으로나 군사적으로 중요한 힘을 지닌 또다른 유일한 나라는 소련이었으며, 그 국가의 공식적 이데올로기는 세계체제 구조에 대한 장기적 목표 면에서 미국과 직접적으로 대립하는 것처럼 보였다. 하지만 소련에게는 (상업력이나 금융력은 말할 것도 없고) 미국의 생산력에 비견할 만한 것이 없었다. 소련이 거대한 군사력을 지녔다고 흔히 추정되었지만, 미국과 소련 모두 군사적 충돌을 피하려 애썼기 때문에, 이 추정은 한번도 직접적으로 검증된 적이 없었다. 그렇지만 미국이 전면전의 가능성이 잠재된 가운데 먼저 핵우위를 점했고, 이 관계는 소련이 핵폭탄을 획득하고 이후 양편에서 무기개발을 해나가게 되었을 때 기껏 평형을 이루었을 따름이다. 세계무대에서 소련의 정치적 호소력이 상당하긴 했지만, 1945년 당시의 예상만큼은 되지 못한 것으로 드러났다. 그리고 미국이 내세운 도덕적 지도력은 끊임없이 강력한 반론에 부딪혔으면서도 언제나 특히 서유럽과 일본에서 폭넓은 지지를 확보할 수 있었다.

1945년 이후 시기의 미소관계에 대한 평가는 냉전과 얄따라는 두 가지 슬로건의 한계 속에 갇혀 있다. 냉전은 비록 (상대적으로) 차가운 형태건 하지만, 전면적 적대를 상징했다. 반대로 얄따는 상호조정을 (또는 어떤 이들에게는 소련에게 미국이 '떨이판매'*한 것을) 상징했다. 사실, 1945~67/73년 시기를 되돌아보자면 실제 이야기는 총체적 적대도 아닐 뿐더러 상호조정이나 '떨이판매'도 아닌 듯하다.

차라리 그 관계는 야단스러운 수사와 전술적 책략들이 넘쳐나긴 했지만, 우선적으로 상호 자기억제 관계였다. 잇따른 주요 군사·정치적 대결(그리스내전, 베를린 봉쇄, 한국전쟁, 금문도金門島와 마조도馬祖島를 둘러싼 분쟁,** 꾸바 미사일 위기)에서 궁극적으로 결정적인 영향력을 발휘한 슬로건은 신중함과 현상태의 회복이었던 것처럼 보인다. 세계체제 전체의 견지에서 사실상의 결과는 쏘비에뜨 '블록'의 게토화였으며, 그 내에서 소련은 무소불위의 권위를 누렸다. 쏘비에뜨 블록은 전세계적인 상품사슬에 최소한으로만 관계했으며 1945년에 설정된 유럽의 군사적 경계선을 철저히 존중했다. 게다가 미국과 소련 모두 냉전의 수사학 덕에 종종 상대방으로부터 아무런 중대한 도전을 받지 않고서도, 각자의 영역 내에서 강권을 휘두를 수 있었다(1953년의 동독, 56년의 폴란드와 헝가리, 68년의 체코슬로바키아, 53년의 이란, 54년의 과떼말라, 58년의 레바논, 65년의 도미니까 공화국).

미국은 서유럽, 일본, 백인계 영연방들*** 같은 모든 주요 공업국들과 정

---

* 그 당시 몇몇 평자들은 소위 얄따협정이 소련을 달래기 위해 서구 국가들이 동유럽을 '떨이판매'한 것이라고 비난했다.

** 금문도와 마조도는 각각 대만해협과 동지나해에 위치하고 있는 작은 섬으로, 1949년 중국 국민당이 중국 공산당에 밀려 대만으로 쫓겨가면서 국민당의 지배하에 들어간 뒤 이를 둘러싸고 중국과 대만간의 분쟁이 계속되었다. 1958년 이 두 섬에 대한 중국측의 대대적인 폭격으로 국제적 위기가 초래되었다.

*** 캐나다, 오스트레일리아, 뉴질랜드, 그리고 때로 남아프리카 공화국이 이에 포함된다.

치·군사적 동맹을 맺기 위해 노력했다. 이를 위해서는 우선 물질적 재건과 투자의 재개에 꽤 많은 원조를 할 필요가 있었는데, 미국은 이 계획의 결과 결국 정치적 이득(국가간체제 내에 '자유세계' 블록의 형성)과 군사적 안보(NATO, 미일안보조약, 태평양안전보장조약기구 ANZUS), 그리고 경제적 기회(미국 초국적기업들의 해외직접투자)를 얻을 수 있었다. 세계무대에서 미국의 자동화되다시피 한 지도력과 일방적인 의사결정은 반복되어 하나의 습관처럼 되었으며, 이것은 그대로 문화에까지 이어져 지식의 전영역에서 미국의 지적 구조들이 중심을 차지하게 되었다. 뉴욕은 세계예술의 수도가 되었으며, 세계(그러나 무엇보다 공업화된 중심부지대의 동맹국들)의 대중문화는 이른바 '코카콜라 식민지'가 되었다.

이 시기 주변부지역의 두드러진 특징은 상대적 번영, 그리고 하부구조·교육·보건시설에 대한 투자의 확대였다. 아직도 공식적으로 식민통치 아래 있던 이 지역의 많은 곳에서 민족주의운동이 꾸준히 힘을 얻었다. 식민국가들은 대부분 마지못해서 '탈식민화' 기획에 착수했는데, 처음에는 아시아 전역이 그 대상이었고 그 다음에는 아프리카와 카리브해지역, 오세아니아가 포함되었다. 대체로 이 과정은, 특히 영국 식민지에서 상대적으로 순조로웠으며, 이는 이 과정이 비교적 평화적이었음을 뜻한다(잘 알려진 주목할 만한 예외들도 있었다). 미국은 유럽의 식민국가들에게 과도한 압력을 넣는 것을 삼가긴 했지만, 이처럼 평화적이고 분열을 최소화하는 형태로 권력을 '책임감있는' 운동들에게 이양하는 것을 부추겼다. 식민국가가 어떤 이유에서건 발걸음을 질질 끄는 곳에서는 민족주의운동이 자신들의 의지와 역량을 과시하여 이를 재촉했는데(네덜란드가 지배한 동인도, 프랑스가 지배한 인도차이나와 알제리, 케냐, 그리고 아프리카의 포르투갈 식민지들), 활발한 군중동원으로 그들 자신뿐 아니라 그들과 이웃한 같은 처지의 피식민지역들도 좋은 성과를 얻을 수 있었다.

마지막으로 미국 헤게모니하에 진행된 이러한 세계경제의 대팽창기에 미국은 경제와 사회적 응집력 모두에서 특히 탁월한 역량을 발휘했다. 미국은 1930년대에 그토록 격렬하던 국내 노자간의 갈등을 실질적으로 제거했다. 숙련노동자와 중하층계급의 생활수준이 상당히 상승했으며, 그들은 이제 보통 집과 자동차를 소유하고 내구소비재와 여가활동을 누리며 자녀들에게 고등교육을 시키는 것을 기대할 수 있게 되었다. 도시화가 진행되고 인종차별 법률이 폐지되면서(무엇보다도 우선 군대 내에서), 보수가 좋은 일자리를 얻는 흑인이 많아짐에 따라, 흑인들에 대한 심한 억압도 완화되었다. 이런 조치들 외에도 반공주의 이데올로기의 성전(聖戰)이 맹렬한 기세로 진행된데다 미국 헤게모니로부터 분명히 혜택을 볼 수 있었기 때문에, 예외적으로 강력한 국민적 단합을 달성할 수 있었다.

그렇지만 1967/73년에 이르면 미국 헤게모니가 해체되기 시작하는데, 그것은 바로 미국이 헤게모니적 권위를 세우는 데 성공했다는 사실에서 비롯된 것처럼 보인다. 가장 심각한 난점은 중심부의 다른 나라들, 특히 서유럽(그중에서도 서독)과 일본의 경제력이 성장했다는 점이었다. 이것은 초국적기업의 해외직접투자 양상에서 매우 분명하게 드러났다. 해외직접투자는 처음에 전적으로 미국계 초국적기업의 몫이었으나, 처음엔 유럽 기업이 그 다음에는 일본 기업이 해외직접투자에서 점점 더 높은 비중을 차지하게 되었다. 성장률이 전반적으로 낮아지고 있는 상황에서 미국계 초국적기업은 이 때문에 특히 심각한 문제에 봉착하기 시작하였다.

금융구조상에도 같은 양상이 반복되었다. 1960년대 초에 등장한 이른바 유로달러라는 새로운 현상은 곤경을 알리는 첫 신호였다. 유로달러란 물리적으로 유럽에 있어서 미국의 직접적인 금융통제 아래 있지 않던 미국 달러를 가리킨다. 1960년대 말에 이르러 (이것이 유일한 이유는 아니지만) 베트남전 관련 지출 때문에 과도한 유출이 발생하여 미국의 금보유 고갈은 더 심화되었으며, 그 결과 미국정부의 금융적 조정력은 더욱 약화되었다.

미국 달러의 금고정률이 폐지되자 미국의 금공급에 대한 압력은 줄어들었지만, 그 대가로 세계의 통화들이 미국의 단일통제에서 벗어나 가변성을 얻게 되었다. 이후 25년간 미국 달러의 가치는 다른 주요 국가들의 통화에 비해 (물론 오르내림이 있었지만) 상당히 하락하였다. 1990년이 되자, 45년 이후에 사실상 세계의 모든 경제거래가 달러로 표시되던 관행까지 의문시되었다.

중요한 결과 중 하나는 미국정부(재무부와 연방준비제도이사회)가 세계 금융시장에 대한 실질적인 권위를 상실했으며, 서로 경합을 벌이는 의사결정의 중심들이 부상한 것인데, 다른 국가기구들(예를 들어 독일연방은행)과 '투기적 금융업자'(gnomes of Zurich), 그리고 국가간 세계 금융/경제 구조의 트리오(IMF, 세계은행, GATT) 등이 그것이다. 1977년에 시작되어 연례적으로 개최되는 G7 경제정상회담은 그 자체가 미국의 경제적 쇠퇴 때문에 초래된 중요한 결과 가운데 하나로, 중심부 주요 국가들이 협상을 통해 의사결정을 하는 장소가 되었다. 세계체제는 금융적 지구화라는 '필수적 모험(obligatory adventure)'[3]의 길에 들어선 것이다.

중심부의 다른 강대국들은 당연히 적절한 지정학적 결론을 이끌어냈다. 드골의 프랑스가 (NATO 지휘구조에서 탈퇴한 것을 포함해) 미국과 거리를 둔 것이 그 전조였다. 이어서 빌리 브란트(Willy Brandt)는 동방정책을 내놓았고 유럽 송유관이 설치되었다. 유럽통합도 이에 동조해 반쏘비에뜨적, 대서양주의적 색채를 탈피하고 좀더 자율성을 존중하는 방향으로 진행되었다.

제3세계가 조절된 탈식민화라는 적선을 바라면서 기다리고만 있지는 않으리라는 것은 맨처음 중국공산당이 강력하게 증명하였고, 그후 훨씬 더 (미국 헤게모니의—옮긴이) 기력을 약화시키는 효과를 발휘한 베트남, 알제리, 꾸바, 남부아프리카의 민족해방운동들 역시 이를 증명해 보였다. 그런데 이런 경험들이 있었음에도 불구하고 세계체제(특히 미국)는 이란혁명에 의해 허를 찔렸는데, 특히 호메이니와 그의 지지자들이 500년 동안 유지된 국가간 외교관례를 전혀 존중하려 하지 않는다는 것은 예상치 못한 점이었다. 마귀의 우두머리가 코를 물린 셈이었다. 카터씨의 헬리콥터는 사막에 추락했고 레이건씨는 미국인 인질들을 석방시키는 대가를 지불해야만 했다.

---

3) 이것은 Aglietta와 Brender, Coudert가 1990년 공저한 책의 제목이다.

닉슨 대통령이 '아시아인들끼리 싸우게 하라'고 선언했을 때, 그는 이미 세계체제 내에서 미국의 직접적인 군사개입의 한계를 인정한 셈이었다. 그러나 이란의 샤가 비교적 쉽게 제거되자, 하위제국주의 지역헌병을 만드는 것도 제한적인 효과만을 지닌 대체물임이 드러났다. 그럼에도 불구하고 이것이 제3세계에서 점증하는 군사화의 속도를 늦추지는 못했고, 제3세계에 대한 미국의 이해관계는 더 직접적으로 상업적이 되었으며 중범위 전략의 중요성은 줄어들었다. 실제로 상업적인 필요성은 매우 강력해졌다. 확실히 미국은 최첨단무기에 대한 통제권을 유지하거나 또는 적어도 이용가능성을 제한하기를 원했다. 그런데 실제로 대량살상 무기의 확산은 미국의 적극적인 반대에도 불구하고 1980년대에 계속해서 증가해, 많은 반주변부 국가들이 핵무기와 화학무기, 생물학 무기를 보유하게 되었다(비록 그들이 여전히 공식적으로는 그 보유를 부인해야 하는 압력을 느꼈거나 또는 거의 달성한 핵잠재력을 당장 사용할 수는 없는 상태로 유지해야만 하는 압력을 느꼈지만).

한편, 1968년 세계혁명은 세계체제에서의 미국 헤게모니에 대항해 도처에서 벌어진 저항이었으며, 동시에 미국 헤게모니와 사실상 결탁했다고 비난받은 소련에 대한 저항이기도 했다. 혁명가들은 자신들의 분석을 한층 더 밀고나가, 사회민주주의자(노동당원, 뉴딜 민주당원)와 공산당, 그리고 민족해방운동 같은 모든 주요한 역사적 반체제운동들에 대해 예외없이 근본적 비판을 가했다. 그들은 전적으로 새로운 전략, 미국의 헤게모니적 자유주의에 흡수될 가능성이 훨씬 더 적은 전략을 요구했다. 이런 요구는 사실상 구(舊)반체제운동의 토대를 허물었으며, 또한 미국의 흡수전략이 운을 다했음을 알리는 것이기도 했다.

1980년대 말 쏘비에뜨 블록의 해체와 그에 뒤이은 소련 자체의 붕괴는, 이 블록의 파괴가 45년 이후 미국이 추구한 세계정책의 가장 우선적인(혹은 하나의 우선적인) 목표였다는 주장을 진지하게 받아들일 경우에만 미국의 승리로 평가될 수 있을 것이다. 그런데 세계체제 내의 미국 헤게모니란 견지에서, 국가간관계의 발판이던 냉전의 해체는 미국 우위에 치명적인 타격이고, 따라서 미국의 정치적 의지에도 불구하고 (그것 때문이 아니라) 발생한 것이라고 보는 게 더 적절할 것이다.

1970년대에 미국의 상대적인 힘이 쇠퇴하자 브레즈네프정권이 얄따협정의 조문을 자의적으로 해석할 수 있는 여지가 생겼는데 그 대표적인 사례가 아프가니스탄이다. 그후 미국은 소련의 이러한 새로운 독단적인 태도를 구실삼아 1980년대에 미국의 세계적 지배력에서 벗어나 정치적 자율성을 얻고 싶어하는 서유럽과 일본의 커가는 열망을 억제시킬 수 있었다.

외채위기로 심화된 세계적 경기침체 때문에 1980년대에 주변부·반주변부 국가에서 정부의 기반이 불안해졌다. 특히 그리고 유독 반체제적 지향을 지녔다고 주장한 국가들에서만 정당성의 위기가 찾아왔는데, 처음으로 세계적 주목을 끈 것은 1980년 폴란드 위기였다. 그 뒤를 이어 브라질과 아르헨티나에서 군사정권의 몰락, 알제리 민족해방전선(FLN)의 위기, 그리고 매우 고통스럽던 인도 의회당(Congress Party)의 몰락 같은 일련의 사건들이 발생했다. 아시아와 아프리카, 그리고 라틴아메리카 전역에서 재정위기의 결과, '민주주의'에 대한 내부의 요구가 거세게 터져나온 동시에 IMF의 강요 아래 '구조조정'이 진행되었다. 동·중 유럽 공산주의의 몰락은 이같은 일련의 사건의 절정에 불과했다.

1990~91년의 걸프전 위기는 미국의 근사적 승리라는 바로 그 드라마를 통해서, 미국의 세계체제상의 힘이 쇠퇴하고 있음을 두 가지 근본적인 면에서 잘 보여주었다. 첫째는 이라크가 위기를 의도적으로 도발했다는 사실이다. 이라크정부는 전쟁이 실제 발발하는 것을 막을 수 있는 모든 시도를 거부했다. 1945년 이후 미국에 이런 식으로 도발을 감행한 것은 이라크가 처음이었다. 미국의 힘이 시험되었던 다른 경우들에서 도발은 은밀하고 암암리에 진행되었지(베를린 봉쇄, 꾸바 미사일 위기), 한번도 전쟁까지 치닫도록 내버려둔 적은 없었다. 미국 헤게모니를 시험했을 뿐이지 그에 도전한 적은 없었다. 그런데 이제 미국 헤게모니에 대담한 도전장이 던져진 것이며, 이라크인들이 전쟁을 군사적인 승리로 이끌 힘이 없었다는 사실은 그들이 이런 선례를 세웠다는 사실에 비하면 중요하지 않다.

두번째로 미국은 두 가지 조건 위에서만 이 전쟁에서 승리할 수 있었다는 것이 분명하다. 즉 미국은 UN의 깃발 아래 공동의 협력을 조직해내야 했고, 그리고 전투를 위해 외부로부터 재정적으로 지원을 받아야 했다. 첫번째 조건은 미국이 받고 있는 새로운 정치적 구속을, 두번째 조건은 미국이 예전의 피후견국들에게 금융적으로 의존하고 있음을 분명하게 보여준다. 이 두 가지 현실은 미국이 군사적으로 승리했음에도 불구하고 사담 후세인을 내몰 수 없었다는 점에서 연이어 확인되었다.

III

1970년대와 80년대를 관찰할 때, 이 시기를 단지 꼰드라띠예프 B국면이나 하나의 헤게모니 국가의 쇠퇴기의 시작이라고만 해서는 쉽게 설명되지 않는 점들이 있다. 여러가지 사건들 중 가장 눈에 띄는 것은 광범위하게 일어나는 국가권력에 대한 상당히 근본적인 공격이다. 국가권력—지역세력들에 대립한 국가권력의 중앙집중화, 신민/시민에 대한 국가의 권위, 국가간체제 내에서 국가들의 관계에 대한 명확한 규정—은 근대 세계체제의 탄생 이후 약 500년간 꾸준히 강화되어왔다. 물론 언제나 이런 권위의 강화에 대항한 국지적 도전들이 있었지만, '국가주의'의 기세는 늦추어지지 않았고 오히려 놀랄 만한 추진력을 얻은 듯이 보였으며, 이렇게 하여 정확히 1945~67/73년 시기에 새롭고 예외적인 수준의 정점에 도달했다. 이 시기에는 중심부의 보수적 세력들조차 통제경제정책(*dirigisme*)의 미덕을 공공연히 찬양했다.

헤게모니 국가는 어느정도까지 뉴딜모델을 성공적으로 실증해보였으며, 이 모델은 1945년 이후 시기에 진정한 전성기를 맞이했다. 서유럽 국가와 일본은 같은 길을 좇았다. 공산주의 블록은 자신들이 그것을 더 잘해내고 있다고 외쳐댔다. 그리고 제3세계는 이러저러한 이데올로기적 외피를 둘러쓴 채 국가기관을 이용해 '따라잡기' 위해 미친 듯이 노력했다. 그 결과 대다수의 기업들이 국영화되었으며, 이를 지칭하기 위해 준국영 (parastatals)이라는 용어가 생겨났다. 무엇보다도 국가들은 광범위한 기초 써비스의 제공뿐 아니라, 이른바 안전망을 제공하는 역할을 하는 데 힘썼는데 후자에는 사회보장, 교육, 보건, 소득을 노동 네트워크 밖에 있는 이들에게 보장해주는 것, 실직자들에게 일자리를 찾아주는 것, 그리고 일반적으로 주기적 하강국면을 저지하는 것 등이 포함되었다. 보수적인 미국 대통령 리차드 닉슨의 1971년의 기묘한 발언은 이 분위기를 분명하게 표현하고 있다. "우리는 이제 모두 케인즈주의자입니다."

갑작스럽게 이같은 장기적 추세가 일련의 방식으로 급격히 반전되기 시작했다. 중심부에서 하나의 핵심적인 점에서 국가기관의 통일성이 무너지기 시작했다. 중앙은행이 의사결정 과정에서 중앙행정부서에 대해 상당한 정도의 자율성을 누리기 시작했기 때문에 경제적 매개변수들을 통제하는 이 부서의 능력이 심하게 손상을 입었다. 국가부서들이 언제나 전체 정치세력들을 염두에 두어야 했다면, 중앙은행은 거의 전적으로 소수 초국적기업 분파의 요구에만 응했다. 마찬가지로 힘이 증대하고 있는 IMF 같은 국가간구조는 주변부지대에서는 중심부의 대리인으로 보였지만, 중심부 당국의 관점에서는 중심부지대의 국가기관을 침식하려는 중심부 세력들의 대리인일지도 모른다고 생각될 수도 있었다.

1968년 혁명들 때문에 지적·정치적 규준(norm)들에 대한 중도파적·개량주의적 자유주의의 지적 장악력이 심각하게 약화되었다. 그 결과 보수세력들은 자유주의에서 벗어나 그들 본래의 반(反)국가주의적·반(反)개량주의적 편향으로 복귀했다. 이는 신자유주의 또는 신보수주의라는 이름으로 번갈아가며 불리며, 새처(Thatcher)와 리이건 정권이 이데올로기적으로 전형적인 예들이다. 1968년 혁명들 이후 세계 좌파 또한 국가주의적 개량주의와 거리를 두게 되었다. 그 경계가 국가와 일치하지 않는 집단들의 결합과 연대를 고무하는 다양한 종류의 운동들이 생겨났으며, 이와 함께 1989년의 격동이 더해져 국가구조를 강화하려는 역사적 반체제운동들('구좌파')의 그나마 남아 있던 노력들이 심각하게 꺾이게 되었다. '전지구적으로 생각하고 지역적으로 행동하라' 같은 구호들은 분명히 국가 차원을 생략하고 있다. 새로운 반체제운동들이 자신들의 행동을 급진화하는 방식으로 반(反)국가주의적이 되었다면, 구(舊)반체제운동들은 더 노골적으로 보수적인 운동들에 빼앗긴 선거득표상의 손실을 메우기 위한 방식으로 복지국가주의에 대한 서약을 저버리기 시작했다. '자유시장'이라는 용어의 대흐름에 휩쓸려 그들은 1980년대의 프리드만적인 반케인즈주의적 공격이 (적어도 일시적으로는) 호소력을 지니고 있음을 인정하고 있었다.

이 모든 수사적 소동은 기술전문가가 고안한 대로 국가가 점진적으로 합리적인 변화를 수행하고 북돋아 인간의 진보에 도달한다는, 두 세기 동안 지속된 개량주의적 자유주의라는 이데올로기 모델이 완전히 소진되었음을 반영하는 것처럼 보였다. 그런데 정치적 이데올로기를 개량주의적 자유주의에서 자유시장으로 바꾸는 것은 간단한 작업이 아니었다. 왜냐하면 구(舊)이데올로기 모델은 하나의 비장의 카드를 가지고 있었는데, 그것은 정치적 활동으로 결국 좋은 결과를 얻을 것이라고 민중세력을 설득함으로써 자신의 역사에 대한 민중적 정당성을 획득할 수 있었다는 점이다. 이러한 믿음은 결과적으로 '혁명적 모험주의'를 억제하는 역할을 했으며, 따라서 매우 안정적인 것이었다. 그런데 새로운 이데올로기적 대체물은 (역사적으로) 어떠한 대중적 토대도 갖추지 못했다. 따라서 그들은 서둘러 자기자신을 증명해야 하며, 그렇지 못한다면 지지자들을 얻었던 속도만큼이나 빠르게 그들을 잃게 될 것이다.

이처럼 7, 80년대부터 나타나기 시작한 국가구조의 해체는 새롭고 더 위협적인 색채를 띠었다. 이 현상은 광범위하게 퍼지고 있었는데, 어떤 지역에서는 통합주의적(integrist) 종교운동들이, 또다른 지역에서는 마피아들의 활동, 또는 군사화된 하위종족체들(sub-ethnities), 또는 도시 갱들, 또는 쎈데로 루미노쏘(Sendero Luminoso)* 같은 운동들이 국가권력과 국가기능을 실제로 대체하였다. 그런데 이 현상의 가장 중요한 측면은 그것이

---

* 페루의 아야꾸쵸 지방을 본거지로 한 농민 무장게릴라 단체로 우리말로 하면 '빛나는 길'이라는 뜻이다.

널리 번지고 있다는 것이 아니라 주요 세계강국들이 그것을 제대로 다룰 힘이 없거나 의지를 보이지 않는 것 같다는 점이었다. 혼란은 서서히 퍼져나가고 있는 것처럼 보였으며, 그 과정은 주로 이런 국가권력의 해체가 지역이 피폐해질 정도로 심각한 불안과 경제적 고통을 초래할 경우에만 다소 지연되었다.

상승주기를 타고 있던 국가주의의 이 반전은 상승추세에 있던 세속주의의 반전과 연관되어 있던 것처럼 보인다. 국가주의와 세속주의는 역사적으로 그리고 이론적으로 관련이 있기 때문에 이것은 놀라운 일이 아니다. 세속주의는 국가주의의 없어서는 안될 짝이었는데, 왜냐하면 세속주의가 시민권을 적어도 특정한 자의적인 경계 내에서 태어난 모든 사람을 포함하며 윤리적 의무(duties)와 법적 의무(obligations)를 둘다 지니는 것으로 정의하는 데 걸림돌이 되는 매우 중요한 장애를 제거했기 때문이었다. 국가는 최고의 세속적 기구였으며, 권위를 집중하기 위해서는 모든 비세속적 요구들로부터 자신을 해방시킬 필요가 있었다.

진보의 환상이 개량주의적 자유주의의 깃발 아래 세력을 떨치는 동안 세속주의는 번창했다. 중요해보이는 유일한 정치무대인 국가에서 정치적 목표를 정치적 수단을 통해 달성할 수 있다고 사람들이 느끼는 한, 종교는 정치로부터 배제될 수 있었다. 하지만 국가주의가 공격받으면서 세속주의는 자신을 정치적으로 정당화해주던 중요한 논거를 잃기 시작했다. 따라서 지구 곳곳에서 근본주의적/통합주의적/신전통주의적 종교운동들이 새롭게 힘을 얻어 재등장하게 된 것을 근대 세계체제 이전의 어떤 양상으로 복귀하는 것으로 보기보다는, 오히려 품위있는 삶의 질의 실현에서의 평등이라는 완수되지 못한 근대성의 목표를 수정된 반(反)국가주의적인 방식으로 성취하고자 하는 것으로 보아야 한다.

문제는 물론 새로운 반(反)세속주의가 단순히 곧 지나가버릴 B국면에 대한 일시적 반발인지, 아니면 좀더 근본적인 것인지이다. 반세속주의가 1968년과 개량주의적 자유주의의 붕괴로 표현된 문화'혁명'과 연결되었던 만큼, 그것은 새로운 정치학의 탄생을 북돋았던 것처럼 보인다. 새로운 정치학은 1980년대에 많이 이야기되었는데, 정체성 정치학(identity politics)이나 상호교차되는 '집단들'의 다수성, 즉 집단들의 주장과 권리에 대한 새로운 신념이 그것이다.

7, 80년대에 등장한 세번째 새로운 추세는 '신과학'과 '문화'의 주창자들 쪽에서 과학적 과학(scientistic science)의 주장에 대한 공격이 있었다는 것이다. 물론 이런 패러다임의 교체가 사상사의 주기적 현상이라고 주장할 수도 있다. 하지만 여기에는 차이점이 존재한다. 구(舊)패러다임——뉴튼적·실증주의적·결정론적 과학——은 단순히 소수전문가 집단을 위해 정상과학을 정의하는 하나의 양식에 머무는 것이 아니었다. 그것은 지난 두 세기 동안 근대 세계체제를 지배해온 신념들 중 하나, 아니 아마도 지배적인 유일한 신념이었다.

이처럼 과학에 대한 신념은 인식론적인 문제를 넘어서는 것이었다. 그것은 정치적인 현상이었다. 자유주의적 개량주의는 과학이 보증한 기술적 진보의 확실성을 바탕으로 자신에 대한 믿음을 정당화했다. 19세기의 선구적인 반자유주의적 사상가인 칼 맑스조차 자신이 세운 기획의 공적을 '과학적 사회주의'를 구성한 것이라고 주장한 것도 결코 우연이 아니었다. 따라서 과학주의는 세속주의의 경우처럼, 국가주의의 필수적인 이데올로기적 버팀목이었다. 이 버팀목을 제거하게 되면 심각한 정치적, 일반 문화적인 결과들이 초래된다.

마지막으로, 7, 80년대의 발전에서 세 개의 장기적 곡선들이 점근선에 도달하고 있음을 확인할 수 있는데, 이것은 체제에 훨씬 더 심각한 충격을 줄 수 있는 것들이다. 첫째는 노동력의 전화이다. 분석가들은 오랫동안 프롤레타리아화가 근대 세계체제의 장기적 추세라고 생각하였다. 그런데 우리는 실제로 그것이 현실에서 얼마나 느리게 진행되었는지에 대해서 과소평가했으며, 또 노동형태로서 프롤레타리아화의 비보편화가 근대 세계체제에 얼마나 핵심적이었는지를 간과했다.[4]

---

4) Smith and Wallerstein 1992에서 논의되고 있는 바를 참조하라.

사실 자료를 검토해보자면 노동력이 (고전적으로 정의된 대로) 완전한 프롤레타리아화에 도달하고 있다기보다는, 중심-주변간 및 도시-농촌간에 프롤레타리아화의 정도의 편차가 줄고 있다고 볼 수 있다. 확실히 인구분포가 균등화되고 있으며, 그 결과 (조어도 국가 내에서는) 도시와 농촌간을 이분법적으로 분명하게 구분하기가 어려워지고 있다. 이같은 편차의 해소가 어떤 정치적 영향을 미칠지는 아직까지 분명하지 않다. 그렇지만 이로써 역사적으로 경제팽창을 회복시키곤 하던 하나의 주요한 기제——일부 '예비' 노동력의 프롤레타리아화를 통해 종종 과거 농촌에 살던 사람들이 도시화되는 것을 의미한다——가 제거된 것처럼 보인다.

두번째 접근선은 교육영역에서 발견된다. 1945년까지는 전세계적으로 그리고 각 국가 내에서 성인인구의 교육수준에 매우 분명한 계서제가 존재했다. 그런데 1945년 이후 국가주의의 승리와 도시화의 증가를 동반한 경제 팽창 때문에 초등교육이 놀랄 만하게 확대되었고, 중등교육도 상당히 확대되었으며, 고등교육까지 눈에 띄게 확대되었다. 확대속도는 7,80년대에 둔화되긴 했지만 지속되었다. 어쨌든 곡선들은 극한을 향해 조금씩 나아가고 있다.

교육의 보편화가 안고 있는 문제는 그 성공이 자신의 정치적 미덕을 손상시켰다는 것이다. 한편에서 기회와 상승이동을, 다른 한편으로 사회적 통합을 제공한 교육은 자유주의적 개량주의의 가장 중요한 보증인으로 간주되었다. 하지만 만인의 교육이 계서제의 소멸을 의미하지는 않았다. 오히려 교육의 절대적인 수준이 더이상 계서제의 1차적 척도의 역할을 하지 못하게 되었음을 뜻했다. 그것의 정치적 결과는 빠르게 드러났다. 교육은 '질'이 떨어진다는 이유로 공격받았다. 이것은 교육량의 층위들 내에 교육의 질에 따른 위계질서를 만들어내기 위한 구실에 지나지 않았으며, 이때 교육의 질은 특별한 학교들과 동일시되었다. 물론 이런 질적 척도는 언제나 존재했지만, 접근기회의 민주화가 낳은 효과들을 저지하기 위해 이것을 부활시키고 과장했다. 그 결과, 불평등의 해소라는 교육의 속전적(贖錢的) 덕목에 대한 신념이 무너졌으며, 이로써 또하나의 체제의 안정장치가 무력해졌다.

마지막으로 우리가 다가가고 있는 것처럼 보이는 세번째 접근선은 생태적 퇴보이다. 500년 동안 자본축적은 기업의 거대한 비용의 외부화에 토대를 두어왔다. 이는 필연적으로 사회적으로 바람직하지 않은 낭비와 오염이 발생함을 뜻했다. 낭비할 예비원료가 충분히 남아 있고 오염시킬 예비지역이 충분히 남아 있는 한, 이 문제는 무시될 수 있거나, 더 정확히 말해 시급한 문제가 아니라고 간주될 수 있었다. 1945년 이후에 과학의 진보에 힘입어 경제가 급격하게 팽창한 결과, 점점 더 많은 사람들이 세계가 위험 수위를 넘어섰다고, 다시 말해 생태적 문제가 이제 시급한 것이 되었다고 믿게되었다.

그러므로 생태론은 7,80년대에 중요한 정치적 쟁점이 되었다. 전통적인 정치적 세력들은 이 쟁점을 말로만 받아들이는 미봉책을 시도해왔다. 하지만 이 문제는 사소한 조정을 통해 해결하기에는 너무나 전면적이며, 쉽게 지불할 수 없을 정도로 비용이 많이 든다. 낭비를 없애고 오염을 원상회복시킨 뒤 문제를 재발하지 않도록 만드는 데 드는 실제 비용은 엄청나게 높다. 이 비용의 지불은 지속적인 자본축적의 가능성을 압도할 우려가 있다. 어쨌든 이 쟁점은 지금 같은 부와 자원의 양극화가 정당화될 수 있는 것인가의 문제를 직접적으로 제기했다.

여기서 논의된 문제들 중 어떤 것도 전적으로 새롭지 않다. 그러나 모든 문제가 7,80년대 당시에 심각한 딜레마들이었던 것처럼 보인다. 어떤 문제도 단순히 새로운 꼰드라띠예프 A국면이나, 새로운 헤게모니적 B국면이 시작된다고 해결될 것 같지는 않다. 사실, 주기의 상승기가 시작되면 세 가지 문제는 모두 격화될 것이다.

9

전지구적 가능성, 1990~2025

이매뉴얼 월러스틴

앞서 분석한 1945~90년간의 세계체제의 양상에 비추어, 우리의 현재이자 미래인 1990~2025년 동안 어떤 일들이 벌어지리라고 예측할 수 있을까? 형태상 현실적인 가능성은 단지 두 가지가 있을 뿐이다. 첫번째는 세계체제가 탄생 후 지금까지 5세기의 전생애에 걸쳐 기능해온 방식대로 자본주의 세계경제로 계속 움직여나가되, 분명 필요한 만큼 체제의 기관들을 부단히 조정해가리라는 것이다. 다시 말해 이 작업에서 분석한 주기들의 견지에서 보자면, 꼰드라띠예프 주기는 다시 상승국면으로 접어들 것이며, 이보다 더 장기적인 헤게모니 주기는 또 한번 재건의 길로 들어설 것이라고 예측된다. 세계체제는 여러 측면에서 달라지겠지만, 본질적으로 노동의 기축적 분업과 불평등교환, 그리고 국가간체제에 기초한 자본주의 세계경제라는 점에는 변함이 없을 것이다.

두번째 가능성은 1970년대부터 단지 정상적인 꼰드라띠예프 B국면이나 헤게모니 쇠퇴의 개시를 반영하는 것이라고는 분석할 수 없는 새로운 현상들이 눈에 띄기 시작했는데, 이 현상들이 너무나 중요하고 방대해져서 더 이상 체제가 그저 약간의 조정을 통해서 얼마간 동일한 방식으로 지속될 수 있으리라고 기대할 수 없게 되었다는 것이다. 이 경우 체제의 위기 또는 분기(分岐)가 시작될 것이며, 그것은 체제의 카오스* 시기로 나타날 터인데, 그 결과는 분명하지 않다. 우리가 사용하게 될 기본 방법론은 매우 단순하다. 우리는 체제의 위기라는 두번째 가정을 뒷받침하는 논거들을 모아볼 것이다. 그후 우리가 내세운 논거들이 그럴듯하지 않거나 수긍이 가지 않는다면, 체제가 정상적으로 지속될 것이라는 첫번째 안을 지지하게 될 것이다. 따라서 첫번째를 따로 논할 필요는 없을 것이다.

이 분석에서 1990년대와 2000~25년 시기를 구분하는 것이 유용할 것 같다. 우리는 이미 1990년대를 살고 있다. 1990년대가 67/73년 이후 세계경제가 처해 있는 꼰드라띠예프 B국면의 마지막 하위시기인 것은 분명해 보인다. 현재 대중매체와 정치적 담론들에서 1990년대가 '경기후퇴'의 시기임이 널리 이야기되고 있다. 물론 90년대가 지난 20년간보다 더 그렇다고 평가할 수는 없다. 그러나 B국면의 마지막 기간이 종종 실업과 전반적 긴축의 면에서 가장 최악의 시기이므로, 7,80년대엔 강대국들이 제멋대로 부정해버렸던 세계적인 '경기후퇴'의 현실을 논평가들은 더더욱 부인하기 어려워졌다.

아마도 확신할 수는 없지만 곧 가격이 극적으로 '폭락'할 것이다. 이것은 경기침체 시기에 걸림돌이 되는 가장 허약한 경제행위자를 제거하고 세계경제를 새롭게 팽창시킬 방도를 마련하는 (유일하지는 않지만) 하나의 방법일 뿐이다. 또한 사회적 불안이 심각하게 증가할 것이다. 꼰드라띠예프 B국면의 초반에는 노동계급은 보통 위협받는 구직시장에서 자신의 일자리를 지키기 위해 타협적이 된다. 그러나 후반기에 이르면 이미 낮아진 생활수준을 더 낮추려는 위협에 비해 더 타협해서 얻어낼 수 있는 이득이 별볼

---

* 체제의 카오스(systemic chaos)란 하나의 헤게모니적 축적체제하에서 진행되던 자본축적의 안정성이 파괴되고 구조적 불안정성이 발생하여 새로운 헤게모니체제로의 이행이 모색되는 상황을 말한다. 지오반니 아리기는 '물질적 팽창' '금융적 팽창' '체제의 카오스'라는 개념을 사용하여, 자본주의 세계체제에서 발생한 헤게모니 교체의 역사를 분석한다. 체제의 카오스에 대한 정의는 Giovanni Arrighi, *The Long Twentieth Century: Money, Power, and the Origins of Our Times*, Verso 1994, 30면을, 그것을 자본주의의 역사에 적용하여 분석한 것으로는 같은 책, 214~38면 이하와 그림 10을 참조하고, 이에 대한 해설로는 윤소영, 『일반화된 마르크스주의와 역사적 자본주의의 분석』, 공감 1998을 참고하라.

일 없어지기 때문에, 보통 노동계급의 대응은 매우 전투적이게 마련이다. (당면 문제에 대해 정면으로 대응한다는 점에서) 합리적인 반응으로서 계급투쟁이 더 격렬해지는 한편, 또한 이런 시기에는 많은 사람들이 그 어느 때보다도 더 직접적으로 경제적 압박을 느끼기 때문에 덜 '합리적'인 종족간갈등도 격화된다. 지금의 상황도 이와 다르지 않다. (1945년 이후 초기 시기와 비교해서) 90년대에 계급투쟁과 종족간갈등 모두 전세계적으로 증가하고 있다.

꼰드라띠예프 B국면과 헤게모니 쇠퇴의 시작이 일치하기 때문에 강대국들, 특히 중심부지대에 위치한 강대국들은 특별한 문제에 직면해 있다. 그들의 내부 균형이 평상시에 비해 매우 흔들리고 있으며, 국내 사회불안은 최우선적인 주목을 요하는 두려움이 되고 있다. 그들은 또한 장차 예상되는 A국면의 팽창기에 성공할 수 있으려면 세계생산의 하나의 특별한 하위분야, 즉 새로운 선도적 생산물의 한 하위분야에서 경쟁력을 갖추어야 한다는 것을 알고 있다. 이 때문에 이 국가들은 또한 시대에 뒤떨어진 것으로 간주되는 생산무대의 노동계급에게 쉽게 양보하지 않는 반면, 새로운 생산영역의 노동력에게는 보상을 할 수 있는 방식을 찾아, 내부로 눈을 돌리고 있다. 만약 이러한 시기가 우연히 헤게모니상의 우위를 점하기 위한 장기적인 투쟁이 최고도에 달한 국면과 일치한다면 세계전쟁이 터질 수도 있다. 하지만 지금처럼 헤게모니 투쟁의 시작기에 불과하다면, 두 가지 내부 걱정거리가 결합되어 있기 때문에 강대국들은 국제무대에서 매우 조심하게 된다. 해외파병을 뜻하는 무력 위협의 사용은 국내에 이미 사회적 불안이 존재하는 상황에서 사회적 폭발의 위험을 무릅쓰는 것이다. 지정학적으로 그같은 상황은 마비상태를 초래할 수 있으며, 그리고 이것(미국이 무력사용을 꺼리는 것―옮긴이)은 바로 우리가 1990년대에 보스니아와 소말리아, 아이티, 한국 등의 지역에서 목격하고 있는 것이기도 하다.

확실히 1990년대의 상황은 일반적으로 말해 일시적이라고 할 수 있다. 아마도 2000년을 전후로 한 어느 시점에선가 경제적 상승기가 시작될 것이다. 전세계적으로 수익성 없는 생산기업들이 충분히 '대청소'되고, (옛 독점이 쌓은—옮긴이) 지대가 누적된 상황이 충분히 해소되며, 장차 선도적 위치를 차지할 새로운 산업들에서 충분한 혁신이 이루어지고, 게다가 새로운 프롤레타리아화가 진행되며, 이와 결합해 재개된 계급투쟁 덕분에 사회적 급부가 늘어나서 전세계적으로 전지구적 수요가 충분히 회복된다면, 아마도 세계경제는 다시 한번 팽창할 수 있는 추진력을 얻을 수 있을 것이다. 이것은 자연스런 예측이며, 이번에도 그렇게 되지 않으리라고 추측할 근거는 별로 없다.

그러므로 한 수준에서는 세계체제의 양상이 정상적으로 지속될 것이라고 예측할 수 있다. 문제는 우리가 논의해온 새로운 요소들이 현재 진행되고 있는 이 양상에 어떤 영향을 끼치고, 그것과 어떻게 상호작용을 할 것인가이다. 우리는 1945~90년 시기를 검토하면서 사용한 여섯 개의 벡터들과 관련하여 이 혼합물을 분석할 것이다. 여섯 개의 벡터란 국가간체제, 세계생산, 세계노동력, 세계 인간복지, 국가의 사회적 응집력, 지식의 구조이다.

미국의 경제력이 상대적으로 쇠퇴하면서 세계체제가 삼극구조가 되었다는 것은 이제 상식에 속하는 일이다. 삼극구조란 경제활동이 조직되는 세 장소 또는 중심마디가 있다는 것, 그리고 세 장소는 서로 매우 경쟁적이기 때문에——즉, 세계시장에 주요 생산물을 거의 같은 가격으로 공급할 수 있기 때문에——어느 곳도 현재나 가까운 미래에 쉽게 다른 장소를 멀찌감치 앞서나갈 수 없다는 것을 뜻한다. 이같은 삼극분할은 우선 경제적 현상으로 논의되어왔으며, 이것이 현실의 핵심임이 분명하다. 하지만 경제력의 삼극분할이 지정학적인 함의를 가진다는 것 또한 분명하다.

냉전이 끝나자 냉전에서 연원한 모든 제도들이 고물이 되어버렸다. 이것이 NATO의 근본적인 문젯거리이다. NATO는 말로는 아낌없는 지지를 받고 있지만, 동시에 실제로는 1989년 이후의 지정학적 무대에서 비교적 중요하지 않은 역할만 담당해왔다. 간단히 말해, 강대국들은 약 50년간 UN을 대해왔던 방식대로 NATO도 2차적 부속물 정도로 취급하고 있다.

소련이 붕괴했기 때문에 더욱더 미국은 1990년대에 단연 세계 최강의 군사대국의 지위를 보유하게 되었다. 그러나 국내 금융적 토대와 대내적 정당성이 약화되었기 때문에 미국의 힘은 내리막길에 들어서 있다. 반면 세계의 주요 잠재적 군사강국들——유럽공동체, 일본, 러시아, 중국——은 모두 향후 25년간 1990년대보다 훨씬 더 강력해질 듯하다. 게다가 핵무기가 기술적으로 더이상 이른바 중진국의 능력을 넘어서는 것이 아니라는 점도 분명하다. 중진국 중 누가 이미 핵무기를 보유하고 있고, 누가 곧 갖게 될 것이며, 또 누가 앞으로 25년이 지난 후에야 그것을 보유하게 될 것인가는 상당한 논란거리이지만, 핵확산은 이미 진행중이다. 사태의 진행속도는 미국이 이런 확산에 대처해 지연책략을 전개하는 데 얼마만큼 투자할 수 있으며 계속 투자할 의지를 갖고 있는지에 달려 있다. 2025년까지 적어도 수십개국이 핵무기를 수중에 넣으리라는 예측을 믿기 어렵지 않다. 게다가 화학무기와 세균무기가 현재 증가하고 있으며 장차 더욱 확산될 것인데, 이것은 핵무기보다 감시하기가 더욱 어렵다.

그러므로 냉전기의 세계체제에서 그런 것처럼 중대한 군사력이 두 곳의 효과적인 (그리고 상호 견제하는) 지휘본부로 집중되는 완충작용 없이 널리 확산될 것이라고 세계체제의 상을 그려보는 것은 전혀 무모한 일이 아니다. 이런 지휘본부가 없기 때문에 세 가지 주된 가능성이 나타나며, 그것들 모두 일어날 수 있다. 첫째로 상대적으로 제어하기 힘든 '소규모' 전쟁들이 확산될 가능성이 있다. 두번째 가능성은 남(南)의 다수의 세력들이 우연의 일치로 혹은 연합해서 북(北)에 대해 군사적 도발을 시도할 수 있다는 것이다. 마지막으로 북(北)이 국가간체제를 안정화시키기 위해 어렵긴 하지만 새로운 동맹형태를 찾아나갈 가능성이 있다.

북(北)이 세계체제의 군사적 분열을 억지할 수 있는가는 소위 주요 국가들이 실제로 어느 정도로 안정적 동맹을 재창출할 수 있는가에 달려 있다. 이 문제는 물론 'NATO의 새로운 역할을 찾자'는 표제 아래 현재 논의중이다. 하지만 이것의 가능성의 여부는 현재 진행중인 세계생산에서 새로운 준독점들을 만들어내기 위한 투쟁에 의해 결정될 것이다. 바로 이 투쟁의 결과에 따라, 삼극구조의 세 마디를 이루는 각 지역들이 자신의 전반적인 경제력을 보존·증강시킬 수 있는 역량이 결정될 것이며 그들이 얼마만큼 자본을 축적하고 국민적 생활수준을 유지하고 향상시킬 수 있는가가 결정될 것이다.

꼰드라띠예프 A국면 동안 세 마디들간의 경쟁은 치열할 것이며, 그들은 각기 얼마간의 기술적 우위를 '확실히 챙기'고 따라서 사실상 중기적 독점에서 연유하는 지대를 획득하기에 충분한 경제적 우위를 확보하고자 노력할 것이다. 그것은 부분적으로 고이윤을 창출해줄 핵심 특허들을 장악하기 위한 싸움이다. 1990년대에 그랬듯이 세 마디의 격차가 그렇게 크지 않다 하더라도, 2000~25년 시기에는 현재의 상대적 균형이 유지될 수 없을 것이다. 과거 이런 종류의 경쟁에서 늘 그랬듯이, 아마 그들 중 하나가 앞서 나갈 것이다.

경제적 경쟁 때문에 두 가지 종류의 문제가 발생한다. 주로 세 마디 중 한 곳에 자리잡고 있는 초국적기업들은 개별적으로 노력하거나 또는 같은 국적의 초국적기업과 결탁해서 자신의 자본축적 능력을 증진시키기 위한 최선의 조정에 힘쓰고 있다. 이를 위해서는 기업간 제휴가 필요하며, 또한 국가기관의 지원이 필요하다. 마디가 두 개가 아니라 세 개라는 사실은 구조가 안정적이지 못함을 의미한다. 경쟁전이 계속됨에 따라 삼극을 이극으로 줄이고픈 유혹이 생길 것이다. 왜냐하면 셋 중에 둘이 결합한다면 나머지 하나에 대해서 분명하게 우월한 위치에 설 수 있기 때문이다. 반면, 삼극을 이극으로 줄이기 위한 모든 노력은 이들 사이에 잠재되어 있는 긴장을 더욱 심화시킬 것이며, 또 이로 인해 남(南)으로부터의 초기적 군사도발에 맞서 북(北)의 정부들이 공동전선에 대한 합의에 도달하기가 더욱 어려워질 것이다.

초국적기업들은 이미 공작을 진행중이지만, 아직까지 분명한 패턴이 있는 것은 아니다. 새로운 선도 생산물——마이크로컴퓨터, 생명공학, 초전도체, 멀티미디어 정보과학, 폐기물 처리 등등——에 대한 통제권을 확보하기 위한 노력에서 미국은 현존 최대시장을 가지고 있다는 점에서 유리하지만, 중간관리층이 지나치게 확대되고 비대해졌기 때문에 최고의 효율성을 발휘하는 생산구조는 아니라는 점에서 불리한 위치에 있다. 일본은 사실상 정반대의 상황이다. 전반적인 생산구조(물론, 전체 하청체계를 포함해서)는 비교적 효율적이지만, 국내시장이 생산을 흡수하기에는 불충분한 형편이다. 서유럽의 상황은 앞의 두 지역을 기준으로 토았을 때 중간쯤에 해당한다고 할 수 있다. 물론, 정부와 초국적기업들은 이 차이를 알고 있고, 불리한 점을 줄이기 위한 조치를 강구하고 있다. 그러나 이것이 말처럼 쉬운 일은 아니다.

큰 경기를 준비중인 운동선수들처럼, 세 마디들은 자신의 힘을 모으고 있다. 이것은 아직 현실적이진 않지만 잠재적으로 보호주의적인 성채 역할을 할 수 있는 지역망을 구축하는 형태로 나타나고 있다. 유럽공동체는 미국이나 일본과, 또는 미국과 캐나다를 합친 것과, 또는 일본과 소위 네 마리 용을 합친 것과 거의 동등한 비중을 지니고 있다. 이들 셋은 각기 저비용 생산지대의 나라들을 특권적 관계로 끌어들여 자신의 마디를 넓혀가고 있다. 멕시코와 미국의 (NAFTA) 관계, 몇몇 동남아시아국과 일본의 관계, 그리고 동·중유럽과 서유럽의 관계가 그러하다.

이런 상황에서 삼극을 이극으로 줄이려는 투쟁의 결과는 일본이나 미국 중 하나가 유럽과 공조하기보다는 일본과 미국이 하나가 될 가능성이 높다. 세 조합이 모두 경제적인 면에서는 똑같이 잘 작동해나갈 것이기 때문에, 본래 경제적인 고려가 추측의 주된 근거는 아니다. 훨씬 폭넓은 정치적이고 문화적인 이유들이 있다.

우선 중국과 러시아의 특별한 지위라고 할 만한 것이 있다. 이 두 나라는 현재도 그렇고 또 잠재적으로도 군사적·정치적 중요성이 매우 큰데다가 인구가 엄청나게 많으며, 또 세계생산에 수입품 시장의 역할과 동시에 값싼 노동력의 공급처 역할을 하기를 갈망하며 그 채비를 갖추고 있다. 물론 두번째 특징(큰 수입품 시장이자 노동력 공급처라는 것—옮긴이)을 갖춘 나라는 또 있지만, 중국과 러시아가 특별한 지위를 갖는 것은 두 가지 특징을 동시에 지니고 있기 때문이며, 따라서 이들에게는 상당한 협상력이 있다. 중국이나 러시아를 어느 한 마디로 끌어들이는 것은 아마도 우위를 차지하려는 투쟁에서 얻을 수 있는 가장 중요한 수확물일 것이다. 일본이 중국을 자신의 마디 속으로 끌어들이기를 바라고 있음은 분명하다. 하지만 역사적인 이유 때문에 그렇게 되기는 어려울 것이고, 미국이 일본 및 중국 양자와 삼각 동맹을 맺는다면, 일본과 중국에게 일이 더 쉬워질 것이다. 유럽은 중국에게 줄 수 있는 것이 거의 없지만 러시아에게는 많은 것을 줄 수 있기 때문에 러시아를 자신의 마디 속으로 끌어들이기 위해 힘쓰게 될 것이다. 러시아로서는 미국과 관계를 맺는 것에 관심이 있을 수 있지만, 미국이 중국과 러시아 양자와 동시에 그런 관계를 발전시켜갈 만한 정치적·경제적 여력이 있는지는 분명하지 않다. 그리고 역사적 이유뿐 아니라 지정학적 이유에서도 미국은 중국에 더 관심이 많다.

삼극이 러시아 및 중국과 어떻게 관계를 맺을 것인가라는 문제는 차치하고라도, 미국과 일본의 관계를 한층 가깝게 하고 유럽과 미국 사이를 더욱 벌어지게 만드는 두 번째 고려사항이 있는데, 그것은 군사력의 정치학이다. 정치적인 이유 때문에 일본은 적어도 앞으로 25년간은 자신의 군사적 잠재력을 충분히 발전시킬 수 없다. 따라서 일본에게는 군사적 동맹이 필요한데, 미국은 명백히 그 후보자이다. 반면, 유럽은 현재 세계무대에 더욱 강력한 군사적 영향력을 가진 존재로 등장하길 원하고 있으며, 이것은 미국과의 관계를 어느정도 느슨하게 해야지만 가능하다.

군사적 문제는 일반적인 문화적 문제라고 할 만한 세번째 요인과 관련된다. 일본과 중국은 둘 다 세계문화 무대에서 동아시아 중심성을 거듭 주장하고 싶어하며, 이것은 유럽중심주의적 가정들에 뿌리박은 세계체제의 지구문화와 성향상 대립되는 것이다. 그들이 유럽과 동맹을 맺는다면 이것을 해낼 수 없음은 분명하다. 미국도 물론 문화적으로 유럽에 기원을 두고 있지만 혼성문화 구조이기 때문에 장기적으로 이 점에서 유럽에 비해 유연하다고 할 수 있다. 반면, 유럽은 1945년 이후 미국에게 빼앗긴 유럽문화의 심장부 역할을 되찾고 싶어한다. 이 목표는 유럽이 미국과 가까워지기보다는 미국과의 차이를 부각시킴으로써 더욱 쉽게 성취될 수 있다.

이런 이유들 때문에 우리는 이극체제가 탄생한다면 그 틀이 일본/미국/

중국 대(對) 유럽/러시아가 될 것이라고 본다. 1990년대의 상황은 아직도 삼극체제가 유지되고 있고, 미국과 동아시아 사이에 공공연한 불화가 많이 발생하고 있다. 하지만 양측의 말을 액면 그대로 믿어도 되는 것인가? 아마도 공공연한 불화는 수사적인 연막에 불과하며, 그 뒤에서 21세기 초의 지정학적 동맹이 서서히 틀을 갖추어가고 있을는지도 모른다.

진정으로 중요한 문제는 이극체제가 어떤 형태를 취하건간에, 이를 통해 북(北)이 수사적인 것 이상인 남(南)의 도전을 처리할 수 있는가이다. 남(南)이 북(北)에서 출현하고 있는 이극체제에 대해 어떤 대응을 할 것인가가 문제가 된다. 남(南)의 많은 나라들이 처음에는 마디들의 일원이 되고자 할 것이다. 말하자면 그들은 생성중인 생산망에 더욱 철저히 통합되고자 자신을 바칠 것이다. 사실 많은 나라들이 이미 그렇게 하고 있다. 그러나 착취대상으로 자신을 제공하는 것만으로 충분하지 않다. 받아들여져야 하는 것이다. 금전적·인적 투자의 면에서 북(北)의 경제적 여력이 무한한 것은 아니다. 따라서 강국들의 그 유명한 해외직접투자는 가장 수지가 맞는 지역으로 향하는 경향이 있다. 앞서 살펴보았듯이 이 투자들 대부분은 중심부의 한 지대에서 다른 지대로 향하거나 또는 특권적인 정치적 연줄이 있는 반주변부지대로 이동한다. 그밖에 다량의 투자가 이루어지는 나라는 보통 정치적 그리고/또는 경제적 이유에서 새롭게 우선시되고 있는 곳인데, 앞서 근거를 들어 설명했듯이 중국과 러시아가 바로 이렇게 새롭게 부각되고 있는 지역이다. 마지막으로 투자의 일부는 중심부지대 주요 국가들 내의 다루기 힘든 하층민들을 달래는 데 쓰여져야 한다. 투자가 이렇게 배분되고 난 뒤 다가오는 A국면에 지구의 나머지 반쪽을 위해 남겨진 양은 얼마나 될까? 아마도 결코 많지 않을 것이다. 물론 비지(飛地) 전역에 걸쳐 선택적인 투자가 이루어질 테지만, 과거 A국면의 경험으로 미루어보건대 이것은 다 해봐야 얼마 안될 것이며, 남(南)의 대국들의 점점 더 난폭해지고 점점 더 늘고 있는 주민들을 만족시키기에도 충분하지 않다는 것은 거의 분명하다.

적은 투자가 배제감을 증가시키고 이것이 사회불안을 초래해 이들 나라가 투자지역으로서는 점점 더 안전하지 못한 곳이 되어, 결국 한층 더 배제되는 악순환에 들어서게 될 가능성이 매우 높아 보인다. 이 모든 일이 진행되고 있을 때, 북(北)의 주민들 또는 적어도 북의 거대한 중간계층은 새로운 팽창기인 A국면에 들어서서 어느 때보다도 더 호화스런 생활수준을 누리고 있는 것처럼 보일 것이다. 지대간의 격차는 늘 있어왔던 것이고, 그 격차가 점점 벌어지고 있다고 1945~90년 시기에 이미 세계가 소리높여 논의한 바 있지만, 현재 이것은 현실적으로 더 확대되고 있고 무엇보다도 그에 대한 지각이 늘어나고 있다고 할 수 있다.

앞으로 북(北)에서는 이극경쟁이 벌어지고 세계경제가 팽창하는 가운데 남북간 격차는 증가하게 된다면, 그 결과 세계노동력 구조에서는 앞서 서술한 1945~90년 시기 패턴들이 강화되는 양상이 나타날 것이다. 계속되는 세계노동력의 탈농화는 점점 더 많은 사람들을 마구 뻗어나가는 도시 중심지로 몰아낼 것이며, 그곳에서 그들이 고용되는 만큼 시간제, 비공식 하청구조들의 망은 확장될 것이다. 이것은 북과 남을 통틀어 일어나고 있는 전세계적 현상이지만, 그 안에도 능력이 있는 개인들에게 끊임없이 상승이민(南에서 北으로의 이주를 의미—옮긴이)을 통해 상승이동을 꾀하도록 조장하는 어떤 위계적인 패턴이 존재한다.

점점 더 규모가 커져가는 상승이민은 북의 국가들에게 정치적으로 엄청나게 파괴적인 영향을 끼칠 것이다. 새로운 A국면이 시작되면, 고용주들은 합법적 이민을 더 많이 허가하도록 강력한 로비를 하거나, 또는 그에 실패할 경우 불법이민의 기제를 넓히는 데 은밀히 결탁할 것이다. 한편 이에 대해 이런 유입 때문에 자신들의 임금수준과 일자리까지 위협받는다고 느끼는 집단들은 줄기차게 저항할 것이다.

이주자들이 유입되어 북(北)의 평균임금 수준이 사실상 낮아져 북과 남 간의 임금격차가 어느정도 줄어들 것이기 때문에, 경제적으로 이것은 양극화의 반대방향으로 나아가는 발전처럼 보일 수도 있다. 실제로는 근대 세계체제에서 세계노동력의 구조화과정이 한 바퀴 순환해서 시작 지점으로 돌아가고 있는 것이다. 본래 세계체제 전체에 걸쳐 저임금이 표준이었으며, 고임금 활동은 단지 아주 작은 부분에 불과했다. 산업화의 초기 패턴에서는 소수 고임금 활동은 지정학적으로 집중되었으며, 그 결과 핵심 활동들이 자리잡은 국가들일수록 '임금철칙'* 이라는 것이 의미없는 지시어로밖에 적용되지 않는 인구비율이 점점 더 높아졌다. 세계노동력의 탈농화가 증가하고 대규모로 노동력을 고용하는 공업생산 분야의 수익성이 하락하면서, 우리는 또다시 고임금과 저임금 일자리의 배분이 세계적으로 전보다 더 균등해진 상황으로 돌아가고 있다. 하지만 하나의 큰 차이가 있는데, 그것은 15~18세기와는 달리 현재는 생존수준의 임금을 받는 사람들과 그 이상의 임금을 받는 사람들 간의 소득격차가 상당히 크다는 것이다. 따라서 늘어나고 있는 중심부-주변부 격차를 명백하게 지정학적인 현상으로 보거나 정의하는 일은 줄어들고, 대신 점점 모든 나라들 안의 계급현상으로 바라보게 될 것이다.

이것은 현존 세계체제의 정치적 안정을 바라는 사람들에게는 최악의 상황이다. 한편으로 남의 주민들은 앞으로도 가장 빈곤할 것이며 따라서 가장 필사적이기 때문에 한층 더 심각한 반체제적인 붕괴를 꾀할 태세이다. 다른 한편, 북의 나라들의 최하층은 1945년 이후 시기 그들도 공유할 수 있었던 생활의 이기들을 더이상 누릴 수 없을 것이며, 한층 더 중요한 것은 그들의 자녀들이 자신들보다 높은 생활수준을 누릴 수 있을 것이라고 더이상 믿을 수 없게 되었다는 점이다.

북의 국가들에서 이것의 영향은 단지 무질서를 낳는 데 그치는 것이 아니라 훨씬 더 뻗어나가 통합적 민족국가의 이상인 자꼬뱅주의의 종말을 초래할 수 있다. 왜냐하면 자꼬뱅주의의 궁극적인 이론적 근거는 북의 노동계층과 남의 노동계층 간의 차이를 보장할 수 있다는 것이었기 때문이다. 자꼬뱅주의의 몰락은 문화·정치적으로는 다양한 모습을 띤 '다문화주의'의 부상으로 표현된다. 설사 극히 부분적으로만 성공한다 하더라도 '집단

---

* 자본주의 사회에서 노동자의 임금은 최저생활 수준을 유지하는 데 필요한 금액에 귀착되며 이에서 벗어날 수 없다는 F. G. Lassalle의 주장.

권리'에 대한 주장은 북(北)의 국가들이 남(南)의 국가들에 맞서 정치적 (그리고 군사적) 동원을 하는 것을 방해할 것이다. 그런데 그 시기는 기본 무기 보유량이 증가해 남이 더욱 파괴적인 무기를 수중에 넣을 수 있게 되었기 때문에, 북의 국가들이 국내에서 대중의 지지를 이끌어내야 할 필요성이 한층 더 높아진 세계체제의 역사적 발전 시점과 일치하게 될 것이다. 다시 말하면 북의 국가들이 군사적 역량상 상당한 기술적 우위를 확실히 유지해나간다 하더라도, 약소국들이 처음으로 진정한 위협이 될 만큼 충분한 파괴력을 갖추게 될 것이다. 설상가상으로 북의 국가들 내에서 민족정체성이 무너진다면, 북의 국가들이 어떻게 남의 국가들의 군사적 도전을 효과적으로 저지해나갈 수 있을지는 분명하지 않다.

바로 여기서 세계복지 벡터가 결정적인 정치적 변수로 등장한다. 겉보기에 꾸준히 증가해온 정규교육, 보건써비스, 그리고 영양식품의 섭취 등의 복지는, 비록 불균등하게 배분되었지만 세계체제를 지탱하는 하나의 기둥 역할을 했다. 긴박한 이극경쟁과 대규모 인구이동은 남북 양측의 정부들에게 써비스의 현수준을 유지하는 데 이미 엄청난 부담을 주었으며 앞으로도 그럴 것이다. 동시에 국가내 및 국가간의 도시 분포가 균등해진데다, 세계체제가 오랫동안 온갖 미사여구를 동원해 인간복지를 위해 힘쓸 것을 공언해온 결과 민주화에 대한 요구가 대단히 증가했으며, 민주화의 실현정도는 그동안 사실상 주로 복지써비스의 분배를 기준으로 삼아 측정되었다.

이것이 의미하는 바는 매우 간단하다. 정부들은 적어도 200년 만에 처음으로 도처에서 온갖 종류의 사회적 써비스에 대한 지출을 이전 수준보다 줄이려 하고 있다. 그런데 바로 이 시기는 또한 주민들이 모든 종류의 사회적 써비스에 대한 정부지출을 상당한 정도로 늘릴 것을 강력하게 요구하고 있는 때이기도 하다. 이에 더해 하층 소수종족운동과 여성운동은 과거에 무시된 집단인 자신들을 위해 특별히 이 써비스를 더욱더 늘려야 함을 정확히 주장하고 있다. 이것은 아주 뚜렷한 형태의 가위모양효과(scissors effect)임이 분명하며, '국가의 재정위기'로 표출될 것이다.

국가가 재정위기를 해결하지 못한다면, 그만큼 자본주의 기업이 비교적 합리적인 위험부담을 떠안기 위해 필요로 하는 상황적 안정성이 손상되게 된다. 한편 국가가 어느 부분에선가 (예산)삭감을 통해 재정위기를 해결하고자 한다면, 북의 국가들의 중간계층의 수입——소위 수혜권——에서 재정적으로 가장 중대한 삭감을 할 수 있을 것이다. 기업들이 세계시장의 경쟁에서 살아남기 위해 대폭 감량을 추구하면서 목표물로 삼고 있는 것도 바로 비대해진 이 중간계층의 수를 줄이는 일이다. 중간계층의 일자리가 줄어들 뿐 아니라(기업도 줄이고 있고 정부도 연구관련 활동에 종사하는 중간계층의 일자리에 대한 지원을 줄이고 있다) 수혜권의 면에서 중간계층이 누리던 직접적인 급부도 감소하게 된다면, 북의 자유주의국가의 충실한 정치적 지지자이면서 하위계층의 불만을 봉쇄하는 데 동원된 바 있는 주요 병력이 바로 타격을 입게 될 것이다.

게다가 북의 중간계층뿐만 아니라 수적으로 더 적지만 정치적으로는 마찬가지로 중요한 남의 중간계층도 (다소 다른 방식이긴 하지만) 위험에 처해 있다. 1945년 이후 시기에 남의 중간계층은 각국 인구에서 차지하는 비율이 북보다 훨씬 작았지만, 정치적·경제적 상황 면에서 북의 중간계층에 비해 훨씬 더 극적으로 그 지위가 향상되었다. 남의 중간계층은 민족해방운동이라는 민족 프로젝트의 최고 수혜자였고, 그들은 기대치를 북의 국가들 내의 중간계층의 생활수준에 두었다. 이 수준을 유지하기 위해서 국가예산에서 많은 비용이 지출되었는데, 이것은 부분적으로는 합법적인 부수입의 시혜를 통해서, 부분적으로는 비합법적인 취득을 통해서 이루어졌다. 그들은 이제 부분적으로는 IMF 및 기타 세계구조들이 부과한 구조조정 프로그램에 의해, 그리고 부분적으로는 바로 그들의 특권에 반대하는 민중반란에 의해 압박을 받기 시작했다. 또한 그들은 민족해방 프로젝트가 자신들에게 부여한 사명감을 상실했는데, 그들이 민중계층 앞에서뿐 아니라 스스로에게도 정당성을 인정받을 수 있던 것은 이 사명감 때문이었다. 혁명에서 시작해서 부패로 넘어가는 집단적 궤적은 그다지 유쾌한 과정이 아니다. 물론 이것은 남의 계층들만이 밟았던 궤적은 아니며, 1990년대 이딸리아에서 일어난 정치적 격동이 소상히 보여주듯이, 대부분의 북의 계층들

도 유사한 길을 걸었다. 물론 이것은 세계체제의 정치적 틀을 더욱 약화시
켰다.

세계복지의 쇠퇴, 그리고 무엇보다도 세계복지 수준이 향상되고 있다는
확신의 쇠퇴는 국가의 사회적 응집력에 큰 타격이 된다. 그런데 이것이 유
일한 타격은 아니다. 사실, 이것은 주로 전통적 반체제운동들에 대한 신념
이 쇠퇴했다는 훨씬 더 중요한 원인의 결과였고, 그 때문에 합리적 개량주
의의 유효성에 대한 믿음은 깨어졌다. 이것은 단순히 상승과 하강을 반복
하는 주기적인 현상에 그치는 것은 아니며, 또는 적어도 그 이상이라고 할
수 있다. 앞서 우리는 1989년에 완성된 68년의 세계혁명에 의해 집합적 사
회심리가 돌이킬 수 없는 변화의 과정에 들어섰다고 주장한 바 있다. 이 사
건은 근대성의 꿈——다시 말해 인간해방과 평등이라는 근대성의 목표를
추구하는 것 자체가 아니라, 자본주의 세계경제 내에서 국가가 이 목표를
향한 꾸준한 진보를 촉진하고 보장해주리라는 신념——에 종지부를 찍었
다.

장기적인 낙관론이 바탕에 깔려 있었기 때문에 체제는 안정될 수 있었고
국가는 사회적 응집을 이루어낼 수 있었다. 그런데 이제 더이상 그런 것은
존재하지 않는다. 그 자리를 대신한 것은 장기적 비관론이 아니라, 더욱 정
확히 말해 고통스러운 불확실성과 떠나지 않는 두려움이다. 두려움이 새로
운 것은 아니지만, 과거에 그것은 특정한 사람들이나 집단 또는 제도에 대
한 두려움이었다. 이런 두려움은 그것을 이겨내기 위한 투쟁으로 맞설 수
있는 것이었다. 오늘날 만연해 있는 두려움은 훨씬 더 손에 잡히지 않는 것
이다. 이것은 무엇인가 무너져가고 있는데 그것을 막기 위해서 아무것도
하지 않고 있으며 또 아무것도 할 수 없는 상황에서 나오는 것이다. 이러한
두려움 때문에 한층 더 변덕스럽고, 한층 더 통제 불가능한 행동들이 출현
하게 된다.

개별 국가들이 허약하거나 내부로부터 공격을 당하는 것은 물론 흔히 있
던 일이다. 그런데 국가를 공격한 것은 보통 분명한 장기적 기획을 갖춘 대
안적 조직구조들이었다. 여기에는 구좌파적 구조와 기획들뿐만 아니라

(넓게 정의해) 영국의 비국교도 교회(dissenting churches)에 속하는 구조와 기획들에다 마피아의 조직과 계획까지 포함되어 있었다. 장기적 기획을 갖춘 이 구조들은 모두 내적으로 낙관론을 견지하고 있었기 때문에 그 구성원들은 단기적으로는 초조해했고 전투적이었지만 자신들의 장기적인 전망에 대해서는 확신했고 참을성이 있었다. 이런 운동들이 전투적으로 싸워 그 구성원들에게 잠정적 성과물(즉 인간복지의 증가)을 제공할 수 있었던 만큼, 그들이 사용한 반국가적 수사는 사실상 역사적으로 국가의 사회적 응집력을 약화시킨 것이 아니라 강화시키는 결과를 낳았다.

오늘날 기존 운동들을 대체한 몇몇 운동들이 유사한 반국가적 수사를 사용하며 앞으로 나서고 있다. 어떤 운동은 종교 통합주의의 외피를 입고 있으며, 어떤 운동은 인종분리주의를 새롭게 주장하고 있다. 문제는 이런 운동들이 단기적으로 대중들을 동원할 수 있는가의 여부가 아니라 중기적으로 구성원들에게 잠정적 성과를 제공할 수 있는가이다. 늘 그래왔듯이 어느 시점에 이 운동들도 통치의 책임을 맡으라는 요청을 받을 것이다. 이때 기대를 충족시킬 수 있는가의 여부는 그들의 강령이나 지혜보다는 세계체제가 구조적으로 그것을 가능하게 하는가에 달려 있다. 변화한 것은 바로 이 후자이다. 이 점에서 우리는 또다른 악순환 속에 놓여 있다. 구반체제운동과 자유주의적 개량주의의 전망에 대한 환멸은 이런 운동들을 약화시키고 동시에 국가의 사회적 응집력을 약화시킨다. 이로써 다른 운동들을 위한 공간이 열리며 이들이 국지적 성공을 거둘 수는 있지만, 이들에게는 인간복지 공여를 더 잘해낼 능력은 없다. 그 결과 국가의 사회적 응집력은 더한층 약화된다. 현재 우리는 바로 이 순환 속에 있는 것 같다.

마지막으로 한 가지 문제가 남았는데, 이것은 국가간체제의 안정성과 세계생산의 수익성, 그리고 국가의 사회적 응집력에 동시에 영향을 미치는 것이다. 이것은 지난 25년 사이에 처음으로 주요 관심사가 된 사회적 쟁점으로 생태론, 또는 우리 생태계의 건강상태라고 표현할 수 있는 것이다. 오랫동안 국지적 관심사로 남아 있던 생태론은 최근에 이르러서야 지구적 관심사가 되었다. 그 이유는 매우 분명한데, 세계생산과 세계인구가 점진적으로 팽창해서 세계 생태계 내에 남아 있는 미개척지가 고갈되기 시작했기 때문이다. 객관적 제약은 누가 보아도 분명하며, 많은 경우 두렵기까지 하다. 요지는 그 자초지종을 상세히 되풀이하려는 것이 아니라 이 문제에 대면하는 과정에서 필연적으로 발생하는 딜레마를 대체적으로 그려보고자 하는 것이다. 두 가지 집단적 과제가 있는데, 하나는 이미 입은 피해를 수선하는 것이고 또다른 하나는 미래의 피해를 최소화하는 것이다. 둘 다 비용이 많이 들지만, 지불방식은 다르다. 본래, 이미 입은 피해를 수선하는 과제는 정부만이 제대로 감당할 수 있는 일이며 그 일에 재원을 조달하기 위해서는 과세가 필요하다. 미래의 피해를 최소화하는 과제를 가장 효과적으로 수행하려면 기업들이 그 비용을 내부화하도록 강제해야 한다.

근본적으로 문제가 되는 것은 누가 그 비용을 부담할 것인가, 그리고 다른 지출과의 관계에서 이 비용에 얼마만큼의 우선권을 부여할 것인가이다. 각 국가들은 수선비용을 총복지지출목록의 일부로 포함시키고 있는데, 이는 주요 문제가 공중보건이기 때문이다. 현재 복지지출 수준이 감소하고 있으며 계속 공격을 받고 있는 상황에서, 현실적으로 상당한 액수의 수선비용이 국가예산에 포함될 수 있을까? 다시 말해 과세가 어느정도까지 누진적 또는 '사용자 연계적'이 될 수 있을까? 이 문제가 내부적인 불평등을 줄이거나 유지하는 데 정부가 어떤 역할을 담당할 수 있을까라는 폭발력이 강한 논쟁거리에 또 하나의 불씨를 던지는 일임은 분명하다.

세계 생산체제의 견지에서, 전지구적으로 임금수준이 장기적으로 상승하는 추세이기 때문에 이윤수준이 이미 심각하게 압력을 받고 있는 상황에서, (적지 않은) 폐기물 처리비용을 내부화하도록 강요한다면 기업의 수익성은 몹시 제약을 받게 될 것이다. (미심쩍은 가정이지만) 만약 모든 기업들에 대한 압력이 정확하게 같다면, 분명 경쟁관계 내에서 기업들의 위치는 이 때문에 영향을 받지 않을 수도 있겠지만, (수요탄력성이 1이하라고 가정할 때) 총이윤수준은 여전히 영향을 받을 것이다. 폐기물 처리 자체가 수익성있는 사업이 된 것은 확실하지만, 폐기물 처리를 전문으로 하는 기업만 거기서 수익을 볼 뿐이지 그외 다른 모든 기업들에게는 여전히 비용으로 남아 있다.

북의 많은 이들이 솔깃해할 하나의 해결책은 남으로 폐기물을 수출하거나 또는 폐기물 처리비용의 내부화를 원하지 않고 관료의 통제를 회피하려는 산업을 수출함으로써 비용을 남으로 전가하는 것이다. 국가간체제의 견지에서 이것은 남북 양극화를 훨씬 더 심화시킬 것이며, 앞서 살펴보았듯이 이 일은 국가간체제가, 특히 남북의 축과 관련해서 군사적으로 매우 불안해진 시기에 벌어질 것이다.

마지막 어려움은 지식의 구조 속에 있다. 근대 세계체제는 과학에 대한 신념 위에 세워졌다. 과학은 무한한 기술적 진전이었기 때문에 세계 생산체제의 토대가 될 수 있었고, 과학은 진보였기 때문에 세계 인간복지의 토대일 수 있었다. 과학은 또한 합리성이었기에 사회적 안정을 보장하며 합리적 개량주의를 북돋울 수 있었다. 우리는 지난 25년간 과학에 대한 이 신념이 의문시되었음을 살펴보았는데, 이것은 적어도 과거 200년 동안 과학에 제기된 어떤 비판보다도 더 근본적이었으며 공동의 신념을 허무는 것이었다.

과학이 집합적 개선이라는 자신의 사회적 임무를 수행할 수 있으며 수행해나갈 것이라는 소박한 신뢰에 대해 지적 · 도덕적 도전이 제기되기 시작한 것은, 냉전이 끝나면서, 조직된 과학이 1945년 이후 시기에 획득한 바 있는 특별한 재정적 토대를 상실해가던 시점과 일치한다. 도처에서 거대과학은 예산을 삭감당했고, 군사비 같은 지출을 은닉하던 특권 없이 집합적 자원을 다른 방식으로 사용해야 하는 어려움에 직면해야 했다. 우리는 사업으로서의 과학이 지적 활동인 동시에 사회적 조직이기 때문에 관료들의 비난*은 인원의 충원과 자신감, 낙관주의에 영향을 끼친다는 사실을 잊지 말아야 한다.

조직된 과학은 반체제운동과 유사한 처지이다. 과학에 대한 환멸은, 아직까지 반체제운동에 대한 환멸만큼 강하지는 않지만 서서히 퍼져가고 있

---

* 정치가나 정부관료들이 엄청난 자금을 필요로 하는 과학 프로젝트의 유용성에 대해 의문을 표시하는 경우를 뜻한다.

다. 신과학은 지적 궁지에 대응하려는 하나의 시도이다. 이것은 또한 사회 조직으로서의 과학에도 영향을 미치고 있다. 국가권력의 추구와 관련이 적은 새로운 사회운동들을 고안하여 반체제적 힘을 회복하려는 시도 자체가 조직된 과학에게는 자신의 특권적인 지위를 유지하고 그리고/또는 되찾으려는 투쟁에서 극복해야 할 지적이면서도 구조적인 또하나의 장애가 되고 있다. 문제는 신과학이 실증주의에 대한 자신들의 믿음을 단호히 고수하고 있는 여전히 강력한 집단과 과학 자체를 거부하는 집단 사이에 끼여서 옴쭉달싹 못하고 있는 것은 아닌가 하는 것이다. 이것은 부분적으로 조직적 문제이기도 하지만 지적인 점에서 더 크게 문제가 된다. 신과학은 미래가 본질적으로 비결정적이며 수량적 정밀성은 불가능하고 그리고 이론이 일시적일 뿐임을 주장하며 뉴튼적 과학이 제기한 많은 지적 난제를 풀었다고 할 수 있다. 하지만 신과학의 실천가들은 개량운동과 같은 처지에 있다고 할 수 있다. 그들은 과학의 집을 구원하고자 하지만, 적어도 기존 체제의 틀 내에서 볼 때 과학의 사회적 정당성의 토대를 허물었다고 할 수 있다.

세계체제의 주요 벡터들이 직면한 이런 일련의 딜레마들이 결국 체제의 카오스 상황을 의미하는 것일까? 이에 대한 답은 물론 사회적 현실을 그 발전과정 속에서 관찰함으로써만 얻을 수 있을 것이다. 우리는 이 현실을 다섯 개의 주요 무대에서 추적할 수 있을 것이며, 각각의 무대에서 체제가 봉쇄할 수 없는 거대한 행위의 진동이 어느정도나 발생하는지 관찰할 수 있을 것이다. 이 각각의 무대는 민감한 지대들로서, 이곳에서는, 비유컨대, 진동이 지나치게 커지면 열차가 영원히 궤도를 벗어나버릴 수 있다.

첫째는 '집단들' 혹은 좀더 정확하게 표현해 공동사회(Gemeinschaft)라는 무대이다. 공동사회는 (허구적) 공동체성(commonality)에 의해 정의된 집단으로, 집단에 대한 충성을 개인적 이익보다 우위에 놓을 것을 요구한다. 근대 세계체제에서 공동사회는 사라진 것이 **아니라** '시민권'이라는 하나의 특정한 공동사회의 우위 아래 종속되었다. 시민권은 물론 전적으로 국가와 동일시되어왔다. 원칙적으로 근대 세계체제에서 적어도 지금까지 2세기 동안 모든 이들은 어떤 나라의, 정상적으로는 오직 한 나라의 시민이었다. 이 규칙에 예외도 있었지만, 그것은 변칙으로 간주되었다. 물론 이 규칙은 여전히 유효하다. 하지만 가까운 미래에 문젯거리는 시민권이 여전히 존재하고 충성을 요구하기까지 하는가가 아니라, 시민권이 요구하는 충성이 계속해서 가장 중시될 수 있는가이다.

오늘날 시민들이 표명하는 요구에 대응하는 국가의 능력이 약화되고 있으며(그 이유는 앞서 설명했다), 그리고 무엇보다도 국가가 자신들의 요구를 들어줄 수 있으며 언젠가는 들어주리라는 시민들의 신념이 사라지고 있기 때문에, 자연스러운 현상으로서 다른 집단, 다른 공동사회들에 대하여 우선권을 주장하는 일이 점점 더 설득력을 얻어가고 있다. 사실 앞서 주장한 대로 이 과정은 벌써 시작되었다. 매우 다른 두 가지 이유 때문에 이 과정은 격화되었다. 하나는 안전과 안정을 보장해줄 수 있는 국가의 능력이 약화된 것처럼 보이는 상황에서 나타난 생존에 대한 두려움이다. 다른 하나는 민주화에 대한 요구인데, 즉 국가가 체계적으로 특정 집단의 요구를 무시해왔으며 그 결과 그 집단은 다른 시민들이 누린 혜택으로부터 사실상 배제되어왔다는 의식이었다. 양자는 집단들을 전투적으로 조직화시켰다. 그런데 두번째 동기가 집단들을 국가에 대항하도록 만든 반면, 첫번째 동기는 집단들을 서로 대립하게 만들었다.

문제는 현실 사회조직 내에서 두 가지 동기 사이의 구분이 그렇게 분명치 않다는 것이다. 실제 집단들은 종종 전략을 둘러싸고 내분을 보이는데, 이때 논쟁의 핵심은 자기보호(따라서 집단의 강화)와 민주화(또는 평등) 중에서 제1의 목표를 어디에 둘 것인가의 문제이다. 세 세력이 서로 갈등하고 있는 시나리오를 쉽게 떠올릴 수 있다. 하나의 세력은 집단을 강화시키고자 하며, 다른 하나의 세력은 민주화를 선호하고, 나머지 하나의 세력은 '시민권'이라는 (형식적으로는 평등하지만 실제로는 계서제를 이루는) 이전 상태에 머물러 있고 싶어한다. 경제적으로는 양극화되었고 지정학적으로는 안정적 균형이 사라졌으며 이데올로기적으로는 세계체제를 지탱해온 몇몇 토대들이 무너진 상황에서, 이 세 세력들간의 싸움이 국가내에서건 국가들 사이에서건 혼돈스러운 양상을 보일 것이며 이 혼돈이 더 큰 혼돈을 낳으리라고 예측하기는 어렵지 않다.

두번째 무대는 치안이라고 부를 수 있는 것이다. 어떠한 역사적 체제라도 작동하기 위해서는 최소한 어느정도로 치안이 유지되어야, 다시 말해 일상생활에서 신변과 재산의 안전에 대해 전반적으로 어느정도 신뢰할 수 있어야 한다. 안전이 완벽한 적은 없지만, 보통 높은 수준을 유지했다. 그렇지 못하다면, 생산체제가 작동할 수 없으며 곧바로 물질적 배분에 중대한 문제가 발생할 것이다. 그뿐만 아니라 모든 종류의 정치적 또는 문화적 제도도 작동하기가 매우 어려워질 것이다.

현 근대 세계체제에서 치안을 보장한 것은 국가였다. 국가는 무력과 보상, 충성을 이용하여 질서를 강제하였다. 물론 국가마다 내부질서의 정도가 동일한 것은 아니었다. 중심부형 과정이 많이 분포되어 있는 국가들에는 늘 내부질서를 효과적으로 유지할 수 있는 (물질적 및 정신적) 자원이 더 많이 있었다. 그런데 근대 세계체제의 두드러진 특징은 인민주권을 통해 정당화되고 세계경제의 단일한 노동분할에 참여하는 세속국가를 토대로 하여, 전세계적으로 내부질서의 수준을 점점 더 높여갈 수 있다는 점에 있었다.

우리는 '국가성'(이건 치안의 다른 이름이다)의 장기적 성장이 정점을 지나 하락하기 시작한 이유를 몇가지 살펴본 바 있다. 문제는 그것이 역사적으로 상승할 때처럼 점진적으로 하강할 것인가인데, 이것은 의심스럽다. 국가성은 장차 더욱 강력해질 것이라고 당연히 받아들여졌기 때문에 점진적으로 성장할 수 있었으며, 이것은 진보에 대한 믿음, 과학에 대한 신념, 합리적 개량주의에 대한 신뢰의 결과였다. 하지만 이 세 기둥이 무너진다면 그 효과는 극적으로 나타날 수 있다. 장차 국가성의 하락시기에는 앞뒤가리지 않고 이익을 찾아(아니, 불이익을 피하기 위해서라고 표현하는 것이 더 옳겠다)나서기 바쁠 것이다. 앞서 잠시 언급한, 집단간의 혼란스러운 투쟁이 이 무질서를 한층 더 심화시킬 것이 분명하다.

세번째 무대는 국가간체제의 한 측면인 군사적 질서이다. 물론 전쟁은 근대 이전 세계역사에서와 마찬가지로 근대 세계체제 내에서도 끊임없이 계속되었다. 하지만 중요한 점은 전쟁이 죰차 두 가지 주된 종류로 제한되는 경향을 보인다는 점이다. 첫번째는 정복전쟁으로, 이는 중심-주변간 기축적 노동분할을 확립하기 위한 과정의 중요한 부분이었다. 오늘날 우리가 쓰는 용어로 표현하자면, 그것은 북(北)이 남(南)을 복속시키기 위해 도발한 전쟁이었다. 두번째는 헤게모니전(戰)으로, 우위를 장악하기 위한 북의 국가간의 투쟁이 세계전쟁으로 이어진 것이다. 역사적 과정에서 그밖에 발발하지 않거나 무산된 두 가지 종류의 전쟁이 있다. 남의 국가들간의 전쟁은 억제되었다. 남의 '질서를 회복'시키는 것은 확실히 19세기의 제국주의가 떠맡은 큰 과제 중 하나였다. 그리고 남이 북에 대항해 전쟁을 도발하는 것은 가능하지 않았다. 물론 민족해방전정은 남이 일으킨 것이었지만, 그것은 아무래도 객관적으로 지역적 범위에서 제한적이었다.

최근에 시작된 새로운 현상으로 남이 북에 대항해 국경을 침범한 전쟁을 일으키고 있을 뿐만 아니라 남의 국가들간의 전쟁도 다시 발발하고 있다. 이것은 북의 집단적 군사력이 감소했음을 보여주는 신호이다. 다시 한번 말하지만 우리는 이미 이 쇠퇴의 여러 원인들을 이미 분석했는데, 여기에는 기술적·경제적 원인 그리고 무엇보다도 집합적 사회심리에서 비롯된 원인이 있었다. 치안의 경우와 마찬가지로 다시 한번 여기서 문제가 되는 것은 군사적 질서가 상승할 때처럼 쇠퇴도 점진적으로 이루어질 수 있는가이다. 그런데 다시 한번 이것이 정말로 가능할지 의심스럽다. 전쟁의 가능성은 전쟁의 도발자들이 수중에 무엇을 가지고 있고 또 가질 수 있는가만큼이나 그들의 머릿속에 무엇이 들어 있는가에 의해 좌우된다. 근대 세계체제에서 억제되어온 두 종류의 전쟁을 막는 보호벽은 북의 일종의 '신경쇠약' 때문에 급격히 무너져내릴 수 있다. 물론 어떤 형태로든 군사적 질서가 붕괴된다면 가능한 치안의 수준에 곧바로 영향을 미칠 것이며, 집단간 투쟁도 이 때문에 격화될 것이다.

네번째 무대는 복지인데, 특히 공중보건과 식량배분이라는 무대이다. 적어도 세계인구의 1/3에 해당하는 특권층에 대한 공중보건과 식량배분이 꾸준히 향상된 것은 근대 세계체제가 이룬 위대한 성취였다. 우리는 이것이 도전받기 시작한 이유를 점검했는데, 그 이유들로는 생태계의 작동교란, 이민흐름의 증가, 혜택을 공유하고자 하는 비특권층의 끈질긴 요구, 세계인구의 성장 등이 있었다.

지난 200년간 세계체제의 이데올로그들은 질병을 정복하고 기아를 추방했음을 자축해왔다. 이 문제에서도 우리가 정점을 지나 하강곡선에 와 있는 것은 아닌가라는 질문을 던져보아야 한다. AIDS와 같은 새로운 전염병과 아프리카처럼 기아 부활의 새로운 조짐에 직면했을 때, 일반적인 느낌은 아직까지도 이것을 충분한 돈과 지적 에너지만 투자하면 해결할 수 있는 기술적 문제로 치부하는 것이다. 그리고 아마도 이런 문제들이 수적으로 증가하지 않고 치안과 군사적 질서만 유지된다면 그렇게 될 수도 있을 것이다. 그러나 그같은 질서의 붕괴가 닥쳤음을 보여주는 근거들을 이제 막 지적했고, 만약 그렇다면 기초적인 보건문제들은 매우 빠르게 확대되어 세계보건 체제의 감당능력을 넘어서게 될 것이다. 다른 무대에서와 마찬가지로 이 무대에서도 진동은 빠른 속도로 매우 격해질 것이다.

마지막 무대는 우리의 종교제도의 안정이다. 어떤 의미에서 오랫동안 종교제도들은 근대 세계체제의 세속적이며 과학적인 지구문화의 등장으로 정당성에 큰 손상을 입은 것처럼 보였다. 사실 현실에서 종교제도들은 살아남았고 심지어 실질적 의미에서 세속주의의 도전을 순치시켰다. 반교권주의(anticlericalism)의 열정은 이제 희미한 옛 기억이 되었을 뿐만 아니라 우리는 세계전역에서 종교의 대 부활을 경험하고 있다.

현상황을 이렇게만 해석한다면 오늘날 세계 종교제도들이 뉴튼적 과학이나 자유주의의 도전——이것은 이런 점에서 종이 호랑이임이 판명되었다——보다 훨씬 더 근본적인 도전에 직면해 있다는 사실을 놓치게 된다. 최대의 도전은 여성의 완전한 평등에 대한 요구이다. 역사적으로 세계 주요 종교구조들은 여성의 완전한 평등에 대한 요구와는 사실상 양립할 수 없는 여성에 대한 특정한 가설과 태도에 기초해 있었다. 그 이유는 의심의 여지없이 세계의 모든 종교기구들이 성(sexuality)의 통제에 집중적으로 관여해왔기 때문이다.

우리는 여기서 이 갈등을 실제로 해결할 수 있는 방법을 제안하고자 하는 것은 아니다. 우리는 단지 그 갈등이 매우 심각하며 사회적으로 대단히 파괴적인 것임을 지적하고자 한다. 시민권을 우선시하지 않는 집단들이 성장함에 따라 새로운 종교통합주의 및 새로운 페미니스트운동이 번창하게 되었다. 그런데 양자의 힘은 서로 상반되는 주장에 기반해 있다. 이 갈등은 사회생활의 전 구조와 밀접한 관련을 맺고 있기 때문에, 단순히 집단간 갈등의 또하나의 예라고 할 수는 없다. 따라서 이것은 해결을 늦추는 것에 불과한 사회적 타협으로 '처리'될 수 있는 것이 아니다. 만약 세계체제가 지금과 달리 안정적이었다면 그렇게 처리될 수도 있었을 것이다. 그렇지만 앞서 분석한 대로 수많은 불안요소가 팽배해 있는 상황에서 이 갈등을 보류해둔다는 것은 전혀 있을 수 없는 일이다. 또한 이 갈등은 적어도 집단갈등, 치안, 세계복지라는 무대들과 상호작용할 것이기 때문에 누적적 효과를 낳게 될 것이다.

다섯 개의 무대 중 한두 개의 무대에서 이 갈등들을 억제하는 것이 가능할 수도 있다. 그런데 과연 그렇게 될 수 있을까? 설사 그렇게 된다고 하더라도 그것으로 충분할까? 각 무대들이 상호작용하기 때문에 한 무대에서 갈등을 억누른다고 하더라도 이것은 일시적인 것일 수밖에 없다. 왜냐하면 다른 무대에서 갈등이 터져나올 것이기 때문이다. 우리가 그려본 대로 부시통 같은 세계체제 속에서 불똥은 삽시간에 번져갈 것이다. 체제의 카오스가 의미하는 것은 바로 이것이다.

체제의 카오스 이후 분명 무엇인가 새로운 질서 또는 질서들이 등장할 것이다. 그러나 우리의 논의는 여기서 멈출 수밖에 없다. 새로운 질서가 어떤 것이 될지 알아채는 것은 불가능하다. 가능한 것은 우리가 어떤 질서를 원하는가를 강력히 주장하고 그것을 이루기 위해 투쟁하는 것이다.

■ 부록

이른바 아시아의 위기: 장기지속 내의 지정학

이매뉴얼 월러스틴

정치가, 저널리스트, 그리고 너무도 많은 학자들이 최근의 뉴스 머릿기사들에 계속 당황하고 있다. 불행하게도 이 때문에 큰 사건들의 의미와 중요성에 대한 진지하고 만족스러운 분석이 이루어지지 못하고 있다. 공산주의 국가들의 붕괴가, 싸담 후쎄인의 지정학적 도전이 그렇게 다루어졌으며, 또 이른바 아시아 금융위기가 그렇게 다루어졌다. 이 '사건'을 이해하기 위해서는 다중적 사회적 시간들(multiple social times)에 의거할 필요가 있는데, 이것은 페르낭 브로델이 강조했듯이 현실을 현실적으로 분석하는 데 핵심적이다.

현 상황에 대한 『파이낸셜 타임즈』의 흥미로운 사설(1998년 2월 16일자: 15면)에서 시작해보자.

왜 지금 (동아시아 나라들은—인용자) 침몰하고 있는가? 이는 처음에 마치 동아시아 경제가 결코 잘못될 리 없다는 듯이 행동하다가 이내 동아시아 경제가 제대로 될 리 없다는 듯이 행동한 외부 투자자들의 변덕과 관련하여 대부분 설명된다.… 공황상태에 빠진 대출자들. 유입자본이 던진

이 글은 1998년 3월 17~21일 미니애폴리스에서 열린 국제연구협의회 모임에 제출된 논문이다.—편집자

유혹은 경험이 없는 기업가들, 보증 금융기관들, 또는 부패하고 무능한 정
치가들이 저항할 수 없을 만큼 컸다. 그에 따른 처벌은 유출이 시작되자
가혹해졌다. 왜냐하면 국내 자산 거품을 관리할 수 있는 것은 국내 기구들
이기 때문이다. 자본이 썰물처럼 빠져나가, 환율이 붕괴하고, 사적 부문이
파산하였으며, 각국은 공황상태에 빠진 사적 대출자들과 지나친 요구를
하는 공공 대출자들의 손 아래 놓이게 되었다.… 이는 공황에 빠진 세계
이다. 일단 공황이 시작되면 각 투자자들의 합리적인 바람은 남들보다 먼
저 빠져나가는 것이다. 그러면 경제적 토대가 감당할 수 있는 것보다 더
큰 타격을 입게 된다.…

이 분석에는 몇가지 주목할 만한 점이 있다. 동아시아의 금융적 슬럼프
는 투자자들, 특히 외부 투자자들의 시각에서 조망되고 있으며, 사설은 이
투자자들의 공황상태를 통해 문제의 심각도를 설명하고 있다. 꼼꼼히 읽어
보면, 여기서 이야기되고 있는 것은 상대적으로 소규모 투자자들임을 알
수 있는데, 정치적 영향력이 거의 없는 이들이 "남들보다 먼저 빠져나가"
기를 바라는 데는 충분한 이유가 있다. 두번째 주목할 만한 점은 이 분석에
지정학적 고려가 들어 있지 않아 보인다는 것이다. 세번째는 『파이낸셜 타
임즈』가 제시하는 거의 좌파적인 정책적 결론이다.

신흥 경제들이 서둘러 전지구적 금융시장에 통합되어야 한다는 권고는
재고되어야 한다. 외국인 직접투자는 매우 중요하다. 그러나 사적 부문이
손쉽게 단기차입을 얻을 수 있게 되면, 치명적인 결과를 낳을 수 있다. 준
비되고 숙련된 자만이 이 대양을 항해할 수 있다. 최종적으로 의지할 진정
한 전지구적 대출자가 없기 때문에, 연약한 신흥 경제들은 해안 근처에 머
물러 있어야 한다.

첫째로, 사설은 "신흥 경제들이 서둘러 전지구적 금융시장에 통합…"이
라고 말하면서 최근의 신자유주의적 권고를 공격하고 있다. 그 다음에 사

설은 세계경제는(항상? 현재만?) "준비되고 숙련된 자만이 항해할 수 있는…" "대양"이라고 넌지시 말하고 있다. "경험이 없는 기업가들, 보증 금융기관들, 또는 부패하고 무능한 정치가들"에게 조심하라는 경고인 것이다. 아마 부패한 정치가들은 좀더 능력을 갖출 필요가 있다. 마지막으로, 결론에서는 "최종적으로 의지할 진정한 전지구적 대출자"가 없음을 언급하고 있는데, 이는 (나는 이렇게 말하려 한다) 최종적으로 의지할 전지구적 대출자이기는커녕 현재 일본에 의지하고 있는 전지구적 차입자인 미국의 구조적인 금융적 취약성에 대한 암시이다.

이 사설은 그 한계에도 불구하고 현 상황에 대한 수많은 진단들보다 건전하다. 그 이유는 이 사설이 IMF의 좀더 많은 양의 머큐로크롬이 모든 상처를 치료해줄 것이라는 환상을 버렸기 때문이며, 또한 무엇보다 '공황상태'라는 문제를 강조하고 있기 때문이다. 공황상태는 이른바 실물경제의 쟁점이 결코 아니다. 공황상태는 투기가 있을 때, 즉 많은 사람들이 생산이 아니라 주로 금융적 조작을 통해서 이윤을 챙길 때 발생한다. 생산에서 유래하는 이윤에 대한 강조와 금융적 조작에서 유래하는 이윤에 대한 강조가 교대로 또는 주기적으로 반복되는 것은 자본주의 세계경제의 기본요소인데,[1] 이 사실에 비추어볼 때 현재 전개되고 있는 상황을 설명하기 위해서 맨 먼저 살펴보아야 할 것은 우리가 1967/73년 이후 진행중인 꼰드라띠예프 주기의 B국면에 놓여 있다는 사실이다.

세계체제의 최근 경제사를 떠올려볼 필요가 있을 것이다. 1967/73년 이후에 두 지대에서 어떤 일들이 발생했는지 살펴볼 수 있다. 한편에 미국, 서유럽(집합적으로), 그리고 일본(동아시아가 아니라 일본)으로 구성된 중심부 국가들이 있고, 다른 한편에 이른바 동아시아의 호랑이들, 중국, 그리고 동남아시아를 포함하는 반주변부 및 주변부 지역이 있다. 중심부지대에서 이야기를 시작해보자. 꼰드라띠예프 B국면의 기본적 의미는 가용한 유효수요에 비해 생산이 너무나 많아서 생산의 이윤율이 하락한다는 것이다.

---

1) 이에 대해서는 오랫동안 경제사가들의 논의가 있었으며, 최근에는 Giovanni Arrighi, *The Long Twentieth Century*(London: Verso 1994)에서 아주 자세히 연구되었다.

생산을 줄이는 것이 즉각적인 전지구적 해결책이 될 수 있을 것이다. 그러나 누가 희생자로 나설 것인가? 보통 실제 대응은 이윤율의 하락 때문에 공세적인 생산자들이 생산을 늘리는 형태로 나타나거나(그리하여 이윤율의 하락에도 불구하고 그들의 총 실질이윤은 유지된다) 또는 실질임금율이 낮은 지역으로 (생산을—옮긴이) 재배치하여 이윤율을 높이는 형태로 나타난다. 물론 생산의 증가(첫번째 해결책)는 전지구적으로 반생산적이기 때문에 얼마 되지 않아 붕괴하지만, 재배치(두번째 해결책)는 생산의 증가보다는 더 장기적으로 전지구적인 문제에 더한 해결책이 될 수 있다. 그러나 이 또한 유효수요를 더불어 증가시키지 못하거나 또는 적어도 유효수요를 충분히 증가시키지 못하면 전지구적 생산을 증가시킬 뿐이다.

물론 이는 지난 30년간 진행되어온 것이다. 각종 전지구적 생산(그중 자동차, 철강, 전자, 그리고 가장 최근에는 컴퓨터 소프트웨어)은 북아메리카, 서유럽, 일본으로부터 다른 지역으로 재배치되어왔다. 이 때문에 중심부지대에서는 실업이 상당히 증가하였다. 그러나 실업이 고르게 확산될 필요까지는 없다. 사실 꼰드라띠예프 하강기의 전형적 특징 중 하나는 중심부지대의 정부들이 실업을 서로 수출하려고 애쓰는 것이다. 지난 30년간의 유형을 살펴보면, 처음에는 미국이 1970년대와 특히 80년대 초에 가장 어려움을 겪었다. 그 다음에는 유럽의 차례였고, 이는 지금까지 지속되고 있다. 그리고 최근에 이르러서야 일본이 어려움을 겪고 있는데, 1990년 이후 일본이 어려움을 겪으면서 미국의 고용율은 다시 상승되었다.

그러는 사이에 각지의 투자자들은 각종 금융적 투기에 뛰어들었다. 1970년대에 OPEC 유가상승 때문에 전지구적으로 축적된 자본은 제3세계 나라들에 차관으로 재순환되었다. 이 차관은 결국 차입자들을 빈곤하게 만들었지만, 10년 또는 그 이상 동안 전지구적으로 중심부의 소득을 유지시킬 수 있었다. 이 폰지게임*은 마침내 1980년대 초에 이른바 외채위기와 더불어 끝났다. 이런 조작에 뒤이어 1980년대에 미국정부의 차입(레이건의 군사적

---

* 신투자자의 돈으로 원투자자에게 높은 투자이익을 지불하여 더 많은 투자자를 끌어들이려는 일종의 투자사기.

케인즈주의)과 사적 자본가들(정크본드)의 차입이 결합하여 두번째 게임이 진행되었는데, 이 폰지게임 또한 이른바 미국의 적자위기와 함께 끝났다.[2] 1990년대의 폰지게임은 '단기차입'을 통해 전지구적 자본이 동아시아와 동남아시아에 유입된 것인데, 『파이낸셜 타임즈』에서 말하듯이 이는 "치명적인 결과를 낳을 수 있다."

물론 이 모든 과정에서 어떤 사람들은 큰 돈을 벌었다(그리고 다른 사람들은 무일푼이 되었다). 그리고 어떤 층은 대자본가에서 탈락했지만, 적절한 시기에 적절한 나라에 있던 사람들은 보수를 두둑하게 받는 여피가 되어 잘 지낼 수도 있었다. 그런데 요점은 전반적으로 대부분의 이윤이 금융적 투기를 통해 형성되었다는 것이다. 생산을 통해 상당한 이윤이 형성된 곳을 들자면 '새로운' 산업인 컴퓨터가 유일할 텐데, 여기서조차 적어도 하드웨어에서는 과잉생산점에 도달하여 이윤율이 하락하고 있다.

하나의 집단으로서 주변부 및 반주변부 나라들에 눈을 돌리면, 꼰드라띠예프 B국면은 이들에게 재난과 기회를 둘 다 안겨주었다. 재난이라 하면 전지구적 생산이 감소하였기 때문에 이들의 수출시장, 특히 주요 생산품 수출시장이 축소된 것이다. 유가인상 또한 이들에게 심각한 영향을 끼쳤는데, 유가인상으로 인해 세계의 생산이 축소된 동시에 비중심부 나라들의 수입비용이 증가하였기 때문이었다. 수출이 줄어들고 수입비용이 늘어나자 이 대부분의 나라들은 특히 1970년대에 심각한 국제수지의 곤란을 겪었고, 그 결과 이 정부들이 차관(OPEC 초과이윤의 재순환)에 의존하게 되어 10년 이내에 이른바 '외채위기'를 맞게 되었다.

그러나 꼰드라띠예프 B국면은 기회이기도 하다. 주요 효과 중 하나가 중심부 나라에서 비주변부 나라로 생산이 재배치되는 것이기 때문에, 비중심부 나라들, 즉 일부 비중심부 나라들은 이 재배치의 수혜자이다. 재배치에

---

2) 나는 이 전체 과정을 "Crisis as Transition," in S. Amin et al., *Dynamics of Global Crisis*, New York: Monthly Review Press 1982: 11~54면과 *Geopolitics and Geoculture: Essays in World-Economy*, Combridge: Cambridge Univ. Press 1991, 특히 제1부에서 분석하였다.

한도가 있기 때문에 모든 비중심부 나라들이 재배치의 장이 되기 위해 상호 경쟁관계에 있다는 것을 염두에 두는 것이 중요하다. 1970년대에 새로운 용어가 탄생하여, NICs, 즉 '신흥공업국'에 대해 이야기하기 시작하였다. 그 당시 문헌들이 제시한 주요 사례는 멕시코, 브라질, 남한, 그리고 대만 넷이었다. 1980년대가 되자 멕시코와 브라질은 이 목록에서 빠지는 추세였고, 네 마리 용(남한, 타이완, 홍콩, 싱가포르)에 대해 이야기하기 시작하였다. 1990년대에 이르러서는 네 마리 용을 넘어서 태국, 말레이시아, 인도네시아, 필리핀, 베트남, 그리고 중국으로 재배치가 확대되는 조짐들이 나타났다. 그리고 이제 이른바 금융위기가 발생하였는데, 위기는 우선 이 마지막 집단에서 시작되었지만 네 마리 용도 여기서 벗어나지 못했다. 물론 일본은 1990년대 초부터 다소 경제적 어려움을 겪고 있으며, 전문가들은 현 위기가 일본으로 '번질 것'이며, 아마 다른 곳, 예를 들어 미국으로 번질 것이라고 말하고 있다.

미국정부의 강력한 후원을 받은 IMF가 1980년대 초 외채위기 때 발명된 자신의 '해결책'을 들고서 이 구도에 끼어들었다. 해결책이란 위기에 빠진 정부들이 재정 긴축을 실시하고 투자자들에게 시장을 더욱 개방하라는 권고이다. 토오꾜오에 있는 도이체방크의 수석 경제학자가 지적했고 헨리 키씬저 같은 이도 이에 동의하여 인용하고 있듯이, IMF는 "한 가지 치료법으로 모든 병을 치료하려는 홍역전문의처럼" 행동하고 있다.[3]

키씬저는 아시아 국가들이 사실 "관습적 지혜"의 충고를 정확히 따랐으며, 이 국가들과 세계 금융중심지들 모두 "현 우기를 예측하지 못했다"고 지적했다. 그렇다면 누구에게 책임이 있는가? 키씬저가 보기에 그것은 "불건전한 투자를 통해…거대한 불로소득을 (축적해온—인용자) 무성한 외국인 투자자들 및 대출자들과 국내적 결함"이 결합한 결과였다. 어쨌든 키씬저는 "사회적 안전망이 없는 (나라들의—인용자) 국내 금융체계를 완전히 불구"로 만드는 IMF의 치료는 재앙이며, 본질상 "정치적인" 위기를 유발

---

3) Henry Kissinger, "How U.S. Can End Up as the Good Guy," *L.A. Times*, 8 February 1998.

시켜 세계체제에서 미국의 지위에 잠재적으로 매우 부정적인 영향을 끼칠 것이라고 경고하고 있다. 키씬저는 현 세계의 실력자들에게 다음과 같은 교훈을 주고 있다.

> 세계 지도자들이 전지구적 자본의 흐름과 그것이 선진국 및 발전도상국 경제에 끼치는 잠재적 영향을 더 잘 이해할 필요가 있다는 것은 분명하다. 그리고 주로 국내적인 이유 때문에 종종 내리게 되는 결정들이 잠재적으로 어떤 국제적 영향을 끼칠지 그들은 더 잘 숙지해야만 한다.

이 지점에서 키씬저는 정치경제학자로서 이야기하고 있고, 역사적 체제로서 자본주의 세계경제를 안정적으로 유지하는 데 관심을 두고 있다. 또 그는 특히 금융적 투기의 직접적인 결과로 고통이 커지는 시기에 양극화를 감당할 수 있는 정치적 한계가 어느 정도인지 잘 알고 있다. 그러나 물론 그는 또한 누수를 막는 방법을 충고하는 배관공 노릇을 하고 있는 것이며, 이런 입장에 서 있기 때문에 장기적 분석을 하고 있는 것은 아니다.

이른바 동아시아 위기를 세 가지 시간대(temporalities)로 나누어 살펴보자. 그 중 둘은 꽁종끄뛰르적인 것이며, 나머지 하나는 구조적인 것이다. 우리는 논의를 현 꼰드라띠예프 주기의 이야기로 풀어왔는데, 그 주기는 아직 완전히 끝나지 않았다. 꼰드라띠예프 B국면에서는 (간략히 제시될 수 있는) 몇몇 이유 때문에 세계체제의 동아시아/동남아시아 지역이 꼰드라띠예프 하강이 유발한 재배치의 주요 수혜자였다. 이것이 뜻하는 바는 다른 주변부 및 반주변부들과는 달리 이 지역의 나라들은 하강의 영향이 그들을 강타하기 전까지는 커다란 급성장을 이루어내었고 번성하는 듯이 보였다는 것이다. 이런 점에서 그간에 벌어진 일들은 조금도 이상하거나 예상하기 힘든 것은 아니었다. 물론 이를 평가하기 위해서 우리는 동아시아의 미덕에 대한 모든 찬사를 제쳐두어야 한다. 이제 '정실자본주의'(crony capitalism)에 대한 온갖 신랄하고 비난 섞인 아우성이 이런 찬사를 대체하고 있다. 동아시아는 1970년대와 80년대에 재배치되는 세계 산업을 유치하기 위해 할 일을 제대로 다했다. 최근 위기가 증명해주는 것은 이 모든 것을 다한다고 하더라도 그들이 계속 세계체제상의 상대적인 경제적 지위를 장기적이고 근본적으로 향상시키기에는 불충분하다는 것이다.

그런데 꼰드라띠예프 주기보다 더 장기적인 또다른 꽁종끄뛰르 주기가 있다. 이것은 헤게모니 주기이다. 현재 상황에서 이 주기는 1945년이 아니라 1873년 경으로 거슬러 올라가며, 세계체제에서 미국 헤게모니의 부상과 현재의 쇠락을 나타낸다. 이 주기는 대영제국을 계승하는 헤게모니 권력이 되기 위한 미국과 독일 간의 장기적 경쟁과 더불어 시작되었다. 이 투쟁은 1914년에서 45년까지 계속된 두 경쟁자간의 30년전쟁에서 정점에 도달했으며, 미국이 이 전쟁에서 승리하였다. 1945~67/73년 이후 진정한 헤게모니 시기가 전개되었다. 그러나 진정한 헤게모니는 오래 지속될 수 없다. 다른 강국들이 강력한 경쟁적 위치에 서게 되면서 경제적 생산우위에 기반한 헤게모니의 토대는 결국 약화될 수밖에 없는데, 이번에 새로운 경쟁자는 유럽과 일본이다. 그후 미국의 상대적인 경제적 쇠퇴는 급속하게 진행되고 있고, 미국의 경제적 경쟁자들이 유리한 위치에 서게 되었다. 미국은 주로 냉전의 위협을 이용하여 동맹국들을 제어함으로써 경쟁자들을 어느정도 정치적으로 견제할 수 있었다. 그러나 1989~91년 소련이 붕괴하자 이 무기는 사라졌다.

여러가지 이유 때문에 일본은 이 시기에 서유럽보다 더 나은 성과를 거둘 수 있었다. 이는 부분적으로 일본의 경제기구들이 '새롭기' 때문이었고 (거센크론 Gerschenkron 효과), 부분적으로 미국 기업들이 서유럽보다 일본과 장기적 협상을 전개하는 데 더 관심이 있었기 때문이었다. 어떻게 설명을 하건간에, 1960년대 말까지 미국 학자들이 터키와 비교하던[4] 일본이 경제적 초강국이 되었다. 네 마리 용과 나중에 동남아시아가 1980년대에 아주 좋은 성과를 거둘 수 있었던 것은 그들이 지정학적 및 경제적으로 일본과 연결되어 있었기 때문이다(이른바 날아가는 기러기 효과).

---

4) Robert E. Ward and Dankwart A. Rustow, eds. *Political Modernization in Turkey and Japan,* Princeton: Princeton Univ. Press 1964.

5년 후에 타이는 베네수엘라보다 나아 보이지 않을 것이며, 한국은 브라질보다 나아 보이지 않을 것이다. 그러나 일본은 계속 경제적 초강국으로 남을 것이며, 아마 21세기 초에 다음번 꼰드라띠예프 상승국면을 타고서 세계체제의 주요한 자본축적 장소로서 부상할 것이다. 부활한 중국이 이러한 일본/동아시아의 경제적 중심성에서 얼마나 큰 역할을 하느냐는 지구경제적(geoeconomic)이고 지정학적인 구조조정, 새로운 헤게모니 주기의 개시, 그리고 새로운 최고 역할을 둘러싸고 일본 또는 일본/중국과 서유럽이 벌이는 경쟁에서 가장 불확실한 요소들 중의 하나이다. 이런 관점에서 이른바 동아시아 금융위기는 크게 중요하지 않은 사소하고 일시적인 사건일 뿐이며, 아마 그 바탕에서 진행되고 있는 일본 또는 일본/중국 또는 일본/동아시아의 부상을 조금도 변화시키지 못할 것이다.

만일 동아시아 위기가 심각한 세계적 경기침체로 이어진다면 가장 큰 타격을 입을 곳은 아마 미국일 것이다. 그리고 모두가 꼰드라띠예프 B국면의 마지막 하위 국면에서 벗어나 새로운 A국면에 진입한다 하더라도, 이는 세계경제가 17세기와 19세기에 겪었듯이 장기적 디플레이션의 개시일 가능성이 있다.

마지막으로 구조적 시간대가 있다. 자본주의 세계경제는 장기 16세기 이후 역사적 체제로서 존속해왔다. 모든 역사적 체제는 발생, 정상적 삶 또는 발전, 그리고 구조적 위기라는 세 가지 계기를 지닌다. 각각은 따로 분석되어야 한다. 우리 모두가 살고 있는 근대 세계체제가 구조적 위기에 진입했다고 믿을 만한 수많은 이유가 있다.[5] 그렇다면 또다른 헤게모니 주기의 전면적 실현은 나타나지 않을 것이다. 일본은 결코 네덜란드, 영국, 그리고 미국의 역사적 계승자로서 전성기를 누리지는 못할 것이다. 또다른 꼰드라띠예프 주기가 시작될 것은 확실하지만, 그 찬란한 A국면에 구조적 위기는 제거되는 것이 아니라 첨예해질 것이 분명하다.

이 경우에 우리가 복잡성의 과학자들이 말하는 '분기'에 놓여 있다고 생

---

5) 이 책 앞 장들의 분석을 보라.

각해볼 수 있는데, 이 분기의 시기에 세계체제는, 세계체제의 모든 방정식에 대해 수많은 해결책이 동시적으로 가능하며, 따라서 단기적 유형에 대한 어떤 예측도 불가능하다는 바로 그 의미에서 '카오스적'이 될 것이다. 그러나 이 체제로부터 어떤 새로운 '질서'가 출현할 것인데, 이것은 (예측할 수 없다는 의미에서) 절대적으로 비결정적이지만, (아무리 작은 충격이라 하더라도 위기에 빠진 체제의 경로에 거대한 영향을 미칠 수 있다는 의미에서) 수많은 행위자들에 종속된다.

이런 관점에서 동아시아 위기는 예고적 신호이다. 그것이 최초의 신호는 아니다. 최초의 신호는 1968년의 세계혁명이었다. 그러나 신자유주의자들이 이 체제를 다시금 안정시킬 수 있는 비밀을 발견했다고 주장하는 한에서, 동아시아 위기는 그들의 이데올로기가 얼마나 무용하고 근거없는지 밝혀줄 것이다. 바로 이 점 때문에 『파이낸셜 타임즈』와 헨리 키씬저처럼 금융적 투자자들의 '공황상태'가 끼칠 정치적 충격을 우려하는 사람들이 경악하고 있는 것이다. 현자들이 IMF를 비판하는 점에서는 옳지만, 그렇다고 우리에게 주는 것은 없다. 왜냐하면 그들은 우리가 살고 있는 역사적 체제가 영속할 것이라고 주장해야 한다고 느끼고 있기 때문이며, 그리하여 체제의 딜레마들을 분석한다는 맹세를 저버려야만 하기 때문이다. 그러나 어떤 체제도 영속하지 못하며, 인류의 역사에 가장 거대한 경제적·사회적 양극화를 발생시킨 체제는 확실히 더더욱 그렇다.

옮긴이의 말

현재 한국자본주의는 이른바 IMF 위기로 이야기되는 구조적 위기에 처해 있다. 이 위기는 동아시아 경제 내에서 한국경제의 지위를 상승시켜온 정치경제적 이점들이 사라지는 가운데 나타났다는 점에서 지금까지의 경기순환적 위기와는 다른 특징을 지닌다. 한편 전지구적 차원에서 보면 세계 각지에서 영향력이 강화되는 초국적 금융자본이 세계경제의 양극화를 심화하면서 전지구적 불안정의 주 요인이 되고 있는 상황에서 민족국가의 대응력의 여지는 더욱 협소해지고 있다.

이런 점에서 현재의 위기의 동학(dynamics)을 전지구적인 틀과 동아시아 경제라는 틀 속에서 근본적으로 성찰해볼 필요성이 절실하다. 공동작업을 바탕으로 세계체제론의 관점에서 집필된 이 책은 이런 시야를 확보하는 데 큰 도움이 될 것이다. 이 책은 1945년 이후 세계체제가 겪어온 변천과정과 그 구조적 한계를 분석하는 것을 목표로 삼고 있다. 월러스틴이 한국어판 서문에서 말하듯이, 한국의 사례가 직접 다루어지지는 않지만, 이 책에서 논의되는 시기가 냉전의 형성에 의해 뒷받침된 미국 헤게모니의 홍성기와 그 이후의 쇠퇴기임을 고려하면, 이 책은 한국자본주의의 역사적 변천을 살펴보는 데 매우 중요한 전지구적 시각을 제공해줄 것이다. 세계체제론의 합리적 핵심이 '역사적 자본주의'라는 관점을 유지하는 것임에도,

20세기 자본주의의 역사를 세계체제론의 입장에서 분석한 책이 상대적으로 적었고, 또 이처럼 포괄적인 주제를 다룬 책이 없었다는 점에서, 이 책은 중요한 기여라 할 수 있다.

이 책의 장점은 여러가지 있으나 그중 중요한 것 두 가지만 지적해보면, 첫째로 이 책은 꼰드라띠예프 주기, 헤게모니 주기, 역사적 자본주의의 장기지속이라는 세 가지 복합적 시간대의 중첩 속에서 현재의 자본주의 위기를 설명하고 있다. 그리하여 위기의 단기적 극복과 타 지역으로의 이전은 그것의 장기적·전지구적 극복의 전략이 되지 못하며, 그 자체가 더 장기적인 위기의 배태로 이어지게 됨을 보여주고 있다. 다음으로 세계체제의 변화를 여섯 개의 하위영역으로 나누어 고찰함으로써, 각 영역별로 전개되어온 변화의 양상들을 자세하게 살펴볼 수 있도록 하였다. 그러면서도 동시에 이것들이 서로 분리된 것이 아니라, 전체적으로 세계체제의 변화 속에서 연결되어 있음을 보여준다. '벡터'라는 용어를 통해 적절히 표현되듯이 이 영역들은 세계체제의 발전이 단순히 관철되는 하위범주들이 아니라 그 합력(合力)을 통해 세계체제의 변화의 역사적 형태를 만들어내는 힘들이다.

우리가 처해 있는 현시기의 특징을 좀더 분명히 규명하기 위해서는 이 책의 성과를 좀더 넓은 구도로 확대하여, 이 책의 대상이 되고 있는 미국 헤게모니의 시기를 근대 세계체제의 전체적인 구도 속에서 자리매김하는 동시에, 이 논의를 한국자본주의가 처해 있는 지역적 구도 속으로 끌어들이는 작업이 필요할 것이다. 전자를 위해서는 미국 헤게모니의 성장과 쇠퇴를 다른 헤게모니 주기와 마찬가지로 물질적 팽창 국면이 금융적 팽창 국면으로 넘어가는 과정으로 설명하고 있는 지오반니 아리기(Giovanni Arrighi)의 *The Long Twentieth Century: Money, Power, and the Origins of Our Times*(Verso 1994)와 월러스틴의 다른 저작들이 도움이 될 것이다. 한편 후자를 위해서는 동아시아의 금융위기를 다룬 월러스틴의 「이른바 동아시아의 위기」를 부록으로 실었다. 1990년대 초반에 진행된 이 책의 작업에서는 그 이후의 동아시아 위기가 여러가지 점에서 예견되고 있긴 하지만 직접 다루어지지 않기 때문에 이 부록이 책의 논지를 한국과 연결시켜 이해하는 데 많은 도움을 줄 것이다.

세계체제론의 작업은 그동안 우리가 지녀온 두 가지 대표적인 신화를 극복할 것을 요구하고 있기도 하다. 그 신화란 발전주의적 환상이라는 신화와 '세계'에 대한 신화인데, 이 둘은 서로 긴밀하게 연관되어 있다. 발전주의적 환상이란 따라잡기 전략을 통해 국가간체제 내에서 중심부로의 도약이 가능하며 이는 민족국가 구성원의 공동의 부를 향상시킨다는 것이다. 또한 '세계'에 대한 환상이란 우리가 살고 있는 세계를 미국과 한국, 좀더 넓게 본다고 하더라도 미국, 일본, 서유럽과 한국으로 한정해서 이해해온 태도였다. 현재의 위기 속에서 우리는 이런 '세계'라는 범주를 우리가 가볍게 보아온 다른 지역들, 즉 라틴아메리카, 동남아시아, 동유럽, 남부아시아, 더 나아가 아프리카로 확대할 필요가 있다. 그리고 이들 전체를 포함한 세계 속에서 한국의 위상을 자리매김할 때 비로소 위기의 구조는 훨씬 더 심원하다는 것과 발전주의적 환상을 더이상 유지하기 어렵다는 것을 발견하게 된다. 전지구적인 신자유주의화의 추세와 이를 뒷받침하는 IMF식 구조개혁의 논리는 정도 차이는 있지만 1980년대 이후 라틴아메리카, 아프리카, 동유럽, 동남아시아 등 전세계를 관통하면서 피폐화하고 있는데, 과연 우리가 얼마나 이들과 다른 위치에 있는지 확언하기는 어렵다.

월러스틴과 세계체제론의 다른 작업들처럼 이 책이 제시하는 전망은 다소 음울하다. 이 책의 저자들은 세계가 늘 좀더 나은 방향으로 진화해왔다는 전제를 받아들이지 않으며, 또한 현 세계체제가 지금보다 더 나은 것으로 바뀔 것이라는 기대도 쉽게 갖지 않고 오히려 더 나쁜 쪽으로 바뀔 수 있다고 경고한다. 게다가 이 책의 저자들은 어떠한 대안도 쉽사리 제시하려 하지 않는다. 그러나 대안을 쉽게 찾을 수 없는 시대에 어설픈 대안을 제시하는 것 자체가 오히려 훨씬 더 이데올로기적 환상을 증대시키는 일임을 감안한다면 이런 태도는 오히려 장점이 될 수 있을 것이다.

이 책은 페르낭 브로델 쎈터가 지난 20여년 동안 다양한 주제로 조직해온 연구작업집단의 성과 중 하나이다. 지금까지 수행된 이런 작업의 결과들은 *Review*지에 실린 것 외에 Sage사와 Greenwood사 등에서 단행본 형태로 출판되었다. 그리고 올해중에 헤게모니 교체의 역사에 대한 분석과 동아시아 체제의 변천에 대한 연구작업이 출판될 예정이며, 지식구조에 관한 연구작업집단의 작업이 진행중에 있다. 더 자세한 내용을 알고 싶은 분은 브로델 쎈터의 홈페이지(http://fbc.binghamtor.edu)를 참조하면 좋을 것이다.

　이 책이 다루고 있는 주제의 범위가 너무나 넓기 때문에 번역에 적지 않은 어려움이 있었다. 다행히 일부 저자들을 페르낭 브로델 쎈터에서 직접 만나서 의문사항들을 해소할 수 있었고, 만날 수 없는 저자들에게는 전자우편을 통해서 의문사항을 확인하여 가능한 오역을 줄이려 노력하였다. 흔쾌히 도움을 준 저자들께 감사드린다. 번역의 초고를 읽고 많은 지적을 해준 이왕휘, 권현정, 안정옥, 김수정 형들과 그외 여러가지 질문들에 답해준 주위 분들께도 감사드리며, 지구 반대쪽에 있음에도 불구하고 더 나은 번역을 위해 많은 노력을 해준 창작과비평사 편집부에게도 감사드린다.

빙엄튼의 페르낭 브로델 쎈터에서
1999년 2월 23일
백 승 욱

참고문헌

Abel–Smith, Brian (1990). 'The Economics of Health Care,' in T.A. Lambo and S.B. Day, eds, *Issues on Contemporary International Health*. New York: Plenum Medical Book, 55–71.

Abrahamian, Ervand (1992). 'Khomeini: A Fundamentalist?,' in L. Kaplan, ed., *Fundamentalism in Comparative Perspective*. Amherst: University of Massachusetts Press, 109–26.

Acheson, Dean (1969). *Present at the Creation: My Years in the State Department.* New York: Norton.

Ades, Dawn (1981). 'Dada and Surrealism,' in N. Stangos, ed., *Concepts of Modern Art*, rev. edn. London: Thames & Hudson, 110–37.

Agar, Michael (1990). 'Text and Fieldwork: Exploring the Excluded Middle,' *Journal of Contemporary Ethnography*, vol. XIX, no. 1, April, 73–88.

Aglietta, Michel (1979). *A Theory of Capitalist Regulation: The U.S. Experience.* London: New Left Books.

Aglietta, Michel and Brender, Anton (1984). *Les métamorphoses de la société salariale: la France en projet.* Paris: Calmann-Levy.

Michel Aglietta, Anton Brender and Virginie Coudert (1990). *Globalisation financière: l'aventure obligée.* Paris: Economica.

Aharoni, Yair (1993). 'Globalization of Professional Business Services,' in Y. Aharoni, ed., *Coalitions and Competition: The Globalization of Professional Business Service.* New York: Routledge, 1–19.

Aida, Shuho et al. (1985). *The Science and Praxis of Contributions to the Symposium Held at Montpelier, France, 9–11 May 1984.* Tokyo: UN University.

Alexandratos, Nikos (1988). *World Agriculture towards 2000.* New York: New York University Press.

Alperovitz, Gar (1985). *Atomic Diplomacy: Hiroshima and Potsdam: The Use of the Atomic Bomb and the American Confrontation with Soviet Power.* New York: Penguin.

Alperovitz, Gar and Bird, Kai (1994). 'The Centrality of the Bomb,' *Foreign Policy*, no. 94, Spring, 3–20.

Althusser, Louis (1969). *For Marx*, trans. B. Brewster. London: Verso.

Althusser, Louis and Balibar, Etienne (1970). *Reading Capital*, trans. B. Brewster. London: New Left Books.

Ambrose, Stephen E. (1983). *Rise to Globalism: American Foreign Policy Since 1938*, 3rd rev. edn. New York: Penguin.

Ambrosius, Gerold and Hubbard, William (1989). *A Social and Economic History of Twentieth–Century Europe.* Cambridge, MA: Harvard University Press.

Amin, Ash (1993). 'The Globalization of the Economy: An Erosion of Regional Networks?,' in G. Grabher, ed., *The Embedded Firm: On the Socioeconomics of Industrial Networks.* New York: Routledge, 278–95.

Anderson, Benedict R. O'Gorman (1991). *Imagined Communities: Reflections on the Origin and Spread of Nationalism,* 2nd edn. revised and expanded. London: Verso.

Anderson, Dennis and Leiserson, Mark W. (1980). 'Rural Nonfarm Employment in Developing Countries,' *Economic Development and Cultural Change,* vol. XXVIII, no. 2, 227–48.

Anderson, Perry (1966). 'Socialism and Pseudo–Empiricism,' *New Left Review,* no. 35, January–February, 2–42.

_____ (1964). 'Origins of the Present Crisis,' *New Left Review,* no. 23, January–Febuary, 26–53.

Anderson, Wilda C. (1983). 'Dispensing with the Fixed Point: Scientific Law as Historical Event,' *History and Theory,* vol. XXII no. 3, 254–77.

Antle, John M. (1988). *World Agricultural Development and the Future of U.S. Agriculture.* Washington, DC: American Enterprise Institute for Public Policy Research.

Apple, Michael W. (1990). *Ideology and Curriculum,* 2nd edn. New York: Routledge.

Apter, David (1987). *Rethinking Development: Modernization, Development, and Post–Modern Politics.* Newbury Park, CA: Sage

Arlacchi, Pino (1986). *Mafia Business: The Mafia Ethic and the Spirit of Capitalism.* London: Verso.

Armstrong, Philip; Glyn, Andrew and Harrison, John (1984). *Capitalism Since WWII: The Making and Breakup of the Great Boom.* London: Fontana.

Arnove, Robert F. (1980). 'Comparative Education and World-Systems Analysis,' *Comparative Education Review,* vol. XXIV, no. 1, February, 48–62.

Arrighi, Giovanni (1991). 'World Income Inequalities and the Future of Socialism,' *New Left Review,* no. 189, September–October, 39–66.

_____ (1990a). 'Marxist Century, American Century: The Making and Remaking of the World Labour Movement,' *New Left Review,* no. 179, January–February, 29–64.

_____ (1990b). 'The Three Hegemonies of Historical Capitalism,' *Review,* vol. XIII, no. 3, Summer, 365–408.

Arrighi, Giovanni and Drangel, Jessica (1986). 'The Stratification of the World–Economy: An Exploration of the Semiperipheral Zone,' *Review,* vol. X, no. 1, Summer, 9–74.

Arrighi, Giovanni; Hopkins, Terence K. and Wallerstein, Immanuel (1989a). *Anti-systemic Movements.* London: Verso.

_____ (1989b). '1968: The Great Rehearsal,' in G. Arrighi, T.K. Hopkins and I. Wallerstein eds, *Antisystemic Movements.* London: Verso, 97–115.

Arrighi, Giovanni; Ikeda, Satoshi and Irwan, Alex (1993). 'The Rise of East Asia: One

Miracle or Many?,' in R. A. Palat, ed., *Pacific-Asia and the Future of the World-System*. Westport, CT: Greenwood, 41–65.

Arrighi, Giovanni and Silver, Beverly (1984). 'Labor Movements and Capital Migration: The United States and Western Europe in World-Historical Perspective,' in C. Bergquist, ed., *Labor in the Capitalist World-Economy*. Beverly Hills: Sage, 183–216.

Atlan, Henri et al. (1985). *La sfida della complessità*, a cura di Gianluca Bocchi e Mauro Ceruti. Milan: Feltrinelli.

Ayer, Alfred Jules, ed. (1959). *Logical Positivism*. Glencoe, IL: Free Press.

Baer, Werner (1962). 'The Economics of Prebisch and ECLA,' *Economic Development and Cultural Change*, vol. X, no. 2, January, 169–82.

Bairoch, Paul (1988). *Cities and Economic Development: From the Dawn of History to the Present*. Chicago: University of Chicago Press.

Baker, R. (1991). 'The Role of the State and Bureaucracy in Developing Countries Since World War II,' in A. Farazmand, ed., *Handbook of Comparative and Development Public Administration*. New York: Dekker, 353–63.

Balbo, Laura (1987). 'Family, Women and the State: Notes Toward a Typology of Family Roles and Public Intervention,' in C. Maier, ed., *Changing Boundaries of the Political*. New York: Cambridge University Press, 201–20.

Baran, Paul A. and Hobsbawm, E.J. (1961). 'The Stages of Economic Growth,' *Kyklos*, vol. XIV, no. 2, 234–42.

Barnet, Richard J. (1983). *The Alliance–America, Europe, Japan*. New York: Simon & Schuster.

Barnet, Richard J. and Cavanagh, John (1994). *Global Dreams: Imperial Corporations and the New World Order*. New York: Simon & Schuster.

Barraclough, Geoffrey (1990). *An Introduction to Contemporary History*. Harmondsworth: Pelican.

Barthes, Roland (1977). *Image/Music/Text*, trans. S. Heath. London: Fontana.

______ (1972). *Mythologies*, trans. A. Lavers. New York: Hill & Wang.

Beardsley, Edward H. (1987). *A History of Neglect: Health Care for Blacks and Mill Workers in the Twentieth-Century South*. Knoxville: University of Tennessee Press.

Beechey, Veronica and Perkins, Tessa (1987). *A Matter of Hours: Women, Part-time Work and the Labour Market*. Cambridge: Polity Press.

Bergquist, Charles; Penaranda, Ricardo and Sanchez, Gonzolo, eds. (1992). *Violence in Colombia: The Contemporary Crisis in Historical Perspective*. Wilmington, DE: SR Books.

Betts, Richard K. (1987). *Nuclear Blackmail and Nuclear Balance*. Washington, DC: Brookings Institute.

Bill, James A. (1988). *The Eagle and the Lion: The Tragedy of American–Iranian Relations*. New Haven, CT: Yale University Press.

Bird. Kai (1992). *The Chairman: John J. McCloy, The Making of the American Establishment*. New York: Simon & Schuster.

BIS (Bank for International Settlements) (1992). *Annual Report*.

Black, Jan Knippers (1977). *United States Penetration of Brazil*. Philadelphia: University of Pennsylvania Press.

Bleeke, Joel and Ernst, David, eds (1993). *Collaborating to Compete: Using Strategic Alliances and Acquisitions in the Global Marketplace*. New York: Wiley.

Block, Fred (1977). *The Origins of International Economic Disorder: A Study of United States International Monetary Policy from World War II to the Present*. Berkeley: University of California Press.

Bohm, David (1980). *Wholeness and the Implicate Order*. Boston, MA: Routledge & Kegan Paul.

Borden, William S. (1989). 'Defending Hegemony: American Foreign Economic Policy,' in T.G. Paterson, ed., *Kennedy's Quest for Victory: American Foreign Policy, 1961–1963*. New York: Oxford University Press 57–85.

______ (1984). *The Pacific Alliance: United States Foreign Economic Policy and Japanese Trade Recovery, 1947–1955*. Madison: University of Wisconsin Press.

Borgmann, Albert (1992). *Crossing the Postmodern Divide*. Chicago: University of Chicago Press.

Boserup, Ester (1990). *Economic and Demographic Relationships in Development*. Baltimore: Johns Hopkins University Press.

______ (1986). 'Shifts in the Determinants of Fertility in the Developing World: Environmental, Technical, Economic and Cultural Factors,' in D. Coleman and R. Schofield, eds, *The State of Population Theory: Forward from Malthus*. London: Blackwell, 239–55.

______ (1970). *Woman's Role in Economic Development*. London: Allen & Unwin.

Bosworth, Barry P. (1993). *Saving and Investment in a Global Economy*. Washington, DC: Brookings Institute.

Bowles, Samuel and Gintis, Herbert (1976). *Schooling in Capitalist America: Reform and the Contradictions of Economic Life*. New York: Basic Books.

Brands, H.W. (1989). 'The Limits of Manipulation: How the United States Didn't Topple Sukarno,' *Journal of American History*, vol. LXXVI, no. 3, December 785–808.

Braudel, Fernand (1981). *Civilization and Capitalism, 15th–18th Century, I: The Structures of Everyday Life: The Limits of the Possible*. New York: Harper & Row.

______ (1958). 'Histoire et sciences sociales: La longue durée,' *Annales: E.S.C.*, vol. XIII, no. 4, October–December, 725–53.

Breton, André (1972[1924]), 'Manifeste du surréalisme,' in *Manifestes du surréalisme*. Paris: Gallimard, 11–64.

Broad, Dave (1991). 'Global Economic Restructuring and the (Re)Casualisation of Work at the Center,' *Review*, vol. XIV, no. 4, Fall, 555–94.

Broad, Robin (1988). *Unequal Alliance: The World Bank, the International Monetary Fund, and the Philippines*. Berkeley: University of California Press.

Broad, William J. (1991). 'For U.S., No Nobels May Mean a Fluke,' *New York Times*, 29 October, C5.

Brodersohn, M. (1988). 'Developing Countries' Delicate Balance,' in H. Stein, ed., *Tax Policy in the Twenty-first Century*. New York: Wiley, 118–24.

Bromley, Simon (1991). *American Hegemony and World Oil: The Industry, the State System and the World-Economy*. Cambridge: Polity Press.

Brown, Lester R. (1988). *The Changing World Food Prospect: The Nineties and Beyond*. World Watch Paper 85. Washington, DC: World Watch Institute.

_____ (1978). *The Twenty–Ninth Day: Accommodating Human Needs and Numbers to the Earth's Resources*. New York: Norton.

Brown, Lester R. et al. (1989). *State of the World 1989*. New York: Norton.

_____ (1987). *State of the World 1987*. New York: Norton.

Bryceson, Deborah F. (1989). 'Nutrition and the Commoditization of Food in Sub–Saharan Africa,' *Social Science and Medicine*, vol. XXVIII, no. 5, 425–40.

Buchloh, Benjamin H.D. (1990). 'Cold War Constructivisim,' in S. Guilbaut, ed. *Reconstructing Modernism: Art in New York, Paris, and Montreal, 1945–1964*. Cambridge, MA: MIT Press, 85–112.

Bull, David (1982). *A Growing Problem: Pesticides and the Third World Poor*. Oxford: OXFAM.

Bundy, McGeorge (1988). *Danger and Survival: Choices About the Bomb in the First Fifty Years*. New York: Random House.

Bunker, Stephen and O'Hearn, Denis (1993). 'Strategies of Economic Ascendants for Access to Raw Materials: A Comparison of the U.S. and Japan,' in R. A. Palat, ed., *Pacific Asia and the Future of the World-System*. Westport, CT: Greenwood, 83–102.

Burawoy, Michael (1979). *Manufacturing Consent: Changes in the Labor Process Under Monopoly Capitalism*. Chicago: University of Chicago Press.

Burrows, William E. and Windrem, Robert (1994). *Critical Mass: The Dangerous Race for Superweapons in a Fragmenting World*. New York: Simon & Schuster.

Bush, Vannevar (1945). *Science, The Endless Frontier: A Report to the President*. Washington, DC: US GPO.

Bushnell, P. Timothy et al., eds (1991). *State Organized Terror: The Case of Violent Internal Repression*. Boulder, CO: Westview.

Butor, Michel (1972a [1960]). 'Le roman comme recherche,' in *Essais sur le roman*. Paris: Gallimard, 7–14.

_____ (1972b [1964]). 'Réponses à "Tel Quel",' in *Essais sur le roman*. Paris: Gallimard, 7–14.

Buttari, Juan J. (1979). *Employment and Labor Force in Latin America: A Review at National and Regional Levels*, 2 vols. Washington, DC: OAS.

Camilleri, Joseph and Falk, Jim (1992). *The End of Sovereignty? The Politics of a Shrinking and Fragmenting World*. Brookfield, VT: Elgar.

Capra, Fritjof (1982). *The Turning Point: Science, Society, and the Rising Culture*. New York: Simon & Schuster.

Carnoy, Martin (1974). *Education as Cultural Imperialism*. New York: McKay.

Carnoy, Martin and Levin, Henry M. (1985). *Schooling and Work in the Democratic*

State. Stanford: Stanford University Press.

Cardoso, Fernando Henrique (1977). 'The Consumption of Dependency Theory in the United States,' *Latin American Research Review*, vol. XII, no. 3, 7–24.

Castles, Stephen; Booth, Heather and Wallace, Tina (1984). *Here For Good: Western Europe's New Ethnic Minorities*. London: Pluto.

Catrina, Christian (1988). *Arms Transfers and Dependence*. New York: Taylor & Francis.

Caute, David (1988). *The Year of the Barricades: A Journey Through 1968*. New York: Harper & Row.

Chaliand, Gérard and Rageau, Jean–Pierre (1990). *Strategic Atlas: A Comparative Geopolitics of the World's Powers*, 3rd edn. New York: Harper & Row.

Chetley, Andrew (1990). *A Healthy Business? World Health and the Pharmaceutical Industry*. London: Zed.

Chomsky, Noam (1991). *Deterring Democracy*. London: Verso.

_____ (1982). *Towards a New Cold War: Essays on the Current Crisis and How We Got There*. New York: Pantheon.

Clark, Joseph (1964). 'Higher Education is a National Problem,' in P. Woodring and J. Scanlon, eds, *American Education Today*. New York: McGraw–Hill.

Cleaver, Harry M. (1979). 'The Contradictions of the Green Revolution,' in C.K. Wilbur, ed., *The Political Economy of Development and Underdevelopment*. New York: Random House, 223–33.

Clegg, Jeremy (1987). *Multinational Enterprise and World Competition: A Comparative Study of the U.S.A., Japan, the U.K., Sweden and West Germany*. London: Macmillan.

Cleland, John and van Ginneken, Jerome (1989). 'Maternal Schooling and Childhood Mortality,' *Journal of Biosocial Science, Supplement*, no. 10, 13–34.

Cockcroft, Eva (1992 [1974]). 'Abstract Expressionism, Weapon of the Cold War,' in F. Frascina and J. Harris, eds, *Art in Modern Culture: An Anthology of Critical Texts*. New York: Icon Editions, 82–90.

Cohen, Linda R. and Noll, Roger G. (1991). 'Government Support for Commercial R&D,' in L. R. Cohen et al., *The Technology Pork Barrel*. Washington, DC: Brookings Institute, 17–36.

Cohen, Percy S. (1985). 'Functional Analysis,' in A. Kuper and J. Kuper, eds, *The Social Science Encyclopedia*. Boston, MA: Routledge & Kegan Paul, 322–25.

Cohen, Stephen S. and Zysman, John (1987). *Manufacturing Matters: The Myth of the Post–Industrial Economy*. New York: Basic Books.

Collins, Randall (1988). *Theoretical Sociology*, San Diego, CA: Harcourt Brace Jovanovich.

Cooper Weil, Diana et al. (1990). *The Impact of Development Policies on Health: A Review of the Literature*. Geneva: WHO.

Costigliola, Frank (1989). 'The Pursuit of Atlantic Community: Nuclear Arms, Dollars, and Berlin,' in T.G. Paterson, ed., *Kennedy's Quest for Victory: American Foreign Policy, 1961–1963*. New York: Oxford University Press, 24–56.

322

Cremin, Lawrence A. (1990). *Popular Education and Its Discontents*. New York: Harper & Row.

Crime and Social Justice (1987). Issue on 'Contragate and Counter-Terrorism: A Global Perspective,' nos 27–8.

Crouch, Harold (1978). *The Army and politics in Indonesia*. Ithaca, NY: Cornell University Press.

Cumings, Bruce (1994). 'Japan and Northeast Asia into the 21st Century,' unpublished paper delivered at workshop, 'Janpan and Asia,' Cornell University, May 19–20.

_____ (1993). 'Japan's Position in the World System,' in M. Miyoshi and H.D. Harootunian, eds, *Japan in the World*. Durham, NC: Duke University Press, 34–63.

_____ (1990). *The Origins of the Korean War*, II: *The Roaring of the Cataract, 1947–1950*. Princeton, NJ: Princeton University Press.

_____ (1987–88). 'Power and Plenty in Northeast Asia: The Evolution of U.S. Policy,' *World Policy Journal*, vol. V, no. 1, Winter, 79–106.

_____ (1987). 'The Origins of Northeast Asian Political Economy: Industrial Sectors, Product Cycles and Political Consequences,' in F.C. Deyo, ed., *The Political Economy of New Asian Industrialism*. Ithaca, NY: Cornell University Press, 44–83.

_____ (1984). 'The Origins and Development of the Northeast Asian Political Economy: Industrial Sectors, Product Cycles, and Political Consequences,' *International Organization*, vol. XXXVIII, no. 1, Winter, 1–40.

_____ (1981). *The Origins of the Korean War*, I: *Liberation and the Emergence of Separate Regimes, 1945–1947*. Princeton, NJ: Princeton University Press.

Dahl, Robert A. (1963). *Modern Political Analysis*. Englewood Cliffs, NJ: Prentice–Hall.

Dahlberg, Kenneth (1979). *Beyond the Green Revolution*. New York: Plenum.

D'Amico R. and Piccone P. (1991). 'Federalism. Introduction,' *Telos*, no. 91, Spring, 2–15.

Danto, Arthur C. (1968). *Analytical Philosophy of History*. Cambridge: Cambridge University Press.

Darling, Martha (1975). *The Role of Women in the Economy: A Summary Based on Ten National Reports*. Paris: OECD.

Darknell, Frank A. (1980). 'The Carnegie Philanthropy and Private Corporate Influence on Higher Eduction,' in R. Arnove, ed., *Philanthropy and Cultural Imperialism: The Foundations at home and Abroad*. Boston, MA: G.K. Hall, 385–411.

Davies, Paul, ed. (1989). *The New Physics*. New York: Cambridge University Press.

Davies, Robert and Martin, William G. (1992). 'Regional Prospects and Projects: What Futures for Southern Africa,' coordinated by S. Vieira; W.G. Martin and I. Wallerstein, *How Fast the Wind? Southern Africa, 1975–2000*. Trenton, NJ: Africa World Press, 329–64.

Davis, Lynn Etheridge (1974). *The Cold War Begins: Soviet–American Conflict Over*

Eastern Europe. Princeton, NJK: Princeton University Press.

Davis, Mike (1986). *Prisoners of the American Dream: Politics and Economy in the History of the US Working Class*. London: Verso.

______ (1982). 'Nuclear Imperialism and Extended Deterrence,' in *New Left Review*, ed., *Exterminism and Cold War*, London: Verso, 35–64.

Davis, Zachary S. (1994). 'Nuclear Proliferation and Nonproliferation Policy in the 1990s,' in M.T. Klare and D.C. Thomas, eds, *World Security: Challenges for a New Century*, 2nd edn. New York: St Martin's Press, 106–33.

De Bolla, Peter (1986). 'Disfiguring History,' *Diacritics*, vol. XVI, no. 4, Winter, 49–58.

Deger, Saadet (1990). 'World Military Expenditure,' in *SIPRI Yearbook*. Oxford: Oxford University Press, 143–202.

Dehio, Ludwig (1962). *The Precarious Balance: Four Centuries of the European Power Struggle*. New York: Knopf.

Dehm, Alfred (1990). 'Investment Flows Between Korea and Europe,' in J.L. Maurer and P. Regnier, eds, *Investment Flows Between Asia and Europe, What Strategies for the Future?* Geneva: Modern Asia Research Centre, 139–42.

de Janvry, Alain; Sadoulet, Elisabeth and Young, Linda Wilcox (1989). 'Land and Labour in Latin American Agriculture from the 1950s to the 1980s,' *The Journal of Peasant Studies*, vol. XVI, no. 3, April, 396–424.

Deldycke, Tilo; Gelders, H. and Limbor, Jean-Marie (1968). *La population active et sa structure*. Brussels: Université Libre de Bruxelles.

Dellinger, David (1982). 'The Antinuclear Movement,' in M. Kaku and J. Trainer, eds, *Nuclear power, Both Sides: The Best Arguments For and Against the Most Controversial Technology*. New York: Norton, 233–37.

De Micheli, Mario (1978). *Le avanguardie artistiche del Novecento*. Milan: Feltrinelli.

de Montbrial, Thierry, dir. (1990). *RAMSES 91: Le monde et son évolution*. Paris: Dunod.

de Oteyza, Luis G. (1972). 'Restructuration des entreprises affectées par l'émigration: L'Espagne,' in C.A.O. Van Nieuwenhuijze ed., *Emigration et agriculture dans le bassin mediterranéen*. The Hague: Mouton, 50–81.

Derrida, Jacques (1982). *Margins of Philosophy*, trans, A. Bass. Chicago: University of Chicago Press.

______ (1978). *Writing and Difference*, trans, A. Bass. Chicago: University of Chicago Press.

______ (1976). *Of Grammatology*, trans, G. Spivak. Baltimore: Johns Hopkins University Press.

De Swaan, Abram (1988). *In Care of the State: Health Care, Education, and Welfare in Europe and the USA in the Modern Era*. New York: Oxford University Press.

Deutsch, Karl W.; Markovits, Andrei S. and Platt, John, eds (1986). *Advances in the Social Sciences, 1900–1980: What, Who, Where, How?* Lanham, MD: University Press of America.

Devall, Bill and Sessions, George (1985). *Deep Ecology: Living as if Nature Mattered*.

Salt Lake City: G.M. Smith.

Dewey, Kathryn (1989). 'Nutrition and Commoditization of Food in Latin American and the Caribbean,' *Social Science and Medicine*, vol. XXVIII, no. 5, 415–24.

Didericksen, Finn (1990). 'Health and Social Inequalities in Sweden,' *Social Science and Medicine*, vol. XXXI, no. 3, 359–68.

Dixon, John A.; Talbot, Lee M. and LeMoigne, Guy J. M. (1989). *Dams and the Environment*. Washington, DC: WHO, World Bank Technical Paper No. 110.

Dobb, Maurice (1964 [1947]). *Studies in the Development of Capitalism*, rev. edn. New York: International.

Doctor, Kailis C. and Gallis, Hans (1966). 'Size and Characteristics of Wage Employment in Africa: Some Statistical Estimates,' *International Labour Review*, vol. XCIII, no. 2, February, 149–73.

Douglass, Mike (1988). 'Transnational Capital and Urbanization on the Pacific Rim,' *International Journal of Urban and Regional Research*, vol. XII, no. 3, 343–55.

Dower, John (1972). 'The Superdomino in Postwar Asia: Janpan In and Out of the Pentagon Papers,' in N. Chomsky and H. Zinn, eds, *The Pentagon papers: Critical Essays*, Vol. V, Senator Gravel Edition. Boston, MA: Beacon, 101–42.

Duch, Danuta and Sokolowska, Magdalena (1990). 'Health Inequalities in Poland,' *Social Science and Medicine*, vol. XXXI, no. 3, 343–50.

Dunning, John H. (1993). 'The Internationalization of the production of Services: Some General and Specific Explanations,' in Y. Aharoni, ed., *Coalitions and Competition: The Globalization of Professional Business Service*. New York: Routledge, 79–101.

Durand, John Dana (1975). *The Labor Force in Economic Development: A Comparison of International Census Data, 1946–1966*. Princeton, NJ: Princeton University Press.

Durning, Alan B. (1990). 'The Third World Fights Back: People Overcome Poverty and Pollution,' *The Progressive*, vol. LIV, no. 7, July, 24–7.

______ (1989). *Poverty and the Environment: Reversing the Downward Spiral.* World Watch Paper, No. 92, November, Washington, DC: Worldwatch Institute.

Eagleton, Terry (1991). *Ideology: An Introduction.* London and New York: Verso.

______ (1983). *Literary Theory: An introduction.* Oxford: Blackwell.

Ehrenreich, Barbara and Ehrenreich, John (1978). 'Medicine and Social Control,' in J. Ehrenreich, ed., *The Cultural Crisis of Modern Medicine*. New York: Monthly Review Press, 39–79.

Eisenberg, Carolyn (1983). 'Working-Class Politics and the Cold War: American Intervention in the German Labor Movement, 1945–49,' *Diplomatic History*, vol. VII, no. 4, Fall, 283–306.

Eisenstadt, Shmuel N. (1973). *Tradition, Change, and Modernity.* New York: Wiley.

______ (1966). *Modernization: Protest and Change.* Englewood Cliffs, NJ: Prentice-Hall.

Elliot, William Y., ed. (1955). *The Political Economy of American Foreign Policy*, report of a study group sponsored by the Woodrow Wilson Foundation and the

National Planning Association. New York: Holt.

Ellsberg, Daniel (1986a). 'The Construction of Instability: U.S. First-Use Threats and the Risks of Nuclear War,' unpublished MS.

_____ (1986b) 'Iran Arms,' unpublished MS.

_____ (1981) 'Introduction: Call to Mutiny,' in E.P. Thompson and D. Smith, eds, *Protest and Survive.* New York: Monthly Review Press, i–xxxviii.

_____ (1972). *Papers on the War.* New York: Simon & Schuster.

Enderwick, Peter (1989). 'Some Economics of Service-Sector Multinational Enterprises,' in P. Enderwick, ed., *Multinational Service Firms.* New York: Routledge, 3–34.

Ermarth, Elizabeth Deeds (1992). *Sequel to History: Postmodernism and the Crises of Representational Time.* Princeton, NJ: Princeton University Press.

Ermarth, Michael (1975). 'Hayden White. *Metahistory,' American Historical Review,* vol. LXXX, no. 4, October, 961–63.

Ethier, Wilfred (1983). *Modern International Economics.* New York: Norton.

Etzold, Thomas and Gaddis, John Lewis, eds (1978). *Containment: Documents on American Policy and Strategy, 1945–1950.* New York: Columbia University Press.

Evers, Hans–Dieter (1989). 'Urban Poverty and Labour Supply Strategies in Jakarta,' in G. Rodgers, ed., *Urban Poverty and the labour Market.* Geneva: ILO, 145–72.

Fanon, Frantz (1963). *The Wretched of the Earth.* New York: Grove Press.

FAO (Food and Agriculture Organization of the United Nations) (1958–75). *Production Yearbook.* Madrid: UN.

Farmer, Doyne et al., eds (1986). *Evolution, Games and Learning: Models for Adaptation in Machines and Nature,* Proceedings of the Fifth Annual International Conference of the Center for Nonlinear Studies, Los Alamos, NM, 20–24 May 1985. *Physica D: Nonlinear Phenomena,* 22D.

Feige, Edgar (1990). 'Defining and Estimating Underground and Informal Economies: The New Institutional Economic Approach,' *World Development,* vol. XVIII, no. 7, 989–1002.

Feigenbaum, Mitchell J. (1983). 'Universal Behavior in Nonlinear Systems,' *Physica D: Nonlinear phenomena,* 7D, 16–39.

Feis, Herbert (1970). *From Trust to Terror: The Onset of the Cold War, 1945–1950.* New York: Norton.

Fibbi, Rosita and de Rham, Gérard (1988). 'Switzerland: The Position of Second-Generation Immigrants on the Labour Market,' in C. Wilpert, ed., *Entering the Working World: Studies in European Migration.* Gower: Aldershot, 24–55.

Filias, Vassilios (1972). 'Restructuring of Agricultural Enterprises Affected by Emigration: Greece,' in C.A.O. Van Nieuwenhuijze, ed., *Emigration et agriculture dans le bassin mediteranéen.* The Hague: Mouton 122–43.

Filippelli, Ronald (1989). *American Labor and Postwar Italy, 1943–1953: A Study of Cold War Politics.* Stanford: Stanford University Press.

Forsberg, Randall (1994). 'Wasting Billions,' *Boston Review,* vol. XIX, no. 2, April/May, 3–6.

Foucault, Michel (1980). *Power/Knowledge: Selected Interviews and Other Writings, 1972–1977*. Edited and translated by C. Gordon. Brighton: Harvester.

_____ (1972). *The Archeology of Knowledge and The Discourse on Language*, trans. A.M. Sheridan Smith. New York: Pantheon.

_____ (1970). *The Order of Things: An Archeology of the Human Sciences*. New York: Vintage.

Fox, Mary Frank (1984). *Women at Work*. Palo Alto, CA: Mayfield.

Frank, Andre Gunder (1981). *Crisis: In the Third World*. New York: Holmes & Meier.

_____ (1980). *Crisis: In the World Economy*. New York: Holmes & Meier.

_____ (1969). *Latin America: Underdevelopment or Revolution*. New York: Monthly Review Press.

_____ (1967). 'The Sociology of Underdevelopment or the Underdevelopment of Sociology,' *Catalyst*, no. 3, Summer, 20–73.

Fraser, Ronald (1988). *1968: A Student Generation in Revolt, An International Oral History*. London: Chatto & Windus.

Fraser, Steve (1989). 'The Labor Question,' in S. Fraser and G. Gerstle, eds, *The Rise and Fall of the New Deal Order, 1930–1980*. Princeton, NJ: Princeton University Press, 55–84.

Friedman, David (1988). *The Misunderstood Miracle: Industrial Development and political Change in Japan*. Ithaca, NY: Cornell University Press.

Friedman, Maurice, ed. (1991 [1964]). *The Worlds of Existentialism: A Critical Reader*. New York: Pantheon.

Fröbel, Folker (1982). 'The Current Development of the World-Economy: Reproduction of Labor and Accumulation of Capital on a World Scale,' *Review*, vol. V, no. 4, Spring, 507–55.

Fröbel, Folker; Heinrichs, Jürgen and Kreye, Otto (1980). *The New International Division of Labour: Structural Unemployment in Industrialised Countries and Industrialism in Developing Countries*. New York: Cambridge University Press.

Fursov, A.I. (1991). 'Est li mesto dlia levykh v griadushchem mire?' [Is there a place for the left in the coming world?], *Mirovaia ekonomika i mezhdunarodnye otnoshenia (MEIMO)*, no. 7, July, 30–38.

Gaddis, John Lewis (1987). *The Long Peace: Inquiries into the History of the Cold War*. New York: Oxford University Press.

Gallagher, Catherine and Laqueur, Thomas (1987). *The Making of the Modern Body: Sexuality and Society in the Nineteenth Century*. Berkeley: University of California Press.

Galtung, Johan (1971). 'A Structural Theory of Imperialism,' *Journal of Peace Research*, vol. VIII, no. 2, 81–117.

Gardner, Richard n. (1980). *Sterling–Dollar Diplomacy in Current Perspective: The Origins and the Prospects of Our International Economic Order*. New York: Columbia University Press.

Garfinkel, Harold (1967). *Studies in Ethnomethodology*. Englewood Cliffs, NJ: Prentice-Hall.

Garthoff, Raymond L. (1985). *Detente and Confrontation: American–Soviet Relations from Nixon to Reagan.* Washington, DC: Brookings Institute.

Gearhart, Suzanne (1987). 'History as Criticism: The Dialogue of History and Literature,' *Diacritics*, vol. XVIII, no. 3, Fall, 56–65.

Géhéniau, J. and Prigogine, I. (1986). 'The Birth of Time,' *Foundations of Physics*, vol. XVI, no. 5, 437–43.

Gellner, Ernest (1983), *Nations and Nationalism.* Oxford: Blackwell.

George, Susan (1992). *The Debt Boomerang: How Third World Debt harms Us All.* Boulder, Co: Westview.

______ (1977). *How the Other Half Dies: The Real Reasons for World Hunger.* Montclair, NJ: Allanheld, Osmun.

Ghilan, Maxim (1991). 'Thoughts on the After–Gulf War,' *New Politics*, vol. III, no. 3, Summer, 25–36.

Gilpin, Robert (1987). *The Political Economy of International Relations.* Princeton, NJ: Princeton University Press.

______ (1975). *U.S. Power and the Multinational Corporation: The Political Economy of Foreign Direct Investment.* New York: Basic Books.

Gittell, Marion (1991). 'Education in a Democratic Society,' in L. Wolfe, ed., *Women, Work and School: Occupation Segregation and the Role of Education.* Boulder, CO: Westview, 31–35.

Glaeser, Bernhard (1987). *The Green Revolution Revisited: Critique and Alternatives,* Boston, MA: Allen & Unwin.

Gleijeses, Piero (1994). "Flee! The White Giants Are Coming!': The United States, the Mercenaries, and the Congo, 1964–65,' *Diplomatic History*, vol. XVIII, no. 2, Spring, 207–37.

Goldstein, Joshua (1988). *Long Cycles: Prosperity and War in the Modern Age.* New haven, CT: Yale university Press.

Goldstein, Morris, et al. (1992). *International Capital Markets: Developments, Prospects, and Policy Issues.* Washington, DC: IMF.

Golini, Antonio and Bonifazi, Corrado (1987). 'Demographic Trends and International Migration,' in *The Future of Migration.* Paris: OECD, 110–36.

Golomstock, Igor (1990). *Totalitarian Art: In the Soviet Union, the Third Reich, Fascist Italy, and the People's Republic of China.* New York: Icon Editions.

Gordon, David (1988). 'The Global Economy: New Edifice or Crumbling Foundations,' *New Left Review*, no. 168, March–April, 24–64.

Gorz, André (1980). *Ecology as Politics.* Boston, MA: South End Press.

Gould, Stephen Jay (1989). *Wonderful Life: The Burgess Shale and the Nature of History.* New York: Norton.

Gould, Stephen J.; Gilinsky, Norman L. and German, Rebecca Z. (1987). 'Asymmetry of Lineages and the Direction of Evolutionary Time,' *Science*, vol. CCXXXVI, no. 4807, 12 June, 1437–41.

Gover, James E. (1993). 'Review of the Competitive Status of the United States Electronics Industry,' in W. Aspray, ed., *Technological Competitiveness:*

Contemporary and Historical Perspectives on the Electrical, Electronics, and Computer Industries. New York: Institute of Electrical and Electronics Engineers, 57–74.

Gray, John (1986). *Liberalism*. Milton Keynes: Open University Press.

Greenberg, Clement (1948). 'Irrelevance versus Irresponsibility,' *Partisan Review*, vol. XV, no. 5, May, 573–79.

Greenberg, Daniel S. (1967). *The Politics of Pure Science*. New York: New American Library.

Griffin, Keith B. (1987). 'World hunger and the World–Economy,' in W.L. Hollist and F.L. Tullis, eds, *Pursuing Food Security: Strategies and Obstacles in Africa, Asia, and Latin America, and the Middle East*. Boulder, CO: L. Rienner, 17–36.

Grigg, David (1983). 'Output and Population 1950–1980,' *Geography*, vol. LXVIII, no. 4, October (No. 301), 301–306.

Grubel, Herbert G. (1989). 'Multinational Banking,' in P. Enderwick, ed., *Multinational Service Firms*. New York: Routledge, 61–78.

Gurr, Ted R., ed. (1989). *Violence in America*, 2 vols. Newbury Park, CA: Sage.

Gwynne, Robert N. (1985). *Industrialization and Urbanization in Latin America*. London: Groom Helm.

Hagedoorn, John (1993). 'Strategic Technology Alliances and Modes of Cooperation in High-Technology Industries,' in G. Grabher, ed., *The Embedded Firm: On the Socioeconomics of Industrial Networks*. New York: Routledge, 116–37.

Haggblade, Steven; Hazell, Peter and Brown, James (1989). 'Farm–Non Farm Linkages in Rural Sub–Saharan Africa,' *World development*, vol. XVII, no. 8, August, 1173–1201.

Halbach, Axel (1989). *Multinational Enterprises and Subcontracting in the Third World: A Study of Inter-Industrial Linkages*. Geneva: ILO.

Hall, Stuart (1990). 'The Emergence of Cultural Studies and the Crisis of the Humanities,' *October*, vol. LIII, Summer, 11–23.

Halliday, Fred (1990). 'The Ends of Cold War,' *New Left Review*, no. 180, March–April, 1–23.

Hanflign, Oswald (1981). *Logical Positivism*. Oxford: Blackwell.

Hanlon, Joseph (1986). *Beggar Your Neighbors: Apartheid Power in Southern Africa*. Bloomington: Indiana University Press.

Haraszti, Miklos (1977). *Worker in a Workers' State: Piece-Rates in Hungary*. Harmondsworth: Penguin.

Hargert, Michael and Morris, Deigan (1988). 'Trends in International Collaborative Agreements,' in F.J. Contractor and P. Lorange, eds, *Cooperative Strategies in International Business*. Lexington, MA: D.H. Heath, 99–109.

Harries, Keith (1990). *Serious Violence: Patterns of Homicide and Assault in America*. Sprinfield, IL: Charles Thomas.

Hartmann, Betsy (1987). *Reproductive Rights and Wrongs: The Global Politics of Population Control and Contraceptive Choice*. New York: Harper & Row.

Harvey, David (1989). *The Condition of Postmodernity: An Enquiry into the Origins of*

Cultural Change. New York: Blackwell.

Hauser, Philip M. (1981). 'Sociology's Progress Toward Science,' *American Sociologist*, vol. XVI, no. 1, February, 62–64.

Havens, Thomas R.H. (1987). *Fire Across the Sea: The Vietnam War and Japan, 1965–1975*. Princeton, NJ: Princeton University Press.

Hawkes, Terence (1977). *Structuralism and Semiotics*. Berkeley: University of California Press.

Hayles, N. Katherine (1990). *Chaos Bound: Orderly Disorder in Contemporary Literature and Science*. Ithaca, NY: Cornell University Press.

Helgeson, Ann (1986). 'Geographical Mobility – Its Implications for Employment,' in D. Lane, ed., *Labour and Employment in the USSR*. Brighton: Wheatsheaf, 145–75.

Henderson, Jeffrey (1989). *The Globalisation of High Technology Production: Society, Space, Semiconductors in the Restructuring of the Modern World*. New York: Routledge.

Hersh, Seymour (1994). 'The Wild East,' *The Atlantic*, vol. CCLXXIII, no. 6, 61–86.

Hershberg, James G. (1993). *James B. Conant: Harvard to Hiroshima and the Making of the Nuclear Age*. New York: Knopf.

_____ (1990). 'Before "The Missiles of October": Did Kennedy Plan a Military Strike Against Cuba?,' *Diplomatic History*, vol. XIV, no. 2, Spring, 163–98.

Hewitt, Warren E. (1990). 'Catholicism, Social Justice, and the Brazilian Corporate Stae Since 1930,' *Journal of Church and State*, vol. XXXII, no. 4, Autumn, 831–50.

Hicks, John (1969). *A Theory of Economic History*. New York: Oxford University Press.

Hindess, Barry and Hirst, Paul Q. (1975). *Pre-Capitalist Modes of Production*. Boston, MA: Routledge.

Hirschman, Albert O. (1986). 'Exit and Voice: An Expanding Sphere of Influence,' in *Rival Views of Market Society and Other Recent Essays*. New York: Viking, 77–101.

Hogan, Michael (1987). *The Marshall Plan: America, Britain, and the Reconstruction of Western Europe, 1947–1952*. New York: Cambridge University Press.

Hollingsworth, J. Rogers; Hage, Jerald and Hannemar, Robert (1990). *State Intervention in Medical Care: Consequences for Britain, France, Sweden, and the United States, 1890–1970*. Ithaca, NY: Cornell University Press.

Hollowell, John (1977). *Fact and Fiction: The New Journalism and the Nonfiction Novel*. Chapel Hill: University of North Carolina Press.

Humes, Samuel (1993). *Managing the Multinational: Confronting the Global-Local Dilemma*. New York: Prentice Hall.

Hunter, John M; Rey, L. and Scott, David (1982). 'Man-made Lakes and Man–made Diseases,' *Social Science and Medicine*, vol. XVI, no. 11, 1127–45.

Huntington, Samuel P. (1968). *Political Order in Changing Societies*. New Haven, CT: Yale University Press.

Ibbotson, Roger G. and Brinson, Gary P. (1993). *Global Investing: The Professional's Guide to the World Capital Markets*. New York: McGraw-Hill.

ILO (International Labour Organization) (1986). *Economically Active population:*

Estimates and Projections, 1950–2025, 6 vols. Geneva: ILO.

_____ (1981). *World Labour Report*, 3 vols. Geneva: ILO.

IMF (International Monetary Fund). *Balance of Payments Yearbook*, various issues. Washington, DC: IMF.

Isaacson, Walter and Thomas, Evan (1986). *The Wise Men: Six Friends and the World They Made: Acheson, Bohlen, Harriman, Kennan, Lovett, McCloy*. New York: Simon & Schuster.

Isserman, Maurice (1987). *If I Had a Hammer ... The Death of the Old Left and the Birth of the New Left*. new York: Basic.

Itoh, Makato (1990). *The World Economic Crisis and Japanese Capitalism*. London: Macmillan.

Ives, Jane (1985). 'The Health Effects of the Transfer of Technology to the Developing World: Report and Case Studies,' in J. Ives, ed., *The Export of Hazard*. Boston, MA: Routledge and Kegan Paul, 172–92.

Jackson, Marvin R. (1987). 'Economic Development in the Balkans Since 1945 Compared to Southern and East–Central Europe,' *Eastern European politics and Societies*, vol. I, no. 3, Fall, 393–455.

Jacobsen, Jodi (1993). 'Closing the Gender Gap in Development,' in *State of the World 1993*. World Watch Institute. New York: Norton, 61–79.

Jameson, Fredric (1972). *The Prison-House of Language: A Critical Account of Structuralism and Russian Formalism*. Princeton, NJ: Princeton University Press.

Jantsch, Erich, ed. (1981). *The Evolutionary Vision: Toward a unifying Pardigm of Physical, Biological, and Sociocultural Evolution*. Boulder, CO: Westview.

Jencks, Charles (1989). *What is Post-Modernism?*, 3rd rev. edn. New York: St Martin's Press.

Johnson, Stanley P., ed. (1993). *The Earth Summit: The United Nations Conference on Environment and Development (UNCED)*. Boston, MA: Graham & Trotman.

Jones, Gavin W. (1984). 'Economic Growth and Changing Female Employment Structure in the Cities of Southeast and East Asia,' in G W. Jones, ed., *Women in the Urban and Industrial Workforce: Southeast and East Asia*. Honolulu: University of Hawaii Press, 17–59.

Julius, DeAnne (1990). *Global Companies and Public Policy: The Growing Challenge of Foreign Direct Investment*. London: Pinter.

Kandane, Kathy (1990a). 'Ex-agents Say CIA Compiled Death Lists for Indonesians,' *San Francisco Examiner*, 20 May.

_____ (1990b). 'U.S. Officials' Lists Aided Indonesian Bloodbath in '60s,' *Washington Post*, 21 May.

Kakabadse, Mario A. (1987). *International Trade in Services: Prospects for Liberalisation in the 1990s*. New York: Croom Helm.

Karns, Margaret P. and Mingst, Karen A. (1994). 'Maintaining International Peace and Security: UN Peacekeeping and Peacemaking,' in M.R. Klare and D.C. Thomas, eds, *World Security: Challenges for a new Century*, 2nd edn. New York: St Martin's, 188–215.

_____ (1991). 'Multilateral Institutions and International Security,' in M.T. Klare and D.C. Thomas, eds, *World Security: Trends and Challenges at Century's End.* New York: St Martin's Press, 216–94.

Katzenstein, Peter (1993). 'Taming of Power: German Unification, 1989–1990,' in M. Woo-Cumings and M. Loriaux, eds, *Past as Prelude: History in the Making of a New World Order.* Boulder, CO: Westview.

_____ (1987). *Policy and Politics in West Germany: The Growth of a Semisovereign State.* Philadelphia, PA: Temple University Press.

Kaufmann, William W. (1992). *Assessing the Base Force. How Much is Too Much?* Washington, DC: Brookings Institute.

Kay, David (1993). Letter to the Editor, *Foreign Policy,* no. 90, Spring, 169–70.

Keal, Paul (1983). *Unspoken Rules and Superpower Dominance.* London: Macmillan.

Kenwood, A.G. and Lougheed, A.L. (1992). *The Growth of the International Economy 1820–1990: An Introductory Text,* 3rd edn. New York: Routledge.

Keohane, Robert O. (1989). *International Institutions and State Power: Essays in International Relations Theory.* Boulder, CO: Westview.

Kervasdoué, Jean de and Rodwin, Victor G. (1984). 'Health Policy and the Expanding Role of the State,' in J. Kervasdoué, J. Kimberly and V. Rodwin, eds, *The End of an Illustion: The Future of Health Policy in Western Industrialized Nations.* Berkeley: Unversity of California Press, 3–34.

Keyder, Caglar (1985). 'The American Recovery of Southern Europe: Aid and Hegemony,' in G. Arrighi, ed., *Semiperipheral Development: The Politics of Southern Europe in the Twentieth Century.* Beverly Hills: Sage, 135–48.

Kimberly, John R. and Rodwin, Victor G. (1984). 'The Future of Health Policy: Constraints, Controls and Choices,' in J. de Kervasdoué; J. Kimberley and V. Rodwin, ed., *The End of an Illustion: The Future of Health Policy in Western Industrialized Nations.* Berkeley: University of California Press, 257–86.

King, Anthony (1983). 'The Political Consequences of the Welfare State,' in S. Spiro and E. Yuchtman-Yaar, eds, *Evaluating the Welfare State.* New York: Academic Press, 7–25.

King, Edmund (1969). *Education and Development in Western Europe.* Reading, MA: Addison-Wesley.

Kitcher, Philip (1982). *Abusing Science: The Case Against Creationism.* Cambridge, MA: MIT Press.

Klare, Michael T. (1994). 'Adding Fuel to the Fires: The Conventional Arms Trade in the 1990s,' in M.T. Klare and D.C. Thomas, eds, *World Security: Challenges for a New Century,* 2nd edn. New York: St Martin's Press, 134–54.

_____ (1991). 'Deadly Convergence: The Arms Trade, Nuclear/Chemical/Missile Proliferation, and Regional Conflict in the 1990s,' in M.T. Klare and D.C. Thomas, eds, *World Security: Trends and Challenges at Century's End.* New York: St Martin's Press, 170–96.

_____ (1989). 'Subterranean Alliances: America's Global Proxy Network,' *Journal of International Affairs,* (US Alliance Management Toward the Year 2000), vol.

XLIII, no. 1, Summer/Fall, 97–118.

_____ (1984). *The American Arms Supermarket.* Austin:University of Texas Press.

_____ (1972). *War Without End: American Planning for the Next Vietnam.* New York: Knopf.

Klare, Michael T. and Daniel C. Thomas (1994). *World Security: Challenges for a New Century,* 2nd edn. New York: St Martin's Press.

_____ (1991). *World Security: Trends and Challenges at Century's End.* New York: St Martin's Press.

Kogut, Bruce; Shan, Weijian and Walker, Gordon (1993). 'Knowledge in the Network and the Network as Knowledge,' in G. Grabher, ed., *The Embedded Firm: On the Socioeconomics of Industrial Networks.* New York: Routledge, 67–94.

Kojima, Kiyoshi (1978). *Direct Foreign Investment: A Model of Multinational Business Operations.* New York: Praeger.

Korner, Peter; Maas, Gero; Siebold, Thomas and Tetzlaff, Rainer (1986). *The IMF and the Debt Crisis: A Guide to the Third World's Dilemma.* London: Zed.

Krauss, Rosalind (1981). 'The Originality of the Avant–Garde: A Postmodernist Repetition,' *October,* no. 18, Fall, 47–66.

Kutzner, Patricia L. (1991). *World Hunger: A Reference Handbook.* Santa Barbara, CA: ABC–Clio.

Kwast, Barbara E. (1989). 'Maternal Mortality Levels, Causes and Promising Interventions,' *Journal of Biosocial Sciences, Supplement,* no. 10, 51–67.

Landow, George P. (1992). *Hypertext: The Convergence of Contemporary Critical Theory and Technology.* Baltimore: Johns Hopkins University Press.

Lanvin, Bruno, ed. (1993). *Trading in a New World Order: The Impact of Telecommunications and Data Serivices on International Trade in Services.* Boulder, CO: Westview.

Lappé, Frances Moore and Collins, Joseph (1986). *World Hunger: Twelve Myths.* New York: Grove Press.

_____ (1977). *Food First: Beyond the Myth of Scarcity.* Boston, MA: Houghton–Mifflin.

Laszlo, Ervin (1987). *Evolution: The Grand Synthesis.* Boston, MA: New Science Library.

Lebow, Richard Ned (1987). *Nuclear Crisis Management: A Dangerous Illusion.* Ithaca, NY: Cornell University Press.

Lee, Richard (1992). 'Readings in the "New Science": A Selective Annotated Bibliography,' *Review,* vol. XV, no. 1, Winter, 113–71.

Leffler, Melvyn P. (1993). 'Negotiating from Strength: Acheson, the Russians and American Power,' in D. Brinkley, ed., *Dean Acheson and the Making of U.S. Foreign Policy.* New York: St Martin's Press, 176–210.

_____ (1992). *A Preponderance of Power: National Security, the Truman Administration, and the Cold War.* Stanford: Stanford University Press.

_____ (1983). 'From the Truman Doctrine to the Carter Doctrine: Lessons and Dilemmas of the Cold War,' *Diplomatic History,* vol. VII, no. 4, Fall, 245–66.

Lenin, Vladimir I. (1975). 'Left-Wing Communism: An Infantile Disorder,' in V.I. Lenin, *Selected Works*, rev. edn, Moscow: Progress, Vol. III, 291–370.

Lentricchia, Frank (1980). *After the New Criticism*. Chicago: University of Chicago Press.

Lepenies, Wolf (1988). *Between Literature and Science: The Rise of Sociology*, trans. R.J. Hollingdale. New York: Cambridge University Press.

Lévi–Strauss, Claude (1966). *The Savage Mind*. Chicago: University of Chicago Press.

_____ (1964). *Totemism*. London: Merlin.

_____ (1963). *Structural Anthropology*, trans. C. Jacobson and B.G. Schoepf. New York: Basic Books.

Leys, Colin (1982). 'Samuel Huntington and the End of Classical Modernization Theory,' in H. Alavi and T. Shanin, eds, *Introduction to the sociology of 'Developing Societies'*. London: Macmillan, 332–49.

Lichtenstein, Nelson (1982). *Labor's War at Home: The CIO in World War II*. Cambridge: Cambridge University Press.

Lipietz, Alain (1987). *Mirages and Miracles: The Crises of Global Fordism*. London: Verso.

Lipset, Seymour Martin (1960). *Political Man*. London: Heinemann.

Lipton, Michael (1989). *New Seeds and Poor People*. Baltimore: Johns Hopkins University Press.

Litwak, Robert S. (1984). *Détente and the Nixon Doctrine: American Foreign Policy and the Pursuit of Stability, 1969–1976*. Cambridge: Cambridge University Press.

Lorenz, Edward N. (1964). 'The Problem of Deducing the Climate from the Governing Equations,' *Tellus*, vol. XVI, no. 1, February, 1–11.

_____ (1963a). 'Deterministic Nonperiodic Flow,' *Journal of the Atmospheric Sciences*, vol. XX, 2, March, 130–41.

_____ (1963b). 'The Mechanics of Vacillation,' *Journal of the Atmospheric Sciences*, vol. XX, no. 5, September, 448–64.

Loriaux, Michael (1993). 'The Riddle of the Rhine: France, Germany, and the Geopolitics of European Integration, 1919–1992,' in M. Woo-Cumings and M. Loriaux, eds, *Past as Prelude: History in the Making of a New World Order*. Boulder, CO: Westview, 83–110.

Luard, Evan, ed. (1967). *The International Protection of Human Rights*. New York: Praeger.

Lundestad, Geir (1986). *East, West, North. South: Major Developments in International Politics, 1945–1986*. Oslo: Norwegian University Press.

Lutz, Wolfgang (1994). 'The Future of World Population,' *Population Bulletin*, vol. XLIX, no. 1, June, Washington, DC: Population Reference Bureau.

Lyotard, Jean–François (1984). *The Postmodern Condition: A Report on Knowledge*, trans. G. Bennignton and B. Massumi. Minneapolis: University of Minnesota Press.

MacGaffey, Janet (1991). *The Real Economy of Zaire: The Contribution of Smuggling and Other Unofficial Activities to National Wealth*. Philadelphia: University of

Pennsylvania Press.

Macquarrie, John (1972). *Existentialism*. Philadelphia: Westminster.

Maddison, Angus (1989). *The World Economy in the 20th Century*. Paris: Development Centre of the Organization for Economic Co-operation and Development.

Mak, Grace (1991). 'Countinuity and Change in Women's Access to Higher Education in the People's Republic of China,' in G. Kelly and S. Slaughter, eds, *Women's Higher Education in Comparative Perspective*. Boston, MA: Kluwer Academic, 31–46.

Mandelbrot, Benoit B. (1982). *The Fractal Geometry of Nature*. San Francisco: Freeman.

Market Share Reporter (1992). Detroit: Gale Research.

Markus, Mario; Müller, Stefan C. and Nicolis, G., eds (1988). *From Chemical to Biological Organization*. New York: Springer-Verlag.

Markusen, Ann and Yudken, Joel (1992). *Dismantling the Cold War Economy*. New York: Basic Books.

May, Lary (1990). 'The Politics of Consumption: The Screen Actor's Guild, Ronald Reagan, and the Hollywood Red Scare,' in S. Guilbaut, ed., *Reconstructing Modernism: Art in New York, Paris, and Montreal, 1945–1964*. Cambridge, MA: MIT Press, 332–68.

Mazrui, Ali (1973). 'The Lumpenproletariat and the Lumpenmilitariat: African Soldiers are a New Political Class,' *Political Studies*, vol. XXI, no. 1, February, 1–12.

McClintock, Michael (1992). *Instruments of Statecraft: U.S. Guerilla Warfare, Counterinsurgency, and Counterterrorim, 1940–1900*. New York: Pantheon.

______ (1985). *The American Connection: State Terror and Popular Resistance in El Salvador*, vol. I. Lonodon: Zed.

McCormick, Thomas (1989). *America's Half Century: United States Foreign Policy in the Cold War*. Baltimore: Johns Hopkins University Press.

McGlothlen, Ronald L. (1993). *Controlling the Waves: Dean Acheson and U.S. Foreign Policy in Asia*. New York: Norton.

McLellan, David (1986). *Ideology*. Milton Keynes: Open University Press.

McNeill, William H. (1982). *The Pursuit of Power: Technology, Armed Force, and Society Since AD 1000*. Chicago: University of Chicago Press.

Meadows, Donella H.; Meadows, Dennis and Randers, Jorgen (1992). *Beyond the Limits: Confronting Global Collapse or Envisioning a Sustainable Future*. London: Earthscan.

Meadows, Donella H. et al. (1974). *The Limits to Growth: A Report for the Club of Rome's Project on the Predicament of Mankind*, 2nd edn. New York: Universe.

Meehan, Eugene J. (1971). *The Foundations of Political Analysis: Empirical and Normative*. Homewood, IL: Dorsey.

Meillassoux, Claude (1994). 'Kapitalistische Produktion von "Überbevölkerung" in Africa,' *Das Argument*, vol. XXXVI, no. 2, 219–32.

Meillassoux, Claude (1975). *Femmes, greniers et capitaux*. Paris: Maspéro.

Merritt, Richard L.; Flerlage, Ellen P. and Merrit, Anna J. (1971). 'Political Man in

Postwar West German Education,' *Comparative Education Review*, vol. XV, no. 3, October, 346–61.

Meulemann, Heiner (1982). 'Bildungsexpansion und Wandel der Bildungsvorstellungen zwischen 1958 und 1979: Eine Kohortenanalyse,' *Zeitschrift für Soziologie*, vol. XI, no 3, July, 227–53.

Michalski, Wolfgang (1991). 'Trends and Developments in the Globalisation of Production, Investment and Trade,' in *Trade, Investment and Technology in the 1990s*. Paris: OECD, 7–12.

Milbrath, Lester W. (1984). *Environmentalists: Vanguard for a New Society*. Albany, NY: SUNY Press.

Miller, E. (1991). *Future Vision: The 189 Most Important Trends of the 1990s*. New York: Research Alert.

Mishra, Ramesh (1990). *The Welfare State in Capitalist Society: Policies of Retrenchment and Maintenance in Europe, North America, and Australia*. Toronto: University of Toronto Press.

Mitchell, John G. (with C.L. Stallings) (1970). *Ecotactics: The Sierra Club Handbook for Environment Activists*. New York: Trident.

Miyazaki, Giichi (1992). *Fukugo Fukyo: Posuto Baburu no Shohosen o Motomete* [Complex Recession: In Search of Policy Prescription in the Post Bubble Era]. Tokyo: Chuo Koronsha.

Monahan, Laurie J. (1990). 'Cultural Cartography: American Designs at the 1964 Venice Biennale,' in S. Guilbaut, ed., *Reconstructing Modernism: Art in New York, Paris, and Montreal, 1945–1964*. Cambridge, MA: MIT Press.

Moore, Joe (1983). *Japanese Workers and the Struggle for Power, 1945–1947*. Madison: University of Wisconsin Press.

Morrison, Philip; Tsipis, Kosta and Wiesner, Jerome (1994). 'The Future of American Defense,' *Scientific American*, vol. CCLXX, no. 2, February, 38–45.

Morgan Dan (1979). *Merchants of Grain*. New York: Viking.

Müller, Ronald (1979). 'The Multinational Corporation and the Underdevelopment of the "Third World",' in C.K. Wilber, ed., *The Political Economy of Development and Underdevelopment*, 2nd edn. New York: Random House, 151–78.

Nasbaumer, Jacques (1987). *Services in the Global Market*. Boston, MA: Kluwer Academic.

National Center for Educational Statistics (1989). *Digest of Education Statistics 1989*. Washington, DC: GPO.

National Research Council (1975). *World Food and Nutrition Study*. Washington, DC: National Academy of Sciences.

NEA (Nuclear Energy Agency) (1989). *Nuclear Energy in Perspective: Organization for Economic Co-operation and Development*.

Nelli, H. (1987). 'A Brief History of American Syndicate Crime,' in T. Bynum, ed., *Organized Crime in America: Concepts and Controversies*. Monsey, NY: Criminal Justice, 15–30.

Neurath, Otto (1959 [1931/32]. 'Sociology and Physicalism,' in A.J. Ayer, ed., *Logical*

Positivism. Glencoe, IL: Free Press, 199–208.

Nicolaides, Phedon (1991). 'Service in Growing Economies and Global Markets,' in *Trade, Investment and Technology in the 1990s.* Paris: OECD, 33–55.

Nicolis, Grégoire and Prigogine, Ilya (1989). *Exploring Complexity: An Introduction.* New York: W.H. Freeman.

Nightingale, Elena O.; Hamburg, David A. and Mortimer, Allyn M. (1990). 'International Scientific Co–operation for Maternal and Child health,' in T. Lambo and S. Day, eds, *Issues in Contemporary International Health.* New York: Plenum Medical, 113–34.

Nisbet, Robert (1986). *Conservatism: Dream and Reality.* Milton Keynes: Open University Press.

Nishimura, Takaaki (1988). 'Ginko Kashitsuke Toshi to Kokusai Kin'yu Shijo (Bank Lending Investment and International Financial Market),' in S. Okumura, ed., *Gendai Sekai Keizai to Shihon Yushutsu* [Contemporary World–Economy and Capital Export]. Kyoto: Minerva Shobo, 135–69.

Noer, Thomas J. (1989). 'New Frontiers and Old Priorities in Africa,' in T.G. Paterson, ed., *Kennedy's Quest for Victory: American Foreign Policy, 1961–1963.* New York: Oxford Univerisity Press, 253–83.

Noyell, Thierry J. and Dutka, Anna B. (1988). *International Trade in Business Services: Accounting, Advertising, Law, and Management Consulting.* Cambridge, MA: Ballinger.

Nusbaumer, Jacques (1987). *Services in the Global Market.* Boston, MA: Kluwer Academic.

Nwoke, Chibuzo (1987). *Third World Minerals and Global Pricing: A New Theory.* London: Zed.

OECD (Organization for Economic Cooperation and Development) (1993a). *Economic Integration: OECD Economies, Dynamic Asian Economies and Central and Eastern European Countries.* Paris: OECD.

_____ (1993b). *Foreign Direct Investment Relations Between the OECD and the Dynamic Asian Economies.* Paris: OECD.

_____ (1991). *The State of the Environment.* Paris: OECD.

_____ (1987). *International Investment and Multinational Enterprises: Recent Trends in International Direct Investment.* Paris: OECD.

_____ (1981). *Long-Term Trends in Tax Revenues of OECD Countries, 1955–1980.* Paris: OECD.

Ogawa, Naohiro; Jones, Gavin W. and Williamson, Jeffrey G. eds (1993). *Human Resources in Development Along the Asia-Pacific Rim.* New York: Oxford University Press.

Ohmae, Kenichi (1985). *Triad Power: The coming Shape of Global Competition.* New York: Free Press.

Okumura, Shigetsugu, ed. (1988a). *Gendai Sekai Keizai to Shihon Yushutsu* [Contemporary World-Economy and Capital Export]. Kyoto: Minerva Shobo.

_____ (1988b). 'Sengo Sekaikeizai ni okeru Shihon Yushutsu,' in S. Okumura,

Gendai Sekai Keizai to Shihon Yushutsu [Contemporary World-Economy and Capital Export]. Kyoto: Minerva Shobo, 1–40.

Oman, Charles (1989). *New Forms of Investment in Developing Country Industries: Mining, Petrochemicals, Automobiles, Textiles, Food.* Paris: OECD.

Oppl, Hubert and von Kardoff, Ernst (1990). 'The National Health Care System in the Welfare State,' *Social Science and Medicine*, vol. XXXI, no. 1, 43–50.

Osterman, Paul and Kochan, Thomas A. (1990). 'Employment Security and Employment Policy,' in K. G. Abraham and R. B. McKersie, eds, *New Developments in the Labor Market: Toward a New Institutional Paradigm.* Cambridge, MA: MIT Press, 155–84.

Ozawa, Terutomo (1993). 'Foreign Direct Investment and Structural Transformation: Japan as a Recycler of Market and Industry,' *Business and the Contemporary World*, vol. V, no. 2, Spring, Special Issue: The Asia-Pacific Region: The Impact of Globalization and Regionalization, 129–50.

______ (1979). *Multinationalism, Japanese Style: The Political Economy of Outward Dependency.* Princeton, NJ: Princeton University Press.

Pagels, Heinz R. (1988). *The Dreams of Reason: The Computer and the Rise of the Sciences of Complexity.* New York: Simon & Schuster.

Palma, Gabriel (1978). 'Dependency: A Formal Theory of Underdevelopment or a Methodology for the Analysis of Concrete Situations of Underdevelopment,' *World Development*, vol. VI, no. 7/8, July/August, 881–924.

Paterson, Thomas G. (1989). 'John F. Kennedy's Quest for Vectory and Global Crisis,' in T. Paterson, ed., *Kennedy's Quest for Victory: American Foreign Policy, 1961–1963.* New York: Oxford University Press, 3–23.

Payer, Cheryl (1974). *The Debt Trap: The International Monetary Fund and the Third World.* New York: Monthly Review Press.

Pearce, Fred (1992). 'Third World Fights to Retain its Natural Rights,' *New Scientist*, vol. CXXXIV, no. 1822, 23 May, 4.

Peliti, Luca and Vulpiani, A., eds (1988). *Measures of Complexity: Proceedings of the Conference, Held in Rome, Sept. 30–Oct. 2, 1987.* New York: Springer–Verlag.

Pentagon Papers: The Defense Department History of United States Decisionmaking on Vietnam: The Senator Gravel Edition, Vol. I. (1971). Boston, MA: Beacon.

Peters, Guy B. (1991). *The Politics of Taxation: A Comparative Perspective.* Oxford: Blackwell.

Peterson, A.D.C. (1965). 'Secondary Re-organization in England and Wales,' *Comparative Education*, vol. I, no. 3, June, 161–69.

Pines, David, ed. (1988). *Emerging Synthesis in Science: Proceedings of the Founding Workshops of the Santa Fe Institute, Santa Fe, NM.* Redwood City, CA: Addison–Wesley.

Piore, Michael J. (1979). *Birds of Passage: Migrant Labor and Industrial Societies.* New York: Cambridge University Press.

Piore, Michael J. and Sabel, Charles F. (1984). *The Second Industrial Divide: Possibilities for Prosperity.* New York: Basic Books.

Piven, Frances F. and Cloward, Richard A. (1977). *Poor People's Movements – Why They Succeed, How They Fail.* New York: Pantheon.

Pomian, Krzysztof (1979). 'The Secular Evolution of the Concept of Cycles,' *Review,* vol. II, no. 4, Spring, 563–646.

Portes, Alejandro; Castells, Manuel and Benton, Lauren A., eds (1989). *The Informal Economy: Studies in Advanced and Less Developed Countries.* Baltimore: Johns Hopkins University Press.

Portes, Alejandro and Benton, Lauren A. (1984). 'Industrial Development and Industrial Absorption,' *Population and Development Review,* vol. X, no. 4, December, 589–611.

Preston, Samuel H. (1988). 'Urban Growth in Developing Countries: A Demographic Reappraisal,' in J. Gugler, ed., *The Urbanization of the Third World.* New York: Oxford University Press, 11–31.

Preston, William Jr.; Herman, Edward S. and Schiller, Herbert (1989). *Hope and Folly: The United States and Unesco, 1945–1985.* Minneapolis: University of Minnesota Press.

Price, Terence (1990). *Political Electricity: What Future for nuclear Energy?* New York: Oxford University Press.

Prigogine, Ilya (1986). 'Science, Civilization and Democracy: Values, Systems, Structures and Affinities,' *Futures,* vol. XVIII, no. 4, August, 493–507.

Prigogine, Ilya and Géhéniau, J. (1986). 'Entropy, Matter, and Cosmology,' *Proceedings of the National Academy of Sciences, USA,* vol. LXXXIII, no. 17, 6245–49.

Prigogine, Ilya and Stengers, Isabelle (1984). *Order Out of Chaos: Man's New Dialogue with Nature.* New York: Bantam Books.

Puchala, Donald and Hopkins, Raymond (1982). 'International Regimes: Lessons from Inductive Analysis,' *International Organization,* vol. XXXVI, no. 2, Spring, 245–75.

______ (1980). *Global Food Interdependence: Challenge to United States Policy.* New York: Columbia University Press.

Pyle, David (1989). *Tax Evasion and the Black Economy.* London: Macmillan.

Rabe, Stephen G. (1989). 'Controlling Revolutions: Latin America, the Alliance for Progress, and Cold War Anti-Communism,' in T.G. Paterson, ed., *Kennedy's Quest for Victory: American Foreign Policy, 1961–1963.* New York: Oxford university Press, 105–22.

Raikes, P. (1986). 'Flowing with Milk and Money: Food Production in Africa and the Policies of the EEC,' in P. Lawrence, ed., *World Recession and the Food Crisis in Africa.* London: James Currey, 160–76.

Ramphal, Shridath S. (1990). 'Third World Grievances,' *EPA Journal,* vol. XVI, no. 4, July/August, 39–43.

Rawski, Thomas G. (1979). *Economic Growth and Empolyment in China.* New York: Oxford University Press.

Reed, Wornie (1993). *Health and Medical Care of Black Americans.* Westport, CT:

Auburn House.

Reeves, Edward (1990). *The Hidden Government: Ritual, Clientelism, and Legitimation in Northern Egypt.* Salt Lake City: University of Utah Press.

Rehsche, Guntram (1981). *Brain Drain: Fachleute aus Entwicklungsländern in der Schweiz.* Adliswil: Institut für Sozialethik.

Reise, Barbara M. (1992). 'Greenberg and the Group: A Retrospective View,' in F. Frascina and J. Harris, eds, *Art in Modern Culture: An Anthology of Critical Texts.* New York: Icon Editons, 252–63.

Reuter, Peter (1983). *Disorganized Crime: The Economics of the Visible Hand.* Cambridge, MA: MIT Press.

Reynolds, David; Sullivan, Michael and Murgatroy, Stephen (1987). *The Comprehensive Experiment.* London: The Falmer Press.

Robbe-Grillet, Alain (1972a [1963]). 'Temps et description dans le récit d'aujourd'hui,' in *Pour un nouveau roman.* Paris: Gallimard, 155–69.

_____ (1972b [1961]). 'Nouveau roman, homme nouveau,' in *Pour un nouveau roman.* Paris: Gallimard, 141–53.

_____ (1972c [1958]). 'Nature, humanisme, tragédie,' in *Pour un nouveau roman.* Paris: Gallimard, 55–84.

_____ (1972d [1957]). 'Sur quelques notions périmées, in *Pour un nouveau roman.* Paris: Gallimard, 29–53.

_____ (1972e [1956]). 'Une voie pour le roman futur,' in *Pour un nouveau roman.* Paris: Gallimard, 17–27.

_____ (1972f [1955, 1963]. 'A quoi servent les théories?,' in *Pour un nouveau roman.* Paris: Gallimard, 7–15.

_____ (1972g [1953]). 'Joë Bousquet le rêveur,' in *Pour un nouveau roman.* Paris: Gallimard, 103–19.

Robbins, Thomas (1988). 'The Transformative Impact of the Study of New Regligions on the Sociology of Religion,' *Journal for the Scientific Study of Religion,* vol. XXVII, March, 12–31.

Roberts, Bryan (1990). 'The Informal Sector in Comparative Perspective,' in M.E. Smith, ed., *Perspectives on the Informal Economy.* Lanham, MD: University Press of America, 23–48.

_____ (1978). *Cities of Peasants: The Political Economy of Urbanization in the Third World.* London: Edward Arnold.

Rondinelli, Dennis A. (1983). *Secondary Cities in Developing Countires: Policies for Diffusing Urbanization.* Beverly Hills: Sage.

Rosenau, Pauline Marie (1991). *Post-Modernism and the Social Sciences: Insights, Inroads, and Intrusions.* Princeton, NJ: Princeton University Press.

Rostow, W.W. (1960). *The Stages of Economic Growth: A Non–Communist Manifesto.* Cambridge: Cambridge University Press.

Rothman, Barbara Katz (1989). *Recreating Motherhood: Ideology and Technology in a Patriarchal Society.* New York: Norton.

Rouse, Joseph (1990). 'The Narrative Reconstruction of Science,' *Inquiry,* vol. XXXIII,

June, 179–96.

Ruggie, John G. (1993). 'Territoriality and Beyond: Problematizing Modernity in International Relations,' *International Organization*, vol. XLVII, no. 1, Winter, 139–74.

Ryle, Martin (1988). *Ecology and Socialism*. London: Radius.

Sakamoto, M. (1991). 'Public Adminstration in Japan: Past and Present in the Higher Civil Service,' in A. Farazmand, ed., *Handbook of Comparative and Development Public Administration*. New York: Dekker, 101–25.

Salt, John (1981). 'International Labor Migration in Western Europe: A Geographical Review,' in M.M. Kritz, C.B. Kelly and S.M. Tomasi, eds, *Global Trends in Migration: Theory and Research on International Population Movements*. New York: Center for Migration Studies, 133–57.

Sanders, Jerry W. (1983). *Peddlers of Crisis: The Committee on the Present Danger and the Politics of Containment*. Boston, MA: South End Press.

Sassen, Saskia (1991). *The Global City: New York, London, Tokyo*. Princeton, NJ: Princeton University Press.

_____ (1988). *The Mobility of Labor and Capital: A Study in International Investment and Labor Flow*. New York: Cambridge University Press.

Schaller, Michael (1985). *The American Occupation of Japan: The Origins of the Cold War in Asia*. New York: Oxford university Press.

Schmink, Marianne (1986). 'Women and Urban Industrial Development in Brazil,' in J. Nash and H. Safa, eds, *Women and Change in Latin America*. South Hadley, MA: Bergin and Garvey, 136–64.

Schneider, Reinhart (1982). 'Das Bildungswesen in den Westeuropäischen Staaten 1870–1975,' *Zeitschrift für Soziologie*, vol. XI, no. 3, July, 207–26.

Schultz, T. Paul (1990). 'Women's Changing Participation in the Labor Force: A World Perspective,' *Economic Development and Cultural Change*, vol. XXXVIII, April, 457–89.

Schumacher, Ernest F. (1973). *Small is Beautiful: Economics as if People Mattered*. New York: Harper and Row.

Schurmann, Franz (1993). 'After Desert Storm: Interest, Ideology, and History in American Foreign Policy,' in M. Woo-Cumings and M. Loriaux, eds, *Past as Prelude: History in the Making of a New World Order*. Boulder, CO: Westview, 179–216.

_____ (1987). *The Foreign politics of Richard Nixon: The Grand Design*. Berkeley: University of California, Berkeley, Institute of International Studies.

_____ (1974). *The Logic of World Power: An Inquiry into the Origins, Currents, and Contradictions of World Politics*. New York: Pantheon.

Scott, Peter Dale (1985). 'The United States and the Overthrow of Sukarno, 1965–1967,' *Pacific Affairs*, vol. LVIII, no. 2, 239–64.

Selden, Mark (1994). 'The Pacific Rim, The New Co-Prosperity Sphere or Greater China? China and Japan in the Emerging Global Order,' unpublished paper delivered at 'Janpan in Asia' workshop, Cornell University, 19–20 May.

Selwyn, Enzer and Drobnick, Richard (1978). *Neither Feast nor Famine*. Lexington, MA: Lexington Books.

Sen, Somnath (1990). 'Debt, Financial Flows and International Security,' in *SIPRI Yearbook*. Oxford: Oxford University Press 203–17.

Sharrock, Wes and Anderson, Robert J. (1986). *The Ethnomethodologists*. New York: Tavistock.

Shaw, Robert (1981). 'Strange Attractors, Chaotic Behavior, and Information Flow,' *Zeitschrift für Naturforschung*, vol. XXXVI–A, no. 1, 80–112.

Shimura, Yukio (1994). 'Nichibei Handotai Senso: Hachinen burino Koshu Kotai' [Japan–US Semiconductor War: Reversal After Eight Years], *Ekonomisuto*, 15 February, 38–43.

Signelmann, Joachim (1978). 'The Sectoral Transformation of the Labor Force in Seven Industrialized Countries, 1920–1970,' *American Journal of Sociology*, vol. LXXXIII, no. 5, March, 1224–34.

Singh, Andrea M. and Kelles-Viitanen, Anita, eds (1987). *Invisible Hands: Women in Home–Based Production*. Newbury Park, CA: Sage.

Singham, A.W. And Hune, Shirley (1986). *Non-Alignment in an Age of Alignments*. Westport, CT: Lawrence Hill.

Sivan, Emmanuel (1992). 'The Islamic Resourgence: Civil Society Strikes Back,' in L. Kaplan, ed., *Fundamentalism in Comparative Perspective*. Amherst: University of Massachusetts Press, 96–109.

Sivard, Ruth Leger (1991[1982]). *World Military and Social Expenditures*. Washington, DC: World Priorities.

Skinner, B.F. (1971). *Beyond Feedom and Dignity*. New York: Knopf.

Sleuwaegen, Leo and Yamawaki, Hideki (1991). 'Foreign Direct Investment and Intra-form Trade: Evidence from Japan,' in A. Koekkoek and L.B.M. Mennes, eds, *International Trade and Global Development: Essays in Honour of Jagdish Bhagwati*. New York: Routledge, 143–61.

Smith, George D.; Bartley, Mel and Blane, David (1991). 'The Black Report on Socioeconomic Inequalities in Health: 10 Years On,' *British Medical Journal*, CCCI, 18–25 August, 373–77.

Smith, Joan and Wallerstein, Immanuel, coordinators (1992). Creating and *Transforming Households: The Constraints of the World-Economy*. New York: Cambridge University Press.

Smitka, Michael J. (1991). *Competitive Ties: Subcontracting in the Japanese Automotive Industry*. New York: Columbia University Press.

Snow, C.P. (1965). *The Two Cultures: And a Second Look*. New York: Cambridge University Press.

Sobchack, Vivian (1990). 'A Theory of Everything: Meditations on Total Chaos,' *Artforum*, vol. XXIX, no. 2, October, 148–55.

Soete, Luc (1991) 'National Support Policies for Strategic Industries: The International Implications,' in *Strategic Industries in a Global Economy: Policy Issues for the 1990s*. Paris: OECD, 51–80.

Soete, Luc and Verspagen, B. (1991). *Technology and Productivity*. Paris: OECD.

Solomon, Robert (1982). *The International Monetary System, 1945–1981*. New York: Harper & Row.

Soper, Kate (1990). 'Socialist Humanism,' in H. Kaye and K. McClelland, eds, *E.P. Thompson: Critical perspectives*. Philadelphia: Temple University Press, 204–32.

Stahl, Charles W. (1986). *International Labor Migration: A Study of the ASEAN Countries*. New York: Center for Migration Studies.

Stallard, Karen; Ehrenreich, Barbara and Sklar, Holly (1983). *Poverty in the American Dream: Women and Children First*. Boston, MA: South End Press.

Starr, Paul and Immergut, Ellen (1987). 'Health Care and the Boundaries of Politics,' in C. Maier, ed., *Changing Boundaries of the Political: Essays on the Evolving Balance Between the State and Society, Public and Private in Europe*. New York: Cambridge University Press, 221–54.

Stein, Daniel, ed. (1989). *Lectures in the Sciences of Complexity: The Proceedings of the 1988 Complex Systems Summer School, Santa Fe, NM, June/July 1988*. Redwood City, CA: Addison-Wesley.

Stein, Herbert (1988). *Tax Policy in the Twnety-First Century*. New York: Wiley.

Stopford, John M. (1982). *The World Directory of Multinational Enterprises 1982–83*. Detroit: Gale Research.

Stopford, John M. and Dunning, John H. (1983). *Multinationals: Company Performance and Global Trends*. London: Macmillan.

Storper, Michael (1991). *Industrialization, Economic Development and the Regional Question in the Third World: From Import Substitution to Flexible Production*. London: Pion.

Sutherland, Margaret (1991). 'Women in Higher Education: Effects of Crisis and Change,' in G. Kelley and S. Slaughter, eds, *Women's Higher Education in Comparative Perspective*. Boston, MA: Kluwer Academic Press, 131–44.

Sweet, James A. (1984). 'Components of Change in the Number of Households: 1970–1980,' *Demography*, vol. XXI, no. 2, May, 129–41.

Sweezy, Paul (1949). *Socialism*. New York: McGraw Hill.

Tabak, Faruk and Kasaba, Resat (1994). 'Fatal Conjuncture: The Decline and Fall of the Modern Agrarian Order During the Bretton Woods Era,' in P. McMichael, ed., *Food and Agrarian Orders in the World Economy*. Westport, CT: Greenwood.

Taylor, Charles L. and Hudson, Michael C. (1972). *World Handbook of Political and Social Indicators*. New Haven, CT: Yale University Press.

Taylor, Michael J. and Thrift, N.J. (1982a). 'Introduction,' in M.J. Taylor and N.J. Thrift, eds, *The Geography of Multinationals: Studies in the Spatial Development and Economic Consequences of Multinational Corporations*. London: Croom helm, 1–13.

_____ (1982b). 'Models of Corporate Development and the Multinational Corporation,' in M.J. Taylor and N.J. Thrift, eds, *The Geography of Multinationals: Studies in the Spatial Development and Economic Consequences of Multinational Corporations*. London: Croom Helm, 14–32.

Teece, David J. (1991). 'Support Policies for Strategic Industries: Impact on Home Economies,' in *Strategic Industries in a Global Economy: Policy Issues for the 1990s*. Paris: OECD, 35–50.

Teichler, Ulrich (1988). *Changing Patterns of the Higher Education System: The Experience of Three Decades*. London: Jessica Kingsley.

Therborn, Göran (1984). 'The Prospects of Labour and the Transformation of Advanced Capitalism,' *New Left Review*, no. 145, May–June, 5–38.

Thompson, Edward P. (1978). *The Poverty of Theory and Other Essays*. New York: Monthly Review Press.

_______ (1965). 'The Peculiarities of the English,' in R. Miliband and J. Saville, eds, *The Socialist Register, 1965*. New York: Monthly Review Press.

_______ (1961). 'Review of Raymond Williams, *The Long Revolution*,' *New Left Review*, nos 9 and 10, May–June and July–August, 24–33 and 34–39.

Tilly, Charles (1981). *As Sociology Meets History*. New York: Academic Press.

_______ (1989). 'Collective Violence in European Perspective,' in T.R. Gurr, ed., *Violence in America*, Vol. 2. Newbury Park. CA: Sage, 62–101.

Tournier, Michèle (1973). 'Women and Access to Universities in France and Germany (1861–1967),' *Comparative Education*, vol IX, no. 3, October, 107–18.

Townroe, Peter M. and Keen, David (1984). 'Polarization Reversal in the Sate of Sao Paolo,' *Regional Studies*, vol. XVIII, no. 1, February, 45–54.

Tyler, Patrick E. (1992a). 'After the Cold War: As Fear of Big War Fades, Military Plans for Little Ones,' *New York Times*, 3 February.

_______ (1992b). 'U.S. Strategy Plan Calls for Insuring No Rivals Develop: A One-Superpower World. Pentagon's Document Outlines Ways to Thwart Challenges to Primacy of America,' *New York Times*, 8 March.

_______ (1987). *Environmental Data Report*. Oxford: Blackwell.

UN (United Nations) (1993). *Report on the World Social Situation*. Geneva: UN Publications.

_______ (1992). *Yearbook of Industrial Statistics 1990*, I. New York: UN Publications.

_______ (1991). *Yearbook of Industrial Statistics, 1989*, I, II. New York: UN Publications.

_______ (1989). *World Economic Survey 1989*. New York: UN Publications.

_______ (1986). *Urban and Rural Population Projections 1950–2025: The 1984 Assessment*. New York: UN Publications.

_______ (1985). *Report on the World Social Situation*. New York: UN Publications.

_______ (1982a). *Report on the World Social Situation*. New York: UN Publications.

_______ (1982b). *Yearbook of Industrial Statistics, 1980*, I. New York: UN Publications.

_______ (1981). *Yearbook of Industrial Statistics 1979*, I. New York: UN Publications.

_______ (1978). *Report on the World Social Situation*. New York: UN Publications.

_______ (1977). *Yearbook of Industrial Statistics 1975*, I. New York: UN Publications.

_______ (1976). *Yearbook of Industrial Statistics, 1974*, I, II. New York: UN Publications.

_______ (1967). *The Growth of World Industry 1953–65* New York: UN Publications.

______ (1957). *Report on the World Social Situation.* New York: UN Publications.

______ (1952). *Preliminary Report on the World Social Situation.* New York: UN Dept of Social Affairs.

______ (1952–70). *Report on the World Social Situation.* New York: UN Publications.

UNCTC (United Nations Center on Transnational Corporations) (1991). *World Investment Report 1991: The Triad in Foreign Direct Investment.* New York: UN Publications.

______ (1988). *Transnational Corporation in World Development,* United Nations Publications E.88.II.A.7.

UN Center for Human Settlements (Habitat) (1987). *Global Report on Human Settlements.* New York: Oxford University Press.

UNEP (United Nations Environmental Program) (1991). *Environmental Data Report.* Oxford: Blackwell.

UNICEF (United Nations International Children's Emergency Fund (1989). *Children on the Frontline. The Impact of Apartheid Destabilization and Warfare on Children in Southern and South Africa,* 3rd edn. New York: UNICEF.

United States Congress, Senate, Select Committee to Study Government Operations with Respect to Intelligence Activities (1975). *Alleged Assassination Plots Involving Foreign Leaders,* Rep. No. 94–465 (November). Washington, DC: US GPO.

US Department of Agriculture, Foreign Agricultural Service, (1988) *World Rice Reference Tables; World Wheat and Coarse Grains Reference Tables* (unpublished printouts), Washington, D.C.: June.

Uyanga, Joseph (1990). 'Economic Development Strategies: Maternal and Child Health,' *Social Science and Medicine,* vol. XXXI, no. 6, 649–59.

Vainio, H.; Parkin, D.M. and Tomatis, L. (1990). 'International Cancer Care,' in J. Lambo and S. Day, eds, *Issues in Contemporary International Health.* New York: Plenum Medical Book, 165–201.

van Bruinessen, Martin (1992). *Agha, Shaikh, and State: The Social and Political Structures of Kurdistan.* London and Atlantic Heights, NJ: Zed.

van der Pijl, Kees (1984). *The Making of the Atlantic Ruling Class.* London: Verso.

van der Wee, Herman (1986). *Prosperity and Upheaval: The World Economy, 1945–1980.* Berkeley: University of California Press.

van Ginneken, Wouter and van der Hoeven, Rolph (1989). 'Industrialization, Employment and Earnings (1950–87): An International Survey,' *International Labour Review,* vol. CXXVIII, no. 5, 571–99.

Veeser, H. Aram, ed. (1989). *The New Historicism.* New York: Routledge.

Vergopoulos, Kostas (1979). 'L'hégémonie américaine après la Seconde Guerre Mondiale et la formation de la bourgeoisie périphérique en Grèce,' *Les temps modernes,* no. 392, March, 1474–1503.

Vernon, R. (1979). 'Product Cycle Hypothesis in a New International Environment,' *Oxford Bulletin of Economics and Statistics,* vol. XLI, 255–68.

Volkart, Edmund H. (1981). 'Seventy-five years of It,' *The American Sociologist,* vol. XVI, no. 1, February, 64–67.

Wagner, Helmut (1983). *Alfred Schültz, An Intellectual Biography.* Chicago: University of Chicago Press.

Wainwright, Milton (1990). *Miracle Cure: The Story of Penicillin and the Gold Age of Antiobiotics.* Oxford: Blackwell.

Walker, R.B.J. and Mendlovitz, Saul, eds (1990). *Contending Sovereignties: Redefining Political Community.* Boulder, CO: Lynne Rienner.

Wallerstein, Immanuel (1992a). 'The Collapse of Liberalism,' in R. Miliband and L. Panitch, eds, *Socialist Register 1992: New World Order?* London: Merlin, 96–110.

______ (1992b). 'Liberalism and the Legitimation of Nation-States: An Historical Interpretation,' *Social Justice,* vol. XIX, no. 1, Spring, 22–33.

______ (1991a). *Geopolitics and Geoculture: Essays on the Changing World-System.* Cambridge: Cambridge University Press.

______ (1991b). *Unthinking Social Science: The Limits of Nineteenth-Century Paradigms.* Cambridge: Polity.

______ (1984). *The Politics of the World–Economy: The States, the Movements, and the Civilizations.* Cambridge: Cambridge University Press.

______ (1983). *Historical Capitalism.* London: Verso.

______ (1982). 'Dutch Hegemony in the Seventeenth-Century World-Economy,' in M. Aymard, ed., *Dutch Capitalism and World Capitalism.* Cambridge: Cambridge University Press, 93–145.

______ (1979). 'Kondratieff Up or Kondratieff Down?,' *Review,* vol. II, no. 4, Spring, 663–73.

______ (1978). '*Annales* as Resistance,' *Review,* vol. I, no. 3/4, Winter/Spring, 5–7.

______ (1954). 'McCarthyism and the Conservative, unpublished M.A. thesis, Columbia University.

Wallerstein, Immanuel and Martin, William G. (1979). 'Peripheralization of South Africa: Changes in Household Structure and Labor–Force Formation,' *Review,* vol. III, no. 2, Fall, 193–207.

Wallerstein, Immanuel; Martin, William G. and Dickinson, Torry (1982). 'Household Structures and Production Processes: Preliminary Thesis and Findings,' *Review,* vol. V, no. 3, Winter, 437–58.

Watson, John B. (1925). *Behaviorism.* New York: W.W. Norton.

Weaver, Warren (1948). 'Science and Complexity,' *American Scientist,* vol. XXXVI, no. 4, 536–44.

Weitz, Morris, ed. (1966). *20th Century Philosophy: The Analytic Tradition.* New York: Free Press.

Wexler, Mark N. (1990). 'Deep Ecology: An Emerging Critique of Conventional Wisdom,' *Quarterly Journal of Ideology,* vol. XIV, no. 1, 15–38.

Whaling, Frank, ed. (1987). *Religion in Today's World: The Religious Situation of the World from 1945 to the Present Day.* Edinburgh: Clark.

Whichard, Obie G. (1981). 'Trends in U.S. Direct Investment Position Abroad, 1950–79,' *Survey of Current Business,* vol. LXI, no. 2 February, 39–56.

White, Hayden (1987). *The Content of the Form: Narrative Discourse and Historical*

Representation. Baltimore: Johns Hopkins University Press.

_____ (1978). *Tropics of Discourse: Essays in Cultural Criticism*. Baltimore: Johns Hopkins University Press.

_____ (1973). *Metahistory: The Historical Imagination in Nineteenth–Century Europe*. Baltimore: Johns Hopkins University Press.

WHO (World Health Organization) (1988a). *Four Decades of Achievement 1948–1988*. Geneva: WHO.

_____ (1988b). *From Alma-Ata to the Year 2000: Reflections at the Midpoint*. Geneva: WHO.

_____ (1980; 1992). *World Health Statistics Annual*. Geneva: WHO.

Widgery, David (1976). *The Left in Britain: 1956–68*. Baltimore: Penguin.

Williams, Karel, et al. (1987). 'The End of Mass Production?,' *Economy and Society*, vol. XVI, no. 3, 404–38.

Williams, Raymond (1983). *Keywords: A Vocabulary of Culture and Society*, rev. edn. New York: Oxford university Press.

Wilson, Maggie (1991). 'Europe: An Overview,' in M. Wilson, ed., *Girls and Young Women in Education*. New York: Pergamon, 203–13.

Wnuk–Lipinski, Edmund (1990). 'The Polish Country Profile: Economic Crisis and Inequalities in Health,' *Social Science and Medicine*, vol. XXXI, no. 8, 859–66.

Wolf, Edward (1986). *Beyond the Green Revolution*. Washington, DC: Worldwatch Institute.

Wolfe, Tom (1973). *The New Journalism*. New York: Harper & Row.

Woo, Jung-en (1991). *Race to the Swift: State and Finance in Korean Industrialization*. New York: Columbia University Press.

Woo-Cumings, Meredith and Loriaux, Michael (1993). *Past as Prelude: History in the Making of a New World Order*. Boulder, CO: Westview.

Wood, Robert (1986). *From Marshall Plan to Debt Crisis: Foreign Aid and Development Choices in the World-Economy*. Berkeley: University of California Press.

Wriston, Walter B. (1992). 'The Twilight of Sovereignty,' speech given at the Commonwealth Club of California, 10 November.

Yachir, Faysal (1988). *The World Steel Industry Today*. Tokyo: UN University.

Yoshihara, Kunio (1976). *Japaniese Investment in Southeast Asia*. Honolulu: University Press of Hawaii.

Yoshitomi, Masaru (1991). 'New Trends in Oligopolistic Competition in the Globalisation of High-Tech Industries: Interations Among Trade, Investment and Government,' in *Strategic Industries in a Global Economy: Policy Issues for the 1990s*. Paris: OECD, 15–34.

Zysman, John (1991). 'U.S. Power, Trade and Technology,' *International Affairs*, vol. LXVII, no. 1, January, 81–106.

ㄱ

가계활동과 가계
　—와 남성노동의 귀환　111, 112
　—와 무보수 노동　16
　반(半)프롤레타리아적 — 의 확산
　108, 116~39, 264
　세계체제로—의 통합　62
강제된 고용　16
거버, 제임스(James E. Gover)　103
걸, 테드(Ted R. Gurr)　186
걸프전　53, 54, 271
게릴라운동　188, 191, 206
계급구조와 교육　152
계급투쟁과 B국면　280, 281
고급문화와 냉전　222~25
고든, 데이비드(David Gordon)　76
고르바초프, 미하일(Mikhail Gorbachev)
　52
(중심부의) 곡물생산　138, 152~57
공산주의 국가→동유럽, 소련을 보라
공산주의 운동　30, 180, 181, 202
과세와 국가　187, 197
과학
　—과 지배적 모델　19, 20, 216~25,

237~42, 276, 295, 296
　—상의 새로운 발전　242~53, 296
관세와 무역이 관한 일반협정(GATT)
　58, 124
광고산업　98
교육공여　146~52, 277
교황 바오로 6세　184
교황 요한 23세　184
교회통합주의(ecumenicism)　184
구조기능주의　219
구조조정 정책　212, 271
구조주의　229~34
국가간체제　13, 14
　—내의 미국 헤게모니　27~47, 49,
　50, 53~56
　—와 전쟁　189, 190, 281, 299→냉전
　도 보라
　—의 개혁과 제3세계　48, 49
　경기하강 이후 — 의 전화　44~56,
　200, 201, 282~87
국가구조
　—에 의한 노동시장의 조절　127, 132
　—와 과학연구 지원　217, 218, 295
　—와 복지공여　58, 140~65, 175,
　177, 197, 263, 289~96

ス

이행의 시대

초판 1쇄 발행 / 1999년 3월 20일
초판 3쇄 발행 / 2011년 10월 20일

지은이 / I. 월러스틴 · 테렌스 K. 홉킨즈 외
옮긴이 / 백승욱 · 김영아
펴낸이 / 고세현
펴낸곳 / (주)창비

등록 / 1986년 8월 5일 제85호
주소 / 경기도 파주시 교하읍 문발리 513-11
전화 / 031-955-3333
팩시밀리 / 영업 031-955-3399 · 편집 031-955-3400
홈페이지 www.changbi.com
전자우편 human@changbi.com

한국어판 ⓒ (주)창비 1999
ISBN 978-89-364-8505-4 03300